LECTURA DEL EVANGELIO DE JUAN

BIBLIOTECA DE ESTUDIOS BIBLICOS

69

Volúmenes de X. Léon-Dufour
publicados por Ediciones Sígueme:

- *Resurrección de Jesús y mensaje pascual* (BEB 1)
- *Lectura del Evangelio de Juan* I (BEB 68)
- *Lectura del Evangelio de Juan* II (BEB 69)
- *Lectura del Evangelio de Juan* III (BEB 70)

LECTURA DEL EVANGELIO DE JUAN

Jn 5-12

II

XAVIER LEON-DUFOUR

SEGUNDA EDICION

EDICIONES SIGUEME
SALAMANCA
1995

Tradujo: Alfonso Ortiz García
sobre el original francés: *Lecture de l'Evangile selon Jean* II

Apartado 332 - 37080 Salamanca (España)
ISBN: 84-301-1094-1 (obra completa)
ISBN: 84-301-1167-0 (tomo II)
Depósito legal: S. 377-1995
Printed in Spain
Imprime: Gráficas Varona
Polígono El Montalvo - Salamanca, 1995

CONTENIDO

PROLOGO

Tras dos años de esfuerzo continuo he aquí la lectura de los textos del cuarto evangelio que desde el capítulo 5 nos llevan hasta el final de la vida pública de Jesús. La luz empezó a brillar y las tinieblas no lograron detenerla. El tercer volumen estará dedicado a la luz que empezó a encenderse en el corazón de los discípulos al escuchar el discurso de despedida y que resplandeció con todo su brillo el día de la resurrección.

El tomo I encontró buena acogida, a juzgar por la amable presión que muchos me hicieron para que acabara este libro. Como en el primer volumen, al que nos referiremos frecuentemente, el texto es leído en una perspectiva sincrónica, lo que permite manifestar mejor su dimensión simbólica. El lector atento se dará cuenta que me separo con frecuencia de opiniones comúnmente aceptadas, e incluso tradicionales. También podrá ir comprobando las diversas anotaciones hechas en la Introducción general que se encuentra en el tomo I, en particular en lo que concierne al puesto predominante de Dios Padre y la impregnación de los textos por el antiguo testamento.

Una observación, realmente aislada, intenta poner en cuestión la lectura «simbólica» que yo intento hacer. Pero el lector no crea el simbolismo de un texto, lo descubre; y ello no en función de sus preocupaciones de diverso género, sino a partir del análisis literario. Por ejemplo, es el texto de Caná el que me invita a reconocer en María al Israel creyente y en el esposo de la boda a Dios mismo. Así es como se lo sugiere al lector atento el relato en su totalidad.

Espero que el lector comparta mi alegría: no es necesario ser un especialista en sagrada Escritura para que el cuarto evangelio manifieste siempre nuevas profundidades.

Me alegra agradecer cordialmente a los amigos el esfuerzo que han hecho para hacer estas páginas menos imperfectas. He aquí los nombres de algunas personas que merecen ser asociadas a mi trabajo: Annie Galli, Nicole Gueunier, Pierre-Marie Hoog, Antoine Lauras y, sobre todo, en un grado muy difícil de apreciar, Renza Arrighi, que me ha asistido fielmente a lo largo de esta obra.

Xavier Léon-Dufour

INTRODUCCION

A lo largo de los cuatro primeros capítulos del Evangelio de Juan, se nos presenta a Jesús desde diversos puntos de vista, que orientan hacia el misterio de su misión y de su persona. Juan el precursor, voz de la profecía bíblica, designó para los israelitas al Cordero de Dios, y sus discípulos reconocieron al Mesías del que habían hablado la ley y los profetas. El Hijo del hombre les anunció que en él se reconciliaban el cielo y la tierra. En Caná, Jesús les manifestó su gloria; el lector vislumbró en este relato las bodas inminentes de Dios con Israel y con la humanidad entera. En Jerusalén, Jesús puso fin a los antiguos sacrificios y anunció el nuevo templo, recordando luego a Nicodemo la necesidad de renacer por el Espíritu. Sobre todo, reveló el amor de Dios al mundo, expresado en el don del Hijo único. El Bautista se hizo eco de esta revelación: el Padre lo puso todo en manos del Hijo en favor de los hombres. Los samaritanos reconocieron al Salvador del mundo. La sección terminaba con el don de la vida al hijo moribundo del funcionario real, que creyó, él y toda su casa.

Esta presentación tiene globalmente un carácter epifánico y se caracteriza por la acogida positiva que ofrecen al Revelador los personajes puestos en escena: el Bautista, María, Nicodemo, la mujer del pozo de Jacob, el padre del niño, el grupo restringido de los discípulos y los samaritanos. Por otra parte, el itinerario propio de Jesús es anunciado simbólicamente en el episodio del templo y presentado como la elevación del Hijo del hombre en el diálogo con Nicodemo.

En la sección siguiente (5, 1-12, 36), el encuentro de Jesús con Israel adquiere un tono dramático. No solamente Jesús se muestra libre frente a la ley rigurosa del descanso sabático, sino que manifiesta con claridad públicamente su origen de arriba y su relación con el Padre, en términos que parecen atentar contra la unicidad de Dios; las autoridades religiosas reaccionarán inmediatamente y en un tono condenatorio.

Según la tradición sinóptica, las controversias comienzan en Marcos (2, 1-3, 6) desde la primera manifestación de Jesús en Galilea; Mateo, por su parte, intentó establecer una secuencia entre la presentación inicial de Jesús y su encuentro con los responsables de Israel, disociando los capítulos 8-9 de los capítulos 11-12. Con Jn, esta disociación es mucho más marcada. Es verdad que el choque aparece ya cuando Jesús anunció el templo futuro y cuando los fariseos se muestran reticentes a propósito de su actividad bautismal. Pero a partir del capítulo 5, se hace realmente intolerante.

El drama, sugerido por Jn cuando el signo del templo, explota desde la curación del enfermo un día de sábado y la afirmación por la que Jesús pone en línea su trabajo —incesante— con el del Padre (5, 17). La revelación no es sólo el desvelamiento de una verdad que hay que reconocer, sino la acción de Dios en el mundo, que provoca a los hombres para que respondan, lo mismo que la palabra de Dios dirigida a Israel lo llamaba a una fidelidad existencial. Según Jn, la luz que brilla suscita el asalto de las tinieblas. También el proceso de Jesús, Mesías e Hijo de Dios, que los sinópticos concentran en la comparecencia ante el sanedrín, se desarrolla en Jn a lo largo de todos estos capítulos, que tienen su apogeo en la sentencia del sumo sacerdote (11, 50); la amenaza de muerte que pesa sobre Jesús es el hilo que los va enlazando. Si la muerte del Hijo se presenta en los capítulos 5-12 a través de la hostilidad del auditorio o en las numerosas alusiones de Jesús y del evangelista, también se hace presente la victoria del Hijo en la libertad perfecta con la que el Revelador da a conocer su identidad y su misión: sus anuncios renovados son los más importantes que contiene el cuarto evangelio. Sobre la oscuridad del rechazo prosigue su curso la luz sin empañar.

Coincidiendo con el proceso, la revelación en palabras y en obras tiene lugar ahora ante la gente y los fariseos: no deja de invitar a creer en el Enviado del Padre. La iniciativa divina para que los hombres tengan la «vida» sigue siendo el tema fundamental. El evangelista muestra en Jesús al que ha recibido del Padre unos poderes exclusivos y hasta la «vida en él» (5, 26). Estos poderes se enumeran en el discurso del capítulo 5, 19-30 y se señalan a lo largo de los capítulos siguientes con unas palabras que manifiestan cuál es la misión de Jesús (hacer «vivir» en él por el pan de su palabra) y con acciones simbólicas que muestran cuál es la transformación efectiva del creyente: un enfermo camina, un ciego de nacimiento ve, un muerto vive.

Según Jn, todo se realiza en la fe que reconoce al Hijo, al que Dios ha enviado y que tiene que reunir no sólo a las ovejas de Israel, sino a todos los hijos dispersos de Dios.

Al unificar así los capítulos 5-12, suponemos que se escribieron seguidos. Pero hay muchos críticos que opinan que hay que trasladar el capítulo 5 después de 7, 14, de manera que 6, 1-7, 13 irían unidos al capítulo 4 (el v. 1b del capítulo 7 se considera como una glosa de repetición). Esta hipótesis encierra algunas dificultades. Es verdad que el Evangelio de Jn conserva y subraya con agrado las indicaciones de lugares, pero no se interesa mucho por la secuencia topográfica. Prevalece la disposición temática. Así, el drama entre Jesús y su pueblo que comienza en el capítulo 5 incluye fácilmente el capítulo 6, que desemboca en la opción negativa de los galileos. Por eso, tras muchas vacilaciones, preferimos leer los capítulos en el orden actual, en contra de lo que dijimos en el tomo I, 28.

Si descartamos el principio de una distribución cronológica de los acontecimientos, no renunciamos sin embargo al marco que constituyen las fiestas litúrgicas judías. Su vinculación con el contenido del texto tiene la función de situar la actividad de Jesús en el horizonte de la revelación de Dios hecha a Israel, subrayando al mismo tiempo la novedad inherente a la presencia del Hijo.

La esperanza de Israel que se expresa en las celebraciones del templo es inseparable de su apego a la palabra consignada en las Escrituras. El argumento de la Escritura para fundamentar la fe en Jesús es común a los sinópticos (particularmente a Mateo) y a todo el nuevo testamento, siguiendo una selección de textos en los que la Iglesia primitiva reconocía el anuncio de Cristo. Jn, como ya dijimos en la *Introducción* al tomo I, está plagado de alusiones al antiguo testamento y no puede comprenderse sin él; si las citas explícitas son relativamente escasas, la referencia es constante. En esta sección del evangelio hay todavía más: Jesús afirma que las Escrituras en su conjunto atestiguan en su favor (5, 39-47; cf. 8, 56; 10, 34-36).

Jn escribe después de pascua, cuando el Espíritu dado a los discípulos les permite recordar las palabras de Jesús y captar su sentido, pero también en una época en que el conflicto entre los cristianos y la sinagoga cuestionaba su fe. Esta situación se refleja en el relato joánico, particularmente en la violencia del capítulo 8. El contemplativo Juan penetró en el misterio de *dos* en *uno* y lo sugirió a través de las palabras y de los gestos de Jesús, para que también el lector creyera en él. La dificultad para creer de los «judíos», enfrentados con la paradoja insostenible de un hombre que revela su condición divina, es de todos los tiempos y el proceso de Jesús se lleva a cabo en el corazón del propio creyente, invitado sin embargo a acoger la llamada que el evangelista le dirige, a tener sed y a beber del agua que desde entonces se convierte en río de agua viva en el discípulo (7, 38).

EL HIJO DE DIOS SANA AL HOMBRE

(5, 1-47)

1 Después de esto, hubo una fiesta de los judíos y Jesús subió
a Jerusalén. 2 Pues bien, hay en Jerusalén, cerca de [la puerta de]
las ovejas, una piscina llamada en hebreo Bethesda, que tiene cinco
pórticos. 3 Debajo de ellos yacía una multitud de enfermos: ciegos,
cojos, inválidos que esperaban el movimiento del agua. 4 Porque
el ángel del Señor bajaba de cuando en cuando a la piscina y movía
el agua; el primero que entraba allí después de que el agua se
agitaba recobraba la salud, fuera cual fuese su enfermedad. 5 Pero
había allí un hombre aquejado de su enfermedad desde hacía treinta
y ocho años. 6 Jesús, al verlo yacente y sabiendo que estaba en ese
estado desde hacía mucho tiempo, le dijo: «¿Quieres ponerte
sano?». 7 El enfermo le respondió: «Señor, no tengo a nadie que
me lleve a la piscina cuando el agua empieza a moverse y, cuando
yo llego, otro baja antes que yo». 8 Jesús le dijo: «Levántate, coge
tu camilla y anda». 9a Y enseguida el hombre se volvió sano, y
cogió su camilla y andaba.

9b Pero era sábado aquel día. 10 Los judíos decían entonces al
que había sido curado: «¡Es sábado! No te está permitido llevar tu
camilla!». 11 Les respondió: «El que me ha sanado, ése me ha
dicho: ¡Coge tu camilla y anda!». 12 Le preguntaron: «¿Quién es
el hombre que te ha dicho: ¡Coge tu camilla y anda!?». 13 Pero el
que había sido curado no sabía quién era; Jesús había desaparecido
porque había mucha gente en aquel lugar. 14 Después de esto,
Jesús lo encuentra en el templo y le dice: «¡Ya estás sano! No
peques más, no sea que te suceda algo peor». 15 El hombre se fue
y anunció a los judíos que Jesús era el que lo había sanado.

16 Por causa de esto, los judíos perseguían a Jesús, porque
hacía estas cosas en sábado. 17 Pero él les respondió: «Mi Padre
trabaja siempre y yo también trabajo». 18 Por causa de esto, los
judíos no buscaban entonces más que matarlo, porque no solamente

disolvía el sábado, sino que además llamaba a Dios su propio Padre, haciéndose él mismo igual a Dios.

19 Jesús respondió por tanto y les decía:
«Amén, amén, os lo digo:
por sí mismo el Hijo no puede hacer nada,
a no ser lo que ve hacer al Padre;
lo que él llega a hacer, el Hijo lo hace del mismo modo.
20 ¡Sí! El Padre ama al Hijo
y le muestra todo lo que hace;
y le mostrará obras todavía mayores que éstas,
de manera que os asombraréis.
21 En efecto, lo mismo que el Padre despierta a los muertos
y les hace vivir,
así el Hijo también hace vivir al que quiere.
22 En efecto, el Padre no juzga a nadie:
el juicio entero se lo ha entregado al Hijo,
23 de modo que todos honren al Hijo
en la medida con que honran al Padre que lo ha enviado.
24 Amén, amén, os digo:
el que escucha mi palabra
y cree en el que me ha enviado
tiene la vida eterna;
no viene a juicio,
sino que ha pasado de la muerte a la vida.
25 Amén, amén, os digo que llega la hora
—y es ahora—
en que los muertos oirán la voz del Hijo de Dios,
y los que la hayan oído vivirán.
26 Lo mismo que el Padre tiene la vida en sí mismo,
así le ha dado al Hijo tener, también él, la vida en sí mismo,
27 y le ha dado poder de ejercer el juicio,
porque es Hijo de hombre.
28 No os asombréis,
porque llega la hora
en que todos los que están en las tumbas oirán su voz,
29 y saldrán de allí:
los que hayan hecho el bien para una resurrección de vida,
los que hayan hecho el mal para una resurrección de juicio.
30 Y yo no puedo hacer nada por mí mismo;
en la medida en que oigo, juzgo,
y mi juicio es justo,
porque no busco mi propia voluntad,
sino la voluntad de aquel que me ha enviado.

31 Si yo doy testimonio de mí mismo,
mi testimonio no vale.
32 Otro da testimonio de mí
y sé que vale el testimonio que me da.
33 Vosotros acudisteis a Juan,
y él dio testimonio de la verdad.
34 Pero yo no recibo el testimonio de un hombre,
sino que digo estas cosas para que os salvéis.
35 Juan era la lámpara que está encendida y brilla,
mas a vosotros os gustó exultar de gozo un momento a su luz.
36 Pero el testimonio que yo tengo es superior al de Juan:
las obras que el Padre me ha dado,
para que las lleve a cabo,
esas mismas obras que yo hago,
atestiguan sobre mí que el Padre me ha enviado.
37 Sí, el Padre que me ha enviado,
él ha dado testimonio sobre mí;
pero su voz nunca la habéis oído,
su rostro nunca lo habéis visto,
38 y no tenéis su palabra que mora en vosotros,
ya que al que ha enviado no le creéis.
39 Escudriñáis las Escrituras,
porque en ellas pensáis que tenéis la vida eterna;
¡y son ellas las que atestiguan sobre mí!
40 Sin embargo, no queréis venir a mí para tener la vida.
41 La gloria yo no la recibo de los hombres.
42 Por otra parte, os conozco:
no tenéis el amor de Dios en vosotros mismos.
43 Yo he venido, en el nombre de mi Padre,
y vosotros no me acogéis;
si otro viene en su propio nombre,
a ése lo acogéis.
44 ¿Cómo podéis creer,
vosotros que, recibiendo la gloria unos de otros,
no buscáis la gloria que proviene del Dios único?
45 No creáis que soy yo el que os acusará ante el Padre:
vuestro acusador es Moisés,
en quien vosotros ponéis vuestra esperanza.
46 Porque si creyerais a Moisés, me creeríais también a mí;
en efecto, de mí es de quien él escribió.
47 Pero si no creéis en sus escritos,
¿cómo creeréis en mis palabras?».

Una primera lectura distingue en este capítulo tres episodios, a los que corresponden tres géneros diversos: un milagro de curación, una controversia sobre el sábado, un discurso de revelación. Así pues, volvemos a encontrarnos con la secuencia joánica relato-diálogo-monólogo[1], con el artificio que esto lleva consigo. Pero sería un error ver aquí una simple organización de textos heterogéneos[2], ya que esta secuencia constituye una gran unidad de pensamiento y de composición, como lo confirma la dificultad que hay en precisar sus subdivisiones[3]. Por ejemplo, ¿dónde se detiene exactamente el relato? ¿dónde comienza la sección del discurso? No solamente las partes se encadenan entre sí, sino que se entrelazan; tan sólo el conocimiento del conjunto permite darse cuenta de ello.

Menos leído que otras páginas del cuarto evangelio, el capítulo 5 merece destacarse en varios sentidos. Desde el punto de vista del exegeta, su composición se muestra ciertamente joánica, ya que une magistralmente el relato de un signo con el discurso; este enlace se va preparando en los quince primeros versículos, mediante unos rasgos desconcertantes que constituyen la firma del escritor. Desde el punto de vista histórico, no sólo confirma este capítulo un dato tradicional —el conflicto suscitado por las curaciones de Jesús en sábado—, sino que ilumina desde dentro lo que tuvo que ser el enfrentamiento de Jesús de Nazaret con sus contemporáneos.

El evangelista introduce al lector en el corazón del drama, al mismo tiempo externo —la hostilidad creciente de las autoridades judías— e interno: la misión del Hijo, dependiente del obrar del Padre, es decisiva para los oyentes y, sin embargo, no es demostrable propiamente hablando ni aceptable según los criterios de la tradición religiosa establecida. En una defensa apasionada, Jesús no puede menos que apelar al testimonio del Padre en su favor; pero, para ser reconocido, este testimonio requiere una apertura radical a la novedad de Dios.

Desde el punto de vista teológico, el discurso desarrolla el anuncio ya hecho a Nicodemo: por el Hijo es como Dios comunica a los hombres la vida eterna, tema que tiene su otra cara en el juicio (3, 16-18). La importancia de este discurso, en cuanto que revela el mis-

1. Cf. I, 224.

2. Así lo hacen muchos comentaristas. M. E. Boismard reconstruye así el texto original: 5, 1-16; 7, 11-13.19-24.31-32.44-52; Juan III habría añadido al relato de milagro una nueva conclusión (5, 17s) que sirve de introducción a 5, 19-30, y un discurso sobre los testimonios en favor de Jesús (5, 31-47).

3. M. J. J. Menken, *Numerical Literary Techniques in John,* Leiden 1985, 137, presenta en un cuadro las subdivisiones propuestas desde Westcott hasta Haenchen. Las divergencias recaen especialmente sobre la distribución entre los v. 9 y 10; 15 y 16; 38 y 39; 40 y 41.

terio del Hijo, puede compararse con la del prólogo, aunque aquí el texto termina con una cuestión sin respuesta.

Hay tres actores en escena: Jesús, el enfermo, los «judíos». El autor los relaciona tan sólo dos a dos en cada ocasión: Jesús y el enfermo, el hombre curado y los judíos, Jesús y el hombre curado, una vez más éste y los judíos, finalmente los judíos y Jesús. Los discípulos están ausentes del texto, lo cual contribuye a aislar la figura de Jesús, único salvador y amenazado de muerte.

Antes de emprender el análisis detallado de este capítulo, fijémonos en cómo está organizado. La curación del enfermo y la controversia de los judíos con el hombre cargado con su camilla no pueden separarse en la presentación joánica, ya que cada uno de estos dos cuadros supone un encuentro de Jesús con el hombre, primero enfermo y luego curado, dependiendo el segundo encuentro del primero y no del conflicto que surgió entre tanto. El relato del milagro no termina en el v. 9[4], sino cuando el hombre curado dice[5] a los judíos el nombre del que le ha devuelto la salud (v. 15); tras este acto de reconocimiento, el hombre desaparece del texto.

En los v. 16-18 el narrador pasa del episodio puntual a la exposición de una situación que ha cristalizado: la hostilidad de los judíos contra Jesús se basa en motivos bien establecidos.

El discurso se desarrolla a partir del v. 19, pero está contenido en germen en la respuesta que dio Jesús a los judíos a propósito del sábado; se desarrolla en dos partes bien articuladas entre sí: la primera se centra en la misión del Hijo, la segunda en el testimonio del Padre sobre la misma. Así pues, la organización del capítulo es la siguiente:

— Relato en dos cuadros (5, 1-15).
— Palabra de Jesús (5, 17), rodeada de dos menciones de la hostilidad de los judíos (5, 16-18).
— Discurso que desarrolla la palabra del v. 17 (5, 19-47).

Al mismo tiempo que dan una conclusión más amplia al relato de curación, los v. 16-18 ofrecen una transición al discurso, situando e introduciendo su revelación. De este modo, el relato y el discurso quedan estrechamente ligados entre sí: el episodio de Bethesda da una figura concreta al contenido del discurso y el discurso da su sentido pleno al episodio.

4. La «fuente» del relato acaba en 5, 9a; pero el evangelista une intencionadamente esta fuente a la controversia que sigue, lo mismo que hace la tradición sinóptica con el episodio del paralítico de Cafarnaún (Mt 9, 2-7 = Mc 2, 1-12 = Lc 5, 18-26).

5. Y no «denuncia», cf. *infra*, 29s.

UN ENFERMO SE PONE A CAMINAR
(5, 1-15)

1 Después de esto, hubo una fiesta de los judíos y Jesús subió a Jerusalén. 2 Pues bien, hay en Jerusalén, cerca de [la puerta de] las ovejas una piscina llamada en hebreo Bethesda, que tiene cinco pórticos. 3 Debajo de ellos yacía una multitud de enfermos: ciegos, cojos, inválidos que esperaban el movimiento de las aguas. 4 Porque el ángel del Señor bajaba de cuando en cuando a la piscina y movía el agua; el primero que entraba allí después de que el agua se agitaba recobraba la salud, fuera cual fuese su enfermedad. 5 Pero había allí un hombre aquejado de su enfermedad desde hacía treinta y ocho años. 6 Jesús, al verlo yacente y sabiendo que estaba en ese estado desde hacía mucho tiempo, le dijo: «¿Quieres ponerte sano?». 7 El enfermo le respondió: «Señor, no tengo a nadie que me lleve a la piscina cuando el agua empieza a moverse y, cuando yo llego, otro baja antes que yo». 8 Jesús le dijo: «Levántate, coge tu camilla y anda». 9a Y enseguida el hombre se volvió sano, y cogió su camilla y andaba.

9b Pero era sábado aquel día. 10 Los judíos decían entonces al que había sido curado: «¡Es sábado! ¡No te está permitido llevar tu camilla!». 11 Les respondió: «El que me ha sanado, ése me ha dicho: ¡Coge tu camilla y anda!». 12 Le preguntaron: «¿Quién es el hombre que te ha dicho: ¡Coge y anda!?». 13 Pero el que había sido curado no sabía quién era; Jesús había desaparecido porque había mucha gente en aquel lugar. 14 Después de esto, Jesús lo encuentra en el templo y le dice: «¡Ya estás sano! No peques más, no sea que te suceda algo peor». 15 El hombre se fue y anunció a los judíos que Jesús era el que lo había sanado.

Aunque comprende dos escenas, este relato forma una unidad subrayada por la repetición notable del término *hygiẽs* («sano»)[6], así

6. Rara en el nuevo testamento, la palabra *hygiẽs* sólo aparece en Jn aquí (5, 4.6.11.14.15) y en 7, 23, a propósito del mismo episodio.

como por la aparición frecuente hasta el v. 12 del verbo «andar». En cada una de las escenas la iniciativa corresponde a Jesús: la pregunta «¿Quieres ponerte sano?» (v. 6) tiene su correspondencia en la palabra pronunciada en el templo: «¡Ya estás sano!» (v. 14); luego la orden de levantarse y caminar (v. 8) corresponde simétricamente a la de no pecar (v. 14). La unión entre las dos escenas se realiza mediante la observación: «Pero era sábado aquel día» (v. 9b), que se encuentra así en el centro: ¿no será ésta la clave de interpretación?

Lo que es propio de la segunda escena es la intervención de los «judíos» (citados desde el v. 1: «hubo una fiesta de los judíos») y sobre todo el nivel en que Jesús se sitúa cuando, hablando al hombre curado, habla de su actitud espiritual (v. 14). Sin que Jn utilice la palabra «signo», se sabe que la recuperación del enfermo alude a una transformación de otro tipo.

El tema del caminar, puesto de relieve en las dos escenas (v. 8.9.11.12), adquiere entonces un sentido simbólico. En el antiguo testamento, el «andar» o «caminar» *(peripatéō)* es una metáfora frecuente para indicar cómo conduce su vida un creyente[7]. Se ilumina gracias a un complemento, por ejemplo, «caminar con —o ante— Dios». En nuestro relato, el verbo se utiliza sólo como exige el contexto, en donde se trata del acto concreto. Pero en una segunda lectura se da una fuerza evocativa, ya que su contrario no es otra manera de caminar[8], sino la incapacidad misma para moverse, emparentada con la muerte. Al término «yacer» (v. 3.6) se opone la orden «¡levántate!», en griego *égeire,* término tradicional para designar la resurrección[9].

Sin embargo, hay algunos detalles que desconciertan al lector: la elección —hecha de una ojeada («Jesús, al verlo...», v. 6)— de este enfermo en medio de la multitud yacente (v. 3), su actitud desenfadada ante Jesús, su ignorancia sobre el que lo había curado (v. 12), su silencio cuando vuelve a encontrarlo Jesús (v. 14). El personaje aparece mal definido: «un hombre» (v. 5.9.15), luego «el enfermo» (v. 7), o «el que había sido curado» (v. 13); su enfermedad se designa tan sólo por el término genérico *asthéneia,* que resumía en el v. 3 la condición de los demás enfermos, diversificados luego en tres categorías. ¿Por

7. Cf. Miq 6, 8s; Gén 5, 22; 6, 9; 17, 1; 24, 40; 48, 15; 1 Re 8, 23.25; Sal 56, 14; 89, 16; 116, 9...

8. Por ejemplo, «en las tinieblas» (Jn 8, 12; 12, 35; 1 Jn 1, 6; 2, 11) o «en la luz» (Jn 11, 9s; 1 Jn 1, 7). También se puede «andar en la verdad» (3 Jn 3s), «en novedad de vida» (Rom 6, 4).

9. El verbo *egeírō,* utilizado igualmente en el relato sinóptico del paralítico de Cafarnaún (Mt 9, 5.6.7 = Mc 2, 9.11.12 = Lc 5, 23.24), es corriente en el nuevo testamento para indicar la resurrección de Jesús: Hech 3, 15; 4, 10; 5, 30; 1 Cor 15, 4...

qué el narrador, que describe con cuidado el cuadro del episodio, se olvida de informar al lector del tipo de enfermedad que padecía el protagonista?

Otro motivo de malestar es el curso de los acontecimientos en la segunda escena. Los judíos reprochan al hombre curado que cargue con su camilla, pero no reaccionan de ninguna forma ante el hecho de su curación; incluso después de afirmarla aquel hombre, lo siguen ignorando en su interrogatorio (v. 12). Pero el narrador no se olvida de ello, ya que lo pone en evidencia al final del relato; y Jesús, al encontrase de nuevo con el hombre curado en el templo, lo subraya sin necesidad aparente: «¡Ya estás sano!» (v. 14). Pues bien, esta constatación va acompañada de la orden de no pecar más, que desconcierta en esta circunstancia, dado que se le añade una dura amenaza: «No sea que te suceda algo peor» (v. 14). Este pasaje ha desconcertado siempre a los comentaristas: ¿qué faltas pudo haber cometido aquel hombre tan desgraciado? ¿afirma Jesús aquí una relación entre el pecado y la enfermedad, siendo así que la niega rotundamente en el caso del ciego de nacimiento (9, 3)? Finalmente, en la controversia que surgió, la reacción final del protagonista (v. 15) parece ambigua: ¿delación o testimonio? Este relato no puede ser válidamente interpretado sin el discurso que le sigue. Antes de volver sobre ello, leamos el texto más de cerca.

El marco del milagro (1-4)

1 Después de esto, hubo una fiesta de los judíos y Jesús subió a Jerusalén. 2 Pues bien, hay en Jerusalén, cerca de [la puerta de] las ovejas, una piscina llamada en hebreo Bethesda, que tiene cinco pórticos. 3 Debajo de ellos yacía una multitud de enfermos: ciegos, cojos, inválidos que esperaban el movimiento del agua. 4 Porque el ángel del Señor bajaba de cuando en cuando a la piscina y movía el agua; el primero que entraba allí después de que el agua se agitaba recobraba la salud, fuera cual fuese su enfermedad.

¿De qué *fiesta* se trata? En contra de su estilo habitual, Jn no lo dice. Los comentaristas se han esforzado en averiguarlo, pero ha sido inútil, como demuestra el abanico de hipótesis[10]. ¿Por qué no reconocer que esta indeterminación es deliberada? Cuando el evangelista menciona una fiesta, ésta constituye el horizonte de sentido en que se inscribe lo que Jesús va a revelar; así ocurre con la fiesta de las tiendas en el capítulo 7, cuando se celebraba a Dios con el agua y la luz (7, 37s; 8, 12). En nuestro relato el horizonte es el sábado, tal como lo comprende el evangelista; por eso convenía que no quedara ocultado por una fiesta nombrada expresamente. Sin embargo, esta mención no tiene sólo la función de justificar la presencia de Jesús en Jerusalén. Inscrita al comienzo de la gran sección que llega hasta el capítulo 12, sitúa la actividad de Jesús, en obras y en palabras, en la perspectiva de la salvación que celebraba Israel cuando conmemoraba su relación con el Dios de la alianza.

Se destaca el nombre de *Jerusalén* (v. 1.2); es en la ciudad santa, y no en Cafarnaún (sinópticos), donde se va a desarrollar el conflicto entre Jesús y las autoridades judías, desde ahora hasta el momento de la pasión.

Se localiza y se describe la *piscina* detalladamente. El narrador no traduce su nombre hebreo, Bethesda[11], en contra de lo que hace con la palabra «mesías» o con la fuente de Siloé[12]; por consiguiente, no le concede más importancia que la topográfica. Según numerosos Padres, el detalle de los *cinco pórticos* evocaría los cinco libros de la ley[13]. ¿Es esto legítimo? Desde el punto de vista literario, este dato crea en todo caso un amplio espacio que permite situar visualmente a la multitud yacente de enfermos.

Las excavaciones han puesto al descubierto, al este de la puerta de las Ovejas[14], los restos superpuestos de dos instalaciones que com-

10. Ninguna está suficientemente fundada. Se excluye la pascua, ya que aquí la palabra *heortē* va sin artículo. Se ha propuesto la fiesta de las tiendas, citada en 7, 2, sobre todo si se acepta la inversión de los capítulos 5 y 6 (cf. I, 28), pentecostés, purim, las trompetas. La hipótesis más plausible es el año nuevo, cuya liturgia, según A. Guilding, contenía los temas del juicio y del testimonio, tan relevantes en el discurso del capítulo 5. Algunos se niegan a precisar (así Barret, Brown, y nosotros mismos con R. Schnackenburg).

11. La lectura de *Bethesda* es preferida a *Bethzatha,* a pesar de que ésta está mejor atestiguada; designa probablemente el barrio. Se señala a Bethesda en el *Rollo del templo* 30,15,11s (35-65 d. C.).

12. Jn 1, 41; 9, 7.

13. En conjunto, los críticos descartan la alegorización de los cinco pórticos; C. H. Dodd sin embargo parece aceptarla *(Trad. hist.,* 187s). Las excavaciones no han descubierto restos fiables.

14. Situada al nordeste del templo y llamada así porque allí se recogían las ovejas destinadas a los sacrificios: Neh 3, 1.32; 12, 39. Cf. J. Jeremias, *Die Wiederentdeckung von Bethesda, Joh 5, 2,* Göttingen 1959. Las excavaciones en la

prendían varios estanques. La más reciente, fechada en el siglo II d. C., era un santuario pagano dedicado a un dios curador, probablemente Serapis[15]. La instalación subyacente, destruida en el año 70, se relacionaría con una creencia taumatúrgica local muy antigua, de origen semítico. La expresión «ángel del Señor»[16] podría reflejar el esfuerzo por integrar en la ortodoxia una práctica extraña a la religión judía.

Los v. 3-4 presentan algunas variantes textuales[17]. La principal es la ausencia, en los manuscritos de la tradición alejandrina, de los v. 3b-4, en donde muchos comentaristas ven una glosa destinada a ilustrar el sentido del v. 7. Pero es más probable que este pasaje haya sido suprimido por ciertos espíritus preocupados por descartar cualquier devoción sospechosa. Nosotros lo hemos mantenido[18], teniendo en cuenta que el conjunto de los v. 2-4 presenta algunos datos insólitos en Jn; el evangelista ha recogido evidentemente una tradición popular para dar un marco a su relato.

¿Escogió este decorado, que podría ser por tanto cultual (pagano o judío) para descalificarlo frente al poder del único Salvador? La verdad es que Jesús es «el hombre» (v. 7) que ocupa el lugar del ángel del Señor, sin que sea necesario recurrir al agua de la piscina[19]. Sin embargo, la descripción de 5, 2-4 no se centra en la piscina, sino en la multitud de enfermos, detallando sus enfermedades y evocando su esperanza; podría limitarse a una situación colectiva de infortunio y de espera.

iglesia de Santa Ana han permitido reconstruir la existencia de dos piscinas separadas por una columnata de 6,50 metros de larga; el conjunto está rodeado por cuatro columnatas.

15. Cf. A. Duprez, *Jésus et les Dieux guérisseurs. A propos de Jean V,* Paris 1970, 28-50. Por esta época Jerusalén se había convertido en la Aelia Capitolina de los romanos. El término *hygiēs* aparece precisamente en algunas inscripciones dedicadas a Asklepios.

16. La expresión, no joánica, no debe confundirse con «ángel» (Jn 12, 29); equivale a Dios manifestándose de forma visible (cf. Gén 16, 7; 21, 17-19).

17. Para más detalles, cf. A. Duprez, *o. c.,* 128-138.

18. Con Mollat, Boismard, Duprez, a pesar de la mayoría de los intérpretes. La tradición patrística, que se refleja en la Vulgata, parece favorable al mantenimiento del v. 4; cf. M. Mees, NTS 32 (1986) 600.

19. Este dato excluye el simbolismo bautismal que algunos autores (O. Cullmann, siguiendo a Tertuliano, *De bapt.* 5; A. Duprez, *o. c.,* 169) creyeron ver en este episodio. La iconografía primitiva que ve en el enfermo cargado con su camilla una imagen del bautizado proviene del relato sinóptico, que asocia la curación del inválido con el perdón de los pecados.

Jesús y el enfermo (5-9a)

5 Pero había allí un hombre aquejado de su enfermedad desde hacía treinta y ocho años. 6 Jesús, al verlo yacente y sabiendo que estaba en ese estado desde hacía mucho tiempo, le dijo: «¿Quieres ponerte sano?». 7 Y el enfermo le respondió: «Señor, no tengo a nadie que me lleve a la piscina cuando el agua empieza a moverse y, cuando yo llego, otro baja antes que yo». 8 Jesús le dijo: «Levántate, coge tu camilla y anda». 9a Y enseguida el hombre se volvió sano, y cogió su camilla y andaba.

Como por un movimiento de cámara, se aisla a uno entre todos los demás que yacían. Lleva treinta y ocho años enfermo. Intrigados por esta cifra, algunos lectores han pensado en el tiempo que, según Dt 2, 14, pasó Israel en el desierto, «generación rebelde» que iba errante con la esperanza de llegar a la tierra que Dios le había prometido. ¿Pero con qué derecho establecer una relación? La función evidente de este detalle, en el que el narrador vuelve a insistir en el siguiente versículo, es la de subrayar el obstáculo que se opone al taumaturgo[20].

Jesús ve y, como ocurre de ordinario, sabe[21]. Su pregunta («¿Quieres ponerte sano?») les pareció extraña a los antiguos: ¿cómo no iba a quererlo el enfermo? Esta palabra, que en una segunda lectura podría invitar a la curación radical del ser, provoca la confesión de desventura, elemento típico de los relatos de milagro. Aquí, esta confesión (v. 7) es una constatación de imposibilidad, que oculta incluso la expresión del deseo.

W. O. Fitch ha discutido el presupuesto tradicional según el cual el enfermo de este relato es un paralítico[22]. Propone que se vea en él a un neurasténico, que se complace en un rechazo de vivir. Así se justificaría su pasividad, pero también la forma con que Jesús se acerca a él, aquí y en el templo (v. 6.14). Su inclinación a descargar sobre

20. Cf. I, 323-326 y *Los milagros de Jesús*, Madrid 1979, 277-335.

21. Cf. 1, 47s; 2, 24s; 6, 64; 13, 38.

22. W. O. Fitch, *Studia evangelica* IV, Berlin 1968, 194-197. Según este estudio, el término, propio para designar a un paralítico es *khōlós;* por otra parte, *hygiḗs* no es apropiado para designar la curación.

otro la responsabilidad (v. 7.11) confirmaría el diagnóstico. Es una hipótesis sugestiva, pero no está muy de acuerdo con el trasfondo tradicional ni con la presencia de aquel hombre en un lugar de curación. Para la lectura simbólica del relato conviene retener lo que dice el texto: una impotencia y un aislamiento que parecen invencibles. Yacente y sin ayuda alguna, ¿no está este hombre como excluido de la vida? Su desesperación («No tengo hombre...») contrasta con la presencia a su lado de Jesús, al que ignora.

La orden de Jesús se parece a la que recoge Marcos para la curación de un paralítico en Cafarnaún, así como el resultado:

Mc 2, 11-22	*Jn 5, 8-9*
«Levántate, coge tu camilla y vete a tu casa».	«Levántate, coge tu camilla y anda».
«Se levantó y enseguida, llevando su camilla, salió delante de todos».	«Y enseguida el hombre se volvió sano y cogió su camilla y andaba».

Los matices propios de Jn manifiestan el esmero con que escribía. La curación se expresa con el término «se volvió sano», que es un *leitmotiv* del relato desde el v. 6. El enfermo, al que Jesús hizo «levantarse» (cf. Sal 41, 9.11), no es invitado a volver a su casa, sino a «andar» (cf. Mc 2, 9) y Jn dice que «andaba»: por este verbo en imperfecto, el personaje sigue estando en movimiento ante nosotros. Mientras que el relato de Mc en su conjunto está orientado hacia una demostración de la autoridad que Jesús tiene de perdonar los pecados («salió delante de todos»), la versión joánica no conoce más que la transformación del hombre que ha recobrado la salud. El interés de Jn no se dirige sólo al taumaturgo, sino también y muy especialmente, al hombre curado.

Y el texto prosigue diciendo: «Pero era sábado» (v. 9b).

Era sábado aquel día (9b–15)

9b **Pero era sábado aquel día.** 10 **Los judíos decían entonces al que había sido curado: «¡Es sábado! ¡No te está permitido llevar tu camilla!».** 11 **Les respondió: «El que me ha sanado, ése me ha dicho: ¡Coge tu camilla y anda!».** 12 **Le preguntaron: «¿Quién es el hombre que te ha dicho: «¡Coge y anda!?».** 13 **Pero el que había sido curado no sabía quién era; Jesús había desaparecido porque había mucha gente en aquel lugar.** 14 **Después de esto, Jesús lo encuentra en el templo y le dice: «¡Ya estás sano! No peques más, no sea que te suceda algo peor».** 15 **El hombre se fue y anunció a los judíos que Jesús era el que lo había sanado.**

La circunstancia del *sábado* se indica en el centro del relato. ¿Es para introducir la controversia? Según el arte de Jn, tanto si se trata de una sutura como si no[23], este desplazamiento sirve para resaltar un dato que al ser de otro orden, no podía alinearse con las informaciones contenidas en los primeros versículos. Se recoge en el versículo siguiente y también, de forma destacada, en la frase que pronuncian los judíos: «¡Es sábado!». De esta manera el relato de curación se sitúa en una perspectiva inesperada; se piensa naturalmente en la transgresión de la ley del sábado, a pesar de que Jesús no actúa más que con su palabra, a diferencia de lo que hará («con el barro») para curar al ciego de nacimiento (9, 6.14). La comparación entre estos dos relatos muestra que en Jn 5 la información sobre el sábado sigue inmediatamente al relato del milagro y ocupa el lugar del asombro suscitado por Jesús.

«Aquel día...». Este giro orienta hacia una interpretación del relato, que no es solamente la libertad de Jesús respecto a la ley: *en ekeínēi tēi hēmérai* evoca en la Biblia el fin de los tiempos[24]. El hecho de que esta fórmula aparezca aquí entre dos menciones de salud recobrada (5, 9a.10) confirma semejante evocación: según las esperanzas judías,

23. La hipótesis de una sutura está relacionada con la de las fuentes utilizadas (cf. nota 4). Nada impedía al narrador dar previamente esta información; el v. 10 habría bastado para recordarla.

24. Cf. Jer 31, 8s; Sal 146, 4; Is 29, 18; Mt 7, 22; 24, 36; 2 Tim 1, 12.18... Sin embargo, en Jn la expresión (14, 20; 16, 23.26) se refiere más bien al tiempo pascual. Nuestro texto refleja la perspectiva joánica de una escatología realizada.

la curación de los enfermos es característica del tiempo de la salud definitiva. Así, por ejemplo, en un texto de Isaías que cita Mateo:

> Ved, es vuestro Dios; es él quien viene a salvaros...
> Entonces los ojos de los ciegos se limpiarán,
> los oídos de los sordos se abrirán,
> entonces el cojo saltará como un ciervo
> y la lengua del mudo gritará de gozo (Is 35, 4-6)[25].

En el v. 17 Jesús situará el drama de Bethesda en el contexto del obrar divino que conduce a la creación a su último acabamiento. El día al que se refiere indirectamente el evangelista es por tanto el verdadero sábado, aquel en que culmina la obra de Dios, por medio de su Hijo. La indicación del v. 9b no debería entenderse simplemente como una información para hacer avanzar el relato, sino como una exclamación admirativa que indica ya su sentido. Ironía de Juan: los judíos repiten como un eco: «¡Es sábado!» (v. 10); pero lo hacen para recordar la prohibición de transportar objetos pesados el día consagrado a la alabanza[26]. Pues bien, si Jesús, a pesar de la prohibición de la ley, ha ordenado al hombre que cargue con su camilla, es para que se manifieste a los ojos de todos la presencia de la salvación escatológica significada en su curación.

La respuesta del hombre curado a los judíos (v. 11) puede parecer una excusa. En realidad, atestigua la autoridad del que lo curó. La formulación tan cargada, «el que me ha sanado, ése...», es casi reverencial; remite a un personaje misterioso que él no sabe quién es, pero del que ha oído una palabra: «Ese me ha dicho...».

Precisamente es esta palabra lo que escandaliza a los interlocutores. En la respuesta que han oído, sólo se fijan en la orden transgresora que ha dado un individuo desconocido: «¿Quién es el hombre que te ha dicho...?» (v. 12). El interés se desplaza para fijarse sólo en la persona de Jesús; la ignorancia del hombre curado queda justificada por la desaparición de Jesús inmediatamente después de hacer el milagro.

El segundo encuentro, también por iniciativa de Jesús, se produce en el templo. Es significativo el cambio de lugar: no se trata ya de la

25. Cf. Is 29, 18; 42, 16; Sof 3, 19; Mt 11, 5.

26. La institución del sábado caracteriza a la tradición religiosa de Israel. Al mismo tiempo que equilibra el ritmo de la existencia, libera al hombre de su trabajo para que se vuelva exclusivamente a Dios, su creador y salvador, y para que Israel, en otros tiempos esclavo en Egipto, se acuerde de aquel que le hizo salir de allí (Dt 5, 12-15). A lo largo de los siglos, el desarrollo de la casuística había multiplicado las prohibiciones y reforzado las penas.

piscina, aquel espacio más o menos pagano en donde se refugian los que están excluidos del templo por su enfermedad[27], sino de la casa del Padre, el lugar de la Presencia. Es allí donde Jesús se hace reconocer y donde provoca a su interlocutor a una decisión.

¿Cómo hemos de comprender su palabra: «¡Ya estás sano! ¡No peques más!»? No es una fórmula de perdón[28], puesto que se refiere al futuro; sin embargo, Jesús no establece un vínculo entre el pecado y la enfermedad[29], sino que relaciona la «salud» con la conducta sin pecado. Nobleza obliga. Se piensa en la primera carta de Jn en donde después de exhortar al creyente a reconocer y confesar sus faltas (1 Jn 1, 8ss), el escritor afirma paradójicamente: «Todo el que ha nacido de Dios no comete pecado, porque su semilla (es decir, su palabra) permanece en él» (1 Jn 3, 9). Nuestro texto podría significar esta misma exigencia: el don de una vida sana requiere una conducta justa[30]. Pero en este caso, si aquel hombre volviese a pecar, su estado se haría peor que antes[31]; el riesgo prevalece sobre la seguridad de la epístola. La salud que se le ha dado indica al antiguo enfermo que se le ha propuesto una existencia nueva —¿habría sido su pecado la desesperación?—. Hay que comprometerse. Cuando con la presencia del Hijo ha sonado la hora escatológica, el hombre se ve enfrentado con la opción personal que decide su suerte. El discurso planteará al lado de la «vida» la alternativa del juicio.

Aquel hombre, interpelado de este modo, no responde, sino que actúa «anunciando»[32] a los judíos que el autor de su curación es Jesús; se convierte en un testigo suyo. Hacer de él un delator estaría en contradicción con el contexto: cuando los judíos le exigieron que dijese

27. Lev 21, 18; 2 Sam 5, 8; cf. Mt 21, 14.

28. Así J. Bernard, *Jean V. Critique de la religion ou histoire des religions,* Lille 1978. A diferencia del relato sinóptico, Jesús no se atribuye aquí el poder sobre los pecados.

29. Cf. 9, 3; al revés, 1 Cor 11, 30.

30. Ireneo asocia nuestro texto a otros pasajes, en particular a Mt 22, 11-13 sobre el traje nupcial necesario para participar en el banquete *(Adv. Haer.* 4,36,6). M. Mees, NTS 98 (1986) 602s, cita otros textos patrísticos que van en el mismo sentido.

31. Según W. O. Fitch la falta del enfermo había sido su misma enfermedad, si se la relaciona con el tedio de vivir que los antiguos moralistas ponían bajo el nombre de *acedia,* uno de los siete pecados capitales. ¿Lo pondría Jesús en guardia para que no recayera en ese «mal»?

32. La lección *anéggeilen* («anunciar»; cf. 4, 25; 16, 13s), sostenida por P^{66}, P^{75} y otros excelentes manuscritos (A, B, W...), con GNT, Nestle[26], es preferible a *apéggeilen* («contar»: cf. 4, 51; 20, 18). En contra de R. A. Culpepper, que propone una lectura basada en la crítica narrativa en *La communauté johannique et son histoire,* Genève 1990, 135-151 (aquí 148).

de quién procedía aquella orden ilícita, el hombre curado define a Jesús como «el que lo había sanado»; esta fórmula, repetida otra vez (cf. 5, 11), orienta, como un título, a la misión de Jesús en este mundo, concluyendo el relato de milagro. Tras el examen del discurso intentaremos hacer una relectura simbólica del relato. Pero antes, oigamos la controversia que opone a las autoridades judías contra Jesús.

JESUS RESPONDE A LOS JUDIOS

(5, 16-18)

16 **Por causa de esto, los judíos perseguían a Jesús, porque hacía estas cosas en sábado.** 17 **Pero él les respondió: «Mi Padre trabaja siempre y yo también trabajo».** 18 **Por causa de esto, los judíos no buscaban entonces más que matarlo, porque no solamente disolvía el sábado, sino que además llamaba a Dios su propio Padre, haciéndose él mismo igual a Dios.**

Las autoridades judías y Jesús están ahora frente a frente. El narrador refiere la oposición de los primeros en dos frases, paralelas, pero *in crescendo* (v. 16.18). El «por causa de esto» inicial, recogiendo por un lado lo que precede, anticipa sin embargo el «porque» que sigue; esta construcción rebuscada *(dià toûto... hóti...)* pone de relieve los motivos de la reprobación de las autoridades. Entre estas dos frases se recoge una palabra de revelación pronunciada por Jesús (v. 17); se encuentra literalmente sitiada (Jesús lo está de hecho) por los capítulos de la acusación.

La primera queja es la ruptura del sábado, no ya fortuita sino repetida, como demuestra el verbo en imperfecto: «hacía» (no: «había hecho») y el plural «estas cosas»[33]. Jesús violaba el sábado habitualmente: lo «disolvía» *(élyen)*, como dirá el v. 18. Podría verse aquí una generalización malévola a partir del episodio del enfermo, pero la tradición sinóptica atestigua en varias ocasiones esta conducta de

33. El verbo *epoíei* se relaciona con el versículo anterior donde se dice: *ho poiêsas hygiê* (5, 15 y 5, 11). En contra de E. Lohse, en TWNT VII, 27, esta acusación no se refiere sólo a la orden dada al enfermo, sino al conjunto del episodio.

Jesús, tan chocante para quienes le rodeaban[34]. La acusación es histórica; al recogerla, el evangelista remite al tiempo pasado de Jesús de Nazaret. La réplica del acusado a este reproche procede de la cristología joánica:

17 **Pero él les respondió: «Mi Padre trabaja siempre y yo también trabajo».**

Jesús «respondió». Si el verbo es vulgar, su forma rara *(apekrínato,* usada solamente aquí y en el v. 19, en vez del habitual *apekríthē)* merece la atención. Con la misma forma, pero negativa, la tradición sinóptica subraya que durante su pasión Jesús «no respondió» *(ouk apekrínato)* ni al sumo sacerdote (Mc 14, 61), ni a Herodes (Lc 23, 9), ni a Pilato (Mt 27, 12); aquí por el contrario, Jesús responde a quienes lo juzgan. Según Jn, su proceso ante los judíos tuvo lugar durante su ministerio en Jerusalén.

Jesús da el tono con esta palabra de revelación. Dejando el terreno legal de la controversia, se sitúa, no ya del lado de Israel llamado a la observancia de la ley, sino en las alturas de Dios. Para entender bien esta respuesta, conviene compararla con la manera habitual con que Jesús justifica en los sinópticos su actuación a propósito del sábado. En estas controversias, toma el punto de vista de la ley, que es el de sus interlocutores: en determinadas circunstancias, el descanso sabático puede ser transgredido legítimamente por una fidelidad más profunda a la intención divina, por ejemplo, cuando la ayuda al prójimo tiene que prevalecer sobre la prescripción cultual[35].

En 5, 17 la perspectiva es muy distinta. En vez de situar el descanso sabático respecto a otros mandamientos, Jesús no relativiza de ninguna manera su observancia por Israel; se sitúa en el punto de vista de Dios, que «trabaja siempre»[36]. Jesús levanta muy alto la mirada de sus oyentes: el cese de todo trabajo exigido a los hombres el día séptimo de la semana deja simbólicamente el lugar completamente a lo que

34. Así en la compilación Mc 2, 2-3, 6, que desemboca en la decisión de acabar con Jesús. Cf. también Lc 13, 10-17; 14, 1-6.

35. El comportamiento de Jesús se justifica por la famosa palabra: «El sábado se hizo para el hombre y no el hombre para el sábado» (Mc 2, 27 par). La argumentación no es la misma en Jn 7, 21-23 (cf. *infra,* 177).

36. La expresión *éōs artí,* según el contexto, puede significar «hasta el momento presente» (2, 10; 16, 24) o, más ampliamente, «todavía» (1 Jn 2, 9; cf. 1 Cor 4, 13 y 2 Cor 4, 11; igualmente en Jn 9, 4: «mientras es de día»).

sólo Dios puede realizar. De este obrar propio de Dios ha sido una manifestación la curación del enfermo, obra de vida.

Si los oyentes captan enseguida que, al decir «mi Padre», Jesús se refiere a Dios, es porque les es familiar el principio de su actividad incesante. La historia de la interpretación en Israel del versículo del Génesis relativo al descanso divino es iluminadora para nuestro caso. En el original hebreo se lee:

> Dios acabó el día séptimo la obra que había hecho y cesó el día séptimo de la obra que había hecho. Dios bendijo el día séptimo y lo consagró, porque en él cesó de la obra que él mismo había creado por su acción (Gén 2, 2-3)[37].

Este texto adolece de cierta ambigüedad: ¿el día séptimo Dios llevó su obra a término o descansó después de cesar todo el trabajo? El texto samaritano del Pentateuco[38] y los Setenta zanjaron el problema: según su traducción, Dios puso fin a su obra no el día séptimo, sino el sexto:

> Dios acabó el sexto día sus obras que había hecho y descansó el día séptimo de todas sus obras, que había hecho. Y Dios bendijo el día séptimo y lo consagró, porque aquel día había descansado de todas sus obras, las que Dios había comenzado a hacer (Gén 2, 2-3).

De esta manera la legislación sabática se basaba en el comportamiento del Creador[39]. Pero el pensamiento judío no se dejó encerrar en una interpretación constrictiva del descanso de Dios, incompatible con su soberanía y providencia. Según el Targum Neophiti (finales del siglo II d. C.), si la creación se terminó en seis días, Dios procede durante el séptimo a obras más admirables todavía, por medio del *Memrá,* a saber, su Logos no solamente creador, sino revelador y

37. Otra traducción (TOB): «Dios bendijo el día séptimo y lo consagró, porque entonces había parado toda la obra que él mismo había creado por su acción». J. Briend, en DBS X, 1161s, propone interpretar la final «para hacerlo» por «para que sea celebrado festivamente». M. Harl, *La Bible d'Alexandrie. La Genèse,* Paris 1986, 98s opina que la contradicción entre los Setenta y el texto masorético «puede desaparecer si se comprende el hebreo en el sentido del pluscuamperfecto: Dios *había acabado* su obra el día séptimo». Nos inspiramos en la tesis de J. Bernard (*supra,* 29, nota 28).

38. Los samaritanos (cf. I, 299s) conservaron una edición del Pentateuco que no corresponde exactamente al texto hebreo corriente. Igualmente, cf. Jub 2, 16.25 y algunas versiones siríacas y antiguas latinas.

39. Cf. Ex 20, 11, que difiere de Dt 5, 12-15, en donde se da un motivo humanitario a la práctica del sábado.

salvador[40], o por el soplo divino que hace al hombre capaz de discernir la justicia[41]. Según Filón, «Dios no cesa nunca de obrar»[42]; más que descansar, lo que hace es llevar la creación a su descanso[43].

Y he aquí que, por lo que se refiere a él, Jesús precisa: «Y yo también trabajo»[44]; tal es su respuesta a los judíos. Ya en el templo, el «yo» de Jesús debería haberles puesto alerta, cuando había declarado su poder de levantar el santuario en tres días (2, 19s). Aquí Jesús se sitúa claramente del lado de Dios, junto a él. No dice, como los sinópticos, que el Hijo del hombre es dueño del sábado[45]; a partir de la relación sin igual que lo une a «su» Padre, se atribuye un obrar que tiene la misma permanencia y el mismo contenido que el obrar divino. Implícitamente, Jesús sigue refiriéndose a la curación del enfermo, como signo escatológico de la salvación; pero su palabra desborda el hecho puntual para sugerir una misión tan vasta como el proyecto de Dios[46].

La afirmación de Jesús es intolerable para los oyentes. Insistiendo en su primera acusación, se sublevan contra un comportamiento más grave que la violación del sábado. El narrador explicita su intención de dar muerte a Jesús, que antes era sólo implícita (5, 16)[47]:

40. Cf. R. Le Déaut, BTB 4 (1974) 265s, sobre Ex 12, 42.

41. J. Bernard, Mél.Sc.Rel. 33 (1976) 13-32. Este autor recoge otra tradición rabínica: una tercera clase de ángeles estaría encargada de la obra a partir del día séptimo *Mekhilta*, (ed. Horovitz), 1970, 344. Según Odeberg, 203, y R. Bultmann, 183, se trata del ejercicio del juicio, pero esta interpretación se apoya en textos rabínicos tardíos (cf. SB II, 461s) y no está muy de acuerdo con el discurso en el que la obra del Padre es el don de la vida.

42. *Leg. Alleg.* I, 5s: «Como es propio del fuego quemar y de la nieve helar, así es propio de Dios producir».

43. *Ibid.*, 5, 6; SB II, 461s.

44. Aunque la actividad divina toma un aspecto hierático que la traducción expresaría de buena gana por «estar en obra» preferimos traducir por «trabajar», dado que el verbo *ergázesthai* tiene una connotación constante de trabajo ordinario.

45. Mt 12, 8 = Mc 2, 28 = Lc 6, 5.

46. Por el hecho de resaltar la filiación divina de Jesús, la palabra del v. 17 no vale más que de Jesús. No se refiere a una abolición de la ley sabática para el discípulo, ley que la celebración del domingo había arrinconado en tiempos de Jn. La transgresión por el antiguo enfermo no interesa ya a los judíos en nuestro contexto. Ya antes dijimos que la orden dada por Jesús se inscribía en la prolongación del milagro, para que éste se manifestara.

47. Mediante el verbo *diṓkō*, «proseguir» o «perseguir», Jn añade un prólogo al proceso de Jesús. Este verbo sólo aparece en Jn 15, 20, a propósito de los discípulos.

18 Por causa de esto, los judíos no buscaban entonces más que matarlo, porque no solamente disolvía el sábado, sino que además llamaba a Dios su propio Padre, haciéndose él mismo igual a Dios.

En los capítulos anteriores no hacía más que aflorar la hostilidad contra Jesús; aquí se habla ya de acabar con él. El evangelio establece un contraste entre la obra de vida que Jesús realizó al curar al enfermo y la muerte que se perfila contra él. ¿Sugiere una vinculación profunda entre la una y la otra? La respuesta se hará patente a la luz de todo el evangelio.

En el v. 18, como en el v. 16, el imperfecto del verbo indica un comportamiento habitual: «llamaba a Dios su propio Padre»[48]. El lenguaje de Jesús es interpretado por los oyentes como «se hace igual a Dios». Según algunos exegetas[49], la expresión podía designar la conducta de un hijo que reivindicaba la independencia frente a su padre. Pero esto sería quedarse en la primera acusación contra Jesús, ya que la violación del sábado equivale precisamente a liberarse de la autoridad —suprema— de la ley. La progresión interna del texto («no buscaban más que... no solamente..., sino que además...») impone el sentido obvio[50]: Jesús se atribuiría la dignidad divina, habiendo sucumbido a la palabra del Tentador («Seréis como dioses», Gén 3, 5; cf. Flp 2, 6). Esta «traducción» que hacen los judíos de la palabra de Jesús es una deformación, como lo mostrará el discurso, pero también un atisbo, ya que en ella se puede vislumbrar el misterio del Hijo.

La decisión de matar a Jesús depende en este texto de lo que él dijo de sí mismo. Según los datos sinópticos, Jesús fue condenado en virtud de un «es preciso» divino[51], pero también por la voluntad de los que juzgaron subversivo su comportamiento respecto a la ley. Jn coincide con esta última tradición al presentar la acusación de los judíos a propósito del sábado, pero en el v. 18 la decisión de matarlo depende propiamente de la revelación que hace Jesús de su calidad de Hijo. Esta es la perspectiva que se mantiene a continuación en su evangelio[52].

48. Cf. 2, 16 y I, 202s.
49. Así Odeberg, 203.
50. Este sentido está atestiguado en la Biblia; así, para Antíoco Epífanes (Dan 11, 36-38) o el Anticristo (2 Tes 2, 4).
51. Cf. Mt 16, 21 par; 17, 22 par; 20, 18 par; Lc 18, 31; 24, 7; Jn 3, 14; 12, 34.
52. Especialmente 10, 33; 19, 7.

EL MISTERIO DEL HIJO
(5, 19-47)

He aquí, «por tanto»[53], la respuesta de Jesús. Va desplegando en un discurso de revelación aquella palabra concisa: «Mi Padre trabaja siempre y yo también trabajo» (5, 17); se convertirá en una llamada urgente a la fe.

Sorprendente para el lector moderno, este discurso se presenta como una apología en dos movimientos. En una primera parte (5, 19-30) Jesús, respondiendo a la acusación de hacerse igual a Dios, manifiesta la fuente y el contenido de su actuación. El término «igual» utilizado por los judíos no vuelve a repetirse; resultará impropio, pero sin embargo, tiene un buen fundamento. Impropio, porque el obrar del Hijo se define como dependiendo constitutivamente del Padre; pero fundado, porque la misión con que el Padre ha investido al Hijo pone en obra los poderes propios de Dios ante los hombres: dar «vida» a los muertos, ejercer el juicio.

Al mismo tiempo el evangelista se enfrenta con el principal reproche de los judíos a los cristianos de su tiempo: hacer de Jesús un segundo dios. El discurso mantendrá continuamente la prioridad soberana del Padre; lo mismo que el prólogo, constituye una «defensa del monoteísmo cristiano»[54]. Pero es también una revelación del misterio del Hijo en el que se manifiesta como una dignidad inconcebible el carácter absoluto de una dependencia vivida en el interior de una relación amorosa.

En el conflicto que se ha entablado, la autorrevelación de Jesús no constituye sin embargo un alegato suficiente, ya que sólo se apoya en sí misma. Por eso, en la segunda parte del discurso (5, 31-47) Jesús apela a unos testigos distintos de su propia palabra y que pueden, en cierto sentido, llamarse «objetivos». Estos testimonios, al alcance de los oyentes, debían conducirlos a reconocer como legítimo su papel escatológico. A medida que va avanzando, esta «defensa» de Jesús se va convirtiendo en una requisitoria: para ser entendidos, los testimonios aducidos suponen una apertura espiritual a la que se han negado hasta entonces los oyentes, de modo que desconocen incluso el testimonio que debería ser para ellos más irrefutable: las Escrituras de Israel. El

53. Mediante la partícula *oûn,* Jn se refiere a lo precedente, o sea, al contexto de proceso que caracterizaba el v. 17.

54. R. H. Lightfoot, *Comm.,* Oxford 1957, 141.

texto termina con una interrogación: «Pero si no creéis en sus escritos (los de Moisés), ¿cómo creeréis en mis palabras?»´ (5, 47).

Se da uno cuenta al escuchar a Jesús, de que, si habla en su defensa, su motivación exclusiva es comprometer a sus oyentes a recibir la vida que les ofrece. Porque el Hijo es deudor ante el Padre que lo ha enviado, y su alimento es llevar la obra del Padre a su consumación (cf. 4, 34). Esta es la «pasión» de que aquí habla. De hecho, a pesar del contexto determinado por los v. 16 y 18, Jesús en este discurso no evoca jamás su propia muerte[55], sino sólo la de los hombres.

Este texto presenta de forma eminente la paradoja de la escritura joánica. Por una parte, refleja la certeza primera del evangelista: el lugar histórico en que se ha revelado el Padre es Jesús de Nazaret, aquel cuya situación en proceso hace revivir ante sus lectores. Es curioso cómo, a excepción del término «Hijo», el lenguaje utilizado es inmediatamente comprensible por los asistentes: la «vida», el «juicio», la «resurrección de los muertos» son nociones familiares a los judíos; en definitiva, el testimonio de las Escrituras acaba arraigando el anuncio de Jesús en la experiencia de Israel con su Dios. Por otra parte, el que aquí habla es el Hijo tal como lo conoce Juan a la luz del Espíritu.

I. La revelación (5, 19-30)

A primera vista, este conjunto puede parecer una serie de sentencias repetitivas que se encadenan sin ningún rigor. Sin embargo, está construido con una gran solidez. Su contenido se articula según las tres dimensiones del tiempo: la obra del Hijo se muestra en el presente, luego se extiende hacia delante en el futuro, finalmente se vuelve hacia el pasado; de esta manera se indica que concierne a la humanidad entera, de un cabo al otro de la historia. Su forma es la de un quiasmo elaborado. Los v. 19 y 30 forman una inclusión muy clara que delimita la primera parte del discurso[56] y, en el interior, aparecen otras correspondencias: los v. 21 y 26s tienen la misma construcción («Lo mismo que..., así...») y los v. 20 y 28s hablan de un «asombro» a propósito de lo que ha de venir.

El quiasmo se organiza de este modo:

55. A diferencia de 6, 51.

56. El v. 30 recoge textualmente el 19b y su contenido equivale al v. 19 por entero. Algunos ven aquí el comienzo de la segunda parte, pero el tema del juicio, que desaparece a continuación, lo relaciona con la primera.

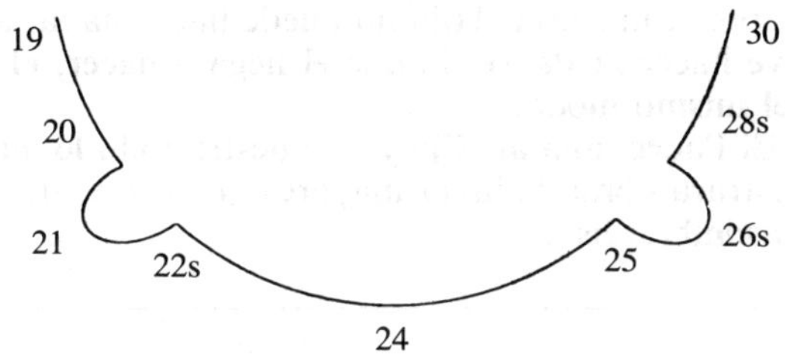

El v. 24 se encuentra en el centro del quiasmo (y por tanto, de la requisitoria)[57]: recoge el doble *amén* del v. 19 y prepara con «*mi* palabra» y «*me* ha enviado» el «yo» que en el v. 30 personaliza la afirmación inicial sobre el Hijo. De este modo aparece una correspondencia entre los v. 25 y 28s mediante la expresión «llega la hora», y la figura del quiasmo puede matizarse así:

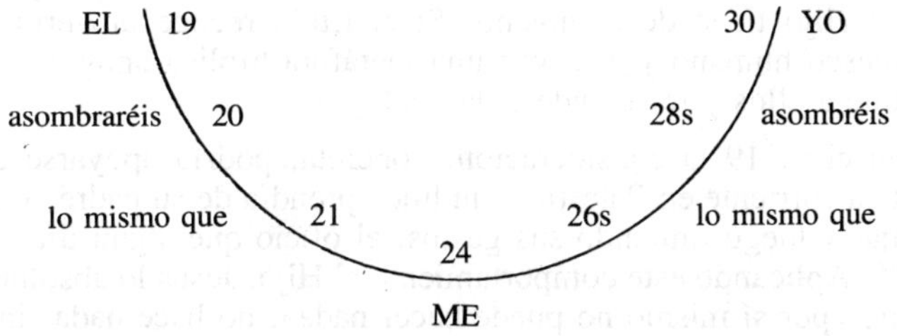

57. A. Vanhoye, *Mél. Rigaux*, Gembloux 1970, 259-274, ha propuesto modificar el esquema que presenté en NTS 7 (1960-1961) 253s, subrayando la relación que une a los v. 24 y 25 en virtud del doble *amén* por el que comienzan uno y otro. Pero esta semejanza verbal, que puede explicarse de otro modo, no debe ocultar las diferencias: diversidad de estilo (*yo* y *el*) y de tiempo (presente/futuro). Por otra parte, haciendo del v. 24 el término del primer desarrollo (19-24) y del v. 25 el comienzo del segundo (25-30), se desconoce la función del v. 24, verdadero eje que personaliza el conjunto de la requisitoria. Finalmente, el v. 25 no recoge más que una parte del v. 24, mientras que los otros elementos del v. 24 (como la *krísis*) se recogerán luego, en los v. 26-29. A pesar del estudio minucioso de un especialista de la distribución en quiasmo y a pesar del consentimiento que le han prestado un conjunto de críticos, opino que mi propuesta conserva todo su valor.

19 Jesús respondió por tanto y les decía: «Amén, amén, os lo digo: por sí mismo el Hijo no puede hacer nada, a no ser lo que ve hacer al Padre; lo que él llega a hacer, el Hijo lo hace del mismo modo.
20 ¡Sí! El Padre ama al Hijo y le muestra todo lo que hace; y le mostrará obras todavía mayores que éstas, de manera que os asombraréis».

Un doble *amén*[58] introduce una revelación que contrasta con el «hacerse igual a Dios» que los judíos le reprochaban a Jesús: el Hijo no puede hacer nada por sí mismo; en todo su obrar depende del Padre. La formulación negativa inicial acentúa el contraste. El título «el Hijo» hace eco a la expresión «mi Padre» del v. 17. Aparecerá en ocho ocasiones antes de ser barrido por el «yo» de Jesús en el v. 30; semejante concentración aparece sólo aquí en Jn[59].

En el prólogo, «el Hijo (único)» designa al Logos hecho carne que aclamaban los creyentes, al Revelador del Padre (1, 14.18); en el anuncio a Nicodemo, a aquel que Dios envió por amor al mundo (3, 16); este título fue pronunciado, como un eco, por el Bautista (3, 35s). En nuestro discurso se manifiesta por primera vez la experiencia que el Hijo tiene de sí mismo. Si el título recoge un término del parentesco humano y a la vez una metáfora bíblica antigua, es irreductible a ellos y trasciende toda analogía.

En el v. 19 la consideración, concreta, podría apoyarse en una práctica corriente en Palestina: un hijo aprendía de su padre, viéndolo trabajar y luego imitando sus gestos, el oficio que algún día sería el suyo[60]. Aplicando este comportamiento al Hijo, Jesús lo absolutizaría: el Hijo «por sí mismo no puede hacer nada», no hace nada sin mirar al Padre, del mismo modo que Nicodemo no puede (*ou dýnatai*) entrar en el Reino sin haber nacido de arriba (3, 3). No se trata de una protesta de humildad[61] ni de un modo de obediencia, sino que es la afirmación de una imposibilidad radical.

58. Cf. I, 229.

59. Ocho veces de los 18 casos en Jn, sin tener en cuenta los pronombres *autoû* (cf. R. Schnackenburg, *ad loc.*). En el mismo contexto aparecen también los títulos «Hijo de Dios» (v. 25) e «Hijo de hombre» (v. 27s).

60. Dos estudios, aparecidos casi simultáneamente, detectan una parábola subyacente en Jn 5, 19: C. H. Dodd, RHPR 42 (1962) 107-115, y P. Gächter, *Mél. J. Schmid*, 1963, 65-68.

61. Así piensa, sin embargo, Cirilo de Alejandría, recogido por Lagrange.

La expresión «no poder hacer nada por sí mismo» tiene todo un transfondo en la Biblia y en los escritos del judaísmo[62]. Cuando Coré, Datán y Abirón se rebelaron contra Moisés, éste les dijo:

> «En esto conoceréis que es Yahvé el que me ha enviado a cumplir todos estos actos y que *yo no he obrado por mi propia decisión*...: si Yahvé crea algo extraordinario, si la tierra... se traga (a esos)..., sabréis que habían despreciado a Yahvé». Apenas acabó de decir estas palabras, la tierra se abrió bajo sus pies (Núm 16, 28-31).

Jesús no solicita de Dios ningún prodigio, pero recoge lo esencial de las palabras de Moisés: «Yo no he obrado por mi propia decisión (*ouk aph'emautoû*)». La tradición judía había recogido esta palabra como el criterio que permitía discernir los milagros auténticos de los prodigios realizados por los falsos profetas; se había convertido en un lugar teológico para reconocer a los enviados de Dios. Flavio Josefo insistió en la actitud de Moisés haciéndole decir: «Yo no he hecho nada más que lo que me habéis ordenado»[63]; un texto rabínico presenta en esta misma perspectiva la historia del profeta Elías[64]. Así pues, Jesús se sitúa en la línea de la tradición mosaica y de los grandes enviados de Dios; pero, aun respondiendo a la exigencia de los judíos, su palabra es mucho más radical: no hay *nada* que el Hijo pueda realizar sin mantener los ojos fijos en el Padre.

El Padre fuente de la actividad del Hijo es un *leitmotiv* de la teología joánica. Tanto si se trata de «hacer» como de «decir» o de «venir»[65], Jesús declara siempre que esto no procede «de él mismo», sino del Padre. ¿No es esto un eco de la palabra del prólogo: «El Hijo único está vuelto hacia el seno del Padre» (1, 18)? Toda apropiación por su parte velaría el hecho de que, por medio de él, es el Padre el que obra en favor de los hombres.

Lo que la primera parte del v. 19 dice en forma negativa, la segunda lo formula positivamente:

19 «Lo que él (el Padre) llega a hacer, el Hijo lo hace del mismo modo».

62. Cf. J. Bernard, Mél. Sc. Rel. 34 (1977) 22.
63. F. Josefo, *Ant. Jud.* IV, III, 2.
64. Cf. J. Bernard, citando a *Mid. Nu. r.* sobre 16,28.
65. *Hacer*: 5, 19.30; *Decir*: 7, 17; 12, 49; 14, 10; cf. 16, 13; *Venir*: 7, 28; 8, 42...

Al «nada» (v. 19) corresponde un «todo», referido primero al Padre (v. 20). Se afirma de nuevo la dependencia absoluta. Pero no hay que engañarse. Determinada por completo por la acción de Otro, la acción del Hijo es «del mismo modo» (*homoíōs*). Hay aquí algo distinto de una palabra edificante, como si el ideal para un hijo fuera reproducir el modelo paternal[66]. A diferencia de Pablo que habla de la «imagen de Dios»[67], Jn describe al Hijo actuando, corrigiendo así lo que podría tener de estático el término «imagen». Es que el propio Padre, en la presentación joánica, es sumamente activo, como demuestran las expresiones que se refieren a él, en el v. 17, aquí y a continuación.

Aun hablando desde un punto de vista formal, Jesús afirma ya en este versículo la paradoja que sigue marcando el discurso: su propio obrar, derivado del obrar del Padre, no es distinto, sino el mismo. Esta revelación supera absolutamente la experiencia de los profetas que se identificaban con la palabra de Dios que tenían la misión de proclamar[68]. No es necesario entonces apelar al vocabulario de la mitología gnóstica[69], ya que, a los ojos de Jn, Jesús depende del Padre no solamente como su Enviado, sino como su expresión[70]. El obrar del Hijo no sucede al del Padre; es concomitante, debido a una comunión única en su género.

20 «¡Sí! El Padre ama al Hijo y le muestra todo lo que hace; y le mostrará obras todavía mayores que éstas, de manera que os asombraréis».

Tan sólo el amor del Padre (cf. 3, 35) explica ese «del mismo modo» con que termina el v. 19. Por mucho que intentemos remontarnos en la relación Padre-Hijo, no se puede ir más allá de ese amor con que el Padre amó al Hijo desde antes de la creación del mundo (17, 24) y que pone en común todos los secretos[71]. Más que de cau-

66. A. Jaubert ha subrayado el engaño que amenaza a los que deducen de nuestro texto consideraciones psicológicas sobre la relación de un hijo con su padre: *Approches de l'évangile de Jn*, Paris 1976, 120.

67. 2 Cor 4, 4; Col 1, 15.

68. Cf. Jer 20, 9 (cf. 15, 16). Cf. A. Neher, *La esencia del profetismo*, Salamanca 1975.

69. Así R. Bultmann, 188s. Léase, en sentido contrario, R. Schnackenburg, II, 168-173, a propósito de *Ev. Ver*. 38, 6-24.

70. Cf. I, 56ss.

71. El verbo *philéō* se utiliza, como en 15, 15, en lugar del habitual *agapáō*, que figura en 3, 35; 10, 17; 15, 9s; 17, 23.24.26.

salidad, se trata aquí de una confirmación de lo que dejaba entrever el versículo anterior del vínculo que une al Padre y al Hijo; de ahí la traducción «¡Sí!», para traducir el *gár* inicial[72].

Lo que el Padre muestra y mostrará al Hijo, el Hijo se lo manifiesta a los hombres[73]: los oyentes de Jesús se asombrarán ante las «obras todavía mayores» que, por ejemplo, la curación del enfermo[74]. ¿A qué obras se refiere Jesús? Espontáneamente se piensa en el ciego de nacimiento recobrando la vista o en la reanimación de Lázaro que llevaba cuatro días muerto. Al manifestar así la actividad del Padre, Jesús desgarra la trama de la existencia cotidiana, provocando a los espectadores a un «asombro»[75] que debería barrer en ellos todo obstáculo, desbloqueando toda resistencia al misterio. Si en Jn los milagros de Jesús van cargados de un «plus» para subrayar su grandeza[76], no es para exaltar el poder del taumaturgo como tal, sino para significar la vida, en el sentido más intenso y más profundo, que el Hijo comunica a los hombres. La continuación del texto muestra cómo por «las obras mayores» Jesús se refiere a lo mismo que significa, al don de la vida eterna.

21 «En efecto, lo mismo que el Padre despierta a los muertos y les hace vivir, así también el Hijo hace vivir al que quiere. 22 En efecto, el Padre no juzga a nadie: el juicio entero se lo ha entregado al Hijo, 23 de modo que todos honren al Hijo en la medida con que honran al Padre que lo ha enviado».

Estos tres versículos, unidos entre sí y con lo que precede, señalan las dos obras supremas de Dios según la fe judía: despertar a los muertos y ejercer el juicio. Anuncian que el Hijo las comparte, de forma que el Hijo debe recibir el mismo honor que el Padre. De estas obras escatológicas, Jn mantiene que proceden del Padre, pero añade la idea nueva de que han sido comunicadas al Hijo: ése es el objeto

72. El *gár* introduce no lo que fundamenta la afirmación anterior (6, 27-33), sino un aclaramiento, una precisión, como en 3, 19; 4, 17.44; 5, 22.46; 7, 1.4; 9, 30.

73. Cf. 10, 32; 14, 8.9

74. En 7, 21 Jesús dice que los judíos se extrañaron de la curación del enfermo.

75. El verbo *thaumázō* indica la reacción del hombre ante una palabra o un suceso sorprendente, sin insistir en la admiración, sino más bien en cierta inquietud, que abre al compromiso o al rechazo: cf. 3, 7; 5, 20.28 y 4, 17; 7, 15.21.

76. Cf. *supra*, 25, nota 20

mismo de la requisitoria. Pero hay además otras novedades en otros dos niveles. Mientras que en la presentación de la apocalíptica judía prevalece el juicio, en este pasaje, como en todo el evangelio, lo que domina es el don de vida. Además, lo que la fe tradicional situaba al final de los tiempos se revela como una realidad presente.

«Despertar (*egeírein*) y vivificar a los muertos»: ésta es la primera de las «obras mayores» que el Padre muestra al Hijo. El poder de suscitar la vida, no solamente en la primera creación sino más allá de la muerte, es lo propio del Dios vivo[77]; como dice en varias ocasiones la Escritura, «sólo Yahvé manda a la muerte y hace vivir»[78]. Dios no es un Dios de muertos, sino de vivos (Mc 12, 27).

¿Se refiere Jesús a la resurrección de todos los hombres en el último día, según la creencia que se había establecido en Israel[79]? A nuestro juicio, el contexto se opone a ello, aunque no puede excluirse que este sentido siga estando en el trasfondo, ya que este tema aparecerá más adelante, en los v. 28-29, pero con marcadas diferencias: el actor es entonces el Hijo del hombre juez, los verbos están en futuro, se trata de los sepulcros, y la resurrección *(anástasis)* no es la «vida», ya que puede desembocar también en la condenación definitiva. En el v. 21 los verbos están en presente y «despertar» se precisa como «hacer vivir». ¿De qué «muertos» se trata entonces?

En virtud del verbo *egeírein*, el mismo que en 5, 8 («Levántate»), el texto podría evocar la obra divina de la curación del enfermo, ya que en la Biblia la enfermedad es ya el dominio de la muerte sobre el hombre[80]. Pero esta lectura no es más que el punto de apoyo del sentido: el milagro que puso en pie al que estaba yacente en Bethesda simbolizaba el acto divino que «despierta» al hombre comunicándole ya desde ahora la vida eterna, su verdadero destino. Antes de recibir este don, el hombre «permanece en la muerte»[81]. Según un empleo frecuente en el nuevo testamento, los que están separados de Dios por la increencia o el pecado suelen llamarse «los muertos»[82], incapaces

77. La vida proviene de Dios creador: Gén 2, 7; Sal 104, 29; porque es fuente de vida: Sal 36, 10. En los apocalipsis judíos, Dios delega el juicio en el Hijo del hombre (cf. Dan 7, 14; 7, 22 [en griego] y *Hen* 49, 4; 69, 27), pero nunca la misión de vivificar. Según Jn, este poder se le da al Hijo (5, 29; 10, 28; 17, 2).

78. 1 Sam 2, 6; cf. Dt 32, 39; Is 25, 8; Sab 16, 13. Así, el rey de Israel se niega a escuchar a Naamán el sirio, que le pide la curación de su lepra: «¿Acaso soy un dios que pueda dar la muerte y la vida?» (2 Re 5, 7).

79. Cf. *infra*, 50s.

80. Mt 10, 8; Mc 1, 31; Sant 5, 15.

81. «Nosotros sabemos que hemos pasado de la muerte a la vida,
porque amamos a nuestros hermanos.
El que no ama permanece en la muerte» (1 Jn 3, 14).

82. Mt 8, 22 par; Rom 4, 17; 6, 13; Col 2, 13; Heb 6, 1; 9, 14.

con sólo sus fuerzas de vencer ese peso. El fundamento de este lenguaje es veterotestamentario. Para Jn, no es metafórico más que en apariencia, ya que corresponde a su manera de ver la condición humana separada del Logos[83].

A la «muerte» del hombre se opone la dinámica del amor divino. Ya en Ezequiel, Dios dice por labios del profeta:

> Por mi vida, ¿acaso me deleito con la muerte del malvado? Al contrario, lo que quiero es que el malvado cambie de conducta y viva (Ez 33, 11).

La voluntad del Padre, desde la creación, es exclusivamente la de salvar; más aún, para Jn se trata de colmar al hombre mediante la comunión consigo. Jesús se lo reveló a Nicodemo, basando su anuncio en el amor extremo con que Dios ama al mundo. Esta comunión divina, por la que es vencida la «muerte», exige creer en el Hijo único que ha venido a anunciarla y a hacerla posible por parte de Dios (3, 16). Aquí se afirma que también el Hijo comunica la vida, lo mismo que el Padre. Volveremos en la *Apertura* sobre esta afirmación.

Al añadir «al que quiere», Jesús no se basa en una decisión arbitraria —así podría parecer la elección, en medio de la multitud, del enfermo que iba a curar (5, 3-5)—; subraya el carácter ilimitado del poder que el Hijo ha recibido[84]. Pero sugiere también un discernimiento: el don de la vida en sentido pleno no puede imponerse como una cosa, ya que se realiza en la fe, que es comunión de personas; Jesús le preguntó al enfermo: «¿Quieres ponerte sano?». Insensiblemente, el texto conduce al tema del juicio:

22 «En efecto, el Padre no juzga a nadie: el juicio entero se lo ha entregado al Hijo, 23 de modo que todos honren al Hijo en la medida con que honran al Padre que lo ha enviado».

Según la fe de Israel, el Dios Salvador es también el Juez supremo. Este tema se desarrolla en el antiguo testamento respecto a la historia humana y su término. Yahvé es juez universal[85]; su juicio es justo, hace justicia al oprimido y es misericordioso con quien se vuelve hacia

83. Cf. I, 77s y 115.
84. Cf. Mt 11, 27; Mc 3, 13.
85. Cf. J. Corbon-P. Grelot, VTB, 395-400; y Sal 67, 5; 94, 2; 105, 7; Is 2, 4; 26, 9; 33, 22; Miq 4, 3; Ez 30, 3; Ap 14, 7.

él[86]; también es terrible en la perspectiva del día del Señor. Después del destierro, los profetas y sobre todo los apocalípticos recordaron con insistencia el juicio final, en el que se decidirá para siempre la suerte definitiva de los hombres[87].

¿Qué entiende el evangelista por «juicio» (*krísis*)? El tema surgió en el capítulo 3, en dependencia, como aquí, del tema de la «vida» (cf. 3, 17-18). También aquí el juicio viene en segundo lugar y no en el sentido de una sentencia favorable o desfavorable, sino en el sentido joánico de privación definitiva de la «vida»[88]. Las nociones vida-juicio aparecen a lo largo de la requisitoria un número de veces más o menos equivalente[89]. A pesar de su atribución común al Hijo, estas dos prerrogativas divinas respecto a los hombres no están en el mismo plano, sino en un desnivel. La obra propia de Dios, compartida por el Hijo, es la comunicación al creyente de la vida que el uno y el otro poseen en sí mismos (cf. v. 26). El juicio es como la otra cara de este absoluto: coincide con la negativa del hombre a reconocer en el Hijo al Revelador. No reconocerlo como tal es negarse a entrar por medio de él en comunión con Dios.

Jn sigue moviéndose en la perspectiva bíblica. Mediante el don de la ley, Yahvé había manifestado a su pueblo los caminos de la vida, y es la pareja vida-muerte la que expresa en la Biblia la alternativa ante la cual la alianza puso a Israel (Dt 30). Es evidente que el Dios de la alianza propone la salvación, pero precisamente la salvación de Dios es una llamada dirigida a la libertad. Con la venida del Hijo, la alternativa se renueva: extrema expresión del amor del Padre al mundo, esta venida es también el riesgo extremo para la libertad. La pareja joánica vida-juicio traduce precisamente la pareja vida-muerte del Deuteronomio: lo mismo que la muerte, el juicio es la consecuencia de la negativa del hombre ante el don ofrecido. El evangelista que creyó en el Amor no podía decir que el Padre (o el Hijo) «hace morir» lo mismo que hace vivir (v. 21). Cuando el antiguo testamento declara en otro contexto que Yahvé «hace morir y vivir» (2 Sam 2, 6; Dt 32, 39; 2 Re 5, 7), es para expresar la transcendencia del Creador. Por medio del término «juzgar» en lugar de «morir», el evangelista preserva la alteridad del Donante de la vida divina, pero pone además de relieve que la solución está determinada por la opción libre del hombre.

86. Sal 7, 11.12; 19, 10; 94, 15; 140, 13s: 143, 2; Job 23, 7; Jer 11, 20; Tob 3, 2 (cf. Gén 31, 42; 2 Crón 20, 12); Rom 2, 3.5; 2 Tes 1, 5.

87. Jl 4, 12; Dan 7, 9-12; Sab 4, 20-5, 23; Ap 20, 12s; cf. Rom 3, 10-20; Heb 10, 27-31.

88. Cf. lo que se ha dicho a propósito de 3, 16-18 (I, 242-247).

89. Nombre: *zōḗ* (5, 24.24.26.26.29); verbo: *záō* (5, 25); *zōopoíeō* (5, 21.21). Nombre: *Krísis* (5, 22.24.27.29.30); verbo: *krínō* (5, 22.30).

En el v. 22 el juicio se le entrega por completo al Hijo, a diferencia del «hacer vivir» que en el v. 21 era ante todo la función del Padre. ¿Es que, como le reveló Jesús a Nicodemo (3, 17), el Padre busca la salvación y no el juicio del mundo? Puede ser que, al decir: «el Padre no juzga a nadie», el evangelista quiera recordar el amor que motivó en Dios el envió del Hijo único. Pero la atribución al Hijo del juicio entero depende de otro rasgo de la revelación a Nicodemo: se debe al hecho de que, según el proyecto de Dios, «tener la vida eterna» coincide con «creer en el Hijo» (3, 16). Los que acogen al Hijo entran en comunión de vida con el Padre, pero los que le desconocen «ya están juzgados» (3, 18) y no puede haber, después de ello, ninguna otra intervención de Dios con ellos.

Está claro que el juicio por el Hijo sigue estando conforme con la voluntad del Padre; en el v. 30 Jesús lo subraya diciendo: «en la medida en que oigo, juzgo».

El v. 23 se une con el anterior mediante un *hína* que tiene un sentido consecutivo: «de modo que»[90]. Lo que se dice se refiere tanto a la función del juez como a la ya indicada de hacer vivir a los «muertos». En virtud de la una y de la otra el Hijo debe ser honrado lo mismo que el Padre. Por tanto, no se puede descartar su papel para ir directamente al Padre; como sabemos desde el prólogo, es en el Hijo donde Dios se da a conocer y es por él como comunica la plenitud de la comunión a los hombres.

Este Hijo va tomando cada vez más una categoría impresionante. En el v. 23 Jesús añade al final que el Padre lo ha enviado: ¿es para fundamentar los anuncios tan altos que le conciernen? Se sabe que para la tradición judía, como para todo el antiguo oriente, el enviado de alguien es su presencia misma[91], sin serlo en concreto. Esto es cierto para los profetas de Israel, todos ellos «enviados» de Dios. Pero la misión del Hijo es diferente de la suya.

De hecho, el «añadido» del v. 23 prepara literariamente el anuncio del v. 24, en donde aparece de nuevo el tema del envío como acto del Padre: Jn subraya, más que la autoridad del Hijo, la iniciativa del Padre que quiere dar la «vida» al mundo por medio de él. Este final pone además de manifiesto, para el Hijo, el aspecto de «misión», que tiene que ver con la cristología mesiánica: se mantiene la dependencia del Hijo que subrayaba el exordio de la requisitoria, mientras que en los poderes escatológicos afirmados en los v. 21-23 se afirma la elevada

90. J. Blank, *Krísis*, 123, remitiendo a BD 391, 5

91. Cf. SB III, 2, 2; cf. Jn 12, 44s; 13, 20; cf. E. Hänchen, NTS 9 (1962-1963) 208-210.

cristología propia del cuarto evangelio. En Jn, las afirmaciones sobre el Hijo en cuanto Enviado y las afirmaciones del Hijo en cuanto uno con el Padre, en todo momento, están en tensión mutua y son inseparables, una de otra.

24 «Amén, amén, os digo: el que escucha mi palabra y cree en el que me ha enviado tiene la vida eterna: no viene a juicio, sino que ha pasado de la muerte a la vida».

La revelación de Jesús alcanza su punto culminante[92]. Jesús anuncia de qué manera interviene para que se comunique la vida «eterna» —aparece aquí el adjetivo— a los creyentes. También se menciona el juicio, pero en una negación.

Hay varios elementos que marcan este versículo de forma muy densa. En primer lugar la palabra. Hasta ahora se trataba, en el Padre y en el Hijo, de un «hacer»; ahora interviene la palabra, dirigida a los hombres, como el lugar de su llamada a la vida. La palabra por la que Jesús dice al Padre y se dice a sí mismo permite al oyente el reconocimiento y la entrada en relación con ellos. A diferencia de la palabra original de la creación, que ponía a la criatura en la existencia, la palabra de la revelación, tanto en el antiguo como en el nuevo testamento, se ofrece para ser escuchada y requiere una acogida para cumplirse.

En los v. 21-23 los verbos significaban un presente indefinido en la duración[93]; aquí se pasa expresamente al presente de Jesús de Nazaret. El Hijo al que hay que honrar, so pena de no honrar al Padre, no es una figura mítica, sino el hombre Jesús enfrentado con sus oyentes, es él mismo, como indican los giros: «*mi* palabra» y «*me* ha enviado».

Otro dato interesante: aunque en el enunciado van unidos «creer» y «tener la vida eterna» como en 3,16[94], aquí el verbo «creer» va referido al Padre, cuya presencia mantiene sin cesar el evangelista. Sin embargo, hay un solo pronombre rigiendo los participios *akoúōn* y *pisteúōn* (el que escucha... el que cree...), a pesar de la diferencia de los complementos respectivos (mi palabra... al que me ha enviado): escuchar la palabra de Jesús es confiarse[95] en un mismo movimiento

92. Como se subraya en el doble *Amén,* cf. *supra,* 37.
93. En el v. 23 se encuentra también el perfecto *dédōken*.
94. «Para que todo el que cree en él... tenga la vida eterna».
95. El complemento del verbo está en dativo, como en 2, 24. Cf. I, 226.

al Padre que lo ha enviado. La inmediatez del vínculo entre Jesús y el Padre se expresa aquí a través de la experiencia del discípulo[96].

El Bautista atestiguaba que el Enviado de Dios «habla las palabras de Dios»[97]; Jesús anuncia que escuchar su palabra es tener la vida eterna, la que el Padre tiene en sí mismo. No ya poseerla como un bien propio, sino ser admitido a la comunión divina o, como indica el texto, haber «pasado[98] de la muerte a la vida». Este paso es interior (el creyente no sale de este mundo: 17, 15), pero nada podría medir la distancia que aquí se franquea desde el universo de la muerte al del Dios vivo —del odio al amor, dice la primera Carta de Juan—, lo que expresa en otros lugares el evangelista por las oposiciones tinieblas-luz o esclavitud-libertad[99].

Este paso tiene lugar cuando la palabra es acogida en la fe; y su efecto permanece, como indica el tiempo perfecto del verbo «ha pasado» (*metabébēken)*. Si es verdad que la muerte tiene que realizar su obra destructora hasta el fin de los tiempos, para Jn está lejos del creyente desde que ha nacido a la vida de Dios. El creyente «no viene a juicio», precisamente porque participa de esta vida. Jesús había dicho a Nicodemo: «el que cree... no es juzgado»[100].

25 «Amén, amén, os digo que llega la hora —y es ahora— en que los muertos oirán la voz del Hijo de Dios, y los que la hayan oído vivirán. 26 Lo mismo que el Padre tiene la vida en sí mismo, así le ha dado al Hijo tener, también él, la vida en sí mismo 27 y le ha dado poder *(exousía)* de ejercer el juicio, porque es Hijo de hombre».

El anuncio del don inmediato de la vida a los que escuchan la palabra se amplía al v. 25: lo que se ha dicho vale no solamente para los oyentes de Jesús de Nazaret, sino también para todas las generaciones venideras.

96. El verbo *akoúō* debe traducirse aquí por «escuchar». En griego, significa ordinariamente «oír», percibir un sonido (así 6, 60a), pero también «escuchar», ser receptivo a lo que dice una persona (así 6, 60b) y, en este caso, equivale a «creer» (cf. 10, 26s).

97. 3, 34. Cf. 8, 47; 17, 6-8.

98. En sentido propio, el verbo *metabaínō* significa «cambiar de domicilio»: Mt 17, 20; Jn 7, 3; 13, 1; 1 Jn 3, 14.

99. 1, 5; 8, 12; 12, 35.46 y 8, 32-36.

100. 3, 18. Cf. I, 242-247.

Como en el v. 21, la expresión «los muertos» designa a los hombres a los que no ha despertado aún la luz divina; esos «muertos» son los que oirán la voz del Hijo de Dios[101]. Esto significa que el mensaje del Hijo seguirá oyéndose y proponiendo a los «muertos» el don de la vida. El ministerio de Jesús inaugura un tiempo nuevo en que su palabra, indefinidamente presente, transformará la existencia de los hombres que se hayan abierto a ella. De ahí la introducción solemne: «Llega la hora —y es ahora—», como cuando la adoración al Padre en espíritu y en verdad (4, 23). Jesús no dice de qué manera podrá ser oída la voz del Hijo de Dios por las generaciones futuras[102] a fin de ser «escuchada»; se contenta con afirmar su permanencia y su eficacia.

Del hecho de que la «vida» dependa de un conocimiento no poseído anteriormente, algunos autores han creído que había aquí una resonancia gnóstica[103]. Pero oír la voz del Hijo de Dios no es más que un punto de partida: la condición para «vivir» es la acogida existencial de la palabra, como lo muestra la precisión «los que la hayan oído», es decir, los que se la hayan apropiado siguiendo a Cristo.

En el v. 26 Jesús justifica este anuncio por medio de una afirmación en la que se contempla la vida en su fuente única, el Padre[104]. La construcción de equivalencia vuelve a aparecer luego —«lo mismo que el Padre..., así (el Hijo)»—, pero con un matiz interesante: el Padre sigue siendo el sujeto único de la frase: «Lo mismo que *el Padre* tiene la vida en sí mismo, así le ha dado al Hijo tener, también él, la vida en sí mismo». Este versículo se distingue de los precedentes: toca el misterio personal del Hijo y no solamente el de su misión entre los hombres. «Tener la vida en sí mismo» lo diferencia de toda criatura e implica el vínculo con Dios que, en el prólogo, caracterizaba al Logos[105].

La frase se prolonga, sin embargo, por el enunciado de una función. Cuando se esperaba algo por el estilo de «el Padre le ha dado comunicar

101. A pesar de la expresión «llega la hora» que se encuentra en 5, 28, no se trata aquí de un anuncio del juicio final, ya que no se habla aquí de resurrección corporal. Los verbos están en futuro, porque se refieren a los que alcanzarán la voz del Hijo a través de la historia.

102. Más adelante, en 17, 20.

103. Así R. Bultmann, a quien contradice J. Blank, 141, n. 76.

104. Cf. 6, 57: «el Padre vivo».

105. J. Blank, 158s (con Mussner, *Zoē*, 80; en contra, J. Dupont, *Essais sur la christologie de saint Jean*, Bruges 1951, 196), que mantiene que la afirmación de 5, 26 no es solamente funcional. Algunos traductores creen posible traducir el texto por el giro «disponer de la vida», pero eso sería repetir el v. 21.

la vida a los hombres», aparece el papel de juez, confirmado por el título de Hijo del hombre. ¿Por qué? Según el prólogo, la vida dada a todos los seres por el Logos en el momento de la creación se convierte en «luz de los hombres»[106], triunfando de las tinieblas por su propia intensidad, pero exigiendo una acogida por su parte. Del mismo modo, la «vida» que revela el Hijo invita a una opción. Esta vida no puede afectar al hombre como un objeto: la palabra que propone la comunión divina se dice a un interlocutor, a un sujeto. Así ocurría con la palabra de Dios en la alianza, revelada a Israel: la elección garantizaba la fidelidad del Señor, pero no la salvación para el pueblo si permanecía sordo a las exigencias de la promesa o ciego ante el perdón renovado de Dios. La alternativa vida-juicio, repetida aquí de nuevo, señala el carácter absoluto del don ofrecido[107].

Al honor atribuido al Hijo (v. 23) corresponde en este versículo su *exousía* de juez. El término designa un poder recibido de más arriba, pero ejercido con plena autoridad. El Hijo se presenta en el papel de Hijo del hombre. Esta figura bíblica aparece en el libro de Daniel en un contexto escatológico de juicio, al lado del «anciano de días» (Dios). La alusión es clara y este versículo[108] introduce un anuncio que alcanza, más allá del tiempo, al día último.

28 «No os asombréis, porque llega la hora en que todos los que están en las tumbas oirán su voz, 29 y saldrán de allí: los que hayan hecho el bien para una resurrección de vida, los que hayan hecho el mal para una resurrección de juicio».

A la actualización de la vida y del juicio, que caracterizaba al texto hasta ahora, le sucede un anuncio del juicio final en el sentido judío y cristiano tradicional. Intrigados por esta evolución, numerosos

106. 1, 4: cf. I, 68-72.

107. Cf. I, 242-247.

108. «Yo miraba en las visiones de la noche, y he aquí que con las nubes del cielo venía como un hijo de hombre... y se le dio poder y dominio» (Dan 7, 13). La ausencia de artículo delante de «hombre» en 5, 27 no tiene ningún significado; en otros lugares la profecía de Daniel no tiene artículo. De todas formas, no puede tratarse del «sumo sacerdote compasivo» (Heb 4, 15), como si por naturaleza el hombre estuviera más inclinado a la indulgencia. Este sentido no es bíblico (cf. Os 11, 9).

comentaristas[109] consideran estos versículos como un añadido posterior, corrigiendo en favor de la concepción clásica la escatología actualizada que domina en el cuarto evangelio. Se puede ciertamente discutir la procedencia de estos versículos, pero pensamos que se muestran perfectamente de acuerdo con el contexto.

El papel del Hijo se muestra no sólo a lo largo del devenir del mundo, sino en el momento de su fin (cf. 6, 34). Quitarle al evangelista todo lo que se refiere al «último día» es negarle la noción de una historia que avanza hacia su término, un acabamiento absoluto, y ponerlo en contradicción con los datos fundamentales de la Escritura[110].

Por otra parte, estos versículos tienen diversos lazos con el texto anterior: además de los temas de la vida y del juicio, hablan del «asombro» (v. 20), de la hora que viene (sin «y es ahora», v. 25), y de la «voz» (v. 25), que es aquí la del Hijo del hombre. Un detalle podría confirmar la mano del evangelista: el término «muertos», que habría sido normal, es evitado y sustituido por la perífrasis «los que están en las tumbas»; de este modo, queda reservado en Jn para los muertos espirituales.

En el v. 29, el anuncio se formula según las representaciones contemporáneas de una esperanza que había surgido tardíamente en Israel. Dios, soberanamente justo, no dejaría en el *sheol* a los que habían aceptado el martirio por permanecer fieles a la ley[111]. Progresivamente, con el libro de Daniel y las corrientes apocalípticas, la creencia en la resurrección individual se había generalizado a todos los hombres, justos o impíos:

> Los que duermen en el suelo polvoriento se despertarán, los unos para la vida eterna, los otros para el oprobio, para el horror eterno (Dan 12, 2).

En su discurso ante el gobernador romano, el apóstol Pablo se refiere a esta misma espera:

> Yo tengo esta esperanza en Dios y (los fariseos) también la comparten, que habrá una resurrección de los justos y de los pecadores (Hech 24, 15).

109. Así R. Bultmann, 196 y M. E. Boismard, RB 68 (1961) 507-524.
110. Cf. C. K. Barret, 70, 261, 263.
111. 2 Mac 7, 9-41. Anteriormente, la resurrección de los muertos (cf. Ez 37, 1-14) había sido comprendida de forma simbólica y colectiva: Israel el extenuado y vencido sería restaurado.

Esta resurrección precede al juicio final y a su resolución[112]. Jn conserva en el v. 29 el lenguaje de la apocalíptica judía: los muertos saldrán de los sepulcros, bien para entrar en la vida de Dios si son encontrados dignos de ella, o bien para oír su condenación y conocer la segunda muerte[113].

¿Cuál es la función de este anuncio? Jesús ha afirmado su poder de comunicar la «vida» a los que escuchaban entonces su palabra *y* a los que la escucharían a lo largo de los siglos venideros; aquí anuncia que alcanzará también a las generaciones del pasado. La voz del Hijo de Dios llegará hasta los sepultados en la tumba, a los que —según el contexto— no habían podido oírlo mientras vivían[114]. En efecto, el criterio del Juez respecto a ellos no es su acogida o su rechazo de Jesús; por otra parte, ¿cómo habría podido este anuncio afectar a los que se ha dicho que, una vez hechos discípulos, no vienen ya a juicio (v. 24.25)? El Hijo de Dios interviene en el último día como Juez de todos los que murieron antes de la predicación del evangelio o que, podríamos añadir, no lo conocieron.

Puesto que los que están en la tumba no pudieron ser juzgados por la respuesta que habrían dado a la palabra de Jesús de Nazaret, lo serán por el «bien» o el «mal» que hayan hecho. El sentido de estos términos parece obvio; pero, según nuestra interpretación de Jn 3, 19-21[115], las obras de los hombres *antes* del encuentro con Jesús consistían fundamentalmente en la acogida o el rechazo de la revelación de Dios a Israel y/o de la luz del Logos derramada en la creación. Es legítimo mantener aquí esta lectura, tanto si se trata de los hombres muertos antes de Jesús como de los que, llegados después de él, lo ignoraron. El comportamiento con el Logos, para los que no pudieron hacerse discípulos suyos, ocupará el lugar del comportamiento con Jesús de Nazaret. ¿Acaso no es el Hijo el Logos encarnado?

Las afirmaciones que preceden son exorbitantes, ya que sitúan a ese judío que está allí y que tiene por nombre Jesús en el centro de

112. La resurrección corporal —en el pensamiento judío el hombre no es un ser vivo más que en la unidad de su ser— no es para los justos un simple retorno a la existencia, sino participación en una vida más elevada. Al morir, uno de los siete hermanos mártires grita al tirano: «El Rey del mundo nos resucitará para una vida eterna» (2 Mac 7, 9), y Dan presenta esta vida con imágenes de luz: «Las personas sabias resplandecerán como el esplendor del firmamento; los que han hecho justa a la multitud, como las estrellas por siempre jamás» (Dan 12, 3). Cf. nuestra obra *Resurrección de Jesús y mensaje pascual*, Salamanca ^{5}1992, 56-62.

113. Ap 20, 5s.

114. Cf. 1 Tes 4, 14-16; Ap 20, 13.

115. Cf. I, 247-253.

la historia de los hombres. Semejante pretensión sería intolerable si no recordáramos inmediatamente el envío (5, 19), en el que Jesús asentaba el principio de que «el Hijo no puede hacer nada por sí mismo». Lo repite, pues, hablando en primera persona, con un *yo* preparado en el v. 24:

30 «Y yo no puedo hacer nada por mí mismo; en la medida en que oigo, juzgo, y mi juicio es justo, porque no busco mi propia voluntad, sino la voluntad de aquel que me ha enviado».

Aunque el ejercicio del juicio se refiere a una negativa a su persona, Jesús niega que él proceda por voluntad propia; por eso, ese juicio es «justo», como el de Dios[116]. La oposición entre «mi» voluntad y una voluntad superior (cf. 6, 38) no es, sin embargo, una oposición real, ya que tiene que ver con el lenguaje característico de la misión[117], como demuestra el final del versículo.

La imagen se ha modificado respecto al v. 19: en lugar de «ver», que es lo que hace el Padre, el Hijo «oye». Este verbo se había referido hasta ahora a la actitud de los creyentes, pero ahora indica la de Jesús, que oye incesantemente al Padre. ¿No sugiere esto que, al escuchar la palabra, el discípulo se encuentra en la misma postura que el Hijo y entra de este modo en el secreto de una comunión invisible?

La dependencia del Hijo, puesta de relieve al comienzo y al final de la requisitoria, se aplica en este último versículo a la función de Juez. Este rasgo corresponde sin duda a la tonalidad severa que tomará a continuación el discurso: Jesús habla a los que no han reconocido ni en sus milagros ni en sus palabras la manifestación de la salvación ofrecida por el Padre. Antes de citar los testimonios que deberían abrirlos a la f•, Jesús pone a sus acusadores frente al problema tremendo de su misión. Sin embargo, en el v. 30, se trata de remontarse a la voluntad misma de Dios, de la que los oyentes saben que es fundamentalmente gracia.

116. Sal 7, 12; Jer 11, 20; Tob 3, 2.

117. Cf. M. Berakot 5,5: «El enviado de alguien es como él mismo», citado por J. Bernard, *Jean V. Critique de la religion ou histoire des religions,* Lille 1978, 367.

II. El testimonio del Padre en favor de Jesús de Nazaret (5, 31-47)

En la segunda parte del discurso, que completa la primera, Jesús aduce unos testimonios para atestiguar la misión que ha declarado que es la suya. Esta parte se distingue no sólo por el tema que trata, sino también por su forma literaria.

La requisitoria anterior es un texto de alta revelación, tan alta que Jesús sólo se expresa allí en tercera persona: la identificación ha aparecido en el v. 24 y se ha afirmado en el último versículo por el sujeto explícito «Yo». Los destinatarios de la misión del Hijo se designaban allí por algunos giros como «los muertos», «el que oye...», «todos los que...». A continuación del discurso, el Yo de Jesús domina por completo (19 veces explícitas) y, frente a ese *yo*, aparece desde el v. 33 un *vosotros*, el de los oyentes hostiles (11 veces explícitas). De aquí resulta un enfrentamiento. Pero incluso cuando se destaca el Yo de Jesús (los testimonios son «sobre mí»), este enfrentamiento resulta que es entre Dios y los oyentes.

Este pasaje se inscribe en el largo proceso entablado por Yahvé[118] contra el pueblo elegido, rebelde a su palabra y a las manifestaciones de su benevolencia. Con el don a Israel del Enviado escatólogico, este proceso alcanza su punto crítico.

Los testimonios citados por Jesús se remontan todos a la obra salvífica del Padre: por ejemplo, el de Juan «un hombre enviado de Dios» (1, 6); o los milagros de Jesús, que le ha dado el Padre; o el testimonio del mismo Padre (que tendremos que precisar); o finalmente el de las Escrituras. Pues bien, estos testimonios no aportan, como en los procesos ordinarios, una información desconocida hasta entonces; los tenían a su disposición los jueces antes de su decisión de atacar a Jesús, o sea, antes de ser mencionados por el acusado. Debido a esta anterioridad que se lee claramente en el texto, estos testimonios presentados para la defensa de Jesús son un cargo para los oyentes en el mismo momento en que los enumera: su defensa se convierte en una invitación a tomar conciencia de ellos.

Dirigido por Jesús de Nazaret a sus adversarios, este texto afecta al judaísmo contemporáneo del evangelista, cuya negativa a reconocer en aquel Jesús al Mesías y al Hijo de Dios es, a los ojos de la comunidad joánica, de una inconsecuencia dramática. No se sigue de aquí ne-

118. Cf. J. Guillet, *Proceso*, en VTB 637-640. Por ejemplo, Os 4, 1-4; 12, 3s; Is 3, 13s; Miq 6, 1ss; Jer 2, 4-37; Sal 50....

cesariamente que el texto aluda también a los creyentes perturbados por la persecución de los fariseos y sus argumentos.

A través de esta defensa apasionada, el evangelista se propone fundamentar, por el testimonio del Padre, la autenticidad de la misión de Jesús de Nazaret y situarla así en la línea del designio de Dios revelado a Israel. Pero, con el Logos encarnado, la hora del cumplimiento de la salvación se inscribe en la historia y no en su término; está presente en las palabras y en los actos de un hombre; y por tanto, estamos todavía en el terreno de la fe, negada o prestada, pero no en el de la evidencia.

En este texto se pueden distinguir dos sub-unidades: la primera (v. 31-38) lleva a una constatación: «no creéis» (v. 38); la segunda, que se refiere a las Escrituras, desemboca en la pregunta: «¿cómo creeréis en mis palabras?».

Otro da testimonio de mí (5, 31-38)

31 **«Si yo doy testimonio de mí mismo, mi testimonio no vale. 32 Otro da testimonio de mí, y sé que vale el testimonio que me da».**

Según la sabiduría universal, no es aceptable el testimonio de un acusado en su propio favor. Según la jurisprudencia rabínica, se requerían dos testigos para hacer creíble una afirmación (cf. Dt 19, 15). Cuando en el capítulo 8 los fariseos recuerdan a Jesús esta exigencia, este responde que su autotestimonio vale a pesar de todo y da la razón de ello (8, 13s). Si, anticipándose a esta objeción, renuncia aquí a hacer valer su estatuto de excepción, esto se debe a la perspectiva que ha dominado en la requisitoria: «El Hijo no puede hacer nada por sí mismo» (5, 19.30). Jesús no se afirma, él solo, como autoridad; remite al testimonio de Otro que, para el lector, es Dios, el único capaz de autentificar al Enviado[119].

La expresión «otro (*állos*)» referida a Dios es única en el nuevo testamento. ¿Desea invitar a los oyentes a la búsqueda? ¿suscitarla? Este término tiene la función de marcar que el Padre es distinto del Hijo; hay además un contraste marcado entre el valor intrínseco que

119. Algunos identifican al «otro» con el Bautista (v. 33), pero el tenor del v. 34 prohíbe esta lectura. Cf. *infra*, 55s.

tiene el testimonio del Padre y el no-valor del testimonio de Jesús si estuviera separado de él. Por la designación «otro» Jesús alerta a sus oyentes: va en ello no sólo su actitud para el acusado que habla, sino también su actitud frente a Otro distinto de él.

Jesús añade, sin embargo, que él lo «sabe». Esta precisión confirma el vínculo del Padre con el Hijo que ha puesto de relieve la requisitoria: «El Padre ama al Hijo y le muestra todo lo que hace» (5, 20). Ante la tumba de Lázaro, Jesús dirá al Padre: «Sé que tú siempre me escuchas» (11, 42).

El Otro, que aquí atestigua en presente (*ho mártyrōn*), será nombrado en el v. 37, en donde el verbo *memartýrēken* se refiere a una intervención anterior. Podría decirse, según el v. 32, que el testimonio del Padre acompaña constantemente al ministerio de Jesús; la afirmación inicial engloba los testimonios que van a detallarse y que, como hemos indicado, proceden todos ellos del Padre.

33 **«Vosotros acudisteis a Juan, y él dio testimonio (*memartýrēken*) de la verdad.** 34 **Pero yo no recibo el testimonio de un hombre, sino que digo estas cosas para que os salvéis.** 35 **Juan era la lámpara que está encendida y brilla, mas a vosotros os gustó exultar de gozo un momento a su luz».**

Jesús pasa de pronto al *vosotros:* sus interlocutores han tomado parte activa en el acontecimiento de salvación que les recuerda que Juan les había atestiguado la presencia del Mesías en Israel (1, 19ss). Habían exultado[120] ante este anuncio por un instante. Este pasaje confirma la tradición sinóptica del éxito obtenido por el Precursor[121], real, pero poco duradero: «Juan vino a vosotros en el camino de la justicia y vosotros no le creísteis», dice Jesús en Mateo (21, 32).

Relativizando, por lo que a él concierne, el testimonio de Juan, Jesús muestra que el «Otro» del que ha hablado no era el Precursor; ningún hombre puede decidir sobre el Hijo único. Quizá por esto no se dice que este testimonio se da «sobre mí», como en otros lugares

120. En griego, *agalliásthai* tiene un sentido fuerte, así como cuando Abrahán vio el día de Jesús (Jn 8, 56).

121. Mc 1, 5 par; Lc 3, 15. F. Josefo describe el entusiasmo de los judíos ante la predicación del Bautista (*Ant. Jud.* XVIII, 116-119).

(v. 32.36.37.39) sino sobre «la verdad»[122], término que en el cuarto evangelio suele designar a Jesús.

La presentación de Juan en este pasaje está de acuerdo con la que ofrecían los capítulos 1 y 3: Juan como testigo tuvo un papel eminente y más allá de su muerte su testimonio guarda un valor duradero[123]; pero también se recuerda, a través de una imagen que aparece en la Biblia en contextos mesiánicos, la calidad secundaria de la luz que irradia el Precursor: no era él mismo la luz (1, 8), sino una «lámpara encendida»[124].

36 **«Pero el testimonio que yo tengo es superior al de Juan: las obras que el Padre me ha dado, para que las lleve a cabo, esas mismas obras que yo hago, atestiguan sobre mí que el Padre me ha enviado».**

He aquí que, según su deseo (3, 30), Juan disminuye. Las *obras* que realiza Jesús son un testimonio superior al del Precursor[125]. ¿Cuáles son estas obras? Se podría ver en ellas el conjunto del ministerio de Jesús (17, 4), en particular el don de la vida y el juicio, «esas obras mayores» que la curación del enfermo (5, 20); pero aquí, en un contexto de testimonio, se trata propiamente de los milagros: sólo estos, por su aspecto de acontecimientos, pueden ser objeto de una experiencia tangible. Si Jn no emplea aquí la palabra «signo», es en virtud de su vinculación con el Padre[126], que se los da a Jesús no simplemente para que los ejecute, sino para que los lleve a término.

Al traducir el verbo *teleioûn* por «llevar a cabo» y no por «cumplir», hemos querido preservar el significado de consumación que

122. La expresión *memartýrēken tēi alētheíai* no significa solamente «atestiguar la verdad», sino, como dice Cirilo de Alejandría (PG 73, 396), equivale a la revelación del Mesías en Israel. Cf. I. de la Potterie, 91-116.

123. Es lo que implica el perfecto *memartýrēken*.

124. La lámpara no está «ardiendo», sino «encendida», como en Mt 5, 15; Lc 12, 35; 2 Pe 1, 19; Ap 4, 5. La palabra *lýkhnos* aparece como metáfora para David: 2 Sam 21, 17; Sal 132, 17 (donde se relaciona con «exultar», *agalliázō*, como en Jn) o para el profeta Elías (con la palabra *lampás*, «antorcha», en Eclo 48,1).

125. Gramaticalmente, la palabra podría traducirse: «Tengo un testimonio mayor que el que tiene Juan»; pero, debido al contexto, es preferible la otra traducción: «Tengo un testimonio mayor que el dado por Juan».

126. Cf. L. Cerfaux, *Les miracles, signes messianiques et oeuvres de Dieu*, en *Recueil L. Cerfaux* II, 41-50.

contiene la palabra griega (*télos*, «fin», «término»). El Padre no ha entregado sus obras al Hijo como a un simple ejecutante, sino para que también ellas sean verdaderamente las suyas (cf. «las obras que *yo* hago»); esas obras forman parte integrante de las obras de la salvación, de la que Jesús ha dicho que su «alimento» es llevarlas a término (4, 34)[127]. Así es como se explica mejor el verbo *teleioûn*, aplicado aquí a los milagros. En estos últimos toma rostro lo invisible: dar figura sensible al poder divino de la salvación, ¿no es ya inscribirlo en este mundo?

37 **«Sí, el Padre que me ha enviado, él ha dado testimonio (*memartýrēken*) sobre mí; pero su voz nunca la habéis oído, su rostro nunca lo habéis visto,** 38 **y no tenéis su palabra que mora en vosotros, ya que al que ha enviado no le creéis».**

He aquí la identificación del «Otro» que, según el v. 32, atestigua en favor de Jesús, el Padre. Esta identificación se subraya por el *kaí* inicial, que hemos traducido por un «sí». En efecto, el Padre acaba de ser nombrado en el v. 36; el encadenamiento se cierra repitiendo la afirmación «el Padre me ha enviado»[128], con la que acaba el v. 36.

El verbo «dar testimonio» está en perfecto, indicando una acción pasada cuyo efecto perdura todavía. ¿Cuál es esta acción del Padre, inmediata y no mediatizada por Jesús como lo eran las obras (v. 36)? Los críticos vacilan, ya que aparentemente no se especifica en el texto. No puede tratarse de la voz del Padre en el bautismo de Jesús, ya que Jn ha traspasado a la confesión del Bautista la palabra de revelación que recogen los sinópticos: «Este es mi Hijo muy amado»[129]; en esto están de acuerdo los comentaristas. Pero disienten a propósito de «su palabra» en el v. 38; se entiende la palabra del Padre confiada actualmente a Jesús[130]; o bien la palabra de Dios dirigida a Israel.

127. Cf. el interesante artículo de A. Vanhoye, RSR 48 (1960) 377-419, que denuncia las traducciones corrientes de *tà érga hà dédōken moí hò patèr hína teleiṓsō autá*, que prescinden de la conjunción *hína* y proponen: «que el Padre me ha dado *que* cumplir», haciendo así del Hijo un simple canal de la acción del Padre.

128. Cf. C. K. Barrett, 266. Cf. Jn 10, 25.32.37; 14, 10s; 15, 24. Según J. Bernard, *Jean V,* 213, los milagros podían en algunos casos autentificar una misión divina (cf. *supra,* 39; LAB 9, 7; 19, 11; F. Josefo, *Ant. Jud.* III, V, 3).

129. Mt 3, 17 = Mc 1, 11; Lc 3, 22; Jn 1, 34. Cf. I, 143.

130. Esta interpretación, que considera posible C. K. Barrett, es sostenida por U. C. Wahlde, CBQ 43 (1981) 390-392.

La primera hipótesis se refiere en principio a un discurso en el que Jesús manifiesta su total comunión con el Padre; la segunda es más adecuada con el tiempo pasado del verbo «dar testimonio». Privilegiando la palabra confiada a Jesús, C. K. Barrett[131] ve en el testimonio del Padre la experiencia íntima del creyente; cuando éste acoge esta palabra, Dios le hace probar interiormente su verdad. ¿Pero de qué valdría, en el marco jurídico del discurso, un testimonio de esta clase? Estaríamos moviéndonos en un círculo vicioso: ¿es posible apelar a la fe para justificar esa misma fe? Tampoco puede verse aquí la atracción por la que el Padre orienta los espíritus hacia Jesús (cf. 6, 44s), dado que esto exigiría un verbo en presente.

Por eso la mayor parte de los críticos prefieren comprender «su palabra» en el sentido veterotestamentario y opinan que Jesús se refiere bien a la revelación de la alianza en el Sinaí, bien a las Escrituras. A nuestro juicio, es más probable la primera hipótesis: las Escrituras —en donde está recogida una revelación que los ha precedido— serán objeto de los versículos siguientes; sobre todo los v. 37b-38 recuerdan claramente un pasaje del Deuteronomio que interpreta los acontecimientos del Sinaí:

> ...He aquí que hemos visto a Yahvé nuestro Dios, su gloria y su grandeza, y hemos oído su voz de en medio del fuego. Hemos comprobado hoy que Dios puede hablar al hombre y el hombre quedar con vida (Dt 5, 24; cf. Eclo 17, 13-14).

Las negaciones formuladas por Jesús invierten las afirmaciones de este texto sapiencial: «no haber visto su rostro», «no haber oído su voz», y el mandamiento citado anteriormente: «su palabra no permanece en vosotros». Jesús no niega la teofanía de Yahvé, sino que más bien la evoca: el testimonio del Padre en favor de Jesús es precisamente su revelación anterior a Israel. Pero este recuerdo se formula de refilón, para denunciar más bien la conducta de los beneficiarios frente a Dios que se revela. En la gran tradición profética, el reproche de infidelidad detalla unos comportamientos concretos: Jesús acusa a sus oyentes de no haberse abierto nunca a la comunicación divina. De este modo apela a lo que producía el mayor orgullo de sus oyentes[132]: la teofanía de la alianza[133], el don de la ley y su seguridad al practicarla. La invectiva es más severa todavía si se piensa que, según el antiguo testamento, la ley divina se encontraba,

131. C. K. Barrett, 266s.
132. Cf. M. J. J. Menken, *Numerical Literary Techniques in John*, 121.
133. Ex 19, 16-24; Dt 4, 11-14. Sólo Moisés pudo ver la gloria de Dios; el pueblo era demasiado débil para soportarlo.

no ya en el cielo, sino «muy cerca de ti, en tu boca y en tu corazón, para que la pongas en práctica»[134].

Pues bien, la palabra divina «no mora en vosotros»[135] y Jesús señala en qué se reconoce esta ausencia, es decir, en negarse a creer[136] en el Enviado del *Padre*; esta negativa manifiesta que la revelación antecedente no ha sido tampoco acogida. De todas formas, ¿cómo ha atestiguado sobre Jesús esta revelación anterior, cuya cima representa la teofanía del Sinaí? El texto no lo indica, pero está claro según el evangelista que, al manifestar su alianza al pueblo elegido, Dios buscaba su realización perfecta, que se haría por medio del Hijo único.

El final del v. 38 invierte el orden habitual de las palabras: «Al que (el Padre) ha enviado no le creéis». El acento cae así en el no-creer, pero esta negación adquiere toda su gravedad de lo que precede: la afirmación, por tercera vez[137], de que el Padre ha enviado a Jesús. Podría decirse que el Enviado es, en su persona, el testimonio por excelencia del amor del Padre al mundo. Negarse a darle fe equivale a cerrarse a ese amor (cf. 5, 42).

Escudriñar las Escrituras (5, 39-47)

El tema de la revelación de Dios conduce sin solución de continuidad al de las Escrituras: las Escrituras también dan testimonio de Jesús. Al despreciar su testimonio, los que escudriñan las Escrituras rechazan el don de vida y se exponen a la perdición.

Este pasaje vehemente está compuesto a la manera semítica: el recurso a los escritos de Moisés marca su comienzo y su conclusión, formando una inclusión mayor[138]; otra inclusión es la que se lleva a

134. Dt 30, 14. Para Israel, la alianza del Sinaí no era un suceso escondido en el pasado; la tradición bíblica había dado de él una interpretación renovada continuamente. Los acontecimientos que se vivieron entonces se comprendían a la luz de lo que había pasado en el Sinaí; así procede el segundo Isaías en sus relecturas; la liturgia iba celebrando en cada fiesta la memoria de las intervenciones salvíficas de Dios.

135. Preferimos esta lectura a otra, gramaticalmente posible: «porque no creéis en mí, no tenéis en vosotros la palabra de Dios». Eso sería renunciar a toda alusión al pasado de Israel, como si la novedad de Jesús no acabase, dándole su plenitud, una revelación ya ocurrida, la misma de la que Jesús va a hablar a continuación.

136. El verbo «creer» va aquí seguido de dativo, como en el v. 24 (cf. *supra*, 46, n. 95).

137. 5, 36-37a; cf. 5, 23.24.30, otras tres veces en la requisitoria.

138. El pasaje recibe una inclusión entre el *tàs graphás* del comienzo (v. 39) y el *grámmasin* del final (v. 47). La palabra *dóxa* engloba el desarrollo intermedio (v. 41 a 44, con dos veces). Estas evidencias nos impiden aceptar la opinión común que relaciona los v. 39-40 con lo que precede por la razón de que las Escrituras «dan testimonio de Jesús» (v. 39).

cabo en la parte central (5, 41-44) con el término *dóxa*, traducido habitualmente por «gloria» u «honor» y que aquí significa más bien «seguridad»:

39 «Escudriñáis las Escrituras, porque en ellas pensáis que tenéis la vida eterna; ¡y son ellas las que atestiguan sobre mí! 40 Sin embargo, no queréis venir a mí para tener la vida. 41 La gloria yo no la recibo de los hombres. 42 Por otra parte, os conozco: no tenéis el amor de Dios en vosotros mismos. 43 Yo he venido, en el nombre de mi Padre, y vosotros no me acogéis; si otro viene en su propio nombre, a ése lo acogéis. 44 ¿Cómo podéis creer, vosotros que, recibiendo la gloria unos de otros, no buscáis la gloria que proviene del Dios único?

45 No creáis que soy yo el que os acusará ante el Padre: vuestro acusador es Moisés, en quien vosotros ponéis vuestra esperanza. 46 Porque si creyerais a Moisés, me creeríais también a mí; en efecto, de mí es de quien él escribió. 47 Pero si no creéis en sus escritos, ¿cómo creeréis en mis palabras?».

Este texto afirma que las Escrituras de Israel dan testimonio de Jesús, no en algún que otro pasaje mesiánico, por ejemplo, sino en su conjunto. Expresa de forma eminente la convicción de la Iglesia primitiva, que no podía dar cuenta de su fe sin arraigarla en su herencia judía. Y al mismo tiempo refleja el conflicto entre los primeros cristianos y el ambiente de la sinagoga, que negaba el cumplimiento de las Escrituras en Jesús[139].

En este contexto, las palabras sobre la «gloria» pueden parecer una digresión, sobre todo si se piensa que buscar la aprobación de los hombres o la de Dios es un tema que aparece de forma independiente en el cuarto evangelio[140]. Sin embargo, la estructuración literaria es firme, como lo confirma la sucesión, en el movimiento del texto, de una misma pregunta retórica: «¿cómo podríais creer»? (5, 44.47). ¿Cuál es el hilo conductor de este conjunto?

139. Cf. *Los evangelios y la historia de Jesús*, Madrid 1982, 260s, y P. M. Beaude, *L'accomplissement des Ecritures*, Paris 1980; P. Beauchamp, *L'Un et l'Autre Testament* II. *Accomplir les Ecritures*, Paris 1990. Cf. Hech 3, 18-24; 8, 32-35; 10, 43; 13, 27; 17, 2s.11; 18, 28; 26, 22s; cf. Lc 24, 25-27.44-46; 1 Cor 15, 3s.

140. Cf. Jn 7, 18; 8, 50; 12, 43.

En los v. 37b-38 Jesús afirmaba el vínculo intrínseco entre la fidelidad al Dios único y la adhesión a su persona. Este mismo pensamiento se despliega en los v. 39-47 a través del tema de las Escrituras, vehículo de la palabra divina y testimonio del Enviado. Pero en esta especie de reciprocidad, la falta de inteligencia de este testimonio en favor de Jesús depende de la actitud fundamental de los lectores ante Dios.

Jesús empieza poniendo de relieve el celo de sus oyentes por las Escrituras: no solamente reconocen su autoridad, como cualquier otro judío y como el mismo Jesús, sino que las escudriñan[141], esto es, las estudian con asiduidad. Sin embargo[142] es inútil que piensen[143] que van a encontrar allí la vida eterna[144]; porque el mensaje de los textos sigue estando cerrado ante ellos y se da una flagrante contradicción: los escritos de Moisés dan testimonio de aquel que hace vivir y vosotros —dice Jesús a sus interlocutores— «no queréis venir a mí».

Al decir «venir a mí» en lugar de «creer», Jesús se expresa como la Sabiduría que invitaba a los hombres (Eclo 24, 19); pero aquí se insiste en el rechazo deliberado, lo cual presupone la limpieza del testimonio escriturístico. ¿De dónde se deriva este rechazo?

Se vio ya en el capítulo 3 que, si los hombres rechazaban la luz del Hijo, es porque resistían a la revelación de la alianza o/y del Logos que irradia en el universo[145]. En los v. 41-44 Jesús insiste de una forma nueva en el fallo secreto que impide creer en él y que por tanto, según el contexto, oscurece la inteligencia de las Escrituras.

141. El verbo *eraunáō* equivale al hebreo *daraš* («pedir, buscar»), término técnico por el que se designa en el antiguo testamento (Esd 7, 10; Is 34, 16) y en Qumrán (1 QS 5, 11; 6, 6) el estudio de la Biblia. Cf. H. L. Strack-G. Stemberger, *Introduction au Talmud et au Midrash*, Paris 1986, 274. El verbo *eraunâte* en el v. 39 puede tomarse indiferentemente en indicativo o en imperativo. Parece preferible el indicativo, cf. C. H. Dodd, *Interpretación*, 329, n. 158. El papiro Egerton 2, del siglo II, recoge un texto que podría reflejar el sentido original: «Escudriñáis las Escrituras en las que creéis que tenéis la vida; son ellas las que dan testimonio de mí». Este texto, apoyado por algunas versiones latinas antiguas (a b sy), parece secundario en comparación con el *textus receptus* (cf. C. K. Barrett, 268; en contra de Boismard, *Ev. de Jean,* 171s y de RB 55 [1948] 5-34).

142. El *kaí* es aquí adversativo, como en 5, 10.

143. El verbo *dokéō* se toma ordinariamente en un sentido peyorativo: «pensar erróneamente»: 5, 45; 11, 13.31; 13, 29; 16, 2; 20, 15.

144. Según la concepción judía, la ley procura la vida; esta idea se inscribe en los textos mismos de la Escritura, por ejemplo: Sal 119; Dt 8, 3; Eclo 17, 11; 45, 5; Bar 4, 1; cf. Rom 7, 10; Gál 3, 21; cf. M. Pirqé Abot 2, 7.

145. Cf. I, 247-253.

El desarrollo de los v. 41-44 gravita en torno al concepto de *dóxa*, referido en primer lugar a la gloria que el hombre busca o recibe por parte de los demás. El sentido obvio es el de estima, el de honor; así en una parábola de Jesús:

> Cuando seas invitado, ve a ponerte en el último lugar, para que cuando llegue el que te ha invitado te diga: «Amigo mío, sube más arriba». Entonces eso será para ti un honor (*dóxa*) ante todos los que estén a la mesa contigo (Lc 14, 10).

Pues bien, en nuestro texto, ese honor que viene de los hombres se opone a la *dóxa* que proviene sólo de Dios (v. 44; cf. v. 41) y este término podría tener un sentido existencial más próximo al concepto de «gloria» en la Biblia. Según el hebreo, la «gloria»[146] indica la riqueza interior de un ser, etimológicamente su «peso». Lo que es constitutivo en Dios, lo recibe la criatura por su relación con el Creador; ése es el «peso» que la hace mantenerse en pie en su dignidad singular. Según la Biblia, el hombre creado a semejanza de Dios está llamado desde su origen, no ya a una dependencia servil, sino a la comunión con Dios, aquel cuyos pensamientos y cuyos caminos superan infinitamente a toda criatura (Is 55, 9).

El hombre puede sustraerse a esta relación fundamental de su ser; en ese caso, como nos hace entender la Carta a los romanos, está preso en manos de la inconsistencia, de la «vanidad» en el sentido bíblico de la palabra[147], y compensa la inseguridad que de allí se deriva buscando en otra parte la confirmación y el desarrollo de su ser.

Jesús declara a sus oyentes: «No tenéis en vosotros el amor de Dios»[148]. Se hace una alusión clara, y no exenta de ironía, al mandamiento supremo de la ley de Moisés:

> Escucha, Israel...
> Amarás a tu Dios con todo tu corazón, con toda tu alma y con todo tu poder (Dt 6, 4-5; cf. Lc 10, 27).

146. Cf. los Diccionarios bíblicos, especialmente D. Mollat, VTB, 314-318.

147. Rom 8, 20. Cf. mi obra *Jesús y Pablo ante la muerte*, Madrid 1982, 242s.

148. 5, 42: el genitivo «de Dios» puede ser objetivo (el amor de los hombres a Dios) o subjetivo (el amor de Dios al hombre, su amor). El evangelista podría pensar simultáneamente en los dos, pero el sentido objetivo prevalece según el movimiento del texto, que critica el comportamiento de los oyentes para con Dios.

La prueba de esta falta de amor para con Dios es la falta de acogida del Enviado del Padre, mientras que son acogidos, con una confianza ilusoria, los que vienen en su propio nombre, es decir, bíblicamente, en la mentira[149]. El texto no indica quiénes son[150]; lo que importa es la oposición «en el nombre del Padre-en su nombre propio», clásica en la Escritura. Jesús dice a continuación que, al darse seguridad unos a otros, los oyentes no se preocupan de la seguridad que viene sólo de Dios[151].

¿Qué significa la expresión «recibir la gloria unos de otros» (más bien que de Dios), en un contexto que concierne a la inteligencia del testimonio escriturístico? El evangelista podría aludir a una interpretación recibida que, al quedarse fija en sí misma, se ha hecho reductiva. Los profetas le reprochaban a Israel que se apoyaba en sus instituciones —concretamente el templo— como garantía de salvación, siendo así que la palabra de Dios lo que exigía era la conversión del corazón y un comportamiento recto. De forma análoga, Jesús dice que sus oyentes se han replegado en una adquisición, la ley de Moisés, en donde encuentran de común acuerdo lo que justifica su identidad religiosa propia y suficiente[152]. En el capítulo 8, los «judíos» afirman que son descendencia de Abrahán y que por tanto son libres, mientras que según Jesús son esclavos mientras no se abran, como Abrahán, a la verdad de Dios que se manifiesta en su novedad. Al no ser ya oída como llamada a la superación de sí mismo en Dios, la ley de Moisés se ha convertido en el área de seguridad en donde se mantienen los oyentes de Jesús, mientras que la Escritura de Israel orientaba desde siempre a la alianza nueva, al futuro que Dios propone al hombre si se abre radicalmente al don de su Amor. Para Jn, no reconocer que Jesús es el «sí» de Dios a sus promesas es imponer silencio a la palabra.

Después de denunciar la actitud interior que pone obstáculos a la inteligencia de los textos, Jesús, en un último intento de tocar a sus

149. Cf. Jer 29, 31; Dt 18, 20; 1 Jn 4, 5.

150. Antes de la guerra judía, fueron muchos los pseudo-profetas y los pseudo-mesías. No puede tratarse aquí de Bar Kochba (muerto el año 135 d. C.). A pesar de la opinión de algunos padres de la Iglesia, es difícil ver aquí el diablo o el Anticristo; cf. R. Schnackenburg II, 185.

151. El adjetivo «único» (*mónos*) falta en algunos manuscritos, pero es auténtico (con GNT, Nestle). La expresión «Dios único» es común en el antiguo testamento, en el judaísmo, en el nuevo testamento y está atestiguada en al antigüedad clásica; podría corresponder aquí, como en 17, 3, al uso religioso tradicional, pero es sin duda intencional, oponiéndose literariamente a la multiplicidad que implica el *par'allḗlōn* («los unos a los otros»).

152. Cf. J. Blank, *Krisis*, 206.

oyentes, los pone frente al riesgo en que están incurriendo: se imaginan que van a obtener la vida eterna escudriñando los escritos de Moisés (5, 39), pero son precisamente esos escritos los que pueden acusarlos ante Dios (5, 45s).

Este razonamiento, en imágenes, es conforme con la tradición judía. Según una sentencia rabínica del siglo I, «el hombre que viola un mandamiento se hace su propio acusador»[153]. En este caso no se trata de un precepto particular, sino del conjunto de las Escrituras personificadas en Moisés, que manifestará en el último día la distancia existente entre la llamada y la respuesta, sin que tenga que intervenir Jesús. Moisés, el intercesor por excelencia de los judíos ante Dios[154], se convierte en el acusador, ya que «de mí es de quien ha escrito».

La unidad de la revelación divina es una certeza que impregna todo el cuarto evangelio. En este lugar se expresa por la relación inmediata de las Escrituras de Israel con Jesús. Al manifestar el designio del Padre, conducen hacia el Enviado que, en su nombre, lleva a término este designio. Sin embargo, este cumplimiento es nuevo. Los escritos de Moisés, como tales, no manifiestan todavía el misterio de la persona del Hijo; sólo pueden decirlo sus propias palabras y, cuando lo dicen, manifestar lo que gracias a él resulta posible para los creyentes: su unidad, en Jesús, con el Padre (17, 21.23-26). Este es a la vez el vínculo continuo y la distancia entre el escrito y la palabra. ¿Pero bastan las mismas palabras para expresar el don de Dios? Antes de entregar su vida, ¿podía Jesús concluir su respuesta a sus jueces de otra forma que no fuera una interrogación?

Relectura del relato de milagro

El relato de Bethesda planteaba varios interrogantes; algunos de ellos ya han encontrado respuesta a lo largo de la lectura detallada, esperando la iluminación que podría venirles del discurso. Hemos indicado, por ejemplo, el sentido particular del verbo «andar» que aparece con frecuencia en el texto. He aquí ahora un intento de relectura simbólica.

De la respuesta de Jesús a los judíos (5, 19-30) destacan dos datos: el Hijo dispone de la «vida» y del «juicio». Este doble poder es el que está presente en el relato, de manera disimétrica en relación con el discurso.

153. M. Pirqé Abot 4, 11, citado por C. K. Barrett, 270.
154. Cf. SB II, 561.

Acostado al lado de una multitud de otras personas que yacían enfermas (5, 3.6), el enfermo nos ofrece una figura concreta de los «muertos» a quienes *vivifican* el Padre y el Hijo. Jesús le dice «¡Levántate!» con el verbo que se utiliza en 5, 21 para indicar la obra divina que concierne, en principio, a la humanidad entera. Por eso mismo este personaje no es mencionado más que como «un hombre», sin que se especifique tampoco el mal que padece desde antiguo: se sugiere con ello la condición común de los que todavía son incapaces de andar, en el sentido bíblico de marchar con Dios, e impotentes para levantarse por sí mismos.

Al situar al protagonista en medio de los ciegos y de los cojos, el evangelista lo inscribe sin embargo entre los beneficiarios privilegiados de la promesa divina, aquellos a los que el dueño de la casa invita a su festín, según una parábola de Jesús en Lucas (Lc 14, 21). Aquí Jesús propone: «¿Quieres ponerte sano?». Por su pasividad y su carácter insólito, la respuesta del enfermo cobra sentido: esto es imposible, a no ser que un «hombre» se acerque a él y lo sumerja en la piscina.

Jesús devuelve la salud a este muerto-viviente. Pero no por el agua. Esta historia del agua agitada y curativa que mueve nuestra curiosidad no interesa realmente al evangelista, a no ser como contraste. Lo vemos por el hecho de que, de las cuatro menciones del agua, tres están agrupadas al comienzo del texto y la cuarta proviene de labios del enfermo antes de su curación. Por su palabra, el Hijo, el Enviado del Padre, comunica la vida (cf. 5, 24). A diferencia del relato del ciego de nacimiento, aquí no se habla de ningún gesto. Es la fuerza de la palabra, por sí sola, la que da la salud. El evangelista insiste: el verbo «decir» referido a Jesús sustituye en labios del enfermo y de los judíos a cualquier otro acto de curación: «Ese me ha dicho: '¡Coge tu camilla y anda!'», «¿Quién es el hombre que te ha dicho: '¡Coge tu camilla y anda!'?». En los v. 8 y 9a, el narrador yuxtapone el enunciado de la orden de Jesús y el enunciado del resultado, exaltando así esta palabra; este procedimiento recuerda un versículo del Génesis: «¡Que se haga la luz! Y la luz se hizo».

Al caminar libremente, el protagonista entró en un nuevo orden de existencia. Si tiene que llevarse su camilla —vestigio de su muerte—, es para manifestar que «aquel día» se cumplió la salvación de Dios. En esta perspectiva, la mención de la «fiesta de los judíos» en el v. 1 podría orientar ya hacia el acontecimiento de la salvación, antes de que el relato se concentrase en el sábado escatológico.

El *juicio* expresa de forma negativa lo absoluto del don de Dios. No se ejerce paralelamente a la acción de vivificar, que es la primera y la única que pretende Dios. Tampoco en el relato de la curación el tema del juicio ocupa tanto lugar como el de la salud recobrada. Pero tiene un gran peso en el segundo cuadro, cuando Jesús se encuentra con el antiguo enfermo. En la piscina, después de haberse acercado a él con una cuestión existencial, Jesús lo puso en pie por su iniciativa soberana y sin darse a conocer. Pero en el templo, en donde Jesús es finalmente reconocido, provoca al hombre a un compromiso personal. Al invitarle a no pecar más, ¿se refiere Jesús a la desesperanza en que vivía antes de descubrir que Dios quiere la vida? En efecto, en Jn el pecado es siempre la falta de fe, y el enfermo había dicho: «No tengo a nadie», «No tengo salvador».

Jesús precisa: «No sea que te suceda algo peor». Ese «peor» es el juicio, la muerte definitiva, que se produciría si el hombre no se apropiase el sentido de su nueva existencia. En respuesta, el hombre favorecido por el milagro anuncia a los judíos que «el que lo había curado» era Jesús; al designarlo así, se muestra creyente y por tanto amante de la «vida».

A este simbolismo fundamental del don de la vida cuya sombra negativa es el juicio, se añade además un simbolismo de tipo «histórico», que permite valorar algunos elementos del relato. Desde la interpretación patrística más antigua, los cinco pórticos de la piscina fueron comprendidos como los cinco libros de la ley; los treinta y ocho años corresponderían a la duración de la travesía del desierto por los hebreos. El enfermo representaría entonces al pueblo israelita de dura cerviz, incapaz de salir de su condición pecadora, a pesar de que tenía a su alcance la ley de vida. Jesús toma el relevo de esta ley, que se ha hecho ineficaz; al curar él mismo al enfermo, inaugura un nuevo orden de salvación. Esta lectura aplica al caso particular de Israel la situación que, según el alegato, es la de toda la humanidad.

Podría pensarse en otra interpretación simbólica, si se tiene en cuenta que, en la primera parte del relato, Jesús no solamente es desconocido para el enfermo e inadvertido por la muchedumbre, sino que no puede ser identificado, situación que no tiene paralelo en los relatos evangélicos de milagros. El segundo encuentro de Jesús con el enfermo curado permite sin embargo la identificación e invita a una respuesta con sentido definitivo. ¿No podrían aludir estas dos etapas, de manera velada, a la doble intervención de Dios entre los hombres a lo largo de la historia? El Padre, que quiere vivificar, no ha abandonado nunca a los hombres a su condición de «muerte». En el que interviene en la piscina podría reconocerse al Logos de Dios, presente desde siempre en el mundo y ejerciendo su poder de vida sin que se le conozca personalmente. En el templo de Jerusalén, el sitio en donde se revela la Presencia, el Logos tomó carne y figura en Jesús, aquel a quien es posible nombrar y confesar.

APERTURA

Jesús termina su discurso con una pregunta: «Si no creéis en los escritos de Moisés, ¿cómo creeréis en mis palabras?». Esta pregunta me persigue en mis recovecos: exigiendo de mí la fe en su persona, ¿no tienden estas palabras a hacer de Jesús un segundo Dios*? ¿qué ocurre con el monoteísmo al que yo sigo estando firmemente adherido? Se había suscitado ya una cuestión análoga con ocasión del discurso que siguió a la conversación con Nicodemo (cf. I, 266), y allí constaté que mi fe se dirigía no simplemente al hombre Jesús de Nazaret, sino al Hijo de Dios, de forma que concernía propiamente a Dios mismo. De forma parecida, en el capítulo 5 Jesús invita a ver en él al «enviado del Padre». Creer en el Hijo que habla en Jesús, no es fijarse en el hombre de Nazaret, sino dar gloria a Dios Padre.*

Pues bien, al mismo tiempo el Hijo se presenta al final de la revelación hecha por el Padre: las Escrituras no hacen más que hablar de él. Ciertamente, el Hijo orienta hacia el Padre, pero es el Padre el que, por medio de las Escrituras, hace reconocer al Hijo; es Dios el que le ha dado al Hijo tener la vida en sí mismo; conviene «honrar al Hijo en la medida en que se honra al Padre que lo ha enviado» (Jn 5, 23).

De esta manera, el Padre y el Hijo están mutuamente orientados el uno hacia el otro. Es imposible aislar al uno del otro; es en su relación mutua como cabe la posibilidad de acercarse a Dios en verdad. Sin embargo, es en el Hijo donde se percibe la relación esencial que es Dios. Si el Padre está en el origen y en el término, es el Hijo el que permanece en el centro. Al revelarse, revela al Padre. Este es el sentido de esta palabra extraña:

> ...Por sí mismo el Hijo no puede hacer nada,
> a no ser lo que ve hacer al Padre;
> lo que él llega a hacer, el Hijo lo hace del mismo modo (5, 19).

Su ser es diálogo continuo con el Padre; es el Logos vuelto sin cesar hacia el Padre (1, 18).

Pues bien, esta misteriosa relación que une al Padre y al Hijo se manifiesta a través del relato del capítulo 5. Al volver a un hombre totalmente sano, Jesús le confiere la vida en plenitud; se exhorta ciertamente al hombre a no pecar más, pero él no hace más que una cosa: «andar». A diferencia del ciego de nacimiento, después de su curación, no se pone a proclamar que Jesús es un profeta, ni se pone a confesar su fe, sino que es simplemente un signo vivo de la vida trasmitida por el Hijo, y en este sentido expresa al Padre. No hay ninguna consigna de que no «reniegue» (como en la tradición sinóptica), sino el deber de existir, de «caminar» simplemente. Según el cuarto evangelio, yo no tengo tanto que «imitar» a Jesús como dejar que se desarrolle en mí la vida del Padre que me comunica el Hijo. El creyente es un hombre que camina, si permanece en relación con el Hijo y por él con el Padre.

El capítulo 5 me abre igualmente el secreto de la comunicación*; en efecto, ¿cómo trasmitió Jesús la verdad que habitaba en él? El sabe que la Palabra es creadora de Vida y sabe también que la Palabra traducida en palabras corre el peligro de verse confundida con el parloteo del lenguaje humano. Por eso empieza dando la salud a un hombre que llevaba muchos años enfermo; tan sólo a continuación ilumina su acción. Antes de dar testimonio del misterio de su ser en su papel de salvador, Jesús prepara a los espíritus para acercarse a él a través de una acción simbólica; al realizarlo un día de sábado, suscita una cuestión sobre la autoridad de su misma persona, y luego explica su sentido.*

De esta manera, todo discípulo puede aprender también la forma de comunicar su experiencia de fe. Frente a los que no la comparten, me siento tentado a combatir con palabras que expresen la verdad. Pero de esta manera me olvidaría de que las palabras no son solamente un medio de comunicación, sino también un obstáculo para el encuentro del otro. Por el contrario, si pongo al otro en presencia de un acto que le invite a reflexionar sobre ese ser extraño que soy yo (cf. 3,8), entonces se entabla el diálogo, no ya con palabras que se cruzan, sino entre unos seres vivos, dispuestos a comunicarse a través de unos gestos que ofrecen un sentido. Mientras que muchas veces me siento deseoso de imponer mi verdad con una palabra tajante, he aquí que unas acciones permitirían alcanzar al otro en el misterio de su ser y disponerlo a acoger las palabras que intentan interpretar el acto simbólico.

Sin embargo, Jesús utiliza palabras. Después de haber dicho el misterio de su ser y de su misión, Jesús apela a unos testimonios*. No intenta «demostrar» la verdad de su experiencia y de sus palabras; apela a la Escritura que habla de él. Esta manera de argumentar puede ciertamente sorprendernos, ya que es difícil de practicar en nuestros días; pero manifiesta al creyente la maravillosa unidad de Jesús y del antiguo testamento, que da toda su densidad al mensaje evangélico. A este testimonio, que es la firma del Padre anunciando la venida de Cristo, Jesús añade el testimonio de las obras admirables que el Padre ha producido con él, con Jesús, con aquel a quien el* *creyente a su vez tiene que presentar para invitar a sus interlocutores a descubrir el misterio de Dios.*

Otra lección es la que podemos deducir de la explicación que da Jesús del rechazo de sus contemporáneos a la fe que él propone. Si no creen —dice Jesús—, es porque intentan asegurar su existencia por medio de apoyos terrenos, de «la gloria que viene de los hombres». La crítica es dura. ¿Qué significa esto exactamente? Los adversarios de Jesús hacen de la Escritura un bien propio y exclusivo: su interpretación les pertenece definitivamente. Y he aquí que un hombre —Jesús en este caso— abre una nueva perspectiva. Entonces, o bien se acepta abrirse a esta llamada o se encierra uno en sus certezas inmutables. ¡No hay término medio! Ellos «tienen» la verdad, definitiva, que nada puede quebrantar. En otras palabras, ¿se habrá encerrado Dios en la letra de las Escrituras o seguirá siendo aquel que, teniendo la vida en sí mismo, sigue estando siempre por descubrir en su misma Palabra? La opción es radical, ya que quita todo apoyo, toda estabilidad que no sea la de Dios mismo.

EL MISTERIO DEL PAN DE LA VIDA

(6, 1-71)

1 Después de esto, Jesús se fue al otro lado del mar de Galilea,
hacia la región de Tiberíades. 2 Lo seguía un gentío numeroso,
porque se habían visto los signos que hacía sobre los enfermos.
3 Jesús subió a la montaña y allí se sentó con sus discípulos.
4 Estaba cerca la pascua, la fiesta de los judíos.

5 Levantando entonces los ojos y viendo que un gentío numeroso
venía hacia él, Jesús dijo a Felipe: «¿Dónde compraremos panes para
que coman estas gentes?». 6 Decía esto para ponerlo a prueba, porque
él sabía lo que iba a hacer. 7 Felipe le respondió: «Doscientos denarios
de pan no bastarían para que cada uno reciba un pequeño trozo».
8 Uno de sus discípulos, Andrés, el hermano de Simón Pedro, le dijo:
9 «Hay un muchacho que tiene cinco panes de cebada y dos pececillos;
¿pero esto qué es para tan gran número?». 10 Jesús dijo: «Haced
echarse a la gente». Había mucha hierba en aquel sitio. Los hombres
se echaron entonces, en número de unos cinco mil.

11 Entonces Jesús tomó los panes y, después de dar gracias,
los repartió a los convidados; también hizo igual con los pececillos,
tanto como querían. 12 Cuando estuvieron saciados, dijo a sus
discípulos: «Reunid lo sobrante de los trozos, para que ninguno se
pierda». 13 Los reunieron, pues, y llenaron doce canastos con los
trozos, procedentes de cinco panes de cebada que habían quedado
de lo que habían comido. 14 Entonces las gentes, al ver el signo
que había hecho, decían: «Este es verdaderamente el profeta que
ha de venir al mundo». 15 Entonces Jesús, sabiendo que iban a
venir y a apoderarse de él para hacerlo rey, se retiró más allá en
la montaña, solo.

16 Cuando llegó el atardecer, sus discípulos bajaron al mar
17 y, subiéndose a una barca, iban al otro lado del mar, a Cafar-
naún. Y ya se había hecho obscuro y Jesús no había venido toda-

vía a ellos. 18 El mar se levantaba al soplo de un fuerte viento.
19 Entonces, después de remar unos veinticinco o treinta estadios,
ven a Jesús andar sobre el mar y acercarse a la barca. Y tuvieron
miedo. 20 Pero él les dijo: «¡Yo soy! ¡Dejad de tener miedo!».
21 Entonces querían acogerlo en la barca, cuando de pronto la
barca se encontró en la orilla adonde se dirigían.

22 Al día siguiente, el gentío que se había quedado al otro lado
del mar... vieron que no había allí más que una sola barca y que
Jesús no había entrado en la barca con sus discípulos, sino que
sólo habían partido sus discípulos. 23 Pero llegaron unas barcas
de Tiberíades, junto al lugar donde se había comido el pan después
de que el Señor dio gracias. 24 Así pues, cuando el gentío vio que
Jesús no estaba allí ni tampoco sus discípulos, subió a las barcas
y vino a Cafarnaún, buscando a Jesús. 25 Y habiéndolo encontrado
al otro lado del mar, le dijeron: «Rabí, ¿cuándo has llegado aquí?».

26 Jesús les respondió y dijo:

«Amén, amén, yo os lo digo:
vosotros me buscáis,
no porque hayáis visto signos,
sino porque habéis comido panes y os habéis saciado.
27 Obrad, no por el alimento perecedero,
sino por el alimento que permanece para (ser) vida eterna,
la que os dará el Hijo del hombre,
porque es él a quien el Padre, a quien Dios ha marcado con un sello».

28 Ellos le dijeron: «¿Qué hemos de hacer para obrar las obras
de Dios?». 29 Jesús les respondió y les dijo: «La obra de Dios es
que creáis en el que ha enviado». 30 Le dijeron, pues: «¿Qué signo
haces tú, para que nosotros, al verlo, te creamos? ¿cuál es tu obra?
31 Nuestros padres comieron el maná en el desierto, según lo que
está escrito: 'Les dio a comer un pan que venía del cielo'».
32 Entonces Jesús les dijo:

«Amén, amén, yo os digo:
no es Moisés el que os dio el pan que venía del cielo;
es mi Padre el que os da el pan que viene del cielo, el verdadero;
33 en efecto, el pan de Dios es aquel que baja del cielo
y da la vida al mundo».

34 Entonces le dijeron: «Señor, danos ese pan, siempre».

35 Jesús les dijo:

«Soy yo el pan de la vida.
El que viene a mí no tendrá jamás hambre,
el que cree en mí no tendrá sed jamás.

36 Pues bien, os he hablado *'a vosotros'*,
porque vosotros me habéis visto, pero no creéis.
37Todo(s) lo(s) que me da el Padre llegará hasta mí.
Y al que viene a mí, no le echaré fuera.
38 Porque he bajado del cielo,
no para hacer la voluntad mía,
sino la voluntad de aquel que me ha enviado.
39 Pues bien, es la voluntad de aquel que me ha enviado
que de lo que él me ha dado no deje perecer nada,
sino que lo resucite en el último día.
40 Sí, es la voluntad de mi Padre
que todo el que ve al Hijo y cree en él tenga la vida eterna,
y yo lo resucitaré en el último día».

41 Entonces los judíos murmuraban de él, porque había dicho:
«Soy yo el pan bajado del cielo», 42 y decían: «¿No es éste Jesús,
el hijo de José, de quien nosotros conocemos al padre y la madre?
¿cómo dice ahora: 'He bajado del cielo'?».

43 Jesús respondió y les dijo:

«¡No murmuréis entre vosotros!
44 Nadie puede venir a mí si el Padre que me ha enviado no lo atrae,
y yo lo resucitaré en el último día.
45 Está escrito en los profetas: 'Serán todos enseñados por Dios'.
Todo el que ha escuchado al Padre y recibido su enseñanza
viene a mí.
46 No es que nadie haya visto al Padre,
excepto aquel que está junto a Dios:
ése ha visto al Padre.
47 Amén, amén, yo os lo digo: el que cree tiene la vida eterna.
48 Yo soy el pan de la vida.
49 Vuestros padres comieron el maná en el desierto... y murieron.
50 Así es el pan que baja del cielo: el que come de él no muere.
51 Yo soy el pan, el (pan) vivo que ha bajado del cielo:
si alguien come de este pan, vivirá para la eternidad.
¡Más aún! el pan que yo daré es mi carne para la vida del mundo».

52 Entonces los judíos disputaban entre sí, diciendo: «¿Cómo
éste puede darnos a comer su carne?».

53 Entonces Jesús les dijo:

«Amén, amén, yo os lo digo:
Si no coméis la carne del Hijo del hombre y no bebéis su sangre,
no tenéis la vida en vosotros.
54 El que come mi carne y bebe mi sangre tiene la vida eterna,
y yo lo resucitaré en el último día.

55 Sí, mi carne es verdadera comida y mi sangre es verdadera bebida.
56 El que come mi carne y bebe mi sangre
permanece en mí y yo en él.
57 Lo mismo que me ha enviado el Padre, que está vivo,
y que yo vivo por el Padre,
así el que me come vivirá también por mí.
58 Así es el pan que ha bajado del cielo:
no como (el que) comieron los padres... ¡y murieron!.
El que come este pan vivirá para la eternidad».

59 Dijo estas cosas, enseñando en la sinagoga en Cafarnaún.
60 Después de oírlo, gran número de sus discípulos dijeron enton-
ces: «¡Duro es este discurso! ¿Quién puede escucharlo?». 61 Pero,
sabiendo dentro de sí que sus discípulos murmuraban de él, Jesús
les dijo: «¿Esto os escandaliza? 62 Entonces, ¿y si vierais al Hijo
del hombre subir a donde estaba antes...?
63 Es el Espíritu el que hace vivir,
la carne no sirve de nada.
Las palabras que yo os he dicho son Espíritu y son vida.
64 Y sin embargo, hay entre vosotros quienes no creen».
En efecto, Jesús sabía desde el comienzo quiénes eran los que
no creían y quién era el que lo entregaría. 65 Y decía: «He aquí
por qué os he dicho que nadie puede venir a mí si no le es dado
por el Padre». 66 Por eso, muchos de sus discípulos se apartaron
y ya no fueron con él.
67 Entonces Jesús dijo a los Doce: «¿Queréis iros también vo-
sotros?». 68 Simón Pedro le respondió: «Señor, ¿a quién iríamos?
Tú tienes las palabras de la vida eterna. 69 Nosotros creemos y
sabemos que tú eres el Santo de Dios». 70 Jesús les respondió:
«¿No soy yo el que os he escogido a los Doce? ¡Y uno de vosotros
es un diablo!». 71 Hablaba de Judas, hijo de Simón el Is-
cariote; en efecto, él era el que había de entregarlo, uno de los
Doce.

Después de Judea y de Samaria, le toca a Galilea recibir la invitación a prestar su fe al Enviado de Dios. A primera vista, el capítulo 6 comprende cuatro episodios: el milagro de los panes repartidos con generosidad (6, 1-15), el camino sobre el mar con el nuevo encuentro de Jesús con la gente (6, 16-25), el discurso sobre el pan de la vida (6, 26-65), la opción en favor o en contra de Jesús (6, 66-71). ¿Forma este capítulo una unidad? Esta es la pregunta que suscitan algunos datos literarios: el episodio de la marcha sobre el mar no tiene que ver con el pan; el discurso no hace ninguna referencia al milagro; los v. 53-58 parecen hablar de la eucaristía, mientras que el milagro, el discurso y el último diálogo se refieren a la fe en Jesús[1]; finalmente, el v. 59 pone un punto final al discurso, de manera que los v. 60-71 constituyen otro conjunto, dirigido no ya a los judíos, sino a los discípulos y a los Doce. A pesar de estas dificultades, el capítulo 6 forma una unidad literaria que ha de ser interpretada como un todo. Es verdad que también aquí Jn ha utilizado fuentes o tradiciones diversas, pero es posible, y hasta necesaria, una lectura sincrónica[2]. Pero antes, destaquemos sumariamente la unidad del texto.

El capítulo 6 está encuadrado por dos «después de esto» (6, 1 y 7, 1), fórmula joánica frecuente que dispensa de precisiones cronológicas[3]; de este modo se vincula artificialmente con lo anterior: el lector pasa sin transición alguna del capítulo 5, pronunciado en Jerusalén, a Galilea. En cuanto al contenido del capítulo 7, se sitúa en el marco de la fiesta de la Tiendas, celebrada en otoño, mientras que el capítulo 6 se coloca seis meses antes, por pascua. Por estos motivos se puede considerar el capítulo 6 como un bloque. Hay dos sondeos para verificar si este bloque es coherente: uno a partir de la secuencia del texto y el otro a partir de su simbolismo.

La opción de la fe en Jesús es el primer principio de unificación de un capítulo focalizado por entero en la respuesta de Simón Pedro en nombre de los Doce. Esta respuesta se recoge sobre el fondo de decepción de los discípulos: mientras que un gran número deja a Jesús, permanece fiel a él un pequeño resto (6, 66-68). Como la tradición sinóptica[4], Jn hace oír al lector la confesión solemne de fe por boca de Pedro que responde aquí a Jesús: «Señor, ¿a quién iríamos? Tú tienes las palabras de la vida eterna... tú eres el Santo de Dios».

Esta profesión de fe viene al final de un lento itinerario, puntuado de palabras y de gestos significativos. La multitud sigue a Jesús por causa de sus milagros (6, 2), se equivoca cuando intenta hacerlo rey (6, 15); Jesús se separa de ella, pero ella lo busca para tener pan

1. Trataremos esta cuestión en su sitio. Siguiendo a J. Jeremias, muchos críticos han adoptado la hipótesis de una homilía cristiana eucarística añadida al texto que hablaba solamente de la fe en Jesús. Cf. *infra,* 111s.

2. Frente a la mayoría de los críticos partidarios de la división en varios documentos, algunos autores mantienen firmemente la unidad del discurso, si no del capítulo. Así E. E. Ruckstuhl, *Die literarische Einheit des Johevs*, Freiburg ²1987, 220-271; P. Borgen, *Bread from Heaven*, Leiden 1965; J. D. G. Dunn, *John VI - An Eucharistic Discourse?*: NTS 17 (1971) 328-338.

3. Cf. 3, 22; 5, 1.14; 13, 7; 19, 38; 21, 1. Los empleos de esta fórmula se encuentran ordinariamente al comienzo de los capítulos.

4. Mt 16, 16; Mc 8, 29; Lc 9, 20.

milagrosamente (6, 26) y finalmente se niega a reconocer en él el Pan venido del cielo (6, 41s) que da la vida al mundo (6, 51). Por su parte, un gran número de discípulos, escandalizados, lo abandonan (6, 61.66). Sobre este fondo de incredulidad, brilla la fe de Pedro, el portavoz de los Doce. Pero, en vez de felicitar a Pedro, Jesús evoca la traición de Judas, calificado de «diablo» (6, 70s).

La dualidad fe-no fe corresponde al contraste vida-muerte que marca a todo el capítulo. El texto no se limita a describir una escena del tiempo pasado entre Jesús y sus oyentes de Galilea; más allá de su coyuntura, invita al lector[5] a comprometerse, para tener la vida, en la opción de fe que propone Jesús. En efecto, en diecisiete ocasiones puede el lector identificarse con el Innominado —el verdadero destinatario de la palabra— que evoca Jesús en unos anuncios formulados como máximas intemporales, como:

> El que viene a mí no tendrá jamás hambre
> el que cree en mí no tendrá sed jamás (6, 35).
> Si alguien come de este pan, vivirá para la eternidad (6, 51).

El texto se dirige así al hombre de todos los tiempos venideros; y la respuesta de Pedro, retrasada por largo tiempo, se pronuncia entonces en nombre del lector.

Otro principio de unidad del capítulo es *el simbolismo del alimento* a través de la palabra «pan», que toma el relevo de los simbolismos anteriores: el vino de las bodas de Dios con su pueblo (Jn 2), el viento que abre a los grandes espacios (Jn 3), el agua que apaga la sed (Jn 4), la marcha que caracteriza al hombre que ha recobrado la salud (Jn 5). Ya en el capítulo 4 Jesús había utilizado el simbolismo del alimento cuando reveló a los discípulos el secreto de su propia vida, la íntima relación que mantiene con su Padre:

> Yo me alimento de lo que vosotros no conocéis... Mi alimento es hacer la voluntad de aquel que me ha enviado y llevar su obra a su cumplimiento (4, 32.34).

En el capítulo 6, son los discípulos los que tienen que alimentarse de un pan venido del cielo y vivir así de la vida divina, eterna.

La experiencia natural se comprende bajo dos aspectos: individual y comunitario. Para subsistir, hay que comer. El hombre busca su alimento, obedeciendo la orden del Creador:

5. Este aspecto ha sido puesto de relieve especialmente por J. D. Crossan-G. A. Phillips, Sèmeia 26 (1983) 2-56.

> Llenad la tierra y dominadla (Gén 1, 28).
> Yo os doy toda hierba y todo árbol...; ése será vuestro alimento (Gén 1, 29).
> Todo cuanto se mueve y tiene vida os servirá de alimento... Yo os lo doy todo (Gén 9, 3).

La situación del hombre es paradójica: dispone de la naturaleza, pero necesita recibirla como un don. Eso es lo que, por lo visto, debería reconocer toda criatura bien nacida en el alimento que toma: un don que suscita la acción de gracias[6].

El alimento es experiencia de dependencia. Alimentarse es depender de una realidad exterior a uno mismo. En este sentido, yo dependo del universo, soy solidario del mundo; ésa es mi dimensión cósmica. Sin el universo no puedo vivir; también la tierra para producir su fruto depende de la lluvia del cielo. Esta dependencia simboliza la relación de la criatura con su Creador; manifiesta que yo no soy por mí mismo, sino —como dicen los filósofos— *ab alio*. Y esta relación no es simplemente la del efecto con su causa, sino que es constitutiva.

La comida ofrece otra línea para el simbolismo del pan: comer con otros, beber juntos de una misma fuente de vida es expresar nuestra unidad de origen y nuestra solidaridad en la condición humana. La tradición apocalíptica representa la felicidad definitiva con la imagen del festín:

> Yahvé... dará a todos los pueblos en esta montaña
> un banquete de carnes grasas,
> un banquete de vinos depurados, decantados (Is 25, 6).

El mismo Jesús espera el día en que «beberá con (sus discípulos) el producto de la vid, nuevo, en el reino de (su) Padre» (Mt 26, 29; cf. Lc 22, 30). Alimentarse no es entonces un acto individual, sino comunitario, bajo la mirada de aquel que da el pan.

Si el discurso joánico sobre el pan de la vida subraya casi exclusivamente el punto de vista individual, el milagro de los panes pone de relieve el aspecto del banquete, y del banquete presidido por Jesús.

La experiencia histórica de las intervenciones salvíficas de Dios hizo descubrir a Israel su dependencia existencial del Dios vivo, y de este modo unos valores nuevos. Para hablar de ellos, Israel tradujo metafóricamente su experiencia natural. Así, a propósito del camino por el desierto en donde Dios educó a su pueblo, el Deuteronomio dice:

6. Cf. Sal 104, 14s.27

> Yahvé tu Dios te hizo pasar hambre y te dio a comer el maná..., para hacerte reconocer que el hombre no vive solamente de pan, sino que vive de todo lo que sale de la boca de Dios (Dt 8, 3).

En Mateo y en Lucas, en su enfrentamiento con Satanás en el desierto, Jesús recoge este texto: la vida se mantiene realmente, no por los bienes de la creación y por las obras propias del hombre, sino por la palabra divina. Entonces, la palabra «vida» no designa solamente la existencia terrena, sino que adquiere una dimensión nueva, la de la vida en comunión con Dios. Y Jesús dice en Jn:

> Obrad, no por el alimento perecedero, sino por el alimento que permanece para (ser) vida eterna (6, 27).

A través del agua que hay que beber siempre de nuevo, se invitaba a la samaritana a pensar en un agua que calma por completo la sed; los galileos, a través del alimento perecedero, tienen que pensar en otro alimento que se convierte en vida eterna.

Este lenguaje metafórico caracteriza a la tradición sapiencial, en donde el alimento que sustenta a los seres se opone unas veces a lo que es esencial para el hombre, la palabra divina:

> No es el producto de los frutos de la tierra lo que alimenta al hombre: ¡es tu palabra la que hace subsistir a los que creen en ti! (Sab 16, 26).

Y otras veces significa inmediatamente la palabra de vida: así la Sabiduría dice:

> ¡Comed de *mi pan*... y viviréis! (Prov 9, 5-6).

Y el salmista canta:

> ¡Qué dulces son tus palabras a mi paladar! (Sal 119, 103).

El pan de la inteligencia es la revelación de la voluntad divina, para que el hombre viva plenamente.

Cumpliendo la larga tradición de Israel, Jesús desborda radicalmente el simbolismo anterior: se presenta a sí mismo, más allá de su enseñanza, como «el pan de la vida», y anuncia que *se* da «para la vida del mundo». La lectura del capítulo permitirá precisar este cumplimiento. Contentémonos por ahora con una primera ojeada.

La tradición judía había alegorizado el relato del maná destacando sucesivamente sus elementos. El don que sustentó a los hebreos en el desierto representaba la palabra de Dios, la ley o también la sabiduría, que bajaban todas ellas del cielo. En Jn 6 asistimos a la superación que ya señalamos cuando la lectura del prólogo: de la Sabiduría al Logos y al Logos encarnado. Jesús no se limita a la evocación del «maná», sino que se propone a sí mismo como el verdadero pan bajado del cielo. No es ya el maná (la ley recibida en el Sinaí), sino Jesús el que da la vida eterna.

En su discurso, Jesús va todavía más adelante, profundizando en la metáfora de la «manducación». A través de ella, el lenguaje joánico es el lenguaje —no representable— de la inhabitación mutua (6, 56). Al darse al creyente, Jesús borra la distancia de los *dos* para desembocar en el *uno*, aunque sin que se dé confusión entre los seres. En Jesús se cumplió el paso de la alianza por la ley escrita a la alianza interior: la exterioridad de la trascendencia se convierte en inmanencia mutua del hombre y de Dios. Pues bien, para darse al creyente y comunicarle su propia existencia que es «hacia el Padre», Jesús tiene que pasar por la muerte, lo mismo que muere también el grano de trigo para no quedarse solo y dar fruto (12, 24). En cuanto resucitado y por el Espíritu, Jesús se hace *uno* con todo el que lo acoja en la fe; transforma su ser, en lo más profundo, para una vida vuelta hacia el Padre.

Antes de iniciar la lectura del texto en su desarrollo, conviene ver cómo trabaja el evangelista. Heredero de Israel, no es solamente un seguidor del Enviado escatológico de Dios, sino un cristiano que vive de su fe, y la buena nueva que trasmite concierne ante todo a su comunidad. Por eso son numerosos los términos que evocan la práctica eucarística, donde se expresa simbólicamente la realidad profunda. Toda la tradición ha comprendido el episodio de los panes dados generosamente viendo en él la celebración de la Cena. Al final del discurso, en los v. 53-58, las expresiones misteriosas «comer la carne» y «beber la sangre» no podían menos de recordar las palabras de Jesús en su última cena, aun cuando los sinópticos las recojan en unos términos muy distintos. Pero el texto entero se refiere a la fe en Jesús bajado del cielo. Nuestra hipótesis es la siguiente: si el texto habla por entero de la fe y —en un nivel diferente— habla por entero de la eucaristía, es que Jn quiso poner en evidencia la relación que une al sacramento con la fe en la persona de Jesús, es decir, para practicar válidamente el rito eucarístico, hay que referirlo a los misterios de Cristo, su origen divino, su encarnación, su obra de redención a través de la muerte, su exaltación a los cielos, su inhabitación en el creyente. Estos misterios y el amor del Padre que les sirve de fundamento, sólo pueden comprenderse por el don del Espíritu (cf. 6, 63).

EL SIGNO DE LOS PANES (6, 1-25)

El conjunto que forman el relato de los panes dados con esplendidez (6, 1-15) y el del reencuentro de Jesús con los discípulos y más tarde con la gente (6, 16-25) se justifica ciertamente por el hecho de que la secuencia multiplicación de los panes-marcha sobre el mar es tradicional[7], pero también en virtud de la composición joánica. Al final del episodio de los panes multiplicados, Jesús se separa de los discípulos y de la gente; el narrador vuelve a unirlos con vistas al discurso que se va a pronunciar.

JESÚS DA LOS PANES CON ESPLENDIDEZ (6, 1-15)

El texto joánico es muy parecido al de la tradición común. En continuidad con el relato de los panes multiplicados por Eliseo, este episodio se refiere seis veces en los evangelios[8], sin duda en virtud de la interpretación eucarística que aparece en todas las recensiones. Por otra parte, esto deja suponer un fundamento histórico[9].

Jn ha recurrido a diversas fuentes, pero las ha releído e integrado en una composición más amplia[10], la del capítulo entero, y además en la de todo el conjunto de su evangelio. El don del pan es paralelo al don del vino en Caná; el pan de la vida que anuncia el discurso

7. Mt 14, 13-21 + 22-23 = Mc 6, 30-44 + 45-52.

8. Mt 14, 13-21 = Mc 6, 30-44 = Lc 9, 10-17; Mt 15, 32-39 = Mc 8, 1-10; Jn 6, 1-15; cf. 2 Re 4, 42-44. A pesar de las semejanzas esporádicas del texto de Jn con el de Mc (o con el de Mt), no se puede hablar de dependencias.

9. En favor de una historicidad substancial, se puede destacar, según los sinópticos, la verosimilitud del marco del episodio: el triple fracaso de Jesús en Galilea —el pueblo se engaña sobre el ideal de Jesús, Herodes (Lc 13, 31), los fariseos (Mc 8, 15)— justifica su partida de esta región poco hospitalaria (cf. nuestro *Los evangelios y la historia de Jesús*, Madrid 1982, 363s). Según los sinópticos, Jesús obliga a los discípulos a embarcarse lejos del lugar en donde aparece una tentación de mesianismo temporal. El historiador puede concluir que entre estos dos acontecimientos (la marcha de Jesús y la despedida de los apóstoles) tuvo lugar un hecho sorprendente; pero se muestra reservado sobre la naturaleza del prodigio realizado, en virtud de su parentesco literario con el relato de la institución eucarística (cf. *Los milagros de Jesús*, 114-118). C. H. Dodd ha examinado magistralmente el fundamento tradicional del relato de Jn (*Trad. hist.*, 202-227).

10. Según un estudio inédito de D. Marguerat, la mayor parte de Jn aquí (227 palabras de entre 321) es tradicional; 87 son redaccionales, 7 inciertas. Son claramente redaccionales los v. 1(en parte).2b.3.4.6.14.15(en parte).17b. La pretendida fuente de los milagros se ve entonces cuestionada (cf. tomo I, 168 y D. Marguerat, *La 'source des signes', existe-elle*?, en *La communauté johannique et son histoire*, Genève 1990, 69-93.

evoca el don del agua viva prometido a la samaritana. El vino, el agua y el pan: estos símbolos joánicos se completan para significar, cada uno a su manera, la vida que Jesús comunica al creyente.

El evangelista reinterpretó, casi podríamos decir que recreó, el dato tradicional a partir de su cristología. La dimensión cristológica que representan los textos paralelos queda aquí difuminada: se trata de un «signo», y hasta de un signo doble, cuyo sentido sólo aparecerá con claridad con la revelación del discurso. Sin embargo, el episodio se sostiene por sí mismo.

La escenificación (6, 1-4)

1 Después de esto, Jesús se fue al otro lado del mar de Galilea, hacia la región de Tiberíades. 2 Lo seguía un gentío numeroso, porque habían visto los signos que hacía con los enfermos. 3 Jesús subió a la montaña y allí se sentó con sus discípulos. 4 Estaba cerca la pascua, la fiesta de los judíos.

El narrador encadena con el capítulo 5 mediante un simple «después de esto» sin ningún valor cronológico especial, dejando en la sombra las circunstancias de la presencia de Jesús en Galilea[11]; sin embargo, esta transición basta para mantener en el transfondo los episodios relatados anteriormente: la amenaza de muerte que en Judea pesa sobre Jesús y la revelación del Hijo dispensador de la vida[12].

Los cuatro primeros versículos sitúan en el espacio y en el tiempo el episodio que se va a contar, y mencionan a sus autores: Jesús, la gente, los discípulos. El relato, de tipo biográfico, comienza como en los sinópticos, pero las circunstancias son distintas.

Si se dice que Jesús pasa al otro lado del mar, no se sabe de dónde parte (¿de Cafarnaún, como podría deducirse de 6, 17.24?) ni tampoco exactamente adónde se dirige. Excepto Lucas (9, 10), que precisa «del

11. Cf. *infra*, 168, n. 20.

12. También en los sinópticos el relato de los panes va precedido de un pasaje que evoca la muerte que se perfila para Jesús: la noticia de la muerte del Bautista (Mt-Mc) o el hecho de que Herodes quiere ver a Jesús (Lc) lo mueven a mantenerse alejado, en el sitio donde se realizará el milagro. Sobre la relación de Jn 6, 1-21 con los sinópticos, cf. C. Riniker, en J. D. Kaestli y otros (ed.), *Communauté johannique et son Histoire*, Genève 1990, 41-67.

lado de Betsaida» (en contra de Mc 6, 45, según el cual Jesús va a dicha ciudad tras el milagro), ningún evangelista indica el lugar del milagro de los panes, descrito por los tres sinópticos como un «lugar desierto» y «separado»[13]. Sólo Mateo menciona la montaña, en el contexto de la segunda multiplicación de los panes (15, 29). Jn, que habla también de montaña (6, 3), ofrece un texto incierto; en el v. 1 preferimos leer: «se fue... hacia la región de Tiberíades»[14]. La expresión «el otro lado del mar» no designa forzosamente la orilla oriental; sirve también para indicar la extremidad de la ensenada que forma el lago, de Cafarnaún a Tiberíades, ensenada que se podía rodear a pie o atravesar en barca. Según Jn, el milagro parece situarse en la región montañosa que no está lejos de Tiberíades[15].

¿Por qué se desplaza Jesús? Según los sinópticos, quiere retirarse a un sitio apartado por las amenazas que se cernían contra él (Mt 14, 13) o para encontrar un poco de descanso con sus discípulos (Mc 6, 31), Jn no da ningún motivo; pero la expresión «el otro lado del mar», repetida cuatro veces (6, 1.17.22.25) subraya la distancia que Jesús toma respecto a sus lazos familiares.

La gente, que había visto antes los signos hechos por Jesús sobre los enfermos, sigue al taumaturgo, pero —a diferencia de Mt 15, 30— sin llevar a los enfermos para que los curase; se ve más bien arrastrada por un cierto entusiasmo ante su persona, actitud que prepara ya la reacción que tendrá más tarde al aclamarlo como «el Profeta» (6, 14).

13. *Desierto*: Mt 14, 13; 15, 33; Mc 6, 31.35; 8, 4; Lc 9, 12. *Separado*: Mt 14, 13; Mc 6, 31; Lc 9, 10.

14. El *textus receptus* griego («Jesús se fue al otro lado del mar *de Galilea de Tiberíades*») resulta extraño por los dos genitivos que caracterizan sucesivamente al mar. Rigurosamente hablando, podría verse en el segundo una especificación del primero, teniendo en cuenta a los lectores que ignoran que el mar de Galilea se encuentra cerca de la ciudad tan conocida de Tiberíades (cf. Jn 21, 1; F. Josefo habla también del lago cercano a Tiberíades: *Ant. Jud.* XVIII, 36ss; *Bell. Jud.* III, 57; IV, 456). La lectura aclaratoria que conservamos, aunque menos atestiguada, está propuesta por Crisóstomo y por los manuscritos D θ a e b r j. Tiene la ventaja de hacer más inteligible la indicación de 6, 23 (cf. *infra*, 100). Sobre este tema, cf. M. E. Boismard, RB 60 (1953) 359-371; Id., *Ev. de Jean*, 189.

15. A diferencia de la región de Betsaida (en la desembocadura del Jordán) y a diferencia de la orilla oriental del lago.

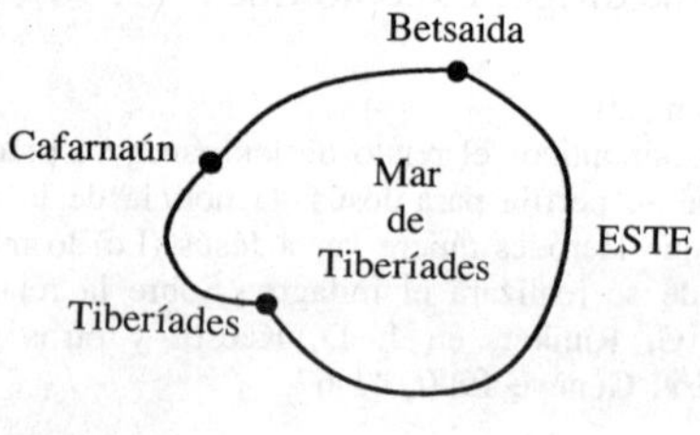

Se dice que este gentío es «numeroso», adjetivo que en Jn sólo aparece en este relato y en la entrada gloriosa de Jesús en Jerusalén inmediatamente antes de su pasión (12, 9.12). Esto debe ser algo más que una casualidad[16].

La mención de la montaña da a la escenificación un carácter solemne: Jesús sube a ella y se sienta con sus discípulos[17]. ¿Se tratará de repetir el gesto de Moisés en su subida al Sinaí?[18]. Cierta tipología Jesús-Moisés (1, 17; 3, 14) favorecería esta relación; pero aquí es preferible limitar la relación sólo a la montaña: el lugar en donde se dio la ley (cf. 6, 31) o también el escabel de Dios, lugar del banquete mesiánico[19].

La escenificación se cierra con una indicación temporal: «Estaba cerca la pascua, la fiesta de los judíos». Es propia de Jn y sorprende al lector: no sólo esta pascua es desconocida para los sinópticos, sino que no coincide tampoco con una subida a Jerusalén[20]. Como no hay nada que nos autorice a suponer un añadido posterior[21] y como, por otra parte, esta indicación no puede tener un valor cronológico (aun cuando el detalle de la hierba en el v. 10 haga pensar en la primavera), deberá tener un sentido teológico. ¿Cuál?

Se han propuesto varias explicaciones, interesantes pero sin apoyo suficiente. Como Jesús bendijo los panes, podría pensarse en los panes de la liturgia pascual judía, pero en este último caso se trata de panes ázimos; en cuanto a la cebada (6, 9), se recogía ciertamente en el mes de abril, pero este detalle no basta para justificar la fecha de la pascua. Según algunos autores[22], el don del maná, que se recuerda en el

16. La subida al templo de Jerusalén no se señala aquí después de la mención de la pascua; por eso pudiera ser que Jn quisiera sugerir que la gente sube hacia el nuevo santuario que es Jesús (2, 21).

17. Sin connotar el anuncio de una enseñanza (Mt 5, 1: *kathízō*) o de un juicio (Mt 19, 28), sino simplemente como en Jn 4, 6 (*kathḗzomai*) o en Mt 15, 29, que indica también la montaña, pero no los discípulos.

18. Así R. Schnackenburg, III, 35, con referencias en su apoyo: Ex 19, 20; 24, 1s; 34, 2-4.

19. Cf. VTB, 490-492. Sobre la montaña de Dios (Is 2, 2s) está preparado un gran festín (Is 25, 6-10) para todos los pueblos (Is 56, 7; 66, 20). Según san Agustín, «el Señor sobre la montaña es el Verbo en las alturas» (*In Jo*. 24, 3).

20. Cf. 2, 13; 11, 55, y I, 28. Si la pascua de 6, 4 tenía un valor histórico, la duración del ministerio de Jesús se alargaría un año más. Además, se comprendería difícilmente en ese caso que la fiesta de las tiendas venga tan pronto (7, 1).

21. Así Wellhausen, Bultmann, Hänchen..., a partir de una sugerencia de crítica textual de Hort. Pero el texto está atestiguado en todos los manuscritos, aunque algunos Padres de la Iglesia parecen haber ignorado esta pascua. Lo seguro es que resulta embarazosa para los que querrían tenerla en cuenta en una «cronología» de la vida de Jesús.

22. A. Guilding, *The IVth Gospel and Jewish Worship*, Oxford 1960. Su hipótesis ha sido radicalmente criticada por L. Morris, *The NT and the Jewish Lectionaries*, London 1964. P. Borgen la matiza; cf. R. E. Brown, 462s.

discurso sobre el pan de la vida, se evocaba en las fiestas pascuales, y la lectura sinagogal habría ofrecido el relato del Exodo que narra el acontecimiento; pero esta hipótesis tiene también una base frágil. Más comúnmente, se tiene en cuenta la interpretación eucarística que se vislumbra en el relato y se afirma en el discurso: la indicación sobre la pascua evocaría el marco de la cena[23]. Sin embargo, cuando narra la última cena de Jesús, Jn ignora la institución del sacramento.

Por eso nos atrevemos a proponer otra hipótesis que se apoya en el propio texto. La pascua que se menciona todavía no ha llegado, está «cerca». Esta fórmula sólo aparece en otros dos pasajes de Jn: el episodio en que Jesús, frente al templo, anuncia su muerte-resurrección (2, 13.20s) y aquel en que los judíos y los fariseos desean acelerar su arresto (11, 55-57). Si se mantiene la fórmula análoga «antes de la pascua», se encuentra mediante un vínculo con la muerte de Jesús, la mención de su sepultura (12, 1.7) y la de su paso de este mundo al Padre (13, 1). ¿Por qué iba a ser una excepción el v. 6, 4? Queda por verificar, leyendo el capítulo, la validez de esta hipótesis que vincularía entonces la mención de la pascua cercana con la evocación, en el texto, de la muerte de Jesús.

La preparación del banquete maravilloso (6, 5-10)

5 Levantando entonces los ojos y viendo que un gentío numeroso venía hacia él, Jesús dijo a Felipe: «¿De dónde compraremos panes para que coman estas gentes?». 6 Decía esto para ponerlo a prueba, porque él sabía lo que iba a hacer. 7 Felipe le respondió: «Doscientos denarios de pan no bastarían para que cada uno reciba un pequeño trozo». 8 Uno de sus discípulos, Andrés, el hermano de Simón Pedro, le dijo: 9 «Hay un muchacho que tiene cinco panes de cebada y dos pececillos; ¿pero esto qué es para tan gran número?». 10 Jesús dijo: «Haced echarse a la gente». Había mucha hierba en aquel sitio. Los hombres se echaron entonces, en número de unos cinco mil.

23. «...para sugerir que la pascua de los judíos sería sustituida en adelante por la pascua cristiana» (Lagrange, 161). Cf. R. E. Brown, 447 y 454-455; B. Lindars, 240.

La indicación de la cercanía de la pascua (6, 4) podría haber sido tan sólo una pausa en el desarrollo del relato, pero el narrador la relaciona expresamente con la actuación de Jesús: «Levantando entonces los ojos y viendo...». Bajo este signo se pone la iniciativa que va a tomar Jesús.

La expresión «levantar los ojos»[24], si no va seguida de «hacia el cielo», no introduce en una oración, sino en un determinado «ver»: Jesús sentado en la montaña fija su mirada en la gente que se acerca. En 4, 35 los discípulos tenían que «levantar los ojos y ver» los campos listos para la cosecha, es decir, a los samaritanos acercándose a Jesús; aquí, el mismo Jesús contempla la multitud que avanza; ¿distingue en ella a todos los hombres que, elevado de la tierra, tendría que atraer hacia sí (12, 32)? Sin razón aparente, expresa su deseo de proporcionar pan a toda aquella gente; en la continuación del texto, el pan significará el don de su persona[25]. A diferencia de los sinópticos, no hay ninguna situación crítica en la presentación de nuestro relato: cuando la gente se acerca en pleno día (cf. 6, 16), Jesús manifiesta la intención de darles de comer; no ya al caer de la tarde de un día en que estuvo predicando largamente y curando a los enfermos[26]. El relato presenta ante todo a Jesús como donante generoso ante la multitud; su gesto, gratuito, depende de la mirada que ha dirigido sobre ella.

Todas las versiones del episodio introducen un suspense: ¿qué hacer para dar de comer a tanta gente? En Jn, es el mismo Jesús el que crea este suspense. Parece reaccionar como Moisés, cuando se quejó a Yahvé: «¿De dónde (*póthen*) tendría yo carne para dar a todo este pueblo?» (Núm 11, 13). Pero aquí Jesús le plantea esta pregunta a Felipe; implícitamente, subraya la imposibilidad para el hombre de procurarse el «verdadero» pan. En efecto, el evangelista evoca aquí de otra forma la Escritura. A primera vista, la pregunta del v. 5 equivale a la que plantean los discípulos en Mt 15, 33 («¿De dónde nos vendrá en el desierto suficiente pan...?»), pero se formula de manera distinta, queriendo poner a prueba a los discípulos. Aunque el acento recae en la finalidad —¡que la gente coma y pueda vivir!—, el verbo «comprar» extraña en labios de Jesús que, según el relato de Mt 14, 15, evitó esta palabra y rechazó semejante solución. Se comprende que Felipe

24. Esta expresión es clásica en la Biblia: Gén 13, 14; 1 Crón 21, 16; Is 60, 4; Zac 2, 1; Mt 17, 8; Lc 6, 20; 16, 23.

25. Cf. 6, 51. Nuestro pasaje hace pensar en una secuencia análoga en Jn: al saber que algunos griegos habían subido a Jerusalén para la pascua y que querían verlo, Jesús declara que ha llegado la hora de su «glorificación» y habla del grano de trigo que, si muere, da mucho fruto (12, 20-24).

26. Mt 14, 14s; Mc 6, 35s; Lc 9, 11s.

se dejara engañar por los términos de la pregunta y permaneciera en el plano del dinero hablando de los denarios necesarios para la compra exigida, como si el don de la vida fuese de orden cuantitativo («un pequeño trozo»). ¿No debería haber interpretado las palabras de Jesús de manera metafórica, dada su familiaridad con la Escritura? Israel había utilizado los mismos términos:

> Aunque no tengáis bastante dinero, ¡venid (a mí)!
> *Comprad trigo y comed*, ¡gratuitamente! (Is 55, 1).

En el contexto de este pasaje de Isaías, bajo la imagen del alimento concedido gratuitamente, Yahvé invita a Israel a buscar lo que verdaderamente sacia, su palabra que hace vivir, y le promete su alianza eterna[27]. Con la pregunta que propone, Jesús quiere abrir el espíritu del discípulo a lo que simboliza el alimento según la tradición sapiencial que refleja el texto de Isaías. La respuesta adecuada se la dará a Jesús Simón Pedro, cuando le diga: «Señor, ¿a quién iríamos? Tú tienes las palabras de la vida eterna» (6, 68)

Entretanto, el evangelista se encarga de instruir al lector: a diferencia de un Moisés inquieto, Jesús «sabía lo que iba a hacer». Se piensa espontáneamente en el poder de aquel que va a multiplicar los panes; pero limitarse a eso sería quedarse en la superficie del texto: el «hacer» de Jesús no se detendrá en el prodigio, sino que incluye el signo contenido en el milagro: para que la multitud tenga vida, Jesús dará mucho más que unos panes maravillosos, no sólo las palabras que ha oído del Padre, sino su propia persona a través de la muerte.

Al decir que para tanta gente se necesitarían más de 200 denarios[28] y al subrayar la insuficiencia de los 5 panes y 2 peces, Felipe y Andrés ponen de relieve la grandeza del milagro, como en los sinópticos. Jn ofrece dos detalles inéditos —el «muchacho» y los panes «de cebada»— que se explican a partir del relato de los panes multiplicados por Eliseo en favor de los habitantes de Guilgal, víctimas del hambre: a un «muchacho» (*paidárion*), el servidor del profeta, le llevan «veinte panes de cebada» (2 Re 4, 38.42).

Los panes de cebada son sin duda el alimento de los pobres[29], pero aquí no hay ningún indicio en este sentido. En el relato de

27. Is 55, 1-3...; cf. Jn 6, 27.

28. Un denario corresponde al jornal de un obrero del campo (cf. Mt 20, 2); 200 denarios tienen el valor de seis meses de trabajo.

29. La cebada es más barata que el trigo (cf. 2 Re 7, 1.16; Ap 6, 6); más temprana que el trigo, puede ser la primera cosecha ofrecida en primicia (Lev 23, 9-14). Es también cebada lo que desgrana Rut, según una historia en la que debió inspirarse el evangelista (cf. *infra*, 90, n. 41).

Eliseo los panes de cebada son más bien un «pan de primicias», es decir, hecho con lo recién cosechado para servir de ofrenda litúrgica, como gesto de gratitud por la liberalidad divina (Lev 23, 17; cf. Ex 23, 19). En la base de la transformación realizada por Jesús se encontraría entonces un pan salido de la tierra (Job 28, 5), que es también un pan ritual. En las bodas de Caná, el agua de la fuente sirve para la purificación de los judíos antes de convertirse en el vino de la alianza dado por Jesús[30]; aquí el pan con que Jesús alimenta a la gente ¿no estará relacionado a la vez con la creación y con la liturgia de Israel?

Los pececillos (*opsária*) sugieren que se trata de un verdadero banquete, en el que se añade al pan seco algún otro manjar[31]. Aunque se mencionan también en el v.11, no pertenecen sin embargo al sobrante que Jesús mandará recoger por los discípulos[32]. En cuanto a las cifras 5 y 2, es inútil atribuirles un valor simbólico: subrayan simplemente la pequeñez de lo que sirvió a Jesús para alimentar a un gentío calculado en 5.000 hombres.

El diálogo esbozado con los discípulos acaba pronto. Jesús les ordena hacer que «se eche» (*anapíptō*) la gente, o sea, que la inviten a sentarse a la mesa[33]. El narrador se preocupa de precisar que, según la costumbre de las comidas en común, los hombres se reclinaron; más adelante, un término semejante sirve para designar a los «convidados» (*anakeiménoi*: 6, 11). Jesús no se contenta con distribuir el alimento, sino que preside en la mesa a una comunidad.

¿A qué viene la mención de la hierba abundante en aquel sitio? Probablemente, Jn no pretende evocar tan sólo un recuerdo de orden histórico. Al estar familiarizado con el libro de Isaías, es posible relacionar en él la oposición literaria de los dos alimentos (el que *perece* y el que *permanece*: 6, 27) con la oposición isaiana de la hierba que *se seca* y la palabra de Dios que *permanece* (Is 40, 7)[34].

30. Cf. I, 188-190.

31. *Opsárion* acabó designando a los «pececillos» que acompañaban a la galleta o al pan. La palabra se deriva de *ópson*, comida hecha de legumbres, de cebollas o de peces (cf. Tob 2, 2; Jn 21, 9.13).

32. Tampoco se mencionarán en 6, 23, cuando el signo sea identificado con «el pan bendecido por el Señor».

33. Traducimos *ánthrōpoi* por «gente» y *ándres* por «hombres». E. Delebecque, *Evangile de Jean*, Paris 1987, 160.185 traduce: «Hacedles ponerse como a la mesa»; de hecho, la gente se dispone para comer, es decir, se echan en el suelo.

34. Esta relación ha sido propuesta por F. W. Young, ZNW 46 (1955) 230, en un estudio sobre las relaciones que tienen Jn e Isaías. No basta con recordar las menciones sinópticas de la hierba (verde) en Mt 14, 19; Mc 6, 39.

El banquete (6, 11)

11 Entonces Jesús tomó los panes y, después de dar gracias, los repartió a los convidados; también hizo igual con los pececillos, tanto como querían.

Lo mismo que en las bodas de Caná, el milagro tiene lugar sin que se pronuncie ninguna palabra de poder y sin que se describa el proceso de la transformación, en este caso de unos panes y unos peces en una cantidad que satisface plenamente a cinco mil hombres: «tanto como querían». La acción, tanto en Jn como en los sinópticos, coincide con el gesto ordinario por el que el padre de familia israelita sitúa el alimento de los suyos en la relación que une al hombre con Dios y procede luego a su distribución.

El rito inaugural del banquete puede indicarse con los verbos «bendecir» o «dar gracias»[35]; Jn ha preferido el segundo, que evoca para el lector cristiano la acción eucarística de la última cena[36]. Si el gesto de partir el pan, presente en los sinópticos, no se menciona en Jn, se puede considerar, sin embargo, que está implícito por la distribución que hace Jesús.

Hay otra omisión más notable respecto a las versiones sinópticas: Jesús no levanta los ojos al cielo, como si pidiera al Padre el pan milagroso[37]. No cabe duda de que este don se realiza en su comunión con el Padre, pero significa el amor del mismo Jesús a los suyos (13, 1). En su discurso declarará: «El pan que yo daré es mi carne para la vida del mundo» (6, 51).

De hecho, el evangelista continúa mostrando que Jesús distribuye personalmente el alimento a los convidados. En los sinópticos son los discípulos los que realizan esta tarea, enseñándoles entonces Jesús a repartir el pan de la palabra y de la eucaristía; por eso, sus relatos adquieren una dimensión eclesial que no se recoge en Jn, o mejor dicho, que se deja adivinar en Jn de otra manera, a través de la reunión de una multitud de hombres que se convierten en invitados

35. El relato de la primera multiplicación utiliza *eulogéō* (Mt 14,19=Mc 6,41= Lc 9, 16), mientras que el de la segunda tiene *eukharistéō* (Mt 15, 36=Mc 8, 6).

36. Con el verbo *eukharistéō* (6, 11.23)

37. Mientras que lo hará inmediatamente antes de devolver la vida a Lázaro (11, 41).

en torno a una mesa en la que Jesús es el único que da de comer. Con este rasgo eminentemente simbólico que le es propio[38], el narrador deja vislumbrar con claridad el misterio figurado en el milagro de los panes.

Lo que sobra de los panes (6, 12-13)

12 **Cuando estuvieron saciados, dijo a sus discípulos: «Reunid lo sobrante de los trozos, para que ninguno se pierda».** 13 **Los reunieron, pues, y llenaron doce canastos con los trozos procedentes de los cinco panes de cebada, que habían quedado de lo que habían comido.**

El relato sinóptico culminaba hablando de la satisfacción de los comensales: «Comieron todos y se hartaron»; Jn menciona tan sólo de pasada este hecho, para introducir una orden de Jesús, seguida de su ejecución y de su resultado. Este desplazamiento de acento tiene que llamar la atención del lector. En los textos paralelos, la mención de los restos del banquete confirma la amplitud del milagro[39]. En Jn, este elemento subsidiario adquiere una importancia mayor en virtud de la orden de Jesús: «Reunid lo sobrante...». Así pues, en nuestro texto no es la gente la que espontáneamente «recoge» (*aírō*) los trozos restantes, sino que los discípulos los «reúnen» (*synágō*) por orden de Jesús, para que «ninguno se pierda». Sorprende esta orden, relativa a lo que parece un detalle sin importancia. Es verdad que una norma judía prescribe que no se malgaste el alimento[40], pero ¿podemos quedarnos en ella?

Conviene recordar el relato de Eliseo: «Así habla Yahvé: 'Se comerá y quedarán restos'... Comieron y quedaron restos, según la palabra de Yahvé» (2 Re 4, 43s). Pues bien, más que de un «resto» (lo que queda todavía tras la desaparición de un todo), se trata propiamente en Jn de un «sobrante» (lo que se encuentra además de un todo): a una cosa que, desde cierto punto de vista, estaba ya completa (las gentes comieron hasta saciarse) se le viene a añadir otra cosa, completa de nuevo en sí misma, como sugiere también

38. Cf. nuestros *Estudios de Evangelio*, Madrid ²1982, 228-231.
39. Mt 14, 20 (y 15, 37)=Mc 6,43 (y 8, 8)=Lc 9, 17.
40. Cf. E. D. Johnston, NTS 8 (1962) 153ss, donde se cita M. Berakot 6, 4.

la cifra 12, tradicional[41]. Gracias a la palabra de Jesús, se ve que no se trata sólo de subrayar la sobreabundancia del don, sino de sugerir su sentido.

Se han propuesto dos interpretaciones principales de lo que se presenta en Jn como un elemento esencial, ligado estrechamente al prodigio a través de una nueva mención de los cinco panes de cebada. La primera interpretación, que tiene en cuenta el verbo «no perder» (*mē apólētai*), remite a una frase del discurso en que Jesús opone dos tipos de alimento:

> Obrad, no por el alimento perecedero, sino por el alimento que permanece para (ser) vida eterna, la que os dará el Hijo del hombre (6, 27).

La finalidad que busca Jesús a través del signo de los panes no es saciar el hambre física, sino dar la vida divina que el Padre le encargó dar a los hombres. Lo sobrante, al evitar que se pierda, simboliza ese otro alimento que permanece incorruptible; o mejor dicho, puesto que se trata de los mismos panes, simboliza el aspecto incorruptible del alimento que da Jesús. A partir de lo efímero nos orienta hacia lo que es la fuente permanente de vida, conduciendo a una interpretación espiritual del signo que ha realizado Jesús.

La segunda interpretación se basa en el tema del maná, desarrollado en el discurso, pero ya implícito en el relato: lo sobrante manifiesta el contraste entre el pan que Jesús da y el alimento recibido en el desierto. Los hebreos habían comido también hasta saciarse (Ex 16, 3), pero el maná se pudría cuando se conservaba lo restante. El pan de Jesús, por el contrario, está destinado a permanecer: ¿acaso no simboliza la palabra de revelación o el don eucarístico?

El mismo capítulo del Exodo señala, sin embargo, dos excepciones al carácter perecedero del maná: Dios ordena que se reserve una parte de maná la víspera del sábado para el día siguiente (Ex 16, 23); ordena además llenar de maná una vasija que, puesta junto al arca, atestigüe ante las generaciones futuras que el Señor alimentó a su pueblo por el desierto (Ex 16, 32-34). Las sobras que Jesús ordena reunir[42] podrían

41. Cf. Mt 14, 20 par. Ha sido D. Daube quien ha mostrado la función de las sobras (*NT and Rabbinic Judaism*, London 1956, 36-51). Ha aprobado esta interpretación C. H. Dodd, *Interpretación*, 334s, nota 4; *Trad. hist.*, 213. Según Daube, el sobrante manifiesta en la Biblia la generosidad sobreabundante de Dios, tanto en la multiplicación de los panes por Eliseo (2 Re 4, 44) como en la historia de Rut 2, 14: «Comió, se sació y todavía sobró», texto en tres miembros, lo mismo que el de Mc 6, 42.

42. Esta relación está confirmada por el empleo del verbo *synágō* («reunir») que aparece frecuentemente en el Exodo. Este término se encuentra también en los

evocar entonces igualmente una dimensión cultual, que subrayaría muy acertadamente la interpretación eucarística.

Finalmente, el sentido escatológico del don sobreabundante de Jesús podría verse iluminado por otra relación: según una tradición rabínica, Rut recogió «para la edad futura»[43] una parte de lo que había cosechado tras la siega de la cebada.

Jesús ante la reacción de la gente (6, 14-15)

> 14 **Entonces las gentes, al ver el signo que había hecho, decían: «Este es verdaderamente el profeta que ha de venir al mundo».** 15 **Entonces Jesús, sabiendo que iban a venir y a apoderarse de él para hacerlo rey, se retiró más allá en la montaña, solo.**

El relato del signo de los panes no termina con la indicación sobre las sobras. Como en los otros dos signos de Caná y del episodio de Jesús en el templo, el narrador señala la reacción de los testigos: allí interpretan el signo[44], aquí —caso único en Jn en un relato de milagro— el taumaturgo es aclamado por la gente.

Al proclamar que Jesús es *el* profeta, la gente reconoce en él no solamente a *un* profeta, sino al personaje prometido por Dios que sería semejante a Moisés[45]; su carácter escatológico se subraya además con

relatos de la «asamblea» litúrgica: *Did.* 9, 4; *1 Clem.* 34, 7; Ignacio, *Polyc.* 4, 2. Pero esta relación no basta para fundamentar la interpretación según la cual la recogida de los trozos simbolizaría aquí la reunión del pueblo en la Iglesia (Jn 17, 11); cf. C. H. Dodd, *Trad. hist.*, 213, que se opone a esta relación.

43. D. Daube, *o. c.*, 47, cita el Talmud de Babilonia: *Shab.* 113b. Rut comió (para este mundo), se sació (para los días del Mesías) y le quedó aún algo sobrante (para la edad venidera). El verbo *synágō*, también aquí, traduce en los LXX el «desgranar» de Rut 2, 2.7.

44. Jn 2, 11.17; 4, 53. Los sinópticos, que se preocupan ordinariamente de la aclamación del taumaturgo por los espectadores, no señalan en nuestro episodio ninguna reacción de la gente, hasta el punto de que cabe preguntarse si se dieron cuenta de que había habido un prodigio; su tradición no recoge un «relato de milagro», sino más bien un relato catequético.

45. (Moisés le dijo al pueblo:) «Dios os suscitará de entre vuestros hermanos un profeta como yo» (Hech 7, 37), cita expresa de Dt 18, 15 (cf. Hech 3, 22). No ocurre lo mismo con la samaritana cuando habla de *un* profeta (4, 19; cf. I, 290).

el giro joánico: «que ha de venir al mundo»[46]. En 1, 21.25, «el profeta» designa a uno de los tres personajes anunciados en la Escritura, con los que los encuestadores querrían identificar al Bautista, siendo los otros dos el cristo (o mesías davídico) y Elías. Sus funciones son diferentes. En Jn, el profeta se sigue distinguiendo del mesías cuando, después del anuncio de los «ríos de agua viva», la gente se pregunta y se divide a propósito de Jesús: para unos podría ser el profeta, para otros el cristo (7, 40s).

Según el anuncio de Dt 18, 15 el profeta tiene que superar a Moisés como legislador y como intérprete último de la ley; sin embargo, según las esperanzas populares en Palestina en tiempos de la dominación romana, tenía que ser el libertador del pueblo, lo mismo que antes había liberado Moisés a los hebreos de la esclavitud de Egipto; con él se establecería una era de prosperidad. En los siglos I y II algunos caudillos revolucionarios, como Teudas o el Egipcio pretendían ser el profeta esperado. Anunciando que producirían signos análogos a los que la tradición atribuía a Moisés, arrastraban a las turbas a los lugares prestigiosos de la historia de Israel, al Jordán o al desierto. Conocemos su comportamiento, su fracaso a la hora de realizar los prodigios anunciados y su final muchas veces desgraciado a través del historiador Flavio Josefo, su contemporáneo[47].

El signo de los panes realizado por Jesús evoca en ciertos aspectos el milagro del maná; la gente deduce de allí la misión «profética» del taumaturgo. Cuando lo encontraron de nuevo en Cafarnaún, Jesús les reprochará que se quedaron ciegos ante el signo, es decir, ante el sentido que dejaba atisbar el milagro. En nuestro relato, la ambigüedad que encierra el apelativo de profeta sólo llega a levantarse en el versículo siguiente. Jesús discierne[48] en la aclamación entusiasta de la gente la derivación del título escatológico hacia un contenido político. Lo que quiere realmente la gente es un rey, no ya en el sentido religioso que confesaba Natanael (1, 49), sino en el sentido mundano del término. Pues bien, bajo la forma inversa de una pretensión atribuida a Jesús, será ese mismo el reproche que le harán los que condenen a Jesús a la cruz (19, 12). En el proceso final, el término «rey» en sentido político tendrá en

46. «El que ha de venir»: fórmula mesiánica (Lc 7, 19 par); «al mundo»: precisión propia de Jn (11, 27; cf. 1, 9; 3, 19; 9, 39).

47. F. Josefo, *Ant. Jud.* XX, 97,169; *Bel. Jud.* II, 261; 6, 286. Cf. P. W. Barnett, NTS 27 (1981) 679-697; R. A. Horsley, CBQ 47 (1985); W. Bittner, *Jesu Zeichen im Johev.*, Tübingen 1987, 115-158.

48. El profundo conocimiento (*ginṓskō*) de Jesús, que Juan señala a menudo (1, 49; 2, 24s; 5, 6.42; 10, 27; 16, 19), se debe, no al hecho de que él sea un *theîos anḗr*, sino a la íntima relación que lo une al Padre (10, 14s).

Jn un papel decisivo. ¿Encierra el v.15 alguna alusión a la suerte que aguarda a Jesús? El verbo *harpázō*, traducido por «llevarse» o «apoderarse», pero que significa «arrebatar»[49], lo confirma a nuestro juicio. Por otra parte, en Jn, Jesús no será ya aclamado de nuevo por el gentío («numeroso») más que al final de su vida pública, inmediatamente antes de su pasión[50]. El relato joánico sugiere de este modo lo que va a anunciar el discurso: a través de su muerte Jesús se convertirá en el «pan» de la muchedumbre.

Cuando lo arresten, Jesús se dejará llevar (18, 12); aquí, se sustrae de un entusiasmo que lo apartaría de su misión.

Entonces «se retiró más allá»[51] en la montaña, adentrándose en ella[52], él solo. Esta entrada en la soledad después de la multiplicación de los panes se señala también en la tradición sinóptica, pero Jn le da un sentido propio. A diferencia de Marcos, que no aduce ningún motivo para el retiro de Jesús, pero en línea con Mateo y de Lucas[53], según los cuales Jesús se aleja de la gente para orar, Jn relaciona la conducta de Jesús con el proyecto de la gente. El evangelista ha traspuesto quizás a esta final la tentación de poder que, según los sinópticos[54], tuvo que arrostrar Jesús al comienzo de su ministerio.

La montaña está asociada bíblicamente a la presencia divina. Así Moisés ascendió a ella para «subir hacia Yahvé» (Ex 24, 1.15). Según la perspectiva joánica, Jesús no está nunca solo, ya que «el Padre está siempre conmigo»[55]. ¿No se dará una equivalencia entre

49. Nadie «arranca» las ovejas de la mano del Padre (10, 28s), pero Jesús se deja «arrebatar» (18, 12; 19, 16).

50. Una turba numerosa aclama al Rey de Israel en el momento de su entrada en Jerusalén (12, 9.12), mientras que los «judíos», poco después, gritan pidiendo su muerte (19, 15).

51. El verbo griego *anekhṓrēsen*, que preferimos con GNT a la lectura *feúgei*, es utilizado por Mt para caracterizar el triple «retiro» de Jesús para eludir las asechanzas de Herodes que ha matado a Juan Bautista (14, 13) y para poder fundar su Iglesia (16, 4: aquí el equivalente *katalipṓn*). Cf. Mt 2, 14.22; 4, 12; 12, 15; 15, 21. Cf. nuestros *Estudios de Evangelio,* 235-237.

52. Antes de significar «de nuevo», el adverbio griego *pálin* caracteriza normalmente el hecho de ir «más lejos», «más en profundidad». Cf. los diccionarios y L. Schenke, TTZ 92 (1983) 192.

53. En Mc 6, 47 esta indicación contrasta con los discípulos que pasan apuros en el mar, a los que Jesús ha obligado a embarcar para que se alejen del lugar del prodigio. En Mt 14, 23, va ligada al deseo de orar que siente Jesús después del milagro. Lc 9, 18 no propone ningún motivo para la oración de Jesús en la soledad, mencionada inmediatamente después de la multiplicación de los panes.

54. «El diablo: 'Te daré todo este poder con la gloria de estos reinos... Si me adoras, lo tendrás todo entero'. Jesús le respondió: 'Adorarás al Señor tu Dios, y sólo a él rendirás culto'» (Lc 4, 5-8).

55. Jn 8, 16; 16, 32.

«solo» y «junto al Padre»? Como Jn se cuida de indicar que el episodio tiene lugar en la cercanía de la pascua, es decir, de la fiesta que será la del paso hacia la gloria, se puede pensar que Jesús, al retirarse a la montaña, va al encuentro de aquel de quien recibe la verdadera gloria, que no es la gloria de los hombres, sino la que tenía Jesús antes de que el mundo fuera y que el Padre le asegurará[56]. Esta gloria la va a manifestar muy pronto Jesús caminando sobre las fuerzas adversas del mar para hacerse de nuevo presente a los suyos.

JESÚS SE REÚNE CON LOS DISCÍPULOS Y CON LA GENTE (6, 16-25)

El relato de la «marcha sobre el mar» (6, 16-21) parece interrumpir la secuencia que forman el signo de los panes y el discurso sobre el pan de la vida[57]. De hecho, sin embargo, se integra muy bien en la progresión del capítulo, ya que conduce a la reunión de los actores que se habían separado momentáneamente. Por eso conviene no disociarlo del reencuentro de Jesús con la gente (6, 22-25), teniendo además en cuenta que la extraña pregunta «¿Cuándo has llegado aquí?» (6, 25) es, según el estilo de Jn, una constatación de un acontecimiento misterioso.

¿Cómo caracterizar este acontecimiento? El título habitual, «Jesús camina sobre el mar», induce a un error de perspectiva sobre el género literario del texto: al pensar en un «relato de milagro», el lector se preocupa del prodigio, siendo así que propiamente se trata de una «epifanía»[58], que se realiza de esta forma milagrosa, de Jesús a los suyos. El relato quiere manifestar cómo la separación que había tenido lugar entre los discípulos y aquel que se había retirado a las alturas no ha sido más que provisional o incluso meramente aparente. A diferencia de los relatos paralelos de Mateo y de Marcos, el texto joánico no presenta la intervención maravillosa de Jesús en función de salvar a los discípulos; el elemento tradicional de la tempestad no pertenece en Jn más que a la presentación del episodio.

56. Jn 12, 28; 17, 5; cf. 2, 11.

57. Estudio de conjunto de J. P. Heil, *Jesus Walking on the Sea*, Rom 1981. Cf. *supra*, 74s y 80, n. 7.

58. Entre los géneros de relatos de milagro, G. Theissen distingue las «epifanías»; éste es el caso en que se aparece una divinidad no solamente a través de sus obras, sino en su misma persona. Este tipo de relato se contradistingue de los «salvamentos» (cf. *Los milagros de Jesús*, 297, n. 25).

Algunos críticos[59] han intentado situar en la base de este relato un hecho que permitiría suprimir su aspecto milagroso. Apoyándose en la expresión *epì tē̂s thalássēs* (6,19), han deducido que Jesús no habría caminado sobre el mar, sino «sobre la arena», sentido que puede tener el texto griego. Sin embargo, es evidente que no se debe aplicar al texto joánico una cuestión extraña a su perspectiva: el relato narra una ruptura con el marco habitual de este mundo —la superación de un límite que se considera insuperable—, no para asombrar al lector, sino para orientarlo hacia el misterio que se significa a través del acontecimiento llamativo. No cabe duda de que el relato joánico refleja una experiencia de los primeros cristianos, la de la presencia del Señor en su comunidad. De esto no se sigue, sin embargo, que el relato sea una «pura creación cristológica», sin ningún fundamento en la realidad.

16 Cuando llegó el atardecer, sus discípulos bajaron al mar 17 y, subiéndose a una barca, iban al otro lado del mar, a Cafarnaún. Y ya se había hecho oscuro y Jesús no había venido todavía a ellos. 18 El mar se levantaba al soplo de un fuerte viento. 19 Entonces, después de remar unos veinticinco o treinta estadios, ven a Jesús andar sobre el mar y acercarse a la barca. Y tuvieron miedo. 20 Pero él les dijo: «¡Yo soy! ¡Dejad de tener miedo!». 21 Entonces querían acogerlo en la barca, cuando de pronto la barca se encontró en la orilla adonde se dirigían.

El milagro de los panes dados con esplendidez acabó con el retiro de Jesús en la montaña. Hasta este momento, los discípulos habían estado con él frente a la gente; incluso después del milagro, el narrador no los ha asociado al entusiasmo colectivo. Separados ahora de Jesús, se embarcan en dirección a Cafarnaún. ¿Por qué? En contra del relato sinóptico, no es Jesús el que los obliga a pasar a la otra orilla (Mc 6, 45 par); no se da ninguna motivación de su marcha, a no ser indirectamente con la indicación «cuando llegó el atardecer», que podría sugerir que habían estado esperándolo inútilmente. Otra indicación va en el mismo sentido: «Jesús no había venido todavía[60] a ellos»; es

59. La sugerencia de B. Weiss, y luego de J. H. Bernard (I, 186), recogida favorablemente por A. Nisin, *Histoire de Jésus*, Paris 1961, ha sido formalmente criticada por R. Bultmann, 159.

60. Al referir que Jesús no «vino» a los suyos, Jn utiliza el perfecto *elēlýthei*, frecuente para indicar la presencia de Jesús entre los hombres (3, 2; 5, 43; 7, 28; 8, 42; 12, 46; 16, 28; 18, 37). Cf. I. de la Potterie, *Verité*, 102.

verdad que esta observación se presenta un poco tarde en el desarrollo del relato, cuando ya están embarcados los discípulos; pero, con este retraso, se da mayor realce a la ausencia de Jesús. El lector entra en el pensamiento de los discípulos: al verse solos, dependiendo de ellos mismos, quedan en suspenso ante la vuelta de aquel que los ha dejado. Esta segunda indicación es una clave para ver la perspectiva del relato joánico, en donde todo gira en torno a la ausencia-presencia de Jesús.

Todos los detalles narrativos convergen en describir la soledad que experimentan los discípulos. El verbo «bajaron» (6, 16) contrasta con el movimiento ascensional que sugiere, en el versículo anterior, la retirada de Jesús a la montaña. Al «atardecer» se añade la «oscuridad» (*skotía*)[61], imagen de las tinieblas interiores en que se encuentran los discípulos sin su maestro. Tendrán que remar unos cinco o seis kilómetros. Situación más delicada todavía por el hecho de que el mar «se levantaba» (*diegeíreto*) al soplo de un fuerte viento[62]. Pero, a diferencia del relato sinóptico que desemboca en el apaciguamiento del viento por Jesús (Mc 6, 51 par) y presenta así un milagro de salvamento, en Jn no vuelve a hablarse de la borrasca.

Se ve algunas veces en este cuadro la situación amenazada de la Iglesia a lo largo de la historia, pero este simbolismo, válido para el relato sinóptico de la tempestad calmada[63], no conviene a un texto en el que Jesús no calma las olas y en donde, además, la navegación acaba enseguida. En Jn, la situación nocturna de los discípulos evoca más bien la soledad en que se encuentra la comunidad después de la muerte de Jesús[64].

La borrasca tiene, sin embargo, una función en el relato. Sería ingenuo pensar que su descripción sirve para destacar la dificultad para Jesús de caminar sobre las olas[65]. Inspirándose en modelos bíblicos[66], orienta en otro sentido: subraya el carácter terrible que tiene siempre el mar para los hebreos. Aunque el Creador le ha fijado límites

61. *Skotía* designa las tinieblas que no lograron apagar la luz (1, 5), pero que siguen amenazando con envolver a los hombres (12, 35); sin embargo, no rodean nunca a los que se ponen a seguir a Jesús (8, 12; 12, 46).

62. Fenómeno frecuente en el lago de Tiberíades.

63. Cf. nuestros *Estudios de Evangelio,* 145-175.

64. A. Richardson ha relacionado muy oportunamente la situación que aquí se describe con la de los discípulos a los que va a dejar Jesús (cf. el discurso de despedida): *The Miracle Stories*, London 1941, 117s.

65. Aunque esto es lo que declara J. P. Heil, *Jesus Walking on the Sea,* 77s.

66. «Sin embargo, los hombre *remaban* para alcanzar *la tierra firme*, pero en vano; *el mar* cada vez más *agitado* se desencadenaba contra ellos» (Jon 1, 13). Cf. también Sal 107, 23-30. La descripción de la tempestad en el mar es muy frecuente en la Biblia y en la literatura judía antigua.

infranqueables, el mar sigue siendo en la Biblia el terreno y el símbolo de las potencias malignas, de las que sólo Dios triunfa[67], especialmente de la muerte: ¿no se considera a veces el abismo como muy cercano al *sheol*?[68]. El antiguo testamento no contiene ningún episodio que nos hable de un hombre caminando sobre el mar; pero dice de Yahvé:

> El solo ha hollado las alturas del mar (Job 9, 8).
>
> En el mar trazaste tu camino,
> tu paso en las aguas profundas,
> y nadie pudo conocer tus huellas (Sal 77, 20: cf. Is 51, 10).

Así viene Jesús. No porque haya visto desde la orilla a sus discípulos bregando con sus remos contra el viento, como dice Mc 6, 48. En Jn son los discípulos los que «ven»[69] a Jesús acercarse a la barca. Por tanto, el acontecimiento es la presencia, una presencia epifánica, que al estar fuera de todo lo previsto no tiene más finalidad que ella misma, y en donde se vislumbra la condición sobrehumana de aquel que se manifiesta. «Y tuvieron miedo», no ya porque creyesen que estaban ante un fantasma[70], sino ante una aparición numinosa, como en las teofanías bíblicas.

Jesús disipa el temor[71] de los discípulos diciéndoles: «¡Yo soy! ¿Dejad de tener miedo!». Muchos autores opinan que el evangelista atribuye ya a Jesús la proclamación divina. *Yo soy,* como en 8, 58. Es verdad que el tenor es el mismo en griego (*Egṓ eimi*), pero en el nivel del relato conviene leer aquí ante todo la afirmación de que se trata realmente de Jesús, el maestro familiar. No solamente

67. Para hacer que se cumpla su designio, Dios triunfa sobre el mar, bien en la creación (Is 51, 9s), bien para liberar al pueblo hebreo (Ex 14-15), y finalmente en el combate escatológico (Dan 7, 2-7). Cf. VTB, 442s. Son numerosos los textos que celebran el poder de Yahvé, que se muestra en el dominio de las grandes aguas (Sal 29, 3; 65, 8; 89, 10; 93, 3s).

68. Cf. Jon 2, 6s; 1 QH 6, 24; Mc 5, 13; Ap 20, 13; 21, 1.

69. A diferencia del verbo griego *horáō*, utilizado para decir en sentido débil que los galileos habían «visto» el signo hecho por Jesús (6, 14), Jn utiliza aquí el verbo *theōréō*, que podría indicar un ver «escrutador» (cf. C. Traets, *Voir Jésus et le Père en lui*, Rome 1967, 39-52), teniendo en cuenta el tiempo del verbo y su contexto. Por otra parte, se trata en este lugar de un «ver» en la oscuridad de la noche.

70. Cf. Mc 6, 49, que menciona además los «gritos» de los discípulos.

71. «Cuando atravieses las aguas,
¡no temas!...
Yo estaré contigo...,
porque soy el Señor tu Dios.
No temas, porque yo estoy contigo» (Is 43, 1-5)

esta palabra se pronuncia en el contexto de un encuentro que anula la separación, y no solamente recoge el texto sinóptico en donde Jesús dice lo mismo («¡Yo soy!», Mc 6, 50 par) sino que la reacción de los discípulos no va más allá de la constatación del reconocimiento: «Querían acogerlo en la barca». No se trata todavía de la confesión de fe, reservada para el final del capítulo (6, 68s). Una revelación inmediata de la divinidad, ¿no habría provocado la reacción inversa (cf. Lc 5, 8)? Dicho esto, lo cierto es que la venida de Jesús caminando sobre el mar es bíblicamente una epifanía de su divinidad y que el evangelista puede insinuar en ese *Egṓ eimi*, destinado al reconocimiento, todo el augusto significado de una palabra de revelación[72].

Volvamos al comportamiento de los discípulos ante Jesús. El verbo *lambánō*, que significa o «recibir» o «tomar», tiene de ordinario un sentido positivo en el cuarto evangelio; por eso lo hemos traducido, joánicamente, por «acoger»[73]. Algunos críticos ven en él el matiz de «apoderarse», como si los discípulos, después de la gente, quisieran hacerse con Jesús, pero el contexto contradice esta interpretación. Jesús no entra ciertamente en la barca, pero no se dice nada de que se retirase, como en 6, 15. La solución es muy distinta, y favorable a los discípulos.

El lector habrá observado la sobriedad del relato; podríamos decir que es un relato silencioso. La venida de Jesús caminando sobre el mar se señala con un mínimo de palabras, así como la reacción de los discípulos. No menos conciso es el final:

21 ... **de pronto la barca se encontró en la orilla adonde se dirigían.**

La navegación termina como en un sueño o como en una escena surrealista[74]. ¿Se inspira Jn en el relato apócrifo de una visión atribuida

72. Como sugiere el «dejad de tener miedo», clásico en los relatos de teofanías (Gén 15, 1; 46, 3; Lc 1, 13.30). Cf. *infra,* 237s, sobre la fórmula *Egṓ eimi* (8, 58). Entre los que leen aquí una manifestación de la divinidad, cf. R. Schnackenburg, J. Blank. Contra esta interpretación, cf. J. P. Heil, *Jesus Walking on the Sea,* 79s.

73. «Welcome», traduce E. A. Abbott, *Johannine Vocabulary*, 1905, n. 1721 g. Se acoge al Logos (1, 12), a Jesús (5, 43), su testimonio (3, 11.32s; 12, 48; 17, 8), a sus enviados (13, 20), a Dios en persona (13, 20). La palabra se convierte entonces en casi sinónimo de *pisteúō* (cf. R. Bultmann, 51, nota 6). La situación es muy distinta de la de Mc 6, 51s (asombro por falta de inteligencia de los discípulos) y de la de Mt 14, 33 (adoración).

74. R. A. Whitacre, *Johannine Polemic*, Chico 1982, 128.

al patriarca Neftalí, en donde se señala: «La casa (de Jacob) tocó tierra sin estorbo»? Pudiera ser, pero esta relación es muy tenue, ya que falta lo esencial: el carácter repentino. La barca de Jacob no toca tierra más que «cuando se hubo calmado la tempestad», solución feliz pero lógica. En cuanto a la reunión milagrosa de la tripulación que se había dispersado, tiene lugar en este texto después de la llegada al puerto[75], y no antes.

Jn ha transformado la tradición sinóptica que desemboca también en un segundo prodigio: el viento cesa una vez que Jesús ha subido a la barca de los discípulos (Mc 6, 51 par). En Jn lo que anula es el espacio del mar: la barca llega enseguida a la orilla. Y esto por el poder divino, sin que Jesús tenga que subir a bordo[76]: ¿es que el ser sobrenatural que se manifiesta en una epifanía desaparece apenas ha entregado su mensaje, en este caso el mensaje de su presencia a los discípulos? Diríamos más bien que la razón es distinta: la presencia del que pisa el mar es de un orden diferente al de la proximidad física ordinaria; es presencia de un ser dc arriba («¿y si vierais al Hijo del hombre subir a donde estaba antes...?», 6, 62), una presencia no material, sino espiritual (6, 63).

¿El final del relato se refiere a pesar de todo a un salvamento? Hemos de matizar la respuesta. En la medida en que el mar y el viento levantado representan una situación amenazadora, la tierra representa el lugar contrario, el lugar en donde el hombre recobra la seguridad. Más profundamente, es en el mismo instante en que los discípulos están dispuestos a acoger a Jesús cuando «la barca toca tierra en la orilla adonde se dirigían»: ¿no significa esto que, al reconocer a Jesús, pasan inmediatamente del terreno de la muerte al de la vida? De este modo, se ven «guiados al puerto de sus deseos» (Sal 107, 30).

75. Cf. *Testamento de Neftalí* 6, 1-10, de los que reproducimos aquí 6, 9-10: «Cuando se aplacó la tempestad, la construcción tocó tierra sin problemas. Y he aquí que vino nuestro padre y nosotros nos alegramos todos con un solo corazón».

76. Juan Crisóstomo se muestra muy atento a este prodigio, sin duda para no confundir a Jn con los sinópticos, según los cuales Jesús subió a la barca; al obrar así, Jesús «hizo el milagro (de la marcha sobre el mar) más grande todavía» (*Hom. in Jo*. 43, 1: PG 59, 246). Por su parte, Orígenes, comentando Prov 30, 19: «Y los senderos del barco que cruza el mar», subraya que la barca no lleva a Jesús (PG 13, 33).

22 Al día siguiente, el gentío que se había quedado al otro lado del mar... vieron que no había allí más que una sola barca y que Jesús no había entrado en la barca con sus discípulos, sino que sólo habían partido sus discípulos. 23 Pero llegaron unas barcas de Tiberíades, junto al lugar donde se habían comido el pan después de que el Señor dio gracias. 24 Así pues, cuando el gentío vio que Jesús no estaba allí ni tampoco sus discípulos, subió a las barcas y vino a Cafarnaún, buscando a Jesús. 25 Y habiéndolo encontrado al otro lado del mar, le dijeron: «Rabí, ¿cuándo has llegado aquí?».

El relato no termina con el desembarco de los discípulos en Cafarnaún, ya que concierne también a la gente que había recibido de Jesús un pan sobreabundante; es lo que nos recuerda discretamente el texto en el v. 23 al mencionar el sitio en que se había comido pan. La gente, entusiasmada por aquel milagro, persevera en la búsqueda de tan gran taumaturgo. Había visto que no se había marchado con los discípulos, y he aquí que ahora se les ha adelantado a Cafarnaún. De ahí su pregunta al «Rabí», título un poco sorprendente en labios de los que hacía poco lo habían aclamado como el profeta.

Aunque estos datos son claros, el pasaje en su conjunto ha sido escrutado por la sagacidad de los críticos[77]. Sería más sencillo si sólo estuvieran los dos últimos versículos: en ellos está todo lo esencial. Los versículos anteriores (6, 22-23) parecen destinados a dar cuenta de la situación, o bien no representan más que un primer esbozo narrativo[78], pero no logrado por completo. En el v. 22, la indicación

77. El problema ha sido examinado especialmente por M. E. Boismard, RB 60 (1953) 347-371, y *Ev. de Jean*, 189s, así como por L. Schenke, TTZ 92 (1983) 191-203. Los comentarios se esfuerzan, cada uno a su modo, por resolver la cuestión.

78. Entre otros intentos de interpretación, señalemos dos. Para M. E. Boismard, nuestro pasaje ha sido reconstruido gracias a dos textos, uno establecido a partir de Crisóstomo y de diversos testimonios del *Diatéssaron* de Taciano, el otro de los manuscritos P^{75} y B; la hipótesis se basa en numerosas variantes textuales. R. Schnackenburg propone tratar como un paréntesis la parte del texto comprendida entre «vieron» y «vio», en donde el primero equivale a un pluscuamperfecto: «habían visto» (tal como lo autoriza la gramática, al menos en las proposiciones subordinadas). Estos dos autores mantienen en el v. 23 *álla* como un plural neutro (= «otros»), mientras que nosotros lo acentuamos como una conjunción *allá*, lo cual permite unir las dos proposiciones que sin eso quedarían yuxtapuestas.

de «al día siguiente» ¿se refiere al día de la llegada de los discípulos o al del episodio de los panes? El plural «vieron» es posible detrás de «la turba», pero resulta sorprendente, sobre todo si se piensa que en el v. 24 está el singular «vio». ¿Cuál es esa flotilla que aparece entonces para transportar a tanta gente? Finalmente, se puede señalar el empleo de un lenguaje cristiano: el lugar adonde llegaron las barcas está junto a aquel «en donde se había comido *el* pan (no *los* panes), después de que el Señor (no Jesús) dio gracias (*eukharistḗsantos*)». Sea de ello lo que fuere, se impone una evidencia: la gente sabe que Jesús no ha viajado con sus discípulos en la única barca disponible. Puesto que los v. 24-25 bastarían para conocer lo sucedido, volvamos al texto simplificado.

La pregunta, planteada en un griego embarazoso[79], manifiesta una extrañeza: la gente está desconcertada, después de haber creído que podía dominar la identidad de Jesús (6, 14) y de haber intentado «apoderarse» de él; perseverando en la búsqueda de aquel Jesús que había saciado su hambre, lo interroga, como si hubiera percibido en aquel hombre algo que se le escapaba. Sin embargo, detrás del asombro de la gente podría leerse la misma actitud posesiva frente a él: ¿desea hacerse con este rabí, controlar bien sus desplazamientos? Pudiera ser, ya que la conducta ajetreada de la gente contrasta con la discreción de los discípulos que le han dejado a Jesús toda la iniciativa.

El evangelista podría sugerir más aún. Si en los v. 14-15 ha evocado la tentación de Satanás ofreciendo a Jesús la realeza terrena[80], aquí la sorpresa admirativa de la gente podría ser una trasposición joánica de la tercera tentación de Jesús (según el orden de Lc 4, 9-12), la de demostrar su misión celestial mediante una aparición repentina y extraordinaria en medio del pueblo. Pues bien, lejos de sacar de esta circunstancia un argumento en favor de su condición sobrehumana, Jesús no responde a la pregunta planteada; aparta la atención de la gente hacia las motivaciones que realmente la guían, como vamos a constatar (6, 26).

El conjunto del pasaje (6, 16-25) ha desembocado en una nueva conjunción de todos los personajes, necesaria para que pueda proseguir el relato; nos conduce así a los umbrales del discurso por el que Jesús interpreta para la gente y los discípulos el signo de los panes.

79. *Póte hṓde gégonas;*. Esta expresión combina «¿Cuándo has llegado aquí?» con «¿Desde cuándo estás aquí?».

80. Es curioso cómo el cuarto evangelio no contiene ningún relato de la «tentación de Jesús», tal como nos lo trasmite la tradición sinóptica; ¿no tendremos quizás en este capítulo el equivalente a este relato?

EL PAN DE LA VIDA

(6, 25-71)

Dirigido a la gente de Galilea y a los discípulos, el discurso sobre el pan de la vida le da al signo de los panes toda su profundidad de sentido. Forma una unidad literaria[81] que se reconoce por la función que desempeñan en este texto dos citas bíblicas (6, 31.45) y tres objeciones que dan ritmo al desarrollo (6, 41s.52.60). Ofrezcamos una primera visión de esos elementos estructurantes.

Partiendo de las relaciones indiscutibles de este discurso con algunos textos judíos (especialmente de Filón), el crítico noruego P. Borgen opina que refleja la forma de una homilía de tipo rabínico[82]. Se parte en ella de una cita sacada ordinariamente del Pentateuco (cf. Jn 6, 31), que se discute e interpreta a continuación (cf. Jn 6, 32ss); luego otro texto, sacado de los profetas, viene a iluminar las ideas expuestas (cf. Jn 6, 45); finalmente, la homilía recoge lo esencial de lo que decía la primera cita (cf. Jn 6, 58). Esta es la que da tono al conjunto y determina toda la secuencia. En nuestro texto, la cita del Exodo en Jn 6, 31 anuncia el desarrollo del discurso en dos partes: «Un pan del cielo / les dio a comer». La primera parte del discurso (6, 35-47) se refiere efectivamente al pan «bajado del cielo»; la segunda (6, 48-58) recoge con insistencia el verbo «comer», ausente hasta entonces.

Este estudio, que ve así en el texto joánico un *midrash* cristiano, confirma la unidad del discurso a partir de su forma literaria; son muchos los críticos que han aceptado esta visión[83]. Por nuestra parte, aunque nos aprovechamos de la presentación de P. Borgen, lamentamos que no se haya ahondado más en las consecuencias de la inserción del discurso en un cuadro narrativo delimitado por la mención de Cafarnaún en 6, 24 y 6, 59. Pues bien, el v. 59 no es solamente una conclusión añadida al discurso, sino también una transición que deja respirar al lector antes del último episodio del capítulo 6, a saber, el abandono de los discípulos y la confesión de Pedro (6, 60-71). Veamos todo esto más de cerca.

81. A diferencia de numerosos autores que tratan los v. 51-58 como una homilía cristiana añadida al discurso sobre la fe. Cf. *infra,* 111.

82. P. Borgen, *Bread from Heaven,* Leiden 1965. A lo largo de la lectura, señalaremos los pasajes de la literatura judía que justifican su hipótesis.

83. La hipótesis de P. Borgen ha sido aprobada en su conjunto por R. E. Brown, R. Schnackenburg, C. K. Barrett, J. L. Martyn...

El v. 59 parece poner un punto final al discurso[84]:

59 (Jesús) dijo estas cosas, enseñando en la sinagoga de Cafarnaún.

«Estas cosas» (*taûta*) remite al conjunto anterior, como en 8, 20, que cierra el conjunto 8, 12-19. La precisión «en la sinagoga» señala el carácter oficial del discurso, lo mismo que en 8, 20 se indica el «tesoro», como el lugar en donde habla Jesús. La indicación «en Cafarnaún» se relaciona con 6, 24, situando así el discurso en esta ciudad. Esta indicación sirve así de pausa para el lector, que puede reflexionar sobre lo que se ha dicho. Si en el discurso no se hace ninguna alusión al milagro, hay que reconocer sin embargo que el narrador ha unido expresamente el discurso al relato gracias al v. 26, en donde Jesús denuncia la ambigüedad de la conducta de la gente.

Como dice P. Borgen, la sub-unidad literaria que forman los v. 26-59 se distribuye en dos partes anunciadas por la cita de 6, 31. Pero hay que hacer una matización: en 6,32 Jesús critica el tenor de esta cita y la modifica dando una definición del pan de Dios: «El pan de Dios es aquel que baja del cielo y da la vida al mundo» (6, 33). Aquí es donde aparecen con claridad los temas de las dos primeras partes del discurso: a) el pan que baja del cielo es Jesús: hay que creer en él (6, 35-47); b) él da la vida al mundo: hay que apropiarse de él (6, 48-58). Estas subdivisiones, que abarcan exactamente las que sugería la cita del v. 31, permiten precisar el tema de la segunda parte: más que de dar «de comer», se trata de dar «la vida». El sujeto del verbo «dar» cambia de una a otra parte: primero Dios, que da el pan; luego Jesús, que da su carne, que se da a sí mismo.

En la sub-unidad literaria 6, 60-66, el auditorio se ha modificado: los interlocutores no son ya «los judíos», sino los «discípulos». Sin embargo, constituye la tercera parte del mismo discurso: así como el v. 58 recogía la primera cita bíblica (6, 31), a su vez el v. 65 vuelve a centrar la atención del lector en la segunda (6, 45); antes, la tercera objeción, al calificar el discurso como «duro de oír», vincula inmediatamente la respuesta de Jesús a lo que precede.

Las tres objeciones que marcan el ritmo del discurso y que estructuran su marco narrativo confirman su forma tripartita. En efecto, cada una de ellas está provocada por una revelación que precede y

84. Con C. J. Bjerkelund, *Tauta egeneto*, Tübingen 1987, 89-93.

que Jesús, inmediatamente después, mantiene y profundiza según la técnica de los diálogos joánicos[85]. De aquí se derivan tres desarrollos que se encadenan según el esquema siguiente, que indica además el diálogo inicial en donde todo queda esbozado:

Diál. La petición del pan verdadero y vivificante (24b-34).
I. Jesús, verdadero pan del cielo: creer en él (35-47 = 35-40 [41s] 43-47).
II. Jesús, salvador del mundo, da su carne (48-59 = 48-51 [52] 53-59).
III. Jesús, elevado al cielo, presente en el Espíritu (59-66 = 59 [60] 61-66).

Esta es la unidad de este discurso, inserto en un cuadro narrativo: se apoya en la llamada a la fe dirigida a los discípulos, la gente y al lector[86].

La petición del pan verdadero y vivificante (6, 24b-34)

24b (El gentío) vino a Cafarnaún, buscando a Jesús. 25 Y habiéndolo encontrado al otro lado del mar, le dijeron: «Rabí, ¿cuándo has llegado aquí?». 26 Jesús les respondió y dijo: «Amén, amén, yo os lo digo: vosotros me buscáis, no porque hayáis visto signos, sino porque habéis comido panes y os habéis saciado. 27 Obrad, no por el alimento perecedero, sino por el alimento que permanece para (ser) vida eterna, la que os dará el Hijo del hombre, porque es él a quien el Padre, a quien Dios ha marcado con un sello». 28 Ellos le dijeron: «¿Qué hemos de hacer para obrar las obras de Dios?». 29 Jesús les respondió y les dijo: «La obra de Dios es que creáis en el que ha enviado». 30 Le dijeron, pues: «¿Qué signo haces tú para que nosotros, al verlo, te creamos? ¿cuál es tu obra? 31 Nuestros padres comieron el maná en el desierto, según lo que está escrito: 'Les dio a comer un pan que venía del cielo'». 32 Entonces Jesús les dijo: «Amén, amén, yo os digo: no es Moisés el que os dio el pan que venía del cielo; es mi Padre el que os da el pan que viene del cielo, el verdadero; 33 en efecto, el pan de Dios es aquel que baja del cielo y da la vida al mundo». 34 Entonces, le dijeron: «Señor, danos ese pan, siempre».

85. Cf. I, 16.
86. Cf. *supra*, 76.

Sin solución de continuidad con la narración precedente, he aquí el diálogo entre Jesús y los galileos, reunidos de nuevo. Desde el punto de vista formal, tiene la función de hacer que se articule al final la petición implícita: «Señor, danos ese pan, siempre» (v. 34)[87]. En cuanto al contenido, plantea de antemano el tema de un alimento relacionado con la vida eterna *y* el tema de la fe en el Enviado de Dios, condición de salvación. El movimiento de conjunto va continuamente del don al donante: el Hijo del hombre (v. 27) y, en definitiva, el Padre (v. 32). Todo esto en tres etapas. Los que han recibido en abundancia los panes perecederos son invitados a desear un pan que permanece, dado por el Hijo del hombre, y para ello han de hacer algo (6, 26-28); luego Jesús les indica que ese «hacer» consiste en la acogida de su persona de Enviado (6, 29-31); finalmente, les revela que el Padre es el donante del verdadero pan, el que da la vida al mundo; entonces se apresuran a pedirle ese pan (6, 32-34).

A pesar de las apariencias, Jesús mantiene la iniciativa. Primero, por su presencia sorprendente (v. 25) que no se preocupa de justificar, y luego por el nivel en que sitúa de antemano el intercambio. Jesús alerta a los galileos sobre la ambigüedad de su deseo: al haber fijado su mirada en los panes que comieron hasta saciarse[88], es de nuevo el gusto por el pan terreno lo que los mueve; no han sabido percibir en el don del pan sobrante el signo de un alimento distinto que hay que buscar, el que «permanece para (ser) vida eterna»[89] y que dará el Hijo del hombre. ¿Cuál es este alimento? El texto deja abierta la respuesta.

Esta presentación le recuerda al lector el agua viva que brota como vida eterna (4, 14), que es ciertamente muy joánica: el lector podría entenderla ya en el sentido que precisará el discurso. Pero aquí Jesús alude a una realidad conocida por sus interlocutores. Hablar de alimento que es vida es responder a la aspiración de los judíos, para

87. La distribución de este pasaje se parece mucho a la del diálogo de Jesús con la samaritana:

+ provocación por parte de Jesús	4, 7	6, 22-24
— reacción	4, 9	6, 25
+ palabra provocativa	4, 10	6, 26s y 6, 29
— pregunta suscitada	4, 11s	6, 28 y 6, 30s
+ revelación de Jesús	4, 13s	6, 32s
— pregunta explícita	4, 15	6, 34

88. El término *ekhortásthēte*, diferente del usado en el relato de 6, 12, es el mismo que en Mt 14, 20; tomado aquí en sentido peyorativo, podría significar una crítica del relato sinóptico.

89. Esta vida eterna no equivale a la inmortalidad que procuraba la ambrosía o el néctar de los dioses paganos (así R. Bultmann, 164-166).

quienes la ley divina vivifica a quienes la practican[90]. Como señalamos ya a propósito del simbolismo del capítulo[91], el alimento puede significar en la Biblia la palabra de Dios; así, según las relecturas de los acontecimientos vividos por el pueblo en el desierto, el maná —del que se va a hablar en el diálogo— había llegado a designar por metáfora la ley que viene del cielo. El sentido es tan claro para los interlocutores que inmediatamente aceptan no trabajar ya únicamente para procurarse el pan terreno, y el debate se eleva hasta la preocupación más alta que es la observancia perfecta de la ley; recogiendo el verbo «obrar» utilizado por Jesús, preguntan cuáles son las obras que agradan a Dios.

Sin embargo, no captan lo que había de nuevo en la palabra del rabí: el anuncio de que el donante del alimento vivificante será[92] el Hijo del hombre, aquel a quien el Padre, Dios[93], ha marcado con su sello[94]. Sin embargo, un doble *amén* subrayaba la importancia de este anuncio. Jesús no se designa inmediatamente como el donante, sino que atribuye esta función a una figura celestial que procede de la apocalíptica judía. Pero el título «Hijo del hombre» no viene aquí simplemente para retrasar la identificación clara del donante; evoca, como siempre en Jn, el itinerario de Logos encarnado: el que ha bajado del cielo (3, 13) y el que va a subir a él (6, 62).

29 Jesús les respondió y les dijo: «La obra de Dios es que creáis en el que ha enviado». 30 Le dijeron, pues: «¿Qué signo haces tú, para que nosotros, al verlo, te creamos? ¿cuál es tu obra? 31 Nuestros padres comieron el maná en el desierto, según lo que está escrito: 'Les dio a comer un pan que venía del cielo'».

90. Es «la ley de la vida»; cf. Eclo 17, 11; 45, 5 (P. Borgen, *Bread from Heaven,* 149).

91. Cf. *supra,* 76-79.

92. En algunos manuscritos se lee *dídōsin* (S D e ff j sy[e]), lo cual supone un sentido escatológico; sin embargo, es preferible el futuro, con 6, 51, como en 4, 14.

93. Cf. 20, 17 en donde se encuentra la misma secuencia Padre-Dios. Así puede continuar el diálogo con los galileos; ellos hablarán de las obras «de Dios».

94. «Estar marcado con el sello de Dios» significa estar consagrado al Señor (cf. Ex 28, 11; Cant 8, 6). Jn utiliza esta expresión en 3, 33 para decir que el creyente atestigua la veracidad de la misión del Hijo; aquí Dios pone su firma a las palabras y a los actos de Jesús (así Crisóstomo, PG 59, 250). Relacionándolo con Sal 44, 8, Agustín ve aquí el signo distintivo que impide asimilar a Jesús a los demás hombres (XXV, 11). Cirilo de Alejandría apela a Heb 1, 3 para ver en el sello una unción, es decir, «el carácter de la hipóstasis, impreso por el Padre en el Hijo» (PG 73, 481-485). Estas diferentes interpretaciones son complementarias entre sí.

A las obras múltiples que los galileos se muestran dispuestos a cumplir, Jesús opone la única «obra de Dios», la que hay que realizar para agradarle (según el sentido del v. 28) o más bien la que Dios realiza en el creyente (cf. 6, 37). Son posibles las dos lecturas, ya que la fe[95] en el Enviado —en lo cual consiste la obra de Dios— es producida por Dios mismo y por el hombre que acoge (cf. 3, 16s.34). Pasando del plural («las obras») al singular («la obra»), Jesús no critica la ley como tal, sino que recuerda que tiene su origen en Dios y que manifiesta la manera en que el hombre podrá cumplirla.

Los interlocutores, que no habían percibido la profundidad de la apelación «Hijo del hombre», comprenden ahora que Jesús afirma que es el Enviado de Dios y se muestran dispuestos a creer en aquel hombre que les habla, pero con una condición: que manifieste su misión por medio de un signo proporcionado. Resulta un tanto extraño ver cómo piden un signo, siendo así que acaban de ver uno (6, 14); dado que semejante petición expresa siempre la incredulidad del oyente (cf. Mt 12, 39 par), parece fácil deducir que en este caso los galileos siguen cerrándose a Jesús. Pero esto significa sacrificar el contexto próximo en el que estos galileos habían visto en Jesús al profeta, y desconocer que en la tradición profética, para que un signo sea probatorio, tiene que ser anunciado de antemano por su autor. Por eso, la gente no le pide a Jesús que realice inmediatamente un signo, sino que diga *cuál* es el signo que va a hacer[96]. Esta petición permite pensar que siguen viendo en él a un personaje investido de una misión. Cuando el milagro de los panes, Jesús había mostrado un poder que la gente había interpretado según sus propias esperanzas, sin que Jesús les dirigiera la palabra; aquí le oímos declarar que creer en su persona es cumplir toda la ley.

En su manera de hablar, ponen de relieve el *tú* (lo mismo que los judíos en el episodio del templo: 2, 20), subrayando la separación existente entre el hombre que habla y sus pretensiones. Y la cita de la Escritura opone a ese *tú* un *él* (ambiguo) que proporcionó a los padres en el desierto un «pan que venía del cielo». La samaritana oponía frente Jesús a Jacob (4, 12), los judíos le opondrán a Abrahán (8, 53); aquí los galileos le oponen al donante del maná, a Moisés, el mediador de la palabra de Dios. ¿Se atrevería Jesús y sería capaz de competir con Moisés?

95. El verbo *pisteúete* está en presente: más que a un acto, se alude aquí a la vida de fe.

96. Cf. W. J. Bittner, *Jesu Zeichen im Johev.*, Tubingen 1987, 28-88 (sobre todo 51-53).

La cita que se recoge (6, 31) no corresponde exactamente a ningún texto; de ahí las diversas hipótesis para encontrar su referencia: ¿es el Sal 78, 24, Neh 9, 15 o Sab 16, 20?[97]. A nuestro juicio[98], puesto que es segura la relación de Jn 6 con el capítulo 16 del Exodo, es preferible ver en la cita la combinación de los dos textos siguientes:

> Es el *pan* que el Señor os *ha dado de comer* (Ex 16, 15).
> Voy a hacer llover sobre vosotros *panes del cielo* (Ex 16, 4).

El segundo texto ofrece el calificativo del pan; el pronombre «os» de Ex 16, 15 es sustituido en 6, 31 por «les» debido a la frase introductoria sobre «los padres». De todas formas, el signo evocado en la cita es el don maravilloso del maná. Sin embargo, a través del grano de coriandro derramado sobre la superficie del desierto, los galileos se refieren a la ley que se había dado en el Sinaí y de la que Israel hacía su alimento cotidiano, ya que el contexto se refiere con toda claridad a la vida eterna y a las obras necesarias para poder obtenerla.

Al introducir el texto de la Escritura mediante la conjunción *kathṓs* (traducida por «según»), los galileos significan que la Escritura citada ofrece la norma de inteligencia del acontecimiento: lo que comieron los padres en el desierto era un «pan que venía del cielo». La Escritura es el código de lectura del pasado como presente[99]. Ellos ciertamente no se engañan al basar su fe en Dios en el don del maná (= ley), pero al mismo tiempo cierran las puertas a toda revelación por venir.

Finalmente, se observa aquí la ironía joánica. Los galileos no se contentan con pedir a Jesús que les anuncie un signo que ha de hacer, sino que añaden: «¿Cuál es tu obra?». Así los v. 27 y 30 quedan unificados por el verbo «obrar», que presenta varios sentidos: trabajar para comer, realizar la obra o las obras de Dios, y finalmente la obra del Hijo. Esta remite implícitamente a la obra del Padre, lo cual

97. La Biblia ofrece varias «relecturas» del acontecimiento pasado:
«Hizo llover para ellos el maná para comer
y les dio un pan del cielo (*árton ouranoû*)» Sal 77 (78), 24.
«Un pan del cielo (*árton ex ouranoû*) les diste para su hambre» (Neh 9, 15).
«Un pan ya preparado, que era del cielo (*ap'ouranoû*), les proporcionaste» (Sab 16, 20).

98. Con P. Borgen, *o. c.*, 40s y G. Reim, *Studien zum alttestamentlichen Hintergrund des Johev.*, Cambridge 1974, 12-15, a pesar de los autores que proponen ver en la cita de 6, 31 una repetición del Sal 78, 24, modificada con la ayuda de Neh 9, 15. Esta reconstrucción desconoce la importancia de Ex 16 y el contexto joánico inmediato de 6, 32s.

99. Cf. J. N. Aletti, RSR 62 (1974) 192.196.

conduce a Jesús a no ocuparse ya del signo y a ponerse a hablar del don que hace el Padre:

> 32 **Entonces Jesús les dijo: «Amén, amén, yo os digo: no es Moisés el que os dio el pan que venía del cielo; es mi Padre el que os da el pan que viene del cielo, el verdadero;** 33 **en efecto, el pan de Dios es aquel que baja del cielo y da la vida al mundo».** 34 **Entonces le dijeron: «Señor, danos ese pan, siempre».**

A la cuestión que le plantean, que no era una negativa a escucharle, responde Jesús, pero sin dejarse encerrar en la letra de la Escritura y sin prestarse a la exigencia de un signo que pudiera acreditarle como un profeta comparable a Moisés. Comenzando su respuesta con un nuevo «amén, amén» (cf. 6, 26), desplaza inmediatamente sobre Dios la atención de sus interlocutores. Este salto hacia arriba es análogo al del v. 27, en donde Jesús se elevó del pan terreno deseado por la gente al alimento que permanece. Aquí Jesús pasa de la controversia sobre su misión a la acción de Dios mismo.

Al estilo rabínico, Jesús contesta en primer lugar la comprensión subyacente al texto escriturístico que ha sido invocado: «No ya... sino...»[100]. El donante no es ya Moisés (como parecen indicar los galileos, al oponer el don del maná al signo que Jesús tendría que realizar), sino Dios, designado aquí por la expresión «mi Padre». Pues bien, la rectificación a propósito del donante no se hace solamente en función del pasado; concierne al presente de los interlocutores. No es a los padres (*autoîs*: v. 31), sino *a vosotros* (*hymîn*: v. 32) a quienes va destinado el don de Dios[101]. Y ese don es actual: el pan —dice Jesús— que mi Padre os *da*[102] es el verdadero, el que realiza lo que estaba figurado en el maná y las promesas de la ley. En el v. 27, Jesús había hablado del alimento venidero, el que dará (*dṓsei*) el Hijo del hombre: entre el pasado y el futuro he aquí el «presente» de Dios. Se pasa del recuerdo y de la espera a la realidad substancial.

En el v. 33 Jesús da una «definición»[103] de este pan de Dios, que es plenamente aceptable para sus interlocutores, ya que recoge, ex-

100. Cf. P. Borgen, *Bread from Heaven*, 62.

101. Como se dice en el texto original de Ex 16, 15.

102. Al estilo rabínico, Jesús cambia (en retroversión hebrea) *natan* (= *édōken*) en *noten* (= *dídōsin*). Cf. P. Borgen, *o. c.*, 63s; G. Reim, *o. c.*, 13.

103. J. N. Aletti, *a. c.*, 176-179, ha destacado la distinción entre «definición» y «designación»; ésta es la que hay que proponer para identificar el pan del cielo.

plicitándolos, los términos de la cita que han propuesto: lo mismo que el maná-ley[104], el pan de Dios «baja del cielo», pero no alimenta sólo a Israel, sino que da la vida al «mundo». Esta ampliación está en consonancia con la perspectiva del cumplimiento escatológico: el fin del mundo concierne a todos los pueblos de la tierra. Su espera orientaba a los espíritus hacia la última intervención divina. Puesto que Jesús afirma que el donante es Dios, los galileos pueden mostrarse de acuerdo; por eso van a pedirle a Jesús ese pan que les anuncia; entonces, no vacilan en llamar «Señor» a aquel cuya mediación discutían hacía muy poco.

¿Qué es lo que piden exactamente? En virtud del adverbio «siempre», se ha pensado algunas veces que pensaban en un pan material que los saciase continuamente de nuevo, lo mismo que la samaritana esperaba con el don del agua viva no tener que acudir de nuevo al pozo[105].

Sin embargo, a esta lectura se opone la situación, que es distinta en este caso. ¿Cómo iban los galileos a dar de pronto marcha atrás, después de haber evolucionado hasta llegar a plantear una cuestión sobre las obras de la ley que había que cumplir (6, 28) y haber evocado el don de Dios en el desierto (6, 31)? No, piensan ellos; este hombre es capaz de asegurarles el pan (la ley verdadera) del que desean vivir, de forma que no les falle ya nunca a lo largo de su existencia.

Así pues, los interlocutores de Jesús se encuentran bien dispuestos para acoger su enseñanza. Si aceptan la definición del pan de Dios que Jesús les ha propuesto, la verdad es que no esperan la «designación» de ese pan que será objeto del discurso.

EL DISCURSO Y SUS LECTURAS

Descartemos de antemano la lectura historizante del discurso. Ocurre a veces que un lector ingenuo se imagina, sobre todo al leer los v. 53-58 que Jesús de Nazaret anunció a unos incrédulos la institución de la eucaristía, pronunciando esas palabras al pie de la letra. Pero si, gracias al Espíritu santo, una lectura semejante puede coincidir con el mensaje del evangelio, desconoce el procedimiento joánico que permite la presentación simultánea del pasado de Jesús de Nazaret y de su inteligencia pospascual[106].

104. Cf. P. Borgen, *o. c.*, 148.
105. Es ésta la interpretación más común entre los comentaristas.
106. Cf. I, 13-18.

El exegeta reconoce en el origen de este discurso un doble factor: la preocupación por narrar un acontecimiento de antaño y la influencia del ambiente en que se mueve el autor. El texto presenta el enfrentamiento de los judíos con la revelación de Jesús y consiguientemente la opción de fe en la persona de aquel que es el pan de la vida; pero refleja también en algunos aspectos la práctica sacramental de la comunidad joánica. Un exegeta auténtico deberá tener en cuenta estos dos factores, y realizar para ello un análisis literario riguroso.

La lectura del discurso depende de varias opciones exegéticas. La primera tiene que ver con la extensión del texto. Si se tiene en cuenta el marco narrativo y la repetición en el v. 65 del pensamiento del v. 45 sobre el origen de la fe, los v. 59-66 forman la parte última del discurso. No solamente responde allí Jesús, prolongando su revelación, a la objeción suscitada en el v. 60, sino que lo que dice resulta indispensable para la comprensión de todo el discurso: sin esos versículos se ignoraría la subida del Hijo del hombre y se perdería la clave de interpretación que es el Espíritu santo.

La segunda opción literaria se refiere a los v. 53-58. Si se piensa que hablan exclusivamente de la eucaristía, resulta imposible atribuírselos al evangelista. Este, que ha querido presentar un episodio del tiempo pasado, ¿habría puesto en labios de Jesús de Nazaret, a lo largo de su ministerio y ante un auditorio incrédulo, un anuncio de la institución eucarística, manifiestamente ininteligible a los mismos discípulos? De aquí se concluye que estos versículos provienen de una homilía cristiana sobre el sacramento, que habría sido añadida. Por tanto, los que ponen este pasaje entre paréntesis, considerándolo como tardío, recomponen el texto haciendo que los v. 26-51a continúen en los v. 59-66. Pues bien, si es evidente que los v. 53-58 tienen un vocabulario eucarístico, no es menos cierto, como demostraremos a lo largo de la lectura, que pueden ser leídos desde el punto de vista, no sacramental, de la fe en Jesús, que muere por la salvación del mundo y que invita a los creyentes a participar de su vida de comunión con el Padre.

La dificultad de escoger entre las dos lecturas de los v. 53-58, realista (el sacramento) o espiritualista (le fe en el sacrificio pascual de Jesús y en sus efectos), no data de ayer, puesto que ya los Padres de la Iglesia se dividían en su interpretación[107]. El dilema se seguía planteando en el concilio de Trento (siglo XVI); cuando se pasó a los votos para decidirlo, el resultado fue sorprendente: entre los 61

107. Cf. RSR 46 (1958) 481-523, especialmente 489s, y *Acta Conc. Trid.*, (ed. Görres) VII, 28 y 572ss.

participantes se contaron 13 abstenciones, 19 a favor del sacramento, 9 a favor de la fe, pero sobre todo 21 «para los dos juntamente». Es verdad que esta última opción se apoyaba en la doctrina (hoy rechazada) de la multiplicidad de sentidos literales de la Escritura; pero esta justificación inadecuada dependía de una intuición acertada, a saber —como lo había dicho san Agustín—, que ninguno de los dos sentidos agota toda la riqueza del pasaje inspirado.

Un mismo texto no puede ofrecer dos sentidos literales: no hay más que un sentido literal, en este caso la unión del creyente con Jesús que, a través de su muerte, está vivo en Dios. Pero este único sentido literal puede comprenderse, bien en el nivel de la realidad misma —la participación por la fe en la vida de Cristo—, o bien en el nivel de la expresión sacramental de esta realidad fundamental, expresión que está en perfecta continuidad con ella. Si el lector puede percibir dos enseñanzas, sobre la unión con Cristo por la fe en su sacrificio redentor *y* sobre la unión con Cristo por el acto sacramental, esta sucesión tiene lugar, no ya en el mismo texto, sino en su propio espíritu.

Se reconoce aquí un caso del principio de los dos tiempos de lectura[108], con la condición de que se lo entienda correctamente. En el primer tiempo, no se trata ni mucho menos —repitámoslo— de encontrar las palabras que Jesús habría pronunciado efectivamente en Galilea, sino de distinguir en la revelación de Jesús, que Jn restituye a su manera, lo que de suyo era inteligible a los oyentes, es decir —según el relato—, a los contemporáneos de su ministerio en Palestina. Esta inteligibilidad supone un código de comunicación entre Jesús y los oyentes, código que es en este caso la Escritura, puesta de relieve por medio de las citas que aparecen. Situándose una vez más en la perspectiva abierta por la revelación del antiguo testamento, Jesús invita a ver en él al Enviado por el que se verá colmada la esperanza de Israel, y a recibir de este modo la vida eterna. El anuncio de que la salvación de Dios se va a cumplir gracias al mismo Jesús es tan bien comprendido por los interlocutores que no son capaces de admitir su verosimilitud. El primer tiempo es el de la llamada de Jesús a creer en él, el Hijo de Dios.

En este texto Jesús no revela solamente que es el Enviado por quien el Padre realiza sus promesas de alianza, es decir, el Mesías esperado; ni dice solamente que sea él mismo el pan-palabra bajado del cielo, desvelando de este modo su origen divino, sino que señala además *cómo* va a dar la vida al mundo: mediante el don de su persona

108. Cf. I, 16-18.

a través de la muerte consentida libremente. El anuncio de la conclusión del itinerario de Jesús —su subida a donde estaba antes— queda reservado para la tercera parte del discurso; antes de ello, el discurso ha revelado adónde conduce la fe que Jesús pide: a la unión con él mismo, que vive por el Padre. Los v. 51c.53-38 indican esta conclusión. De estos versículos no es posible realmente hacer más que una lectura. Lo que en ellos se afirma es la pertenencia perfecta del creyente al Hijo: habiendo revelado su bajada del cielo (es decir, su condición divina) y su muerte salvífica, Jesús promete en este texto, a través del lenguaje de la «comida-bebida», su inhabitación en el creyente: en él el creyente tendrá parte en su vida de comunión con Dios. Tal es la lectura simbólica del texto en el primer tiempo: el significante es el pan, el significado es la comunicación a los creyentes de la vida propia de Jesús.

En el segundo tiempo de la lectura, la unión con el Hijo se convierte a su vez en el significante en donde el cristiano puede reconocer el anuncio de la eucaristía; en un segundo nivel, la invitación de Jesús evoca el sacramento. En la *Apertura* se indicará más detalladamente el vínculo intrínseco que establece Jn entre el sacramento y la fe: el misterio de Jesús se actualiza con la práctica sacramental.

Nuestra lectura se dedicará en primer lugar a manifestar la llamada a creer en Jesús, el realizador de la alianza: es lo que pudieron entender perfectamente los que oyeron a Jesús. De paso, nos contentaremos con indicar la resonancia eucarística que los creyentes pueden percibir allí.

LA DISTRIBUCIÓN DEL DISCURSO

Se ha hablado ya de la distribución tripartita del discurso[109]. Observemos lo siguiente: el símbolo «pan» que, además del signo sobre la montaña, domina en las dos primeras partes del discurso, desaparece en la tercera parte; esta última parte ofrece más bien, junto con la mención del Espíritu, una clave para la inteligencia de los v. 48-58, en donde el símbolo «pan» está presente no ya solamente al comienzo del pasaje (como en 6, 35-47), sino en varias ocasiones y bajo el aspecto de la manducación.

El *Yo* de Jesús domina las tres partes, pero de manera distinta. En la primera, está subordinado a la actividad del Padre, que se subraya varias veces; este pasaje se inscribe en la perspectiva que se tomó en 6, 32: «Es mi Padre el que os da el pan que viene del cielo, el

109. Cf. *supra*, 102-104.

verdadero». En este marco, Jesús revela que él es el pan bajado del cielo y, por tanto, que su origen es de Dios, lo mismo que la palabra divina que baja del cielo. Lo que aquí se afirma es el misterio de la encarnación del Logos con vistas a una misión, así como sus efectos de vida para el creyente.

En la segunda parte, Jesús se convierte, en nombre del Padre, en el donante: anuncia su propia muerte como un «don», y como un don que es fuente de vida; es con un Viviente con quien el creyente podrá unirse para existir él mismo en Dios y entrar así en la alianza definitiva.

Para iluminar esta doble revelación —la bajada del cielo y la muerte como fuente de vida—, la tercera parte evoca la subida del Hijo del hombre a donde estaba antes, y luego el papel del Espíritu para que puedan comprenderse las palabras de Jesús. De esta manera, queda bien manifestado el itinerario del Logos entre nosotros, de un polo al otro de su trayectoria.

El tema de la fe hace eco sin cesar al de la auto-revelación de Jesús y progresa por tanto al mismo paso, de una parte a otra del discurso. En la primera parte se trata de reconocer en Jesús de Nazaret al que ha bajado del cielo, al que ha visto al Padre y trae su proyecto de salvación; según el contexto, esta fe se realiza bajo el impulso de la iniciativa propia del Padre. En la segunda parte, la fe, que acoge el misterio del sacrificio que hace Jesús de sí mismo, se convierte en participación en la vida del Hijo en Dios, bajo la imagen de la manducación. Y finalmente, en la tercera parte, viene la afirmación de que las palabras de Jesús dirigidas a los hombres son Espíritu; así pues, por el Espíritu es como pueden ser captadas y convertirse en fuente de vida. Resalta el tema de la fe por el hecho de que la dificultad de creer, y finalmente el rechazo, es su contrapunto permanente: al comienzo y al final, en las palabras de Jesús; y en cada una de las etapas, en las objeciones de los oyentes.

I. Jesús, pan del cielo: creer en él (6, 35-47)

Al pedirle a Jesús que les dé «el pan de Dios», ¿saben bien los galileos qué es lo que están pidiendo? Es verdad que desean obtener la vida eterna que Jesús anunciaba con este pan que baja del cielo; pero ¿cuál es entonces ese pan?

35 Jesús les dijo:
«Soy yo el pan de la vida.
El que viene a mí no tendrá jamás hambre,
el que cree en mí no tendrá sed jamás.
36 Pues bien, os he hablado *a vosotros*,
porque vosotros me habéis visto, pero no creéis.
37 Todo(s) lo(s) que me da el Padre llegará hasta mí.
Y al que viene a mí, no lo echaré fuera.
38 Porque he bajado del cielo,
no para hacer la voluntad mía,
sino la voluntad de aquel que me ha enviado.
39 Pues bien, es la voluntad de aquel que me ha enviado
que de lo que él me ha dado no deje perecer nada,
sino que lo resucite en el último día.
40 Sí, es la voluntad de mi Padre
que todo el que ve al Hijo y cree en él tenga la vida eterna,
y yo lo resucitaré en el último día».
41 Entonces los judíos murmuraban de él, porque había di-
cho: «Soy yo el pan bajado del cielo», 42 y decían: «¿No es
éste Jesús, el hijo de José, de quien nosotros conocemos al
padre y la madre? ¿cómo dice ahora: 'He bajado del cielo'?».
43 Jesús respondió y les dijo:
«¡No murmuréis entre vosotros!
44 Nadie puede venir a mí si el Padre que me ha enviado no
lo atrae, y yo lo resucitaré en el último día.
45 Está escrito en los profetas: 'Serán todos enseñados por
Dios'. Todo el que ha escuchado al Padre y recibido su en-
señanza viene a mí.
46 No es que nadie haya visto al Padre,
excepto aquel que está junto a Dios:
ése ha visto al Padre.
47 Amén, amén, yo os lo digo: el que cree tiene la vida
eterna».

Esta primera parte del discurso, como la segunda, comienza con la designación de Jesús como «pan de la vida» (6, 35.48) y acaba con la promesa de la vida eterna, concedida al que cree (6, 47) o al que come este pan (6, 58).

**35 «Soy yo el pan de la vida.
El que viene a mí no tendrá jamás hambre,
el que cree en mí no tendrá sed jamás».**

A la petición de los galileos, recogida en el v. 34, Jesús responde en primer lugar: «Soy yo ese pan que deseáis recibir». No es una proclamación en absoluto, como podría dar a entender la traducción «*Yo soy* el pan de la vida»[110]. Al decir aquí «Soy yo...», Jesús utiliza un procedimiento clásico de alegorización[111]. De este modo, puesto que «el pan de Dios» (6, 33) se presentaba como la realización del maná, Jesús realiza en su persona la figura del maná escatológico. Muchos autores han tratado de descubrir en el antiguo testamento un giro parecido; al no poder encontrarlo[112], algunos se han dirigido a la literatura helenista, pero con el mismo resultado[113]. Es probable que la fórmula de 6, 35a sea obra del evangelista[114]: la palabra «pan» proviene del v. 31, calificado como «pan de Dios» en el v. 33, donde se encuentra también la palabra «vida». Jesús se presenta como «el verdadero pan» (6, 32), como el verdadero alimento (6, 55; cf. Lc 14, 15; Jn 6, 27), el pan anunciado en la Escritura.

Según el estilo midráshico, la afirmación inicial va seguida en griego de una proposición de participio, como en la tradición sapien-

110. R. Bultmann, 167s, ha expuesto bien los diversos casos del uso de la fórmula *Egō eimi*. La nuestra debería situarse entre las fórmulas de reconocimiento: 6, 35.48; 8, 12; 10, 7.9.11.14; 11, 25; 14, 6; 15, 1.5. Se distingue de las «proclamaciones» como 8, 24.28.58; 13, 19; se relaciona con las presentaciones de un sujeto, como 6, 20; 18, 5.6.8. El *Egṓ* no es el sujeto, sino el atributo del verbo «ser». Cf. *infra,* 213, n. 40.

111. P. Borgen, 73, refiere un texto rabínico, que desgraciadamente no está fechado: «El emperador Trajano encontró a los judíos ocupados en leer este versículo: 'El Señor hará levantarse contra ti a una nación venida de lejos..., como un águila que planea...'. Entonces les dijo: 'Yo soy ese águila que proyectó venir en diez días, pero el viento me conducirá en cinco días'» (*Lam R* I, 16, art. 45 sobre Lam 1, 16).

112. Sobre estos intentos, cf. R. Schnackenburg, IV, 119-131 (= *Mél. K. G. Kuhn*, Tübingen 1972, 328-342). Opina que Jn no depende del texto de *José y Aseneth* que ofrece algunos parecidos, pero también diferencias fundamentales. Si sitúa al lado de P. Borgen para el origen de la fórmula joánica, a saber, una creación del evangelista. Léase también S. Légasse, *Le pain de la vie*: BLE 83 (1982) 243-261.

113. Se encuentran allí fórmulas que proclaman la grandeza de una divinidad, llamadas *aretalogías*.

114. Con P. Borgen, R. Schnackenburg.

cial[115]: tras los anuncios de la Sabiduría sobre sí misma viene regularmente una invitación a seguirla, a amarla, a comerla, y luego una promesa escatológica. Añadiendo al hambre la sed, el lenguaje simbólico va más allá de la imagen del pan. También la Sabiduría invita a quienes la escuchan a compartir su pan y a beber de su vino excelente:

> Venid a mí, los que me deseáis, y saciaos de mis productos...
> Los que me coman seguirán teniendo hambre, y los que me beban seguirán teniendo sed (Eclo 24, 19.21).
>
> ¡Venid! ¡Comed de mi pan, bebed del vino que yo he preparado! (Prov 9, 5).

Aquí la llamada es análoga, pero la consecuencia es distinta: mientras que los discípulos de la Sabiduría seguirán teniendo hambre y sed de un alimento siempre sabroso, los de Jesús quedarán plenamente satisfechos. Para captar este desplazamiento del pensamiento, bastará con recordar los anuncios de Isaías, basados en los acontecimientos del Exodo:

> No tuvieron sed por los desiertos adonde los condujo;
> de la roca, para ellos, hizo brotar el agua,
> hendió la roca y las aguas manaron (Is 48, 21).
>
> No tendrán ya hambre, no tendrán ya sed (Is 49, 10).

Con Jesús los tiempos se han cumplido, el deseo quedará colmado, como sucedió de manera simbólica con los convidados saciados. La dimensión escatológica se manifiesta además en el hecho de que la llamada de Jesús se formula de manera impersonal: se dirige no solamente a los galileos, sino a todos los oyentes de la palabra. Esta formulación generalizadora va a continuar en los versículos que siguen, con una excepción en el v. 36.

36 **«Pues bien, os he hablado *a vosotros,***
porque vosotros me habéis visto, pero no creéis.
37 **Todo(s) lo(s) que me da el Padre llegará hasta mí.**
Y al que viene a mí, no lo echaré fuera.
38 **Porque he bajado del cielo,**
no para hacer la voluntad mía,
sino la voluntad de aquel que me ha enviado.

115. Cf. P. Borgen, *Bread from Heaven,* 61-69. A. Feuillet, *Etudes johanniques*, Paris 1962, 47-129 ha subrayado particularmente el aspecto sapiencial de la palabra de Jesús en este discurso.

39 Pues bien, es la voluntad de aquel que me ha enviado
que de lo que él me ha dado no deje perecer nada,
sino que lo resucite en el último día.
40 Sí, es la voluntad de mi Padre
que todo el que ve al Hijo y cree en él tenga la vida eterna,
y yo lo resucitaré en el último día».

A primera vista, sorprende la secuencia de los v. 36-40, dada la sucesión tan poco coordinada de las ideas, al menos por la lógica occidental. Pero no hay lugar para imaginarse un orden mejor[116]; basta con constatar que forman un quiasmo[117], que tiene su centro en la frase «he bajado del cielo» (v. 38). Esta revelación tiene una relación evidente con el anuncio del v. 35: «Yo soy el pan de la vida». En el diálogo con los galileos, ¿no había dicho Jesús que el *pan* de Dios, el que da la *vida, baja* del cielo (6, 33)? Después de haberse identificado en 6, 35 con el *pan* de la *vida*, Jesús confirma en 6, 35-40 esta designación, diciendo en primera persona que ha *bajado* del cielo y que su misión se la ha dado el Padre, Dios.

El verbo «bajar» (*katabaínō*) aparecía en 6, 33 para explicitar el simple y ya claro «del cielo» (*ek toû ouranoû*) de los v. 31-32. Igualmente, aquí adquiere también relieve este verbo. ¿Por qué? En los relatos del maná, fuera de Núm 11, 9, la Escritura utilizaba el verbo «dar», pero no «bajar». Tampoco en los libros sapienciales se utiliza el verbo «bajar» para hablar del maná, pan del cielo. Sin embargo,

116. Así piensa, sin embargo, M. J. Lagrange, 136 y la mayor parte de los críticos en contra de las fuentes.

117. Cf. nuestro estudio en NTS 7 (1961) 251-253; esta hipótesis, aprobada por R. E. Brown, 498, ha sido criticada por J. N. Aletti, RSR 62 (1974) 172.

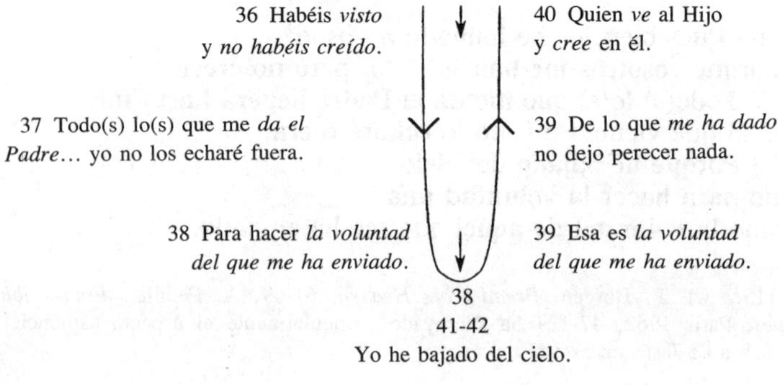

un pasaje de Isaías ofrece una analogía tanto más clara cuanto que en su contexto se habla del envío en misión y del resultado eficaz de la misma:

> Como la lluvia baja de lo alto de los cielos...,
> así pasa con la palabra que sale de mi boca:
> no vuelve a mí sin resultado,
> sin haber ejecutado lo que yo quería
> y haber logrado aquello por lo que la había enviado (Is 55, 10-11).

Es probable que la imagen de la bajada del cielo aplicada aquí a la palabra de Dios provenga del Exodo, que habla de la bajada de Dios al monte Sinaí: «El tercer día Yahvé bajará sobre el monte Sinaí... Bajó...» (Ex 19, 11.20). Lo mismo que la palabra de Dios baja, saliendo de su boca (lo mismo que la lluvia que procede del cielo), así en Jn el pan baja de Dios, pero con un matiz: en vez de la preposición *ek*, que indica una simple procedencia, se utiliza la preposición *apó*, que manifiesta más un vínculo constante con el origen[118]. La revelación central de 6, 38a pone en primera persona la afirmación del prólogo —«Y el Logos se hizo carne»—: Jesús dice que pertenece al mundo divino.

En los versículos siguientes, el que baja del cielo promete la vida eterna bajo diversas fórmulas: «no echar fuera» (6, 37), «no dejar perecer»[119] (v. 39), «resucitar en el último día» (v. 39s) y sobre todo «tener la vida eterna» (v. 40); ésta se afirma como un don presente (cf. 5, 24): Jesús actualiza la promesa de la resurrección en el último día. ¿Quién no se llenará de gozo ante semejantes perspectivas?

Los anuncios de Jesús se presentan en conformidad con su condición de Enviado (cf. 6, 28s): dependen de la voluntad del Padre, con la que Jesús identifica la suya. Así, en el mismo momento en que Jesús declara que él es pan de la vida, se mantiene el tema del don *de Dios* que caracterizaba la introducción (6, 32-33).

Las promesas de Jesús tienen una condición: «llegar hasta él» (v. 37), expresión que equivale a «creer»[120]. Se trata de creer en *el Hijo*, no ya por el hecho de tener unas disposiciones favorables para con él[121], sino a partir de un «ver» (v. 40). Los judíos han visto un hombre

118. Cf. BD 209.

119. Este mismo pensamiento en una formulación semejante puede verse en 3, 16-17. Jesús acoge al ciego curado y echado de la sinagoga (9, 22) como el buen pastor (10, 9s.28) y lo conduce a los pastos de la vida abundante (cf. 17, 2). Con Jesús es firme la seguridad, que anticipa la paz escatológica.

120. Cf. I, 151.

121. Cf. A. Vanhoye, NRT 96 (1964) 337-354.

como otro cualquiera, que es ciertamente un gran taumaturgo, pero no han reconocido en ese Jesús que les habla y que realiza obras asombrosas a aquel que viene del cielo. De este modo se prepara la objeción radical de los judíos, sobre el hijo de José (v. 42). ¿No se encuentra también el lector en esta misma dificultad?

Por prudencia, y quizás por pusilanimidad, hemos dejado de proponer una interpretación del v. 36. La traducción habitual se presenta de este modo: «Os he dicho que (*hóti*) vosotros (me) habéis visto, pero no creéis»; pero esta interpretación choca con una gran dificultad: ¿dónde ha hablado Jesús de este modo? Al no tener un texto de referencia, algunos se contentan con recordar que en el v. 26 Jesús reprochó a los galileos el no haber visto el «signo» de los panes y no buscar más que el alimento terreno. Pero hay que confesar que esta relación es muy lejana, al menos para el tenor del texto. Por eso P. Borgen[122] propone ver en el *hóti*, no ya una conjunción para introducir lo que ha dicho Jesús, sino una partícula causal, con la traducción siguiente: «Os he hablado *a vosotros, porque* vosotros me habéis visto, pero no creéis». Según esta lectura, Jesús recuerda la manera de hablar que empleó en el v. 32, cuando precisó —en contra de los galileos que, citando la Escritura en el v. 31, decían: «*les* dio»— que había que leer «*nos* dio el pan del cielo», añadiendo: «Mi Padre *os* da el pan del cielo, el verdadero». Se plantea además otra cuestión: ¿por qué recuerda esto Jesús en este lugar? Propongo una hipótesis: en medio de sus proclamaciones en primera persona (*Yo*), Jesús quiere subrayar que su palabra se dirige precisamente a los galileos que están allí. Es verdad que no se impone ninguna solución. Pero me ha parecido honesto señalar esta dificultad, aun sin poder resolverla.

La objeción de los judíos (6, 41-42)

41 Entonces los judíos murmuraban de él, porque había dicho: «Soy yo el pan bajado del cielo», 42 y decían: «¿No es éste Jesús, el hijo de José, de quien nosotros conocemos al padre y a la madre? ¿cómo dice ahora: 'He bajado del cielo'?».

122. P. Borgen, *Bread from Heaven,* 64-67.

Como en el relato de Ex 16, 2s, el narrador comienza señalando el hecho de la murmuración colectiva para referir a continuación su contenido. En esta ocasión el escándalo está en la distancia existente entre el origen celestial que se atribuye Jesús y la evidencia de su condición humana. Así pues, de los anuncios anteriores de Jesús tan sólo se recoge el que sirve de fundamento a los demás, su bajada del cielo. Para ello, el narrador combina dos afirmaciones sucesivas de Jesús: «Yo soy el pan de la vida» (v. 35) y «He bajado del cielo» (v. 38)[123]; luego, los judíos citan textualmente la frase: «He bajado del cielo» (v. 42). No reaccionan abiertamente, sino que murmuran entre sí (6, 43), negándose a cavilar sobre un misterio que les desborda radicalmente. El obstáculo que les impide creer queda subrayado en el hecho de que Jesús tiene unos padres bien conocidos; al mismo tiempo se observa la ironía joánica: «conocemos a los padres de Jesús», dicen los galileos; conocen sin duda al hijo de José, pero no al Hijo de Dios.

La pregunta «¿No es ése...?» se encuentra también en los tres sinópticos[124], en un contexto de extrañeza. En Jn, los judíos chocan con un ser que, sin poner en cuestión su condición humana, declara que ha bajado del cielo y que por tanto procede de la esfera divina. Cuando el lector se encuentra en Mateo o en Lucas con la misma paradoja, que estos evangelistas presentan por otra parte de una forma menos intensa, ya ha sido introducido en el secreto, gracias a los relatos de la infancia[125]. En Jn, no se ha dicho antes nada de la concepción virginal de Jesús[126] ni se ha contado su nacimiento. Pero no conviene preguntarse si, para Jn, no será incompatible una paternidad humana con la condición divina; la expresión «hijo de José» significa simplemente que a los ojos de sus contemporáneos Jesús es un hombre como los demás (cf. 1, 45).

Con el término «murmurar» (aquí y en 6, 43), el evangelista, fiel al relato bíblico del maná que constituye el horizonte de este capítulo, compara a los oyentes de Jesús con la generación del desierto: «murmuran», lo mismo que sus antepasados de dura cerviz que, atenazados por el hambre, le echan en cara a Moisés que los ha hecho salir de Egipto. Resulta ciertamente útil precisar el vínculo entre los dos textos y la falta de fe de unos y de otros. En el desierto los hebreos murmuran «contra Moisés», y éste responde que no es contra él contra quien murmuran, sino «contra Yahvé», rectificación que se subraya en tres

123. Como indica el diagrama de la nota 117.
124. Cf. Lc 4, 22; Mc 6, 3 = Mt 13, 55.
125. Mt 1-2; Lc 1-2.
126. A no ser que se prefiera la lectura rara «qui ex deo natus est»; cf. I, 87s.

ocasiones (Ex 16, 7-8). Puede ser que Jn haya conservado el verbo «murmurar» con preferencia a cualquier otro más o menos adecuado, para sugerir que negarse a creer en Jesús (como indica la murmuración) es negarse a aceptar los designios mismos de Dios. Jesús insistió en 6, 35-40 en su envío por el Padre, de quien cumple perfectamente la voluntad.

43 Jesús respondió y les dijo: «¡No murmuréis entre vosotros! 44 Nadie puede venir a mí si el Padre que me ha enviado no lo atrae, y yo lo resucitaré en el último día. 45 Está escrito en los profetas: 'Serán todos enseñados por Dios'. Todo el que ha escuchado (*akoúsas pará*) al Padre y recibido su enseñanza viene a mí. 46 No es que nadie haya visto al Padre, excepto aquel que está junto a Dios: ése ha visto al Padre. 47 Amén, amén, yo os lo digo: el que cree tiene la vida eterna».

Enfrentado con la objeción de su nacimiento, Jesús mantiene su origen divino explicitando lo que ya estaba implícito en la bajada del cielo: él está «junto a Dios» y «ha visto al Padre», a diferencia de todos los demás hombres (v. 46)[127]. Al oír resonar aquí el último versículo del prólogo —«Nadie ha visto nunca a Dios; el Hijo único..., que está hacia el seno del Padre...»—, el lector recuerda el final: el Hijo ha venido a manifestar a los hombres al Padre. Pero la palabra de Jesús va precedida aquí por dos versículos (44-45), en donde el movimiento del pensamiento va en sentido contrario al del prólogo: no es el Hijo el que da a conocer al Padre, sino el Padre el que, atrayendo a los hombres, los orienta hacia el Hijo. Al decir que no puede ser conocido sin la acción preveniente de Dios, Jesús sugiere por eso mismo su condición divina. Dios, que está en el origen y en el término de su misión, está también en el origen de la acogida que le prestan los hombres. Y, lo mismo que en el primer cuadro de este desarrollo el Enviado bajado del cielo no vivifica más que haciendo suya la voluntad del Padre (v. 38-40), también aquí los hombres a los que ha sido enviado Jesús no pueden recibir la vida sin una docilidad interior al Padre. El eje del desarrollo en 6, 35-47 resulta entonces que es la iniciativa salvífica de Dios.

127. En particular, a diferencia del pueblo que, según Dt 4, 12; 5, 24 y Eclo 17, 13, «no vio a Dios» cuando recibió el don de la ley en el Sinaí.

¿Qué entiende el evangelista por «el Padre atrae»? El lector podría sospechar en esta expresión una predestinación arbitraria o el determinismo que niega la libertad humana. Pero la predestinación queda descartada por la manera con que Jesús modifica el tenor de la cita de Is 54, 13: no ya «todos tus hijos (de Jerusalén)», sino «todos (los hombres)»[128]. La perspectiva se hace universal: todos los hombres sin excepción están invitados a la fe. En cuanto al determinismo, el tema de la atracción divina es inseparable en la Escritura del tema del amor, del que no es sino una expresión. Por ejemplo, dijo Dios a Israel:

> Con un amor eterno te amé;
> por eso te atraje (*heílkysa*)
> en mi misericordia
> (Jer 38, 3 [LXX] = 31, 3).

Si el verbo *hélkō* tiene cierto matiz de coacción (como sugiere la expresión «vínculos de amor» por los que Dios atrae al Israel infiel: Os 11, 4), es debido a la resistencia del hombre ante un amor que hace saltar su cerrazón natural sobre sí mismo[129]. Por eso Jesús concluye con una llamada a creer (v. 47).

En realidad, el v. 44 subraya la necesidad de la intervención del Padre en el origen de la fe: reconocer a Jesús es, para Jn, entrar en el misterio divino, lo cual no puede realizarse sin que Dios abra el acceso a ello. Lo confirma la continuación del texto, iluminando en qué consiste la atracción divina. Si, por nuestra parte, podríamos sentir la tentación de pensar en una experiencia totalmente interior, y hasta mística, el v. 45 nos habla de «escuchar» y de «enseñanza recibida», términos que remiten a la Escritura. Esta, al trasmitir la palabra de Dios, invita continuamente a escucharla, es decir, a vivir de ella. Si se recibe en profundidad, la enseñanza del Padre trasmitida a Israel conduce al Hijo. Esto significa que, en virtud de su bajada del cielo, ha llegado el tiempo de la inteligencia plena de la palabra por la que Dios se dice a sí mismo al hombre. De hecho, el versículo de Isaías que ha citado Jesús: «Serán todos enseñados por Dios» se refiere,

128. Cf. 12, 32: «Atraeré a todos los hombres hacia mí».

129. Esta atracción amorosa se describe en el Cantar de los cantares. San Agustín ha caracterizado bien la situación: «No te imagines que eres atraído a tu pesar: el alma es atraída también por el amor... Es poco que seas atraído por tu voluntad; también lo eres por el placer... Dame a uno que ame y sentirá la verdad de lo que digo (*da amantem et sentit quod dico*)» (*In Jo.*, 26, 4). A. Oepke caracteriza la acción divina como «una atracción llena de amor» («ein liebevolles Ansichziehen», TWNT II, 500s). Cf. Os 11, 4; 1 QS 11, 13s.

según el contexto, al tiempo del cumplimiento; anuncia que la alianza «eterna»[130] se realizará cuando, para decirlo con Jeremías con el que se relaciona el oráculo de Isaías[131], la ley no sólo se proponga desde arriba, sino que esté inscrita en los corazones:

> He aquí la alianza que estableceré con la casa de Israel después de aquellos días: pondré mi ley dentro de ellos y la escribiré en su corazón; seré su Dios y ellos serán mi pueblo. Y nadie enseñará ya a su prójimo y nadie a su hermano diciendo: «Conoced a Yahvé», porque todos ellos me conocerán, desde el más pequeño hasta el más grande de ellos (Jer 31, 33-34).

La ley será objeto de un conocimiento inmediato, debido según Ezequiel al Espíritu («Infundiré mi espíritu en vosotros y haré que os conduzcáis según mis preceptos y observéis y practiquéis mis normas», Ez 36, 27). Esta perspectiva escatológica, la aplica Jesús a su propia presencia en este mundo, no ya la de un intermediario, sino la de un «mediador» que une en su persona la divinidad y la humanidad; la enseñanza inmediata[132] y plena[133] del Padre se realiza en su misión.

Así pues, la acción de Jesús y la del Padre son circulares. Todo pasa por Jesús y sin embargo todo procede del Padre y todo acabará en el Padre. El anuncio de Jesús se refiere esencialmente al presente, trasfigurado por su presencia; sin embargo, como en el primer cuadro de este desarrollo, Jesús no deja de anunciar igualmente que «resucitará en el último día» a los que, atraídos por el Padre, vengan a él.

Esta primera parte del discurso está dominada por la necesidad de creer que Jesús ha bajado del cielo, que es el Enviado escatológico de Dios. La metáfora del pan que, en el diálogo inicial, había pasado de la ley al don de Dios, vivificante para el mundo (6, 31-33), indica aquí la persona misma de Jesús. La dificultad de los galileos centra la atención del lector en la paradoja de la palabra que se ha hecho carne, el Logos que ha pasado a ser un hombre[134]. El secreto de la fe es la docilidad a la acción preveniente del Padre, que se desplegó

130. Is 54, 10; 55, 3; 59, 21; 61, 8.

131. Como lo comprendieron los rabinos, cf. P. Borgen, *Bread from Heaven*, 150.

132. Es éste el matiz de la preposición *pará* en la expresión «escuchar del (*pará*) Padre»; cf. BD 173, 1. Cf. Jn 7, 51; 8, 26.38.40; 15, 15.

133. Isaías permite precisar en un contexto mesiánico que «el país se llenará del conocimiento de Dios, lo mismo que las aguas que cubren el mar» (Is 11, 9).

134. Cf. I, 91-93.

en la revelación de su alianza con Israel. Para creer, no basta el «socorro de Dios» (Lagrange); entrar en la fe, según el evangelio, es obra entera de Dios mismo. La metáfora del alimento orienta, por otra parte, hacia la comunión entre el creyente y Dios. Este «pan de Dios», este pan de la vida, hay que «comerlo»: éste es el tema del párrafo siguiente.

II. Jesús, pan vivo que se da a comer (6, 48-58)

Según la cita inicial (6, 31), el pan del cielo había sido «dado a comer». A lo largo de 6, 35-47, en donde Jesús se designa a sí mismo como el pan de la vida, apenas se vislumbra una huella del tema «comer» en el binomio «hambre-sed» (v. 35b); y si la acción de «dar» era propia de Dios, no aparecía más que en el don a Jesús de los que habrían que creer en él (v. 37.39). En la segunda parte, en donde las palabras clave no son ya «venir a mí» o «creer», el término «pan» no sólo se retoma en el v. 48 (en donde encontramos la misma fórmula de designación que en 35a: «Yo soy el pan de la vida»), sino que aparece además en cuatro ocasiones en los v. 50-51, al final de los cuales se identifica con la carne de Jesús, para reaparecer finalmente con insistencia en el v. 58. Correlativamente, el verbo «comer» es frecuente en todo el texto, referido dos veces al maná del desierto (v. 49.58), pero sobre todo —y en contraste con él— al pan que es Jesús o la carne de Jesús. La acción de «dar» se convierte en la del Hijo que *se* da: ésa es la obra que realiza por la vida del mundo (cf. 6, 30.33). Y en primer lugar en favor de cada creyente. ¿Cuál es esta «vida» prometida y concedida? El proyecto de Dios era «salvar» al mundo por medio de Jesús (cf. 3, 17); ahora se precisa en qué consiste la vida eterna que se da al discípulo ya desde este mundo. Según los términos de la primera parte del discurso, el discípulo «venía a Jesús»; es decir, se encontraba todavía a cierta distancia de aquel que está «junto a Dios» (v. 46); en la segunda se ha abolido toda distancia: Cristo «permanece» en el creyente. Todo pasa como si, por la muerte del hombre Jesús, la vida misma del Hijo no se quedara ya solamente en él, sino que se hubiera hecho comunicable a los suyos.

48 «Soy yo el pan de la vida. 49 Vuestros padres comieron el maná en el desierto... y murieron. 50 Así es el pan que baja del cielo: el que come de él no muere. 51 Soy yo el pan, el (pan) vivo que ha bajado del cielo: si alguien come de este pan, vivirá para la eternidad. ¡Más aún! El pan que yo daré es mi carne para la vida del mundo».
52 Entonces los judíos disputaban entre sí diciendo: «¿Cómo éste puede darnos de comer su carne?».
53 Entonces Jesús les dijo: «Amén, amén, yo os lo digo: Si no coméis la carne del Hijo del hombre y no bebéis su sangre, no tenéis la vida en vosotros. 54 El que come mi carne y bebe mi sangre tiene la vida eterna, y yo lo resucitaré en el último día. 55 Sí, mi carne es verdadera comida y mi sangre es verdadera bebida. 56 El que come mi carne y bebe mi sangre permanece en mí y yo en él. 57 Lo mismo que me ha enviado el Padre, que está vivo, y que yo vivo por el Padre, así el que me come vivirá también por mí. 58 Así es el pan que ha bajado del cielo: no como (el que) comieron los padres... ¡y murieron!. El que come este pan vivirá para la eternidad».

La segunda parte del discurso se distribuye como la primera: una revelación misteriosa de Jesús suscita una dificultad (v. 52), a la que éste responde explícitando lo que ha afirmado. Aquí Jesús revela que va a morir por la vida del mundo; su respuesta, formulada en lenguaje metafórico, se refiere al misterio de la unión entre él mismo y el creyente, unión de la que la muerte anunciada parece ser la condición. Este último pasaje está imbuido de un vocabulario sacramental, pero —como puede comprobarse al leerlo— no puede explicarse plenamente como una homilía cristiana sobre la eucaristía. Con numerosos críticos opinamos que forma parte integrante del discurso sobre la fe en la persona y en la obra de Jesús, pan de Dios bajado del cielo que comunica la vida a quien lo «come». Así lo confirma la confrontación de este texto con la literatura judía y, antes de ello, el v. 58, que concluye todo el conjunto recogiendo algunos elementos anteriores.

El pan que yo daré es mi carne (6, 49-51)

Después de repetir, como si se tratara de un estribillo, la fórmula de designación en el v. 48[135], aparecen dos frases con elementos que figuraban ya en el diálogo introductorio: el maná comido en el desierto (v. 49; cf. 31) y el pan bajado del cielo (v. 50; cf. 33). Esto vuelve a llamar la atención sobre algunas expresiones que hasta ahora habían quedado marginadas o implícitas. El verbo «comer» se aplicó al pan del que habla Jesús. La promesa de la vida dejaba entender la condición mortal de los oyentes; aquí la muerte se menciona expresamente. A pesar de haber comido del maná, «los padres murieron»; este alimento (la ley) resultó por tanto ineficaz para comunicar la vida. Pues bien, el pan del cielo que es Jesús suprime para siempre la muerte para los que comen de él. Ya Jesús había dicho en 5, 24: «El que escucha mi palabra, ha pasado de la muerte a la vida».

Pero he aquí que una vez más va a subrayar la afirmación precedente: lo mismo que en Jn 5, 24 iba seguido de «el Hijo tiene la vida en sí mismo» (5, 26), también aquí Jesús modifica la proclamación del comienzo del discurso: él no es solamente el «pan de la vida», sino «el pan vivo». Esta afirmación, unida a la invitación a comer de él, inaugura un desarrollo que se extiende hasta el v. 58. Inmediatamente el lector se ve conducido a una revelación nueva: «el pan que yo daré es mi carne para la vida del mundo» (v. 51c). Esta palabra tiene que ser examinada más detenidamente. Va introducida por el giro griego *kaì dé,* que puede traducirse así: «en cuanto al pan...», o «¡más aún! el pan...»[136]. El verbo «dar» en futuro tiene por sujeto a un *Egṓ* enfático, el mismo que caracterizaba a la designación del pan en 6, 35.48.51a. Pero mientras que en aquellos versículos Jesús dice que es el pan bajado del cielo, es decir, el que Dios da (6, 33), en v. 51c Jesús se convierte en el donante, tal como se sugería en la segunda parte de 6, 33: «el pan que da la vida al mundo».

Queda ahora decodificada la metáfora del pan; en este nuevo anuncio Jesús la interpreta con claridad. ¿Qué significan precisamente los tres términos: «carne», «dar» y «para»?

135. La expresión «Soy yo el pan de la vida» podría también cerrar el primer desarrollo. Sin embargo, parece preferible hacer de ella el comienzo del segundo, ya que tanto el primer desarrollo como el segundo terminan con la mención de la «vida eterna», obtenida bien por la fe, bien por la manducación del pan. Esto demuestra igualmente que el segundo desarrollo supone y completa la enseñanza del primero.

136. Cf. BD 447,9.

Por «carne» (*sárx*), Jesús no entiende la substancia del organismo humano, sino a sí mismo en su condición mortal[137]. Probablemente ha sido en virtud de la palabra «pan» por lo que aquí se ha preferido usar *sárx* en lugar de *psýkhē* («vida» o «alma»), habitual en el cuarto evangelio cuando Jesús habla del don de la persona[138]; pero ¿por qué se prefiere también al término «cuerpo» (*sôma*), tradicional en las palabras de Jesús en la cena[139]? ¿será porque, salvo en 2, 21, Jn lo reserva para hablar del cadáver[140]? Más probablemente, es porque la palabra «carne» caracteriza en el prólogo al modo de presencia del Logos entre nosotros (1, 14); por tanto, se mantiene aquí el pensamiento del misterio de la encarnación, que el discurso ha destacado mediante el tema de la bajada del cielo.

En cuanto a la elección de «dar» (*doûnai*) en vez de *títhēmi*, habitual en Jn[141], proviene sin duda de su empleo común en este capítulo: en el signo de los panes, luego en labios de los judíos y en el anuncio del alimento celestial[142].

La preposición «para» (*hypér*) indica regularmente en Jn, en el sentido «en favor de...», la finalidad del don que Jesús hace de su vida: por (en favor de) sus ovejas, del pueblo, de las naciones, de sus discípulos[143].

Este conjunto significa en primer lugar, mediante el término *sárx*, el efecto vivificante de la encarnación; y luego, por el futuro «yo daré», la muerte de Jesús como fuente de vida para el mundo. Este es el don voluntario del Hijo, como se repetirá a manera de *leitmotiv* en el capítulo 10. Sin embargo, la «carne» es aquí el referente del pan, objeto directo del verbo «dar»; por eso, muchos críticos han pensado que esta palabra se refería inmediatamente a la eucaristía, viendo en ella una trasposición de las palabras de la Cena[144]. Pero en el primer tiempo de lectura, el tiempo fundador, hay que mantener en v. 51c el sentido existencial[145]. En efecto, en los versículos introductorios (v. 50.51b), la invitación a «comer este pan» procede de la metáfora que domina en el discurso para indicar el don de Dios, y debe entenderse por tanto como una llamada a adherirse a la persona

137. Según el sentido que tiene el término *sárx* en 1, 14 (cf. I, 90-93).

138. Con *títhēmi* en 10, 11.15. Cf. 10, 17.18; 13, 37s; 15, 13.

139. Mt 26, 26 par.

140. 19, 31.38.40; 20, 12. Cf. nuestra obra *La fracción del pan,* Madrid 1983, 159s.

141. Cf. *supra,* n. 138. Con *doûnai* Jn recoge la expresión tradicional para designar el don que Cristo hace de su vida (Mt 20, 28 par; Gál 1, 4).

142. 6, 11.27.32.33.34.37.39.51.52.

143. 10, 11.15; 11, 50-52; 18, 14. Cf. nuestra obra *La fracción del pan,* 162-165.

144. Así piensan Bernard, Jeremias, Schürmann, Brown, Schnackenburg.

145. Así piensa A. Schlatter, H. Odeberg, H. Strathmann, P. Borgen y otros.

del Hijo salvador del mundo. Además, aunque los v. 53-56 se referían únicamente a la eucaristía, ¿no se requiere previamente el anuncio de la muerte de Jesús? Finalmente, en la medida en que el término *sárx* designa la condición terrena del Logos encarnado, no se puede a nuestro juicio afirmar prioritariamente en v. 51c el sentido sacramental, ya que este último implica la presencia del Resucitado. Pero ciertamente los elementos tradicionales (el pan, la preposición «para», la palabra «carne» equivalente a «cuerpo»[146]) y la perspectiva del don pueden evocar la ósmosis joánica del tiempo pasado de Jesús que se enfrenta con la muerte y del tiempo presente de la comunidad cristiana que vive el sacrificio eucarístico.

La objeción de los judíos (6, 52)

52 Entonces los judíos disputaban entre sí, diciendo: «¿Cómo éste puede darnos a comer su carne?»[147].

Lo mismo que en la primera objeción (6, 42), aquí se relacionan entre sí dos palabras de Jesús —«comer de este pan» (v. 51b) y «el pan... es mi carne» (v. 51c)—, para formar una sola frase en la que ha desaparecido la palabra «pan». Formulado de este modo, el anuncio de Jesús parece haberse reducido a un sentido puramente material y absurdo. Se piensa entonces en Nicodemo, que se negaba a concebir que fuera necesario entrar de nuevo en el vientre de la madre para volver a nacer. Pero nuestro texto no sugiere nada de aquel humor rabínico que podía atisbarse en el maestro de Israel. Lo que aquí domina es la indignación: los galileos se pusieron a protestar[148]. ¿Qué es lo que habían comprendido?

146. Algunos piensan que el término *sárx* es más original en el relato de la Cena que *sôma* en los sinópticos; podrían estar engañados: cf. nuestro *La fracción del pan,* 159-161.

147. C. K. Barrett prefiere adoptar una lectura rara: «¿Puede dar de comer *una* carne?». Esta lectura manifestaría una objeción más literal (cf. Núm 11, 4). Sin embargo, el texto clásico es más adecuado a la perspectiva joánica (cf. 6, 41s).

148. El verbo *mákhomai* sugiere una «disputa», una «querella». En efecto, equivale probablemente al verbo hebreo *rîb*, que los Setenta traducen ordinariamente por *loidoréō,* pero también por *mákhomai* en diez ocasiones. Este verbo se utiliza en Ex 17, 2, en donde equivale al «murmurar» de Ex 16, 7s. Precisamente, estos dos verbos se vuelven a encontrar en Jn 6, 41 y 6, 52. Cf. R. Schnackenburg, BZ 12 (1968) 248-252, y II, 102.

El contexto se opone a una lectura literal de la objeción. Desde el v. 31 en donde el pan comido por los padres se refiere a la ley, el término «pan» ha sido utilizado exclusivamente como metáfora del don vivificante de Dios; correlativamente «comer» significa asimilar ese don, vivir de él. Este simbolismo se ha mantenido a lo largo de todo el discurso. En la segunda parte, Jesús subrayó además por dos veces (v. 48, 51a) que él mismo es el pan del cielo e insistió en la necesidad de que el discípulo coma de él para obtener la «vida eterna». No es probable ni mucho menos que el narrador cambie repentinamente de registro, produciendo una ruptura en la tonalidad del texto; ésta se produciría realmente si los interlocutores, a los que mostró de antemano como conscientes del lenguaje metafórico (cf. su petición del «pan [de Dios]»: v. 34), reaccionasen de pronto a nivel del sentido concreto. Por otra parte, según su primera objeción (v. 41s), los judíos comprendieron muy bien que Jesús afirmaba su origen divino: si rechazaron su palabra, es porque habían comprendido su significado. Aquí, han oído al rabí anunciar que su muerte voluntaria produciría «la vida del mundo». Más que sospechar que Jesús había proferido un anuncio relacionado con la antropofagia, lo que rechazan es que la salvación universal, y ante todo la suya, pudiera provenir de la entrega de sí mismo de un hombre. Se niegan a depender radicalmente, para la vida eterna, de ese Jesús que les habla, dependencia intolerable y hasta sacrílega para los que no conocen más salvador que a Dios. La primera objeción señalaba el rechazo de la encarnación del Logos, la segunda niega que la muerte de Jesús sea fuente de vida para todos los hombres. Es el escándalo de la cruz el que aquí asoma.

En estas condiciones, ¿por qué la objeción se formula de una manera tan cruda? Es posible que en el segundo tiempo de lectura, el narrador condene la incomprensión de los ambientes judíos respecto a la eucaristía practicada por los cristianos. Sin embargo, la formulación se justifica también por la técnica de los diálogos joánicos: sin que lo sepan sus autores, las objeciones anuncian la exposición que va a seguir, poniendo así de relieve el punto neurálgico del discurso de Jesús.

El misterio del Pan vivo (6, 53-58)

En la primera parte del discurso se profundizó en el misterio de la fe en Jesús bajado del cielo; se apeló a la atracción del Padre, que hace la adhesión más fácil y a la vez más difícil, en la medida en que los interlocutores no escuchen al Padre. Ahora se profundiza en el misterio de la fe en Jesús que *se* da. Respondiendo a los galileos,

Jesús mantiene el anuncio que tanto les ha chocado: al añadir la sangre a la carne, significa que «el pan que él dará» (6, 51c) es su misma persona, como lo confirma en 6, 57 la expresión «el que *me* come». Pues bien, las palabras de Jesús sobre sí mismo no se limitan a la revelación de su propio misterio: en el anuncio de la bajada del cielo y en de la muerte, se alude directamente al destinatario. Lo mismo que en la respuesta a la primera objeción de los judíos, aquí también la perspectiva se centra en el creyente, cuya existencia se transforma por completo. En 6, 44-47 tenía que escuchar al Padre y «venir a mí»; ahora se le invita a «comer y beber», es decir, a acoger la revelación del sacrificio del Hijo del hombre. Mediante esta fe, el discípulo vivirá de la misma vida del Hijo de Dios. En este texto es donde aparece por primera vez en el cuarto evangelio el tema de la inmanencia mutua de Jesús y del creyente.

La lectura de este pasaje ha resultado complicada debido a que la terminología, a pesar de que no corresponde a las palabras tradicionales de la institución, evoca inmediatamente la eucaristía. De aquí se dedujo que se trataba de una especie de *midrash* de la cena, y por eso no pertenecería al discurso compuesto por el evangelista. Como hemos dicho anteriormente, esta interpretación *exclusivamente* sacramental no tiene por qué imponerse. Semejante lectura falsearía el sentido del texto, a no ser que se apoyara explícitamente en la comprensión del sacrificio personal de Cristo y de sus frutos de vida para el creyente. Por eso, antes de proceder a una lectura en un segundo tiempo, es necesario ver ante todo qué es lo que Jn quiso significar en un primer tiempo.

53 Entonces Jesús les dijo: «Amén, amén, yo os lo digo: Si no coméis la carne del Hijo del hombre y no bebéis su sangre, no tenéis la vida en vosotros. 54 El que come mi carne y bebe mi sangre tiene la vida eterna, y yo lo resucitaré en el último día. 55 Sí, mi carne es verdadera comida y mi sangre es verdadera bebida. 56 El que come mi carne y bebe mi sangre permanece en mí y yo en él. 57 Lo mismo que me ha enviado el Padre, que está vivo, y que yo vivo por el Padre, así el que me come vivirá también por mí. 58 Así es el pan que ha bajado del cielo: no como (el que) comieron los padres... ¡y murieron! El que come este pan vivirá para la eternidad».

El último versículo ofrece una conclusión a este pasaje, pero también a todo el conjunto del discurso, cuyos temas esenciales reproduce[149]. Entonces, los v. 53-57, que constituyen propiamente la respuesta de Jesús a la objeción de los judíos (v. 52), se encuentran incluidos en el movimiento de todo el discurso. Y como éste está impregnado de parte a parte por el simbolismo sapiencial del alimento, según el cual lo significado es la palabra divina, fuente de salvación cuando es «comida», es decir, plenamente acogida por el hombre, también nuestros versículos estarán embebidos de este mismo simbolismo: la acción de «comer» y «beber» sigue estando orientada al don de la vida. El versículo central (6, 55) confirma esta perspectiva:

55 «Sí, mi carne es verdadera comida y mi sangre es verdadera bebida».

Encontramos aquí de nuevo la palabra *brôsis,* que en 6, 27 se refería al alimento de la vida eterna; sustituido desde 6, 31 por «pan del cielo» o «pan de la vida», el término conserva el mismo sentido espiritual. Convertidos en sujetos de la frase, la «carne» y la «sangre» (de las que volveremos a hablar al leer el v. 53), se declara que son «verdadera» comida y «verdadera» bebida. El adjetivo «verdadero» (*alēthḗs*) equivale al adverbio «verdaderamente»[150]: esta carne y esta sangre cumplen perfectamente la función de saciar el hambre y de calmar la sed de las que Jesús había hablado en el anuncio sapiencial de 6, 35b: «El que cree en mí no tendrá jamás hambre, el que cree en mí no tendrá sed jamás».

Por consiguiente, no hay ningún motivo, en el primer tiempo de lectura, para no conservar en nuestro texto para el verbo «comer»[151] el sentido metafórico de «creer» que tuvo anteriormente en el discurso (6, 49.50.51a) y que tendrá luego en el v. 58. Correlativamente, «beber» indica la misma adhesión de fe al misterio revelado. Aquí, en conformidad con el anuncio de 6, 51c, que

149. 6, 38.41s.50s; 6, 49-57.

150. El adjetivo *alēthḗs* es distinto de *alēthinós,* que puede indicar el carácter celestial en oposición al terrenal; así para el maná en 6, 32 (pero no en 4, 37; 8, 16; 19, 35).

151. Esta acción real no se hace material por el empleo del verbo *trṓgō*. Este verbo tiene sin duda el sentido de «masticar, mascar, saborear» (cf. C. Spicq, NTS 26 [1980] 414-419), pero Jn lo utiliza también para sustituir al verbo *ésthiō,* en presente, por ejemplo en 13, 18.

provocó la objeción de los judíos, este misterio no es el pan en cuanto bajado del cielo, sino el *pan* en que se ha convertido Jesús para el creyente a través de su muerte. Esto es lo que manifiesta una lectura atenta.

La respuesta de Jesús se distribuye en dos pares de versículos (53-54 y 56-57) que se agrupan en torno al v. 55. A los que comen y beben, los dos primeros versículos les anuncian (de forma negativa en el v. 53 y positiva en el v. 54) la «vida en vosotros», la «vida eterna», cuya promesa había marcado el discurso. Después del versículo eje (55), vienen otros dos versículos, que se encadenan mutuamente, explicitando en qué consiste esta vida para el discípulo. El pensamiento progresa de una pareja a la otra.

53 **Entonces Jesús les dijo: «Amén, amén, yo os lo digo: Si no coméis la carne del Hijo del hombre y no bebéis su sangre, no tenéis la vida en vosotros.** 54 **El que come mi carne y bebe mi sangre tiene la vida eterna, y yo lo resucitaré en el último día».**

Después de un doble *amén* solemne, Jesús repite la expresión «comer la carne», que habían utilizado sus interlocutores; e incluso la refuerza, paradójicamente, añadiéndole «beber la sangre». Pero descarta de antemano toda mala inteligencia, diciendo no ya «*mi* carne», sino «*la* carne del *Hijo del hombre*». Los judíos habían designado a Jesús como un hombre cualquiera («éste»), empeñándose en no ver en él más que a un individuo como los demás y rechazando consiguientemente su anuncio. En realidad, el que les habla no es de esta creación, sino que pertenece al mundo de arriba. Del Hijo del hombre el lector sabe que está en comunicación permanente con el cielo (1, 51), que ha descendido para ser «elevado» (3, 14s) y que volverá a subir al cielo (6, 62). Por medio de este título, el evangelista designa ciertamente al Hijo de Dios en su itinerario de Salvador; en el nivel del episodio, se invita a los oyentes a no limitar su mirada al ser humano que tienen delante de sus ojos, sino a elevarla hacia aquel que, según su tradición apocalíptica, domina los siglos.

Pues bien, Jesús mencionó al Hijo del hombre al comienzo de su diálogo con los galileos; es a esta figura celestial a quien atribuyó la misión de dar el alimento que permanece hasta la vida eterna (6, 27). He aquí que este título reaparece precisamente cuando se especifica cuál es este «alimento»: el alimento se identifica con el donante, con el mismo Hijo del hombre que, bajado del cielo, se entregó sin reservas para que pasara su vida misma al discípulo. El acto de fe se dirige al Viviente que atravesó la muerte, a fin de vencerla en aquellos que, sin él, perecerían lo mismo que perecieron los padres.

Si el lector cristiano disocia de buena gana los dos términos paralelos «carne» y «sangre», es sin duda por causa de los ritos de institución, en los que se menciona la carne y la sangre como término de dos acciones rituales sucesivas. Aquí, la acción que expresan los verbos «comer» y «beber» es única, como confirma la repetición del v. 57: «el que *me* come...»; se trata del «creer». Así pues, ¿qué es lo que hay que entender en este contexto por la expresión «carne y sangre del Hijo del hombre»?

El nuevo testamento habla de «carne y sangre» en varios pasajes que no tienen nada que ver con la eucaristía[152]. Este binomio significa bíblicamente al hombre entero en su condición natural, que es terrena. Así Jesús decía a Simón Pedro: «No te lo ha revelado la carne ni la sangre» (Mt 16, 17). La Carta a los hebreos se sirve de este binomio para afirmar la encarnación y la cruz del Hijo:

> Puesto que los hijos (= los hombres) tienen en común la sangre y la carne, también él, de forma semejante, compartió la misma condición, a fin de reducir a la impotencia, por su muerte, al que tenía el poder de la muerte» (Heb 2, 14).

En nuestro texto, las expresiones paralelas «carne» y «sangre» evocan ciertamente la condición humana que asumió el Hijo del hombre cuando bajó del cielo para ser «elevado». Lo mismo que en la Carta a los hebreos, también para Jn se requería la condición mortal para que el Enviado pudiera cumplir su misión.

Sin embargo, en los v. 53.54.56, el binomio tradicional «carne y sangre», a pesar de que designa a un solo ser, se ve prolongado por causa de los verbos diferentes que se aplican a cada uno de los dos términos; también en el v. 55, «carne» y «sangre» aparecen distintos. Esta separación de los elementos está prefigurada en los sacrificios judíos, en donde «carne y sangre», que designan ciertamente las dos a la víctima ofrecida, tienen sin embargo destinos diferentes: la sangre se derrama sobre el altar y la carne es comida (cf. Lev 7, 14s; Dt 12, 27). En nuestro texto se habla de comer la carne y de beber la sangre, lo cual supone que ésta ha sido derramada en la muerte de Jesús[153].

En 6, 35, «venir a mí» y «creer en mí» expresaban en forma de endíadis la adhesión a aquel que era designado como el pan de la vida;

152. Mt 16, 17; 1 Cor 15, 50; Gál 1, 16; Ef 6, 12; Heb 2, 14; cf. Jn 1, 13.
153. A. Schlatter, *Der Evangelist Johannes,* Stuttgart 1930, 178.

aquí, «comer y beber» dicen el mismo acto de adhesión sin reservas, dirigido al Hijo del hombre que se ha entregado por la salvación del mundo. Se trata de acoger en la fe el misterio de la muerte del que Jesús ha hablado como de un don. Además, para un judío, la sangre es la vida misma, de la que sólo dispone Dios; por eso, en los sacrificios cultuales se reserva para el altar, a diferencia de la carne de las víctimas; una vez derramada, tiene un valor expiatorio[154].

Creer en el sacrificio del Hijo del hombre que vence a la muerte es, según el giro del v. 53, «tener la vida *en* vosotros». Extraña expresión, ya que su equivalencia sólo se encuentra en 5, 26, donde tiene un sentido absoluto: el Padre concedió al Hijo «tener la vida en sí mismo». Aquí es preciso matizar el sentido, ya que «tener la vida en (sí mismo)» exige una condición: la fe que ha de renovarse sin cesar. Sin embargo, más allá de su sustitución en el v. 54 por «la vida eterna» y más allá de la seguridad reiterada en la resurrección del último día, este giro prepara la revelación que contienen los v. 56-57 sobre lo que es en realidad, para el discípulo, esta «vida en sí mismo».

56 El que come mi carne y bebe mi sangre permanece en mí y yo en él. 57 Lo mismo (*kathṓs*) que me ha enviado el Padre, que está vivo, y que yo vivo por el Padre, así el que me come vivirá también por mí.

En el v. 56, la fórmula «comer la carne... beber la sangre», que aparece por última vez, introduce el tema de la morada recíproca. El verbo «permanecer», joánico por excelencia, ha sido utilizado a propósito del alimento de vida eterna, que «permanece» (6, 27) y que estaba significada en lo sobrante de los panes (6,12). Su función es la de anular las distancias que condicionan cualquier tipo de relación humana.

Tomado al pie de la letra, el tema de la manducación desembocaría en la asimilación del alimento por parte del que lo come. Así ocurre en el orden natural e igualmente en los ritos mágicos. Pero la palabra de Jesús: «El que me come *permanece en mí* y yo en él», empieza por expresar lo contrario. ¿Es esto paradójico y habrá que decir que en este caso se rompe la imagen? En realidad, ya según el uso sapiencial (así Prov 9, 5...), aquel que se apropia del alimento que es la enseñanza

154. Lev 17, 10-14.

celestial entra, personalmente, en la amistad divina: la Palabra que lo alimenta está por encima del hombre y lo introduce en el horizonte que *ella* abre. *A fortiori* ha de ocurrir lo mismo cuando la acogida del hombre tiene por objeto al sujeto trascendente que es la persona del Hijo. Es esta realidad muy distinta la que indica Jn a través de la imagen, irrepresentable, de la permanencia mutua; la realidad indicada por la fórmula de inmanencia recíproca está en los límites de lo inefable, es el misterio de los *dos* en *uno*. En la *Apertura* volveremos sobre este tema.

El exegeta se pregunta cómo pudo nacer la fórmula de inmanencia recíproca, en la que se pone de manifiesto en varios textos el mensaje más profundo del cuarto evangelio[155]. La fórmula se presenta en un doble registro, el de la relación Padre-Hijo, es decir, el de la relación propia de Dios mismo, y en el de la relación Hijo-discípulo. La fórmula de inmanencia que expresa esta última (aquí y en 15, 7 con el verbo *ménein*) tiene seguramente en su trasfondo, si no en su fundamento, las fórmulas de reciprocidad características de la alianza según los profetas. Por ejemplo:

> He aquí la alianza que estableceré con la casa de Israel:
> ...Pondré mi ley en el fondo de su ser
> y la escribiré en su corazón.
> Entonces yo seré su Dios y ellos serán mi pueblo (Jer 31, 33)[156].

Jn lleva esta revelación hasta su más alto grado. En él, la relación recíproca que se establece entre el Hijo y el creyente no puede disociarse de la relación que une al Padre y al Hijo. Como ha demostrado R. Borig[157], la fórmula de inmanencia se deriva probablemente de la contemplación por la que el evangelista captó la relación de Jesús con Dios su Padre. Si se arriesga a decir en el prólogo que el Logos es «Dios», es después de haber mostrado que el Logos está «junto a

155. Sobre el tema «permanecer», cf. J. Heise, *Menein in den joh. Schriften*, Tübingen 1967; E. Malatesta, *Interiority and Covenant*, Roma 1974.

156. Cf. Ez 36, 26s; Ap 21, 3.7.

157. Según R. Borig, *Der wahre Weinstock*, München 1967, la tradición profética se ve coronada por la repetición que de ella hace Jn, especialmente en la alegoría de la viña y del viñador:

> «Permaneced en mí y yo en vosotros...
> El que permanece en mí y yo en él, ése da mucho fruto...
> Si permanecéis en mí y mis palabras permanecen en vosotros,
> pedid lo que queráis y lo tendréis...
> Como el Padre me ha amado, yo también os he amado...
> Permaneced en mi amor» (15, 4-9).

Dios» o que está vuelto «hacia Dios»[158]. Jesús y el Padre son *dos* sin duda alguna, pero al mismo tiempo son *uno*. A lo largo del evangelio se encuentran diversas formulaciones[159] a este propósito, entre las cuales la más característica es: «El Padre está en mí y yo en el Padre» (10, 38). Al enumerar dos «personas», esta fórmula de inmanencia tiene la ventaja de prevenir el riesgo de su total identificación por fusión, al mismo tiempo que se expresa su perfecta comunión[160].

A continuación, al manifestar la comunión del discípulo con el Hijo, el evangelista no solamente va más allá de los anuncios proféticos de reciprocidad entre Dios e Israel, sino que la fundamenta en la relación que une al Hijo mismo con el Padre. Lo que dice la imagen de la «permanencia» se explicita en el v. 57 remontándose al vínculo indisoluble que une al Padre y al Hijo único. En efecto, Jn utiliza la preposición *kathōs*, que no introduce simplemente una comparación, sino que asegura, en virtud de su verdadero sentido[161], una referencia intrínseca entre dos relaciones existentes y análogas: la relación Padre-Hijo engendra la relación Hijo-creyente. Podríamos representarlo de este modo:

El Padre hace vivir		El Hijo (que vive por el Padre) hace vivir
	=	
al Hijo (que ha enviado)		al creyente (que lo come)

La relación Padre-Hijo es el modelo fundador. El parecido entre las dos relaciones se expresa por medio de la preposición *diá*[162]: «yo vivo *por* el Padre», el creyente «vivirá también *por* mí». Esto significa que toda vida, que tiene su origen en el Padre que es viviente, no puede existir más que en la comunión con él, tanto en el Hijo como en el creyente: ésta es la «permanencia» que en adelante expresa la relación Padre-Hijo y la relación Hijo-creyente.

El Hijo se encuentra en el centro de una relación que, aunque no se explicite en este texto, está presente en él: la del creyente con el Padre (cf. 14, 6). El Hijo es el mediador de esta otra relación, o mejor dicho el lugar permanente en que se realiza. Mientras que Jesús es *el*

158. Cf. I, 57-59.

159. Por ejemplo, para hablar de él y de Dios, Jesús utiliza el *nosotros* (17, 11.22) o el *uno* (17, 21). Otras formulaciones: con *en*: 6, 56; 10, 38; 14, 10s.20; 15, 4.5.7.9.10; 17, 21.23.26. Afirmación de la unidad de las dos personas: 10, 30; 17, 11.22.23.

160. Esto no tiene nada que ver con los tipos de mística helenística, como «tú eres mío y yo soy tuyo». Aquí, la alianza mantiene la dualidad.

161. Cf. I, 24, y O. de Dinechin, RSR 58 (1970) 195-236.

162. La preposición *diá* podría significar también «para».

Hijo, el discípulo se hace hijo de Dios por medio de su unión con él; en el Hijo único está a la vez también «junto a Dios» y «hacia Dios». A ejemplo del Hijo que, por definición, es «enviado», es decir, perfectamente dependiente del Padre, el creyente es, por definición, aquel que «come el pan», a saber, el que vive por su fe. Esta es la cumbre adonde nos lleva el discurso sobre el pan de la vida: la alianza que Dios ha prometido y realizado en Jesucristo.

En el v. 58, como en una conclusión, se recogen los datos anteriores, tal como decíamos en la introducción a este desarrollo:

58 **«Así es el pan que ha bajado del cielo:**
no como (el que) comieron los padres... ¡y murieron!
El que come este pan vivirá para la eternidad».

El inciso de 58b «no como... y murieron» es a primera vista un tanto extraño: enlaza con el v. 49 que comenzaba la segunda parte del discurso y por tanto con lo que habían dicho los judíos a propósito de los padres que habían comido el maná en el desierto (6, 31). Pues bien, y ésta es la novedad, Jesús declara «no como» (*ou kathṓs*), negando así el *kathṓs* que introducía la cita de 6, 31. Los judíos veían en el acontecimiento del desierto (Ex 16), referido en esta cita, el modelo al que había que referirse para entender bien la palabra de Dios. Jesús no cuestiona el valor normativo de la Escritura, pero critica que se haya hecho de la situación de los padres la referencia definitiva: no se puede encerrar la actuación de Dios en el acontecimiento pasado, siendo así que el presente requiere la apertura a una interpretación nueva. De este modo llega a negar (*ou kathṓs*) esta relación: el maná y el signo del desierto no tienen el mismo valor: «Lo que pasó ya pasó y no puede ser norma para el presente»[163].

¿Cuál es entonces esta norma para el presente? Jesús la afirmó en el discurso y la enunció en el v. 57 utilizando precisamente el *kathṓs* que fundamenta el vínculo entre la relación del Hijo con el Padre y la relación entre el discípulo y Jesús. El maná dado por Dios en el desierto y la ley dada por Dios en el Sinaí eran la figura que anunciaba el verdadero «pan» que es Jesús, dado por Dios y que se da a sí mismo hasta la muerte a fin de realizar nuestro paso de la muerte a la vida.

163. J. N. Aletti, RSR 62 (1974) 196.

Una relectura sacramental

Como dijimos anteriormente, el evangelista, y detrás de él el cristiano, puede entender la respuesta de Jesús en 6, 53-57 en una perspectiva sacramental, en virtud del lenguaje que allí se utiliza. Es inútil preguntarse qué es lo que podía un contemporáneo de Jesús presentir de la eucaristía; se trata de releer el texto para hacer que resuenen sus ecos sacramentales, destinados por Jn a la comunidad cristiana.

En el primer tiempo de lectura, Jesús urge a sus oyentes a creer en el Hijo del hombre que se ha dado a sí mismo, atravesando la muerte para que ellos vivan. El texto culmina en la afirmación de que el fruto de esta fe —la vida para siempre— es la permanencia mutua del Hijo y del creyente.

Si se aplica el registro sacramental, Jesús urge a los *creyentes* (es decir, a los que ya han entrado en comunión con él) a reavivar su fe y a significar esta comunión por medio de la práctica de este sacramento: éste da paso al misterio del que ha hablado Jesús. Ya decía Pablo a los corintios:

> Cada vez que coméis este pan y bebéis esta copa, *anunciáis la muerte del Señor* hasta que él venga (1 Cor 11, 26).

La comunidad que celebraba en su liturgia la presencia del Resucitado no separaba esta presencia del recuerdo de la muerte por la que Jesús había amado a los suyos hasta el fin. La eucaristía (= «acción de gracias») actualiza el don que nos hace el Hijo del hombre de sí mismo.

Al mismo tiempo, a través de la acción simbólica de compartir el pan y la copa del Señor, la eucaristía simboliza la realidad invisible que Jn expresa por medio de la permanencia mutua; de este modo se actualiza continuamente de nuevo la comunión del creyente con aquel que vive por el Padre.

El simbolismo sapiencial del discurso conviene a la evocación del sacramento no sólo porque su significante es el «pan», sino porque permite evitar los excesos de tipo mágico que a veces se observan en la presentación del sacramento. En el primer tiempo de lectura, comer la carne y beber la sangre es referirse, no ya propiamente a Jesús de Nazaret, sino al Hijo del hombre que atravesó y venció a la muerte para la vida del mundo. Entonces, incluso a nivel eucarístico, estas expresiones no tienen nada que ver como una masticación[164]; la insistencia del texto en la «carne» y la «sangre» tiene esta misma fi-

164. A pesar de los que traducen *trṓgō* por «masticar, saborear»; cf. *supra*, n. 151.

nalidad: mantener que el Hijo del hombre se entregó verdaderamente a la muerte, después de haber tomado nuestra condición terrena. El *yo* de Jesús que marca los v. 6, 54-57 subraya el carácter personal y no material de la manducación eucarística.

El evangelista Juan no nos ha narrado la institución sacramental; su relato de la última cena de Jesús con sus discípulos se centra en otra acción simbólica, la del lavatorio de los pies, que significa el legado que nos hizo Jesús de la caridad fraterna. En nuestro texto, Jn señala el sentido del sacramento que practicaba la comunidad o mejor dicho explicita su fruto —la vida nueva del discípulo en el Hijo—, un fruto que es idéntico al de la misma fe, pero que encuentra una expresión privilegiada en la celebración eucarística.

Volvamos a la lectura cursiva del capítulo 6. La unidad y la diferencia de las dos partes del discurso aparecen con toda claridad: una estructura semejante y un símbolo idéntico. Se da un progreso entre la primera y la segunda parte, no ya de la persona a la eucaristía, como si el rito sacramental llevase a su término el acontecimiento histórico; el progreso consiste en el paso de la bajada del cielo al sacrificio personal en la muerte. El cristiano difícilmente puede prescindir de la eucaristía al leer un texto en el que suenan no pocas armonías del sacramento; pero su práctica sería vana si no estuviera impregnada de la fe que propone aquí el primer tiempo de inteligencia.

Alimentarse sacramentalmente del pan de la vida es, por consiguiente, adherirse a la persona de Jesús, el Hijo de Dios bajado del cielo y que salva al mundo de su distancia con Dios. Pero es más todavía: alcanzar en el cielo al Hijo del hombre. Este es el misterio de la exaltación que revela la tercera parte del discurso, a la luz del Espíritu santo.

III. LA CLAVE DEL DISCURSO Y LA OPCIÓN DE LOS DOCE (6, 59-71)

La última parte del capítulo 6 comprende dos desarrollos. El primero constituye la tercera parte del discurso sobre el pan de la vida (6, 59-66), mientras que el otro describe la opción de los Doce (6, 67-71). El final del discurso, aunque está compuesto con menos solidez que las partes anteriores, conserva una disposición análoga. El v. 59, que localiza el discurso, va seguido de una objeción fundamental (v. 60), a la que suceden unas palabras de Jesús (v. 61-65), alternando con algunas indicaciones del evangelista (v. 61.64). El conjunto desemboca en el problema de la fe (v. 64-65) y en la defección de numerosos discípulos (v. 66). Con el relato que sigue, el abandono de los discípulos queda compensado por la confesión de Pedro (v. 68-69), equilibrado a su vez por el anuncio de la traición de Judas (v. 70-71).

La subida al cielo del Hijo del hombre y la función del Espíritu (6, 59-66)

59 Dijo estas cosas, enseñando en la sinagoga en Cafarnaún. 60 Después de oírlo, gran número de sus discípulos dijeron entonces: «¡Duro es este discurso! ¿Quién puede escucharlo?». 61 Pero, sabiendo dentro de sí que sus discípulos murmuraban de él, Jesús les dijo: «¿Esto os escandaliza?
62 Entonces, ¿y si vierais al Hijo del hombre subir a donde estaba antes...? 63 Es el Espíritu el que hace vivir, la carne no sirve de nada. Las palabras que yo os he dicho son Espíritu y son vida. 64 Y sin embargo, hay entre vosotros quienes no creen». En efecto, Jesús sabía desde el comienzo quiénes eran los que no creían y quién era el que lo entregaría. 65 Y decía: «He aquí por qué os he dicho que nadie puede venir a mí si no le es dado por el Padre». 66 Por eso, muchos de sus discípulos se apartaron y ya no fueron con él.

El v. 59, cláusula añadida a las dos partes precedentes del discurso, sirve de transición[165]. En efecto, la objeción del v. 60 se refiere a todo lo que ha dicho Jesús, como confirma la apelación de «discurso» *(lógos)* del v. 60[166]. La situación se ha modificado: los adversarios no son ya «los judíos» (6, 41.52), sino «gran número de sus discípulos». En este grupo, distinto de los Doce mencionados por contraste en la sección siguiente (6, 67), los críticos reconocen a los cristianos confusos en su fe, aquellos que se encuentran en la situación de crisis mencionada en la primera carta de Jn. Es verdad, ¿pero se refiere el

165. Con C. J. Bjerkelund, *Tauta egeneto,* Tübingen 1987, 89-93, *taûta* tiene la función de recapitular todo el conjunto de la perícopa anterior. Sin embargo, el marco narrativo está exigiendo hacer de 6, 60-66 la tercera parte del discurso (cf. *supra,* 117).

166. Al traducir *lógos* por «discurso», nos inspiramos en Filón que ve en este término un conjunto inteligible de «palabras» *(rhḗmata),* término que utiliza Jn poco después (6, 63). Algunos críticos, siguiendo a G. Bornkamm, opinan que la dificultad de los discípulos se refiere solamente a los v. 25-51, dado que, a sus ojos, los v. 53-58 constituyen una pieza añadida al discurso; pero esta última hipótesis no está demostrada ni mucho menos. Por otra parte, el término *sárx* no aparece más que en la primera parte del discurso. Por eso, con numerosos autores, como C. K. Barrett o J. D. G. Dunn, pensamos que el término *lógos* designa a todo el conjunto 6, 35-58.

narrador únicamente a éstos, siendo así que, por la indicación del v. 59, intenta situar el discurso en el marco histórico del ministerio de Jesús en Galilea? En el nivel del relato, el término «discípulo» tiene un sentido literario: el narrador quiere mostrar que la revelación de Jesús de Nazaret no fue rechazada solamente por la turba inconstante y por «los judíos», sino incluso por los que se habían acercado a Jesús por su actividad en obras y en palabras. La resistencia a creer no podrá ser superada definitivamente más que cuando haya acabado el itinerario del Hijo del hombre.

Los «discípulos», silenciosos hasta entonces, habían quizás comenzado por admitir que Jesús era el Enviado escatológico de Dios, pero tropezaron ante su pretensión inaudita de ser el Salvador del mundo y de establecer con su muerte la comunión de los hombres con Dios; su reacción será una anticipación de la que tendrán frente a la cruz. Por eso dicen que este discurso es «duro» *(sklērós)*[167]: lo han «entendido» bien, pero no quieren «escucharlo», es decir, adherirse a semejante revelación[168]. Lo mismo que había pasado antes con los judíos (v. 41), también ahora ellos son comparados con la generación murmuradora del desierto, mientras que Jesús critica su forma de comportarse: se han «escandalizado», es decir —según la etimología— han tropezado con una piedra que les ha hecho caer. Y Jesús añade:

62 «Entonces, ¿y si vierais al Hijo del hombre subir a donde estaba antes...?».

Como sugiere la eventualidad que indica la conjunción *eán*[169], ¿será reforzado o eliminado el escándalo? Jesús plantea a sus interlocutores esta cuestión; responder en lugar de ellos sería desconocer la presentación dialogal del texto[170]. Jesús anuncia aquí su regreso a la esfera

167. El término *sklērós* es utilizado por Abrahán en su respuesta a Sara, cuando quiere despedir a la sirvienta Sara, de la que, por insinuación suya, había tenido un hijo (Gén 21, 11). Lo mismo hace José en el coloquio que tiene con sus hermanos (Gén 42, 7).

168. El pronombre *autoû* = (escuchar-)*le* puede referirse a Jesús o a su discurso; en el caso presente, más bien al discurso.

169. La conjunción *eán* debe traducirse por «si», como en 3, 3: «Si uno no ha sido engendrado de lo alto...» *(eán... gennēthē̂i)*. La traducción por «cuando» descarta la eventualidad, que es sin embargo necesaria.

170. Esto es lo que hacen, sin embargo, muchos críticos. Unos son partidarios de un reforzamiento del escándalo (así R. Bultmann, E. Schweizer...), otros de una

divina, situada simbólicamente en las alturas. El verbo «subir» o «ascender» *(anabaínō)* corresponde literariamente al verbo «bajar» o «descender» *(katabaínō)* de la primera parte del discurso[171]. La bajada del cielo expresaba la voluntad amorosa del Padre que daba a los hombres el verdadero pan (6, 32); la subida «a donde estaba antes» significa que la misión del Hijo se ha cumplido. Lo había anunciado ya el Señor en Isaías:

> Mi palabra no vuelve a mí sin haber ejecutado lo que yo quería y sin haber logrado aquello por lo que la había enviado (Is 55, 11).

El regreso de Jesús está claramente relacionado con su misión en el único pasaje joánico en que se encuentra el verbo «subir» no emparejado con «bajar», en el relato de la aparición del resucitado a María de Magdala:

> No me retengas, porque ciertamente no he subido todavía al Padre; pero ve a mis hermanos y diles que subo *(anabaínō)* a mi Padre y vuestro Padre, a mi Dios y vuestro Dios (Jn 20, 17).

Después de su muerte salvífica, Jesús sube a su Padre, a aquel que en adelante es el Padre de todos; por su resurrección de la muerte, Jesús ha establecido la alianza definitiva de Israel con Dios. Después del anuncio de su muerte voluntaria (6, 51), ¿es admisible para sus interlocutores el anuncio de su subida al cielo? La respuesta depende de su fe, que pueden prestar o no.

Con la «subida al cielo», Jesús no alude inmediatamente a su exaltación gloriosa[172], sino a su partida de la tierra. De todas formas, la acción de «ver» presupone un acto de fe: no se puede ver el misterio anunciado sin creer en la divinidad del Hijo del hombre. Para el lector creyente, la eventualidad que se considera está esperando una respuesta de este tipo: «Entonces creeréis plenamente»; es lo que confirma el

aclaración (Agustín, J. Bauer, R. Schnackenburg...). Pero otros (como Westcott o Barrett) se niegan a precisar la respuesta, respetando más de este modo el efecto que busca Jesús; el oyente, el lector de hoy, debería escuchar personalmente esta pregunta: «¿Qué diríais, qué haríais si llegaseis a ver al Hijo del hombre subir a donde estaba antes?».

171. Según F. J. Moloney, *The Johannine Son of Man,* Roma ^{2}1978, 110-123, el texto no guarda ninguna relación con la «bajada» del Hijo del hombre, que ya ha bajado (cf. 6, 33.38.41s.51.58). Jesús prescindiría aquí de una «subida» a lo alto.

172. A diferencia de la palabra a Nicodemo (3, 13s), la subida al cielo no se separará aquí de la bajada. Cf. I, 238-240. Sobre este tema cf. G. C. Nicholson, *Death as Departure. The Johannine Descent-Ascent Schema,* Chico 1983.

discurso de despedida: el Paráclito demostrará al creyente que Jesús ha sido justificado por su «retorno» *(hypágō)* al Padre[173]. En este caso, la conjunción *eán* podría equivaler a «cuando veáis»: la palabra de Jesús quedará completada por la revelación del Espíritu Paráclito que introducirá en la verdad completa. En cuanto al no creyente que oye este anuncio, no «verá» ciertamente a Jesús subir al cielo, pero lo verá desaparecer, y esta eventualidad constatada reforzará su escándalo: ¿cómo podrá este hombre que anuncia su muerte seguir vivificando al mundo, a pesar de su desaparición?

Sin embargo Jesús, sin aguardar la respuesta, da la clave de interpretación de su discurso al hablar del Espíritu. Hasta el presente, el lector sabe que el Hijo, en el que mora el Espíritu (1, 33), ha recibido el poder de dar la vida (5, 21) y que el Espíritu es la fuente del nuevo nacimiento (3, 3-8). Ahora, el que «da el Espíritu sin medida» identifica sus palabras, que son las de Dios, con el don del Espíritu (cf. 3, 34).

63 «Es el Espíritu el que hace vivir, la carne no sirve de nada. Las palabras que yo os he dicho son Espíritu y son vida».

Se suceden dos sentencias, de las que cada una podría tener valor por separado, incluso fuera de este contexto; sin embargo, no forman más que una, ya que el comienzo y el final del versículo se corresponden entre sí, asociando el Espíritu y la vida; las «palabras (de Jesús)» enlazan entre sí las dos formulaciones.

La primera sentencia opone el Espíritu vivificante a la carne inútil. Este contraste suena como un proverbio, análogo al que dijo Jesús en otro contexto:

> Lo que ha nacido de la carne es carne, lo que ha nacido del Espíritu es espíritu (Jn 3, 6).

En un primer nivel conviene recordar que, según la tradición bíblica, la carne designa la condición terrena del hombre en su precariedad: sólo

173. El verbo *hypágō* que se utiliza aquí no siempre equivale a «marcharse» *(poreúomai)*, sino muchas veces a «volverse» (cf. 3, 8; 7, 33; 8, 14.21; 13, 33.36; 14, 4.5.28; 16, 5.10).

el soplo de Dios asegura su existencia[174]. Pues bien, puesta en relación con el Espíritu, la carne connota la incapacidad en que el hombre se encuentra de comprender la Palabra de Dios. El contraste carne-espíritu será más adelante el fundamento de la crítica que hace Jesús del «juicio según la carne» (8, 15) o «según la apariencia» (7, 24), juicio que reprochaba ya a Nicodemo[175] y que aquí reprocha indirectamente a sus contradictores.

Teniendo en cuenta el contexto, la mención de la carne podría repercutir en el empleo del mismo término en el anuncio precedente: «El pan que yo daré es mi carne para la vida del mundo» (6, 51). Los objetores de Jesús habían rechazado este anuncio. Para comprenderlo, hubiera sido necesario no encerrarse en las propias evidencias, sino estar dispuesto a entenderlo espiritualmente. Sin el Espíritu, ni la letra ni la carne pueden producir el sentido; no consiguen captar el mensaje de vida[176].

En el segundo tiempo de inteligencia, el Espíritu hace entender, sobre todo en los v. 53-57, el misterio de la eucaristía. Pablo criticaba a los cristianos que participaban en el cuerpo de Cristo de una manera indigna, porque no vivían según el precepto de la caridad fraterna (1 Cor 11, 17-34). El evangelista muestra que no se recibe realmente la vida que se da con el cuerpo de Cristo más que cuando, por el Espíritu, se percibe quién es él. Sin la fe personal, animada por el don del Espíritu, no puede haber vida sacramental que actualice el encuentro con el Señor vivo.

63b **«Las palabras que yo os he dicho son Espíritu y son vida».**

El verbo «ser» («...son Espíritu») se repite ante la palabra «vida», como para subrayar que el Espíritu y la vida tienen el uno y la otra

174. Cf. Jn 4, 24: «Dios es espíritu». En efecto, Dios es «el Viviente» (6, 57), por su aliento (Núm 16, 22; 27, 16; cf. Gén 2, 7; 6, 3.17), que él se dignó soplar sobre toda criatura (Sal 104, 29; 146, 4; cf. Rom 8, 11; 1 Cor 15, 45; 2 Cor 3, 17).

175. Que permanece todavía en el nivel de la carne: cf. 3, 6.12. De manera semejante Pablo opone «la letra que mata» al «Espíritu que vivifica»: 2 Cor 5, 16; cf. 3, 16; Jer 31, 31-33.

176. Cf. BD 442, 16. Según algunos autores, este texto podría leerse alegóricamente: es verdad que la carne de un hombre no puede dar la vida de Dios, pero Jesús, en quien reposa el Espíritu, puede vivificar a los hombres dándoles su carne de Hijo del hombre.

un valor propio; sin embargo, la formulación puede comprenderse como una endíadis: las palabras de Jesús son «Espíritu de vida», Espíritu vivificante.

En esta segunda sentencia, por consiguiente, Jesús pone de relieve la naturaleza «espiritual» de las palabras *(rhēmata)* en que se expresaba su palabra. La clave del discurso *(lógos)* sobre el pan de la vida, consiste en leerlo todo entero pronunciado según la fuerza del Espíritu, del que depende el nuevo nacimiento (cf. 3, 5-8).

La identificación que aquí se afirma entre lo que ha dicho Jesús y el Espíritu vivificante es de orden dinámico[177]: sus palabras, que vienen de arriba, producen la vida en sentido pleno. Es lo que va a declarar Pedro: «Tú tienes las palabras de la vida eterna» (6, 68).

El discurso de despedida a los discípulos (Jn 14-16) precisará cuál es la relación entre Jesús y el Espíritu. Antes de dejar a los galileos para encontrarse con los judíos de Jerusalén, Jesús quiso hablarles no solamente de su regreso al Padre (6, 62), sino también del papel del Espíritu para la inteligencia de su revelación.

Así pues, la revelación de Jesús no se impone al hombre como una evidencia, sino que se le propone para que la acepte con libertad. Por eso el tema de la fe que se ha prolongado a través de todo el discurso sobre el pan de la vida se hace oír una vez más, pero esta vez bajo su aspecto oscuro:

64 «Y sin embargo hay entre vosotros quienes no creen». En efecto, Jesús sabía desde el comienzo quiénes eran los que no creían y quién era el que lo entregaría. 65 Y decía: «He aquí por qué os he dicho que nadie puede venir a mí si no le es dado por el Padre». 66 Por eso *(ek toútou)*, muchos de sus discípulos se apartaron y ya no fueron con él.

Así pues, el discurso no termina con el poder propio de las palabras de Jesús que son Espíritu. El evangelista no sustrae la revelación de Jesús de su contexto existencial, ni tampoco de su contexto secreto, la iniciativa del Padre.

El Revelador se ve enfrentado con el obstáculo de la libertad que se resiste. Jn indica, como vimos ya en el v. 61, que Jesús conocía desde el comienzo el rechazo de un gran número de opositores, que

177. Así C. H. Dodd, R. E. Brown, F. Porsch. Esta misma identidad de orden dinámico se encuentra también en 2 Cor 3, 17: «El Señor es el Espíritu».

sería el anticipo de la traición de uno solo, en donde tomaría cuerpo el odio de todos. Domina el rechazo con este mismo conocimiento, asumiendo así su destino. Frente a la incredulidad, su reacción no es ya la de un reproche vehemente como en el capítulo 5 ni una interpretación de la suerte que le aguarda. Jesús se borra ante el Padre, del que ha recibido su misión; sitúa en Dios el misterio de la libertad humana, que se expresa en la acogida o en el rechazo de su persona. La palabra del v. 65 recoge la del v. 44, que había provocado las murmuraciones sobre la bajada del cielo:

> Nadie puede venir a mí si el Padre *que me ha enviado* no lo atrae (6, 44; cf. 6, 37).

Con la salvedad de que el «don» sustituye aquí a la «atracción». La prioridad de la acción divina en el despertar del hombre a la fe[178] se subraya de nuevo en esta ocasión.

Jesús se sabe comprometido en el proyecto del Padre que supera infinitamente las esperanzas espontáneas del hombre, si no la profundidad desconocida de sus deseos. Por eso se enfrenta con el abandono de un gran número y puede enfrentarse con el hecho odioso de la traición por uno de los Doce[179]. Al mismo tiempo, en la palabra del v. 65 se refleja el duro problema que planteaba a la comunidad primitiva el rechazo inexplicable de Cristo por Israel. Jn propondría aquí a sus hermanos ponerse como Jesús en manos del secreto del Padre, sin pronunciar ningún juicio contra nadie.

Por eso[180], muchos de los discípulos «se apartaron y ya no fueron con él». Esta marcha, presentada como definitiva, puede referirse en el segundo tiempo de lectura a los miembros infieles de la comunidad

178. Lo mismo que en 6, 44, tampoco se trata aquí de determinismo. Semejante explicación sería fácil, pero incompatible con la revelación bíblica de la alianza y en particular con el cuarto evangelio, en donde la decisión del individuo frente al don de Dios tiene un valor de principio (cf. *supra,* 123). Este mismo pensamiento es el que encontramos también en Mt 16, 16s: es el Padre, y no la carne, el que reveló a Pedro la naturaleza propia de Jesús.

179. La expresión «el que tenía que entregarlo» es constante en Jn: 6, 64; 12, 4; 13, 2.11; 18, 2.5; 21, 20. La defección de Judas se menciona además en 13, 11.18; 17, 12.

180. El vínculo que se da entre la marcha de los discípulos y su alejamiento interior podría estar sugerido en *ek toútou,* que hemos traducido aquí con «por eso». La preposición *ek* tiene ordinariamente un sentido temporal: «a partir de aquel momento», «entonces» (cf. 6, 64b; 9, 1.32; 16, 4); puede tener también un sentido causal: «por esta razón» (cf. 19, 12). Con R. Schnackenburg, que sigue a WB[6] 466 f, hemos optado por este último sentido, pero es probable que Jn sugiriera los dos sentidos.

joánica que, en realidad, «no eran de los nuestros» (1 Jn 2, 19). Sin embargo, debe tener, dado el estilo del evangelista, un sentido narrativo en el nivel del episodio: representa por anticipación el abandono de Jesús por la mayor parte de los suyos en el momento de su pasión. La alusión al traidor confirma este contexto de pensamiento. Por otro lado, a la incredulidad de estos discípulos corresponde la reacción positiva de Pedro. Tanto en un caso como en el otro se trata del momento de la opción irreversible en favor o en contra de Jesús que manifestó en este discurso la totalidad de su itinerario de salvador.

El pasaje acaba de forma lúgubre: al retirarse, los discípulos dan cuerpo a su distanciamiento interior. Ocurrirá lo mismo en la perícopa siguiente, después del rayo de luz que es la profesión de fe de Pedro en nombre de los Doce. La muerte de Jesús, presentada anteriormente como un sacrificio voluntario, se evocará bajo un aspecto distinto, el de la responsabilidad humana.

La opción de los Doce (6, 67-71)

67 **Entonces Jesús dijo a los Doce: «¿Queréis iros también vosotros?».** 68 **Simón Pedro le respondió: «Señor, ¿a quién iríamos? Tú tienes las palabras de la vida eterna.** 69 **Nosotros creemos y sabemos que tú eres el Santo de Dios».** 70 **Jesús les respondió: «¿No soy yo el que os he escogido a los Doce? ¡Y uno de vosotros es un diablo!».** 71 **Hablaba de Judas, hijo de Simón el Iscariote; en efecto, él era el que había de entregarlo, uno de los Doce.**

Una vez que se retiraron los numerosos discípulos, así como la multitud de los «judíos», se va haciendo progresivamente el vacío en torno a Jesús, que sigue hablando: se encuentra solo con los Doce, lo mismo que antes de que la gente se reuniera con él en la montaña.

Frente a este abandono, Jesús toma la iniciativa ante el pequeño grupo de los que por única vez son designados como «los Doce»[181]. De este modo Jn se une a la tradición común: el episodio enlaza con

181. Los Doce se distinguen expresamente de los discípulos. Sin embargo, en 6, 1-15, el término que se utiliza es «discípulos»; pero los nombres de Felipe y de Andrés demuestran que se trata en este caso del grupo privilegiado. Quizás este grupo represente al pequeño «resto de Israel» (cf. Miq 5, 6-8; Jn 1, 11).

el de la confesión de Simón Pedro en Cesarea, que marca el punto culminante de la vida pública de Jesús después del fracaso de su misión en Galilea[182]. También en Jn, la fe de Pedro sucede al rechazo de la mayoría; además, al no ir precedido ni acompañado por el discípulo amado, Pedro aparece como el responsable del grupo[183].

Dicho esto, el episodio joánico termina perfectamente la gran unidad literaria del capítulo 6, que había empezado con un diálogo entre Jesús y sus discípulos en la montaña (6, 3.5s). Más allá del arco de todo este capítulo, la respuesta de Pedro coincide con la que Jesús esperaba en aquellos momentos[184]. A lo largo del discurso, las intervenciones de los oyentes no iban dirigidas expresamente a Jesús; eran «murmuraciones» aparte, tanto en boca de los judíos, como en el v. 61 en labios de los «discípulos». Pedro ahora dice *tú*. En él se expresa el verdadero interlocutor de Jesús, el creyente a quien va dirigido el discurso, a juzgar por las frases corrientes que lo definen. Cada uno de nosotros nos sentimos invitados a hacer nuestra la respuesta de Pedro.

Son interesantes algunas diferencias que se observan respecto al episodio en los sinópticos. La escena tiene lugar al parecer en el mismo lugar en que se pronunció el discurso. La pregunta de Jesús no se refiere a su persona («¿Quién decís vosotros que soy yo?»), sino a la decisión que los Doce van a tomar por sí mismos: «¿Queréis iros *(hypágō)* también vosotros?». El último verbo añade a la idea de «marcharse» la de un regreso a sus casas[185] y, por tanto, en este contexto, la del regreso de los Doce a su existencia anterior. El «también vosotros» expresa por otra parte un vínculo privilegiado que tienen con Jesús; y la pregunta presupone en su propio giro[186] que los discípulos no abandonarán a su maestro. Pero sigue siendo una reflexión frente a una crisis al mismo tiempo objetiva (el fracaso experimentado por Jesús) y subjetiva (los anuncios que han oído han sido desconcertantes también para los Doce). Ha llegado el momento de la opción decisiva.

La pregunta retórica por la que comienza la respuesta de Pedro: «¿A quién iríamos *(apeleusómetha)*?» revela probablemente un debate

182. Mt 16, 16; Mc 8, 29; Lc 9, 20.

183. A diferencia de 19, 26; 21, 20-23, en donde el discípulo amado representa un papel más importante que Pedro.

184. Cf. *supra*, 78s y 88.

185. «Irse» *(apérkhomai)* en 6, 66; 16, 7; «volverse a su casa» *(hypágō)* en 13, 3.33.36; 14, 4.5.28; 16, 5.10.17. Cf. n. 173.

186. Introducida en griego por *mḗ*, la cuestión supone ordinariamente una respuesta negativa o vacilante (cf. 4, 12.29; 7, 31.35.41.48.51.52; 8, 53; 9, 27.40; 10, 21; 11, 26; 18, 7.25).

interior que ha sido superado. Repite el verbo con que se había indicado la retirada de los discípulos *(apélthon)* (6, 66): en oposición a ellos, los doce se comprometen ahora con toda claridad. Viene entonces la confesión positiva, en la que ha desaparecido toda vacilación. Pedro se hace eco de lo que Jesús acaba de revelar: sus palabras son «vida eterna». Implícitamente, todo el contenido del discurso, que juzgaban inadmisible los discípulos, Pedro lo acepta sin reservas. Ciertamente, en el nivel del relato evangélico, todavía se le escapa el sentido pleno de las palabras de Jesús, pero su confianza se arriesga a lo esencial: el mensaje de Jesús es portador de vida eterna. Y lo es precisamente en las palabras que ha dicho.

Por primera vez desde el v. 35 se vuelve a entablar el diálogo: el Revelador recibe una respuesta directa: «*Tú* tienes..., *tú* eres...»[187]. En nombre de los Doce, Pedro precisa: «Nosotros creemos y sabemos». La ordenación de los verbos creer y saber no intenta señalar un progreso que vaya de la fe sin más a la inteligencia de la fe[188], sino que explicita en qué consiste la verdadera fe: no ya en un conocimiento abstracto, sino en una revelación existencial como la que une al buen pastor con sus ovejas (10, 14s; cf. 17, 3), según el sentido bíblico del verbo *ginṓskō*[189].

¿Qué hemos de entender por «Santo de Dios»? Este apelativo, bastante raro, es difícil de interpretar. Pedro no utiliza ninguno de los términos con los que Jesús se había designado en el discurso (Hijo, Pan de la vida, Enviado de Dios, Hijo del hombre), ni tampoco uno de los títulos tradicionales que correspondían a las esperanzas judías; estos títulos se los dieron ya a Jesús los discípulos del Bautista en el capítulo 1 (Mesías, Hijo de Dios, Rey de Israel)[190]. Es interesante cómo Pedro traduce aquí a su manera quién es para él Jesús. ¿Hace eco al Sal 16, el único texto en que se encuentra, en la traducción de los Setenta, la expresión «tu Santo» (cf. Hech 2, 27)? Este salmo celebra la profunda intimidad entre Dios y el orante: ¿entenderá aquí Pedro la intimidad de Jesús con Dios? Jesús había proclamado su

187. El *tú* responde claramente a la proclamación de Jesús: «*Yo* he bajado del cielo», «*Yo* soy el pan de la vida» (6, 35.48.51).

188. A pesar de lo que pensaban muchos Padres de la Iglesia: Agustín 27, 9; Cirilo de Alejandría 4, 4; cf. Tomás de Aquino, art. 189.

189. Cf. VTB, «Conocer», «Fe». Por su parte, Jesús «conoce» a Dios (7, 29; 8, 55; 10, 15; 17, 25), no «cree» en Dios.

190. Con C. K. Barrett, cf. Jue 13, 7; 16, 17; Sal 106, 16; Hech 3, 14; 4, 27.30; 1 Jn 2, 20; Ap 3, 7. Por su parte, R. Schnackenburg ve en la expresión «Santo de Dios» el equivalente de la divinidad de Jesús; esta interpretación, que depende del significado que se dé a la fórmula *egṓ eimi,* se apoya en Is 43, 10, muy parecida.

unión con el Padre (5, 19-30) y proclamará más tarde que ha sido «santificado por Dios» (10, 36; 17, 19). La apelación «Santo de Dios» supera ampliamente la de «Mesías», pero coincide con la de «Hijo de Dios» que confiesa Pedro en Mt 16, 16.

La contestación de Jesús que, más allá de Pedro, se refiere a los Doce, resulta sorprendente. En vez de felicitar al discípulo por haber recibido la luz de lo alto, como en Mt 16, 17, Jesús no se detiene en la adhesión que ha manifestado. Su pensamiento se dirige, en contraste, al rechazo mortal que le opondrá uno del grupo. Jesús recuerda primero que ha sido él mismo quien escogió a los Doce: ¿será para subrayar que la fe les viene de la proximidad con él que él mismo les ha concedido? Según esta lectura, la elección por parte de Jesús tiene un sentido análogo al que tiene el don del Padre en Mt 16, 17; en los dos casos, no ha sido sólo por su virtud como los Doce se han abierto a la fe. Jesús expresa esta idea de una forma interrogativa que parece retórica, pero que tiene en cuenta la situación dramática: si ha sido él el que ha escogido a los Doce, ¿cómo es que Judas estaba en ese número? Esta cuestión se la planteaba la comunidad pospascual. El evangelista responde que Jesús sabía de antemano lo que iba a pasar, pero no va más lejos; el texto pone de relieve el contraste entre la traición y una elección que debería aclararse. ¿En qué sentido?

El nombre del discípulo se revela en el comentario del narrador, pero Jesús guarda silencio sobre él, como lo hará en su última cena («Uno de vosotros me traicionará»: 13, 21); sin embargo, aquí califica a ese hombre de «diablo». ¿Por qué esta insistencia sobre Judas en nuestro texto? Quizás Jn desplazó sobre el traidor un motivo literario del relato sinóptico; poco después de su confesión, Pedro es calificado de «satanás» (Mt 16, 23), por haber querido apartar a Jesús de su camino hacia la gloria a través de la cruz. Pero esta hipótesis no se puede verificar, teniendo además en cuenta que en Jn existe una diferencia entre «Satanás» y «diablo». El diablo es el «seductor» que aparta al hombre de la fe y en este sentido es un mentiroso y un asesino (8, 44); es él el que sugiere a Judas que traicione a Jesús (13, 2), hasta que adquiere su verdadera figura de Satanás, de adversario de Jesús y del reinado de Dios[191]. Otro motivo es más plausible, ya que se apoya en el mismo discurso; éste tiene sin duda alguna un significado eucarístico; pues bien, toda la tradición menciona al traidor en el relato de la cena[192].

Lo cierto es que el final de este capítulo resulta desconcertante. La confesión de Pedro expresa la respuesta que el lector esperaba

191. Cf. 13, 18; 15, 16.19.
192. Mt 26, 14s.21-25; Mc 14, 18-21.21-23; cf. Jn 13, 2.21-30.

desde el principio, pero inmediatamente queda equilibrada, en labios del mismo Jesús, por el anuncio de la traición, evocada un poco antes (6, 64) por el narrador. De este modo, se mantiene al lector en la perspectiva de la muerte de Jesús; el discurso ha revelado su valor supratemporal de vida para el mundo y para cada uno de los creyentes. La indicación sobre la pascua cercana (6, 4) al comienzo del capítulo ¿no orientaba ya en este sentido?

CONCLUSIÓN

La lectura de este capítulo dependía de una doble opción, literaria y metodológica. Lejos de ser un acoplamiento más o menos heteróclito de documentos anteriores, el capítulo 6 constituye una unidad literaria. Por eso convenía hacer del mismo una lectura de tipo sincrónico. Me atrevo a esperar que la exégesis detallada habrá justificado nuestra hipótesis inicial. Otros comentarios se preocupan tanto de las fuentes utilizadas que nos ha parecido oportuno ofrecer aquí una lectura que manifieste la coherencia del conjunto y haga resonar su significado espiritual.

La escritura de Jn tiene dos aspectos: biográfico y simbólico. Recordémoslos sucintamente. El capítulo 6 se presenta como un episodio de la vida de Jesús de Nazaret. No se presenta a Galilea tan hostil como Jerusalén, pero también ella se negó a creer en el Revelador. Es verdad que permanece fiel un pequeño grupo, pero en su seno se encuentra un hombre, un verdadero diablo, que acabará traicionando al Maestro. A través de los auditorios sucesivos (la gente, los judíos, los discípulos, los doce), el narrador presenta una experiencia siempre actual: la dificultad que tiene el hombre para permanecer abierto a la novedad de Dios. De ordinario, en Jn, la fe y la no-fe significan vida y muerte. Aquí Jesús ilumina el itinerario de la fe en sí misma: ésta tiene lugar en un encuentro, en una *synergía,* entre Dios que atrae y el hombre que acoge.

Decíamos anteriormente que la perspectiva de la muerte voluntaria de Jesús subyace a todo el texto. Sin embargo, si se lee el conjunto de una sola vez, especialmente el discurso, lo que destaca profundamente es la promesa de la vida. Esta promesa es enunciada, reiterada, explicitada y confirmada, para el presente y para el último día, en correlación con el verbo «creer» o su equivalente. En otros pasajes, después de los anuncios positivos venía una contrapartida negativa (por ejemplo, el juicio: 3, 18; 5, 29), según la respuesta de fe o de no-fe; aquí, a pesar del comportamiento de su auditorio, Jesús no manifiesta más que la sobreabundancia del don de la vida. Es verdad que en dos ocasiones menciona la muerte de los padres en el desierto (6, 49.58), pero esto pertenece al pasado y es para subrayar el contraste entre la ley que siguió siendo ineficaz y el pan vivo. Literariamente, el anuncio del sacrificio del mismo Jesús se sitúa entre estas dos menciones de la muerte de los padres, como si el fracaso palpable de la ley en Israel exigiera por parte del Hijo el don extremo. Pues bien, Jesús para hablar de este sacrificio, no utiliza nunca en Jn los términos «muerte» o «morir»; desdicen de aquel que, estando vivo, comunica la vida.

La historia que se narra en este capítulo se presenta de tal manera que los acontecimientos tienen una significación simbólica innegable. El don de los panes en abundancia, que distribuye el mismo Jesús, simboliza el don de su persona, un don permanente en la experiencia del creyente. La reacción de la gente y la retirada de Jesús evocan la suerte que tendrá que sufrir. Su alejamiento hacia las alturas de la montaña sugiere dónde está la meta de ese itinerario: el retorno al Padre. Pues bien, ese retorno es presencia misteriosa a los discípulos que se han quedado abajo: en la ausencia de su maestro, la noche y el ambiente del lago representan su condición apurada, incluso cuando tienden hacia la tierra firme. Al acercarse sobre las aguas de la muerte, Jesús se muestra victorioso tanto del peso como de la distancia que separa. Si la barca de los discípulos llega enseguida a la orilla, es para señalar que, desde que acogieron a Jesús, pasan de un ambiente que simboliza la muerte a otro ambiente que simboliza la vida.

En continuidad con el signo de los panes, la metáfora sapiencial del pan o del maná orienta en el discurso hacia el don de la Palabra que ha bajado del cielo. Jesús se designa como siendo él mismo el Pan de la vida que da el Padre; se define como pan vivo. Su origen es análogo al del maná; pero el Enviado celestial, que es de Dios y que ha visto a Dios, da la vida definitiva, la que él mismo recibe del Padre.

El lenguaje del discurso permite unir en una especie de ósmosis el tiempo pasado, el de la revelación por parte de Jesús de Nazaret a los judíos que podían entenderlo según su tradición, con el tiempo de la fe pospascual. En el pan de la vida, esta fe reconoce plenamente al Hijo de Dios, tal como se reveló en Jesús de Nazaret y tal como el sacramento lo hace presente a la comunidad.

El mensaje global del capítulo aparece con claridad. La opción requerida recae sobre la persona de aquel que ha bajado del cielo, cuya mediación única se ve invitado a reconocer el lector, lo mismo que los oyentes en el relato. Sin embargo, es innegable que un cristiano puede oír en la interpretación joánica una llamada a acercarse a la eucaristía y a captar mejor su relación con el don que Jesús ha hecho de sí mismo y por el que hace que los discípulos participen de su propia vida.

El capítulo 6 aparece unificado como una historia que desemboca en la opción de fe de Pedro *y* como una revelación simbólica que se desarrolla en dos niveles intrínsecamente vinculados entre sí: el de la persona de Jesús de Nazaret, bajado del cielo para vivificar a los hombres —mensaje esencial—, y el de la eucaristía, que sólo encuentra sentido por referencia al primer nivel. Por la palabra de Jesús, la alianza se cumple en la permanencia mutua del Hijo y del creyente.

APERTURA

Al unir el discurso con el prodigio de los panes, el evangelista Juan profundiza ese gesto humano que consiste en dar al otro algo de lo que necesita, por ejemplo pan o dinero. Por muy generoso que sea este gesto, implica sin embargo cierta superioridad por parte del donante respecto al beneficiario, con todo lo que esto puede significar de distancia entre las dos personas. Jesús explicitó el sentido simbólico de su gesto declarando que se da a sí mismo a los hombres. ¿No es ése precisamente el sentido de todo amor realmente situado en profundidad y en verdad?

Pues bien, Jesús va más lejos todavía cuando anuncia: «El que me come permanece en mí y yo en él». Esta fórmula significa no ya una asimilación que se convertirá en fusión, sino una comunión de los dos seres. Esta perspectiva «mística» es la que caracteriza a la revelación cristiana.

En todas las épocas el hombre ha estado a la búsqueda de la unión con la divinidad. Algunas personas se creen visitadas por intermediarios que designan como ángeles o espíritus; de este modo parece respetarse la alteridad del totalmente Otro. Pero no siempre esto parece suficiente. Recordemos a Al Hallaj, aquel musulmán místico que murió crucificado por sus correligionarios el 27 de marzo del 922; gritaba a Dios su deseo: «Entre Tú y yo hay un soy yo *que me atormenta. ¡Ah! ¡Con tu* soy yo *quita mi* soy yo *y aléjalo fuera de* nosotros dos*!». Su deseo era aniquilar la dualidad para alcanzar la unidad perfecta.*

La revelación bíblica, por su parte, ha tomado otra dirección. Israel sueña con la alianza que Dios establece con su pueblo, alianza que habría de inscribirse en el corazón y no solamente en tablas de piedra. El Cantar de los cantares querría individualizar esta alianza, representándola en el encuentro de dos seres que se aman; pero cuando lo expresa mediante la fórmula: «Tú eres para mí y yo soy para ti» (Cant 2, 16; 7,11), se queda todavía en la imagen de la propiedad, aunque sea recíproca.

Sobre este fondo explota la revelación de Jesús. Está muy bien renunciar a poseerse a sí mismo, pero, según esta imagen de la propiedad, los dos siguen estando frente a frente. Para mantener a la vez a los dos *existentes y al* uno *deseado, era preciso que Jesús prometiese una relación entre el creyente y él mismo análoga a la que él tiene con su Padre. Entonces tiene lugar una auténtica «comunión», sin distancia ni fusión. ¿No es eso el amor llevado hasta la consecución de su último deseo?*

Sin embargo, los interlocutores de Jesús no aceptaron su mensaje. Entre sus objeciones fijémonos en la primera: ¿cómo pudo haber bajado del cielo ese hijo de José? ¿Qué es lo que ocurrió? El riesgo que corrió el Hijo es el de haber tomado un rostro humano. No basta con verlo para entrar en su misterio; hay que captar en su palabra la presencia del ser divino. Este paso del rostro al ser, realizado ordinariamente gracias a la palabra, es lo que caracteriza todo encuentro entre seres humanos: descubrir el misterio de un ser en el rostro que aparece ante nosotros, que es y no es *al mismo tiempo su ser más profundo.*

Al privilegiar en nuestra lectura del texto el tema de la fe que se adhiere a la palabra de Jesús, hemos dejado de lado aparentemente el tema de la eucaristía. Conviene manifestar que la presentación joánica ha contribuido a dar un valor nuevo a la teología sacramental. Así, en el capítulo 3, en el diálogo con Nicodemo. Olvidando la tradición mateana que pone de relieve el deber de «bautizar a todas las naciones», Juan subraya que, para entrar en el reino de Dios, es preciso renacer del agua que es el Espíritu (3, 5); más aún, es el único en señalar que también Jesús bautizaba (3, 22). Este conjunto de notas nos autoriza a ver en el capítulo 3 una especie de catequesis bautismal: el bautismo no es solamente un rito que purifica mediante el agua y la palabra para poder incorporar al bautizando a la comunidad cristiana, sino que es también y ante todo un acto por el que un hombre se vincula a Jesús de Nazaret: el creyente «se bautiza en Jesús».

Tomando el relevo de la tradición que veía comúnmente en el milagro de los panes dados con esplendidez un anuncio de la institución eucarística, el evangelista Juan, que no refiere esta institución, le da su sentido más pleno vinculando la enseñanza sacramental al anuncio del sacrificio personal de Jesús por la vida del mundo. El acto litúrgico tiene que expresar la fe: adherirse al «pan bajado del cielo», unirse estrechamente a él «comiendo ese pan», saber que el Hijo del hombre ha subido al cielo. Todo esto le es posible al creyente porque el Espíritu le da la inteligencia de las palabras de Jesucristo.

El cuarto evangelio ayuda a comprender mejor la relación que une el acto eclesial con Jesús de Nazaret, que sigue hoy viviendo a través de los siglos.

A partir de esta teología sacramental, son numerosos los cristianos que repiten sin temor las palabras de Jesús sin darse cuenta de que no comparten ya el simbolismo de Juan. En el capítulo 6, Jesús no dice como en los sinópticos: «He aquí mi cuerpo por vosotros... He aquí mi sangre por vosotros...», sino: «El que come mi carne y bebe mi sangre...». Estas últimas palabras se utilizan con frecuencia para mantener el realismo de la presencia eucarística. ¿Pero cómo no comprender a aquel que, tomando estas palabras al pie de la letra, reacciona con cierto disgusto: «¡Cómo éste puede darnos a comer su carne!» (6, 52)?

Llama la atención el hecho de que, hasta Juan, no se había atrevido ningún escritor cristiano a expresarse de este modo. Después de recordar las palabras de la institución eucarística, Pablo añade: «Cuando coméis este pan *y bebéis* este *cáliz...» (1 Cor 11, 26), sin precisar que se trata del cuerpo y de la sangre de Jesucristo. Para retomar honradamente la fórmula de Jn 6, 53, sería menester que el predicador y la asamblea estuvieran impregnados de su simbolismo. A los ojos del evangelista, no se trata ni mucho menos de la realidad física «carne y sangre», sino del Hijo del hombre celestial que hay que «comer», es decir, acoger en la fe, como se dice poco después: «El que* me *come...» (6, 57). En vez de insistir en la carne y la sangre, como si esto contribuyera a valorar la «presencia real», habría que entrar más profundamente en el simbolismo joánico del alimento.*

Juan nos pone en la pista cuando anuncia el fruto de la manducación: el creyente «permanece en mí y yo en él» (6, 56). Pues bien, esta expresión desborda radicalmente el proceso del alimento que se convierte en substancia del que lo ha ingerido. ¿No sería preferible evocar el verdadero fenómeno de la trasmisión de la vida? La madre comunica su vida al embrión, no mediante un don alimenticio, como la leche que ofrecerá más tarde a su hijo, sino por el contacto íntimo de la placenta con la mucosa uterina. De este modo el niño se va desarrollando en la unión, sin digerir al otro. «Permanecer» recíprocamente es estar presente el uno al otro sin ninguna fusión ni confusión, sino en una perfecta comunión. Esta comunión de la madre y el hijo está simbolizada en la respiración única de la madre: la aspiración y expiración del hijo son la aspiración y la expiración de la madre. ¿Se puede soñar una unidad más perfecta? Y sin embargo siguen siendo dos.

Así pues, ¿no podrá comprenderse el simbolismo «carne y sangre» con la ayuda de la noción de «presencia»? Partir del contacto corporal para llegar a la presencia psicológica y finalmente a la presencia «espiritual», la más profunda que puede existir. El presupuesto de este paso es que lo real no es ante todo lo corporal; la «presencia real» es esencialmente el «encuentro real» del creyente con su Señor.

El riesgo de caer en una interpretación fusional parece estar descartado cuando se muestra uno atento al lugar que ocupa Dios, el Padre, en todo el discurso. El Padre atrae, enseña, da, es el Viviente: al que hay que escuchar para llegar a Jesús. Como dicen los psicólogos, la relación dual es siempre arriesgada cuando no hay un tercero. Jesús no propone una relación intensa con él más que en la medida en que es la florescencia de su relación con el Padre.

LA LUZ DE LA VIDA

(7-8)

El gran conjunto que se extiende de 7, 1 a 11, 54[1] describe el ministerio de Jesús desde su salida definitiva de Galilea hasta la víspera de la semana anterior a la pascua.

Durante la fiesta de las Tiendas, Jesús enseña en el templo de Jerusalén (7-8), mientras que los dirigentes de Israel intentan prenderlo; luego, fuera del templo, cura al ciego de nacimiento y se presenta como el buen pastor (9, 1-10, 21); después de un breve retorno a los lugares santos para la Dedicación (10, 22-39), pasa unos días retirado al otro lado del Jordán (10, 40-42), de donde vuelve sin embargo a Judea, a Betania, para reanimar a Lázaro (11, 1-46); finalmente, habiéndose decretado su muerte por parte del sumo sacerdote (11, 47-53), se retira durante algún tiempo con sus discípulos a Efraím, en la región cercana al desierto (11, 54). La sección siguiente relatará los acontecimientos de la última semana de la vida terrena de Jesús.

Según el cuarto evangelio, el ministerio de Jesús en Judea es al mismo tiempo su proceso por parte de las autoridades judías, que los sinópticos sitúan más bien después de su arresto. El lector sabe ya, desde el capítulo 5, que los dirigentes intentan matar a Jesús. La tradición de Mc denuncia también muy pronto esta voluntad de acabar como él[2], pero el verdadero motivo de la condena —Jesús pretende ser el Hijo de Dios— sólo se formula durante el interrogatorio ante el sanedrín. Jn anticipa al tiempo de su vida pública el enfrentamiento entre el enviado de Dios y sus jueces: sobre un fondo dramático de hostilidad y de no-fe, Jesús lleva a cabo la revelación de su identidad y de la misión que ha recibido, afirmando la relación sin igual que lo une a Dios, su Padre, y proclamando un solemne *yo soy*. Una vez más Jesús reitera la llamada a creer en él, luz del mundo, y anuncia

1. La perícopa llamada «la mujer adúltera» (7, 53-8, 11), insertada posteriormente en Jn, no pertenece a este conjunto. Cf. *infra*, 245-254.

2. Mc 3, 6 = Mt 12, 14. El proyecto es menos explícito en Lucas.

simbólicamente la fundación de su comunidad, acogiendo como un buen pastor al antiguo ciego echado de la sinagoga: conducirá a los suyos hacia pastos abundantes. El don voluntario de su persona, según los designios del Padre, será para ellos una fuente de su vida eterna.

La condición nueva del creyente, prometida en el anuncio: «El que me sigue no *caminará* en las tinieblas, sino que tendrá la *luz* de la *vida*» (8, 12) queda simbolizada en unos «signos»: en el capítulo 5, el enfermo se ponía a caminar; aquí el ciego de nacimiento ve, y Lázaro vive[3].

Los capítulos 7 y 8 tienen que leerse de seguido, en virtud de su unidad de tiempo (la fiesta de las Tiendas), de lugar (el templo) y de acción (Jesús enseña). Sin embargo, los diversos desarrollos parece como si se siguieran unos a otros sin un hilo conductor, como yuxtapuestos; por eso los críticos han propuesto el desplazamiento de algunos versículos, a fin de encontrar cierto orden para organizar esta multiplicidad[4]. Más vale renunciar a este tipo de operaciones y reconocer que la pregunta «¿Quién eres tú?» que plantean los judíos a Jesús (8,25) subyace al texto de los capítulos 7 y 8, y que la enseñanza de Jesús va progresando en ellos hasta culminar en el *yo soy* de 8, 58; esta proclamación final responde, en otro plano, a la petición de sus hermanos: «¡Manifiesta entonces quién eres!» (7, 4). Paralelamente, los reiterados intentos de prender a Jesús (7, 11.30.32.44; 8, 20) desembocan en el gesto de lapidar a aquel que, sustrayéndose de sus agresores, deja el templo (8, 59). Antes de seguir el texto paso a paso, conviene recordar algunos datos generales.

1. *Situación de la iglesia joánica.* Si en estos dos capítulos se encuentran algunos elementos comunes a la tradición evangélica sobre Jesús de Nazaret —conflicto con la familia, enseñanza en el templo, desconfianza de los dirigentes—, la presentación joánica está determinada por el conocimiento espiritual de que está penetrado el evangelista. Las palabras que pronuncia Jesús son de las más ele-

3. Jn 9 y 11. Sobre la relación de estos tres signos con la tradición sinóptica, cf. *supra,* 12s.

4. Se encontrarán en los *Comentarios* las reconstrucciones de tipo diacrónico, hipotéticas y a veces arbitrarias, que intentan los críticos. Por mi parte, había propuesto (cf. I, 337) una organización del texto en torno a la palabra sobre la luz (8, 12): se corresponderían dos series de cuadros —controversia + anuncio (7, 15-30 y 18, 13-20) y exhortación (7, 31-36 y 8, 21-30)— llevando en cada ocasión a una proclamación solemne (7, 37-39 y 8, 31-58); pero esta distribución se queda en la superficie del texto.

vadas del cuarto evangelio. En la proclamación *yo soy* se manifiesta la conciencia divina de aquel a quien celebraba el prólogo. Pero habrá que entenderlo bien.

El marco narrativo restituye una situación del pasado: el conflicto entre Jesús y las autoridades judías durante su ministerio en Jerusalén. Pero el texto refleja también las controversias que, en la época del evangelista, enfrentaban a los ambientes oficiales del judaísmo con los discípulos de Jesús. Después de la caída de Jerusalén bajo el dominio de los romanos en el año 70 y de la destrucción del templo que había puesto fin al culto tradicional, la ortodoxia farisea se presentaba como la única garantía de la identidad judía y de la cohesión del pueblo. De ahí su endurecimiento contra todo grupo desviacionista, particularmente contra los cristianos de origen judío. Si muchas de las palabras dirigidas a los judíos en estos capítulos suenan duramente a nuestros oídos, hemos de recordar que el evangelista escribe bajo el golpe y el dolor de la ruptura con la sinagoga. Que el enviado de Dios no haya sido reconocido por los dirigentes religiosos de Israel sigue siendo para él y para su comunidad una herida, pero también un enigma del que hay que encontrar la clave. ¿Cómo había sido posible y cómo era posible todavía no adherirse a aquel hacia el que apuntaba la revelación del antiguo testamento, Jesús, la luz del mundo, el Hijo en el que se expresó plenamente el Padre?

Frente al rechazo de la sinagoga, el evangelista deja de lado las múltiples enseñanzas de Jesús que refería la tradición sinóptica y hasta el comportamiento de Jesús con los desheredados de la tierra, para centrar su mensaje exclusivamente en la persona del Enviado y en su misterio. Muestra en Jesús, mucho más allá del Mesías de Israel, al Logos por el que el Padre se dice y en el que los creyentes tienen parte en la filiación divina. ¿Piensa Jn ante todo en sus hermanos cristianos, amenazados por la presión que ejercían los argumentos de los fariseos y sus medidas de exclusión? Ciertamente. Pero, más allá de esta coyuntura histórica, el texto interroga al lector de hoy, enfrentado a su vez con el misterio de Jesús de Nazaret y a través de él con su propio misterio: «Escuchemos el evangelio como si estuviera presente el Señor» (San Agustín, *In Jo*. 30, 1).

2. *Situación en la narración evangélica.* Jesús ha subido ya dos veces a Jerusalén (2, 13 y 5, 1), pero las dos ocasiones en las que por breve tiempo pudo conocerlo la ciudad se saldaron con dos amenazas contra él (4, 1-3; 5, 16-18). De ahí el exordio del capítulo 7:

> Después de esto Jesús recorría Galilea; en efecto, no le era posible recorrer la Judea, ya que los judíos intentaban matarlo (7, 1).

Galilea le sirve de refugio hasta la hora del choque decisivo. El relato de los sinópticos está organizado de otra manera, en torno a un ministerio prolongado en Galilea, seguido de un corto ministerio en Judea. Según Marcos (9, 30), Jesús se dirige a Jerusalén en secreto, consciente de la suerte que le espera en la ciudad que mata a los profetas. Lucas ha orquestado el viaje añadiéndole muchas de las enseñanzas de Jesús y comenzándolo con una introducción solemne: «Como se cumplieran los días en que tenía que ser llevado...» (Lc 9, 51). También Jn realza con solemnidad esta subida manifestando que su momento había sido fijado tan sólo por el Padre. De este modo, a pesar de que no es la única en su evangelio, ésta sigue siendo *la* subida de Jesús a Jerusalén, la que sirve de preludio a su paso pascual.

La amenaza de muerte pesa sobre el desarrollo de los capítulos 7-8, determinando el clima en que va a producirse el choque. Esta amenaza se recuerda ya desde el exordio (7, 1); luego, Jesús habla de ella a la gente, que protesta y a continuación confiesa[5]; efectivamente, lo quieren detener en varias ocasiones, y el capítulo 8 se cierra con un intento de lapidación[6]. Sin embargo, la realización de este proyecto asesino no está en poder de los hombres hasta que no llegue la hora decidida por el Padre[7]. Incluso entonces, es a la glorificación adonde el Padre conduce a su Hijo, y Jesús sabe que, a donde él vuelve, no podrán alcanzarlo sus adversarios[8].

Mientras llega la hora, se va desarrollando el proceso de Jesús ante los judíos, mucho antes del arresto efectivo. Los capítulos 7-8 presentan su primer acto, después de que se dio el tono en el capítulo 5. El proceso proseguirá hasta el capítulo 10, en donde se reconocen en los v. 24-33 las formulaciones del interrogatorio sinóptico ante el sanedrín[9]. Aquí, el debate converge en la afirmación que hace Jesús de su relación única con Dios, su Padre.

3. *En el templo*. El enfrentamiento de Jesús con su pueblo acontece en el lugar sagrado por excelencia, que Jesús había llamado «la casa de (su) Padre» cuando expulsó a los mercaderes junto con las ovejas y los bueyes[10]. Es allí donde se había encontrado con el enfermo sanado (5, 14). Ahora se dirige al templo para enseñar (7, 14.28.37; 8, 12.20). Pues bien, después del intento de lapidación

5. 7, 19.20.25; cf. 8, 37.40.
6. 7, 30.32.44; 8, 59.
7. 7, 30; 8, 20.
8. 7, 32s; 8, 21; cf. 7, 39.
9. Compárese Jn 10, 24.25.36 y Lc 22, 67.69.70. Cf. *infra*, 307.
10. 2, 13-17. Cf. I, 254s.

provocado por su último anuncio, Jesús «sale» del templo (8, 59). ¿Cómo no pensar en que también Yahvé abandonó el santuario (Ez 10, 18) y luego la *ciudad* misma (Ez 11, 23)? Jesús no volverá a enseñar ya en el lugar santo[11], sino que incluso dejará Judea y se retirará «al otro lado del Jordán» (10, 40).

4. *En la fiesta de las Tiendas*. La unidad de lugar se ve corroborada por la unidad de tiempo: todo ocurre durante la fiesta de las Tiendas. Primero se anuncia esta fiesta (7, 2.10); luego, nos encontramos en medio de ella (7, 14) y finalmente llegamos al último día, el de mayor solemnidad (7, 37). Aunque el capítulo 8 no ofrece nuevas indicaciones de tiempo, la verdad es que los acontecimientos referidos siguen teniendo lugar dentro del ambiente de esta fiesta del agua (cf. 7, 37) y, según ciertas tradiciones, de la luz (cf. 8, 12).

La fiesta de las Tiendas (que sería más adecuado llamar «fiesta de las Chozas») es una de las más importantes entre las cuatro fiestas principales del ciclo anual[12]. De origen agrícola, corresponde a la fiesta de la cosecha que se celebraba en otoño (Ex 23, 16); en aquella ocasión vivían en cabañas hechas de follaje, parecidas a las chozas que se levantaban en los huertos y en los campos de labranza en el momento de la cosecha. A su vez, estas tiendas recordaban la vida de los hebreos en el desierto cuando su salida de Egipto (Lev 23, 42s). En la época del nuevo testamento, la fiesta de las Tiendas era la coronación de la del año nuevo y transcurría del 15 al 21 del mes de *tishri,* es decir, a finales de septiembre (en 1990, que es el año 5751 del calendario judío, la fiesta duró del 4 al 11 de octubre).

Si, según la descripción que hace de ella el Levítico (Lev 23, 34-43) esta fiesta era una celebración de *acción de gracias* por la cosecha obtenida, su liturgia —que conocemos por otros textos— estaba orientada a la *petición de lluvia* para el año que empezaba. El último día iban en procesión a la piscina de Siloé a sacar agua, que un sacerdote derramaba en libación sobre el altar de los sacrificios, en el templo. Recordándole a Dios sus compromisos con Israel, la oración comunitaria evocaba también el *fin de los tiempos* a partir de las profecías que anunciaban, mediante el símbolo de la fuente, la renovación espiritual de Sión[13]. Ezequiel (47, 1-12) habla del agua que sale del lado derecho del templo,

11. En 10, 23 se pasea bajo el pórtico de Salomón.

12. Pascua, Pentecostés, Tiendas, Día de las Expiaciones. Sobre la fiesta de las Tiendas, cf. sobre todo SB II, 774-812 y G. Mac Rae, CBQ 22 (1960) 251-276; más resumido, DNT, 424.

13. Así Zac 14, 16-19 se prescribe como lectura en el Calendario israelita del 14 octubre 1989 (= 5750).

e Isaías anuncia: «Sacaréis con gozo agua de las fuentes de la salvación»[14]. En el siglo I se celebraba también durante la fiesta un rito de la luz. Este trasfondo litúrgico de los capítulos 7 y 8 permite situar mejor la llamada de Jesús a que vengan todos a beber de su agua y también, sin duda, la proclamación en que se designa como luz del mundo.

5. *Los personajes.* Solo ante los judíos, en ausencia de todo discípulo —en situación análoga a la del interrogatorio ante el sanedrín—, Jesús aparece perfectamente libre, iluminado interiormente por la conciencia de su unidad con el Padre y de su misión. El recuerdo constante de ésta podríamos decir que lo sitúa en una vertical que desciende de Dios. Frente a él, los demás actores se presentan en grupos: los hermanos (que desaparecen pronto), la gente[15], algunas personas de Jerusalén (7, 25), las autoridades (7, 26), los fariseos y los sumos sacerdotes[16], los guardias del templo (7, 32.45), y en general «los judíos»[17]. Nicodemo constituye una excepción, pero interviene como uno de los fariseos en medio de ellos (7, 50). Todos estos grupos están en movimiento, agitados por sentimientos diversos. En primer plano, la muchedumbre de peregrinos y las gentes de Jerusalén se dividen en partidos de tendencias opuestas o bien discuten en medio de evidencias contrarias a propósito del mesías eventual; los guardias encargados del arresto de Jesús se abstienen de hacerlo, impresionados por su lenguaje; los judíos se irritan porque Jesús se atreva a enseñar en el templo y luego se preocupan por la partida que él anuncia; mirándolo de reojo, los fariseos y los sumos sacerdotes se indignan por su éxito entre los ignorantes y contra Nicodemo que invoca la ley en su favor; en el capítulo 8 aparecerán ya en primer plano del escenario para interpelar a Jesús en el templo. Parece que se va a iniciar entonces el diálogo, pero será un diálogo de sordos, ya que los interlocutores de Jesús siguen cerrándose a todo anuncio que no cuadre con su sistema de pensar (cf. 8, 43), aunque la argumentación se arraigue por ambas partes en la tradición judía.

Pues bien, también aquí el principal personaje sigue siendo Dios, a quien Jesús designa en el capítulo 7 primero como «Aquel que me ha enviado»[18], y luego, en el capítulo 8, en un deslizamiento progresivo, como «el Padre»[19].

14. Is 12, 3. Este es el marco litúrgico de los capítulos 7 y 8, que permiten comprender mejor el texto. Cf. Doura-Europos, citado en RB 46 (1940) 140, y R. de Vaux, *Instituciones del Antiguo Testamento,* Barcelona 1964, 622-630.

15. 7, 12.31.40.41.43.

16. 7, 32.45.47.48; 8, 13.

17. 7, 1.11.15.35; 8, 22.48.52.57.

18. 7, 16.18.28.29.33; 8, 16.18.26.42.

19. 8, 16.18.19.27.28.38.42.49.54.

¿QUIEN ES JESUS DE NAZARET?
(7, 1-52)

1 Después de esto, Jesús recorría Galilea; en efecto, no estaba
en su poder recorrer Judea, ya que los judíos intentaban matarlo.
2 Pues bien, estaba cerca la fiesta de los judíos, la fiesta de las
Tiendas. 3 Entonces sus hermanos le dijeron: «Vete de aquí e
instálate en Judea, para que también tus discípulos vean las obras
que haces; 4 en efecto, nadie actúa en secreto y, al mismo tiempo,
intenta ser visto. Puesto que haces estas (obras), ¡manifiéstate al
mundo!». 5 Porque ni siquiera sus hermanos creían en él. 6 En-
tonces Jesús les dijo: «Mi tiempo no está presente todavía, mientras
que vuestro tiempo es siempre favorable. 7 El mundo no puede
odiaros, pero a mí me odia, porque yo atestiguo contra él que sus
obras son malignas. 8 Vosotros, subid a la fiesta; yo no subo a esa
fiesta, porque mi tiempo no se ha cumplido todavía». 9 Habiéndoles
dicho esto, él se quedó en Galilea.

10 Cuando sus hermanos subieron a la fiesta, entonces su-
bió también él, pero no manifiestamente, sino como en secreto.
11 Entonces los judíos lo buscaban durante la fiesta, y decían:
«¿Dónde está ése?». 12 Y entre la gente se cuchicheaba mucho
sobre él; unos decían: «¡Es un hombre de bien!»; otros decían:
«¡No, ni mucho menos! ¡extravía a la gente!». 13 Sin embargo,
nadie hablaba abiertamente de él, debido al temor que se tenía de
los judíos.

14 Se estaba ya en medio de la fiesta cuando Jesús subió al
templo y enseñaba. 15 Entonces los judíos se extrañaban diciendo:
«¿Cómo conoce ése la Escritura, sin haber sido discípulo?».

16 Entonces Jesús les respondió:

«Mi enseñanza no es mía, sino de aquel que me ha enviado.
17 Si alguien quiere hacer su voluntad,
conocerá si esta enseñanza viene de Dios
o si yo hablo por mi propia cuenta.
18 El que habla por su propia cuenta busca una gloria muy per-
sonal; pero el que busca la gloria de aquel que lo ha enviado,
ése es veraz y no hay en él iniquidad.
19 ¿No os hizo Moisés el don de la ley?
¡Pero ninguno de vosotros pone en práctica la ley!
¿Por qué intentáis matarme?».

20 La gente respondió: «¡Tienes un demonio! ¿Quién intenta
matarte?».

21 Jesús respondió y les dijo:

«He hecho una sola obra y todos vosotros os extrañáis.
22 He aquí por qué (os digo:) Moisés os hizo el don de la circuncisión
—no es que ella provenga de Moisés, sino de los padres—
y el sábado circuncidáis a un hombre.
23 Mientras que un hombre recibe la circuncisión un día de sábado,
para que la ley de Moisés no sea violada,
yo sufro vuestra cólera,
porque he devuelto la salud a un hombre por entero en sábado.
24 ¡Dejad de juzgar por la apariencia,
pero juzgad según la justicia!».

25 Entonces algunas personas de Jerusalén decían: «¿No es éste
al que intentan matar? 26 ¡Pues ved! Habla abiertamente, ¡y no le
dicen nada! ¿Es que verdaderamente las autoridades habrán re-
conocido que él es el Cristo? 27 Sin embargo, ése sabemos de dónde
es. Pero el Cristo, cuando venga, nadie conoce de dónde es».

28 Entonces, mientras enseñaba en el templo, Jesús exclamó:

«¡Y vosotros me conocéis bien!
¡Y sabéis de dónde soy!
Sin embargo, no es por mi propia cuenta como he venido.
Pero él es veraz, aquel que me ha enviado
y al que no conocéis bien.
29 Yo lo conozco bien,
porque estoy junto a él
y es él el que me ha enviado».

30 Entonces intentaban apoderarse de él, pero nadie puso la mano sobre él, porque su hora no había llegado todavía.

31 Pero de la gente un gran número se puso a creer en él, y
decían: «El Cristo, cuando venga, ¿hará más signos de los que éste
hace?». 32 Los fariseos oyeron a la gente cuchichear de este modo
sobre él, y los sumos sacerdotes y los fariseos enviaron guardias
para apoderarse de él. 33 Entonces Jesús dijo:

«Por un poco de tiempo estoy con vosotros,
y me vuelvo a aquel que me ha enviado.
34 Me buscaréis y no (me) encontraréis,
y a donde yo estoy, vosotros no podéis ir».
35 Entonces los judíos se dijeron entre sí: «¿Adónde debe ir ése,
que nosotros no lo encontraremos? ¿es que va a ir a la dispersión
de los griegos y a enseñar a los griegos? 36 ¿qué es esa palabra que
acaba de decir: 'Me buscaréis y no me encontraréis' y 'A donde yo
estoy, vosotros no podéis ir'?».

37 El último día de la fiesta, el día grande, Jesús estaba de pie y exclamaba diciendo:

«Si alguien tiene sed,

¡que venga a mí y beba!
38 El que cree en mí,
como dice la Escritura,
'de su seno brotarán ríos de agua viva'».

39 Dijo esto a propósito del Espíritu que iban a recibir los que se habían puesto a creer en él, porque no había todavía Espíritu, pues Jesús no había sido glorificado todavía. 40 Entonces, de entre la gente, algunos que habían oído estas palabras decían: «Este es verdaderamente el profeta». 41 Otros decían: «Este es el Cristo». Pero otros decían: «¿Acaso el Cristo viene de Galilea? 42 ¿no dijo la Escritura que el Cristo es de la estirpe de David y viene de Belén, la aldea de donde era David?». 43 Hubo entonces escisión en la gente por causa de él. 44 Y, si algunos de ellos querían apoderarse de él, nadie puso la mano sobre él.

45 Vinieron entonces los guardias junto a los sumos sacerdotes y los fariseos, que les dijeron: «¿Por qué no lo habéis traído?». 46 Los guardias respondieron: «¡Nunca un hombre ha hablado así!». 47 Entonces los fariseos les replicaron: «¿Es que también vosotros os habéis dejado extraviar? 48 ¿hay alguno entre los dirigentes que se haya puesto a creer en él, o bien entre los fariseos? 49 ¡No! Esa gente que no conoce la ley, son unos malditos».

50 Nicodemo, uno de ellos, el que había ido a buscar a Jesús anteriormente, les dijo: 51 «¿Juzga nuestra ley al hombre sin oírlo primero de manera que se llegue a saber lo que hace?». 52 Le respondieron: «¿No serás de Galilea, también tú? Investiga y verás que de Galilea no surge ningún profeta».

JESÚS SUBE A JERUSALÉN (7, 1-13)

Como frontispicio del encuentro de Jesús con los judíos, Jn nos habla de la subida a Jerusalén que también habían destacado los sinópticos; a través de un diálogo de Jesús con sus hermanos, indica que está determinada por el tiempo de Dios. En la trama narrativa del evangelio, esta subida inaugura el movimiento que, más allá de la pasión, desembocará en el retorno de Jesús al Padre.

1 Después de esto, Jesús recorría Galilea; en efecto, no estaba en su poder recorrer Judea, ya que los judíos intentaban matarlo.

Mediante la transición vaga «después de esto», familiar en él[20], el evangelista enlaza su relato con los episodios anteriores. Jesús ha recorrido Galilea, como indican los sinópticos, pero aquí su comportamiento está motivado por la amenaza de muerte que pesa sobre él. Literalmente, según el griego, Jesús «no tenía el poder (*exousía*)» de recorrer Judea[21]; esta expresión sugiere ya aquel vínculo de Jesús con la voluntad del Padre que explicitará él mismo en los v. 6.8.

La hostilidad de los judíos, que había aparecido ya en 4, 1-3, volvió a afirmarse por el narrador en 5, 16.18, de donde recoge la expresión «intentaban matarlo». Recordemos las acusaciones contra Jesús: violaba el sábado, se hacía igual a Dios. Jesús hablará a la gente de la primera (7, 21-24); la segunda se sobreentiende en los anuncios en que, antes de afirmar *Yo soy* (8, 58), revela su dependencia perfecta de aquel que lo ha enviado (7, 16-18...). Ahora se manifiesta otra queja, correlativa, contra él: Jesús extravía al pueblo (7, 12.47). Al oír hablar a sus hermanos, el lector debe conservar en la memoria el riesgo al que Jesús se expondría dirigiéndose a Jerusalén.

2 **Pues bien, estaba cerca la fiesta de los judíos, la fiesta de las Tiendas.** 3 **Entonces sus hermanos le dijeron: «Vete de aquí e instálate en Judea, para que también tus discípulos vean las obras que haces;** 4 **en efecto, nadie actúa en secreto y, al mismo tiempo, intenta ser visto. Puesto que haces estas (obras), ¡manifiéstate al mundo!».** 5 **Porque ni siquiera sus hermanos creían en él.**

Jn coincide con los otros evangelistas, unánimes en afirmar que Jesús de Nazaret no fue comprendido por su entorno familiar. Sus hermanos[22], que le habían seguido de Caná a Cafarnaún (2, 12) no

20. *Metà taûta:* 3, 22; 5, 1.14; 6, 1; 7, 1; 19, 38; 21, 1.

21. Así según los mejores manuscritos, pero no «no quería», como propone una lectura suavizante. Ese «no-poder» equivale, según C. K. Barrett, a «no tenía libertad para».

22. Mc 3, 21 y 6, 4 par, subrayan la incredulidad de la familia de Jesús. Según Hech 1, 14, los hermanos se hacen creyentes después de la resurrección. ¿Quiénes son esos «hermanos de Jesús»? La crítica tiende a ver en ellos, según el sentido del término griego *adelphós,* a los hermanos de Jesús según la carne. Por razones de orden teológico, los católicos recurren habitualmente al término hebreo subyacente (*'aḥ*), que puede tener un sentido muy amplio. Cf. en sentidos opuestos, J. Blinzler, *Die Bruder und Schwestern Jesu,* Stuttgart 1967, y L. Oberlinner, *Historische Überlieferung und christologische Aussage,* Stuttgart 1975.

entienden su misión; para ellos, es un hombre como los demás, pero posee un poder taumatúrgico que debe explotar; en sus obras no han visto más que prodigios. Les resulta desconcertante su comportamiento, a juzgar por la contradicción que subrayan (7, 4). Si, dejando la oscura Galilea (cf. 1, 46; 7, 52), Jesús se desplazase[23] a Judea, demostraría que sabía manejarse entre un público influyente, incluidos su discípulos[24], y obtendría notoriedad. Había que aprovechar la ocasión que ofrecía la fiesta de las Tiendas, dado que se reunían entonces en Jerusalén numerosos peregrinos[25]. De ahí el imperativo grandilocuente: «¡Manifiéstate al mundo!» (7, 4).

Este lenguaje revela la incomprensión de sus hermanos. Si no dudasen de la misión confiada a Jesús, le aconsejarían más bien que se manifestara a las autoridades religiosas, que eran las únicas en reconocer a un enviado de Dios (cf. 7, 26). Por otra parte, según Jn, manifestarse al «mundo» es algo que está fuera de la intención del Revelador. Es verdad que Jesús tiene que «manifestarse a Israel» (1, 31), y que se manifestará a los discípulos (14, 21), a los que habían visto ya su gloria en Caná[26]; pero no puede imponerse con acciones brillantes que pudieran cohibir la libertad de los testigos. El término «mundo» tiene ya aquí para el narrador la connotación negativa que aparece en el v. 7, en donde designa a los que se niegan a reconocer al Hijo. Tan sólo el discípulo que ha «escuchado» la palabra penetra en el misterio de unidad de Jesús con el Padre (14, 21-23), pero nunca el «mundo». La propuesta que se le hace a Jesús puede ser interpretada como una tentación, análoga a la del reinado terreno que le hizo la multitud saciada de pan (6, 14s). Por eso el evangelista comenta: «Ni siquiera sus hermanos...» (7, 5). Después de este episodio ya no se volverá a hablar de ellos.

Podría objetarse a esta presentación que, lejos de ser un desconocido en Judea, Jesús atrajo por sus milagros la atención de muchos[27], y que en la ciudad santa se discutía mucho sobre él (7, 12). Este relato

23. El verbo *metabaínō* significa «cambiar de residencia», «instalarse de manera provisional o definitiva».

24. Presentados como «también ellos», estos discípulos no pueden ser los que en Galilea habían visto a Jesús actuar de forma maravillosa (el signo de los panes), pero lo habían abandonado. ¿Se trata de los judíos de Jerusalén que habían creído en Jesús (2, 23; 4, 1)? En el capítulo 5 no se menciona a ningún discípulo.

25. Desde que el culto se había centralizado en el templo de Jerusalén, la ley prescribía a todos los adultos, judíos o prosélitos, «subir a Jerusalén para adorar» en tres fiestas: Pascua, Pentecostés y las Tiendas.

26. 2, 11. El término «manifiéstate» (*phanérōson*) es ambiguo; cf. Orígenes, *Contra Celso* VII, 60 (= SC 150, 156).

27. Una atención benévola (2, 23; 3, 2) o malévola (2, 18-20; 4, 1s; 5, 9-18).

tiene la función de hacer expresar a Jesús la actitud profunda que marca su decisión de subir a Jerusalén, y también la de presentarlo a él solo frente a su misión, aislándolo definitivamente de su familia.

6 Entonces Jesús les dijo: «Mi tiempo (*kairós*) no está presente todavía, mientras que vuestro tiempo es siempre favorable. 7 El mundo no puede odiaros, pero a mí me odia, porque yo atestiguo contra él que sus obras son malignas. 8 Vosotros, subid a la fiesta; yo no subo a esa fiesta, porque mi tiempo no se ha cumplido (*peplērōtai*) todavía». 9 Habiéndoles dicho esto, él se quedó en Galilea.

La oposición formulada por los hermanos entre las dos maneras de proceder, en secreto o en público, volverá a recogerla —al revés[28]— el narrador en el v. 10. En su respuesta Jesús señala otra oposición entre dos clases de tiempo, el suyo y el de sus hermanos. En los dos casos el término es *kairós,* que no debe confundirse con *khrónos,* que es el tiempo del reloj[29]. Designa el momento singular que cualifica un acontecimiento o una acción. La diferencia entre el «tiempo de Jesús» y el de sus hermanos se percibe en el contraste entre los adverbios «todavía no» y «siempre»: para Jesús, el momento de la partida a Judea depende de un designio que le da su sentido; para sus hermanos, la decisión no depende más que de su antojo. Según el pensamiento bíblico, para el judío que permanece interiormente ante Dios, el tiempo está secretamente impregnado de su presencia y marcado por sus intervenciones[30]. Ordinariamente, *kairós* designa un momento que tiene importancia en el destino de un ser y en el que se percibe la voluntad de Dios. Como dice el orante del Sal 30 (31), 16: «Mis tiempos (*kairoí*) están en tus manos». El hombre que no se preocupa de Dios se determina sin más referencia que las circunstancias de este mundo, y el

28. La oposición «en secreto/abiertamente» (*en kryptôi/parrēsíai*) se encuentra en Jn cuando Jesús dice a Anás que habla abiertamente en la sinagoga y en el templo, y no en secreto (18, 20). Igualmente, *parrēsía* puede oponerse a *paroimía* (hablar con claridad/hablar parabólicamente): 16, 25.29; cf. 10, 6.24.

29. Cf. DNT, «Tiempo», 422s. «Mi tiempo…, el de mi gloria» (san Agustín, *In Jo*. 28, 8).

30. Así Jesús pudo hablar del «tiempo de la visita» de Dios a Jerusalén (Lc 19, 44; cf. Mc 13, 33; 1 Pe 1, 5; Ap 11, 18). Según la Biblia, el tiempo es recibido constantemente de Dios (Ecl 3, 1-11).

tiempo se desarrolla para él sin profundidad ni relieve. Hablar de un *kairós* siempre favorable es sugerir una no-significancia.

Al expresarse Jesús de este modo, da a entender que depende plenamente de su Padre. En virtud del contexto, el *kairós* al que se refiere atañe a su subida a Jerusalén, pero en definitiva es el de su paso pascual, del que esta subida no es más que un preludio necesario: el verbo «cumplirse» y el acento negativo que se pone en «esa fiesta» (7, 8) confirman esta interpretación: Jesús «subirá» al Padre (*anabaínō:* cf. 20, 17), no en la fiesta de las Tiendas, sino en la pascua siguiente.

En el v. 7 la oposición entre dos maneras de vivir el tiempo se convierte en oposición entre Jesús y el «mundo». Este vocablo, utilizado por los hermanos, recibe un sentido negativo que, desde el prólogo (1, 10), no había tenido todavía en el evangelio: el «mundo» designaba a toda la humanidad a la que Dios ama y en la que se hace presente la luz del Hijo[31]. Aquí sigue designando a los hombres, pero en cuanto que rechazan la revelación divina[32]. Y Jesús toma aquí la decisión contraria al proyecto de sus hermanos; en vez de querer seducir al mundo, da testimonio de su iniquidad. El principio enunciado en el diálogo con Nicodemo:

> Todo el que cumple el mal odia la luz y no viene a la luz, para que no sean desveladas sus obras (3, 20)

es actualizado en el v. 7. El Yo de Jesús ocupa el lugar de «la luz»; si el mundo lo odia, es porque pone de manifiesto sus obras malignas[33], es decir, su preferencia por las tinieblas, su incredulidad radical. En efecto, Jesús había reprochado a los judíos de Jerusalén que se habían cerrado a la palabra de Dios (5, 37-47); aquí, el verbo «yo atestiguo» es un presente continuo y evoca el proceso que Yahvé había intentado contra el pueblo rebelde (cf. Os 4, 1s; Is 3, 13). Los que rechazan la Palabra manifiestan por eso mismo su alejamiento de Dios.

El pensamiento que se expresa en el v. 7 está conducido literariamente por el v. 6b, en donde Jesús decía substancialmente que sus hermanos no estaban sometidos a Dios; por eso, continúa, el «mundo» reconoce en ellos a sus semejantes, mientras que odia a Jesús. El contraste entre el éxito deseado por los hermanos por medio de prodigios y la hostilidad profunda de la que Jesús se siente

31. 3, 16s.19; 6, 33; cf. 4, 42; 6, 14.

32. El término «mundo» sustituye la expresión «los judíos» de 7, 1, anticipando su empleo en el discurso de despedida. Por consiguiente, sería una equivocación leer en estas palabras una especie de crítica a la creación.

33. «Malignos», mejor que «malos» o «malvados»; cf. I, 248-250, sobre 3, 19s.

objeto por causa de su palabra subraya la distancia que existe entre los dos mundos.

Después de esto, el evangelista indica que Jesús se quedó aún en Galilea.

> 10 **Cuando sus hermanos subieron a la fiesta, entonces subió también él, pero no manifiestamente (*phanerôs*), sino como en secreto (*hôs en kryptôi*).**

Tras la partida de sus hermanos a Jerusalén Jesús sube también, de incógnito. Aparentemente actúa de forma contradictoria[34]. Se puede decir ciertamente que no consiente en el deseo de sus hermanos: sube en secreto y no ostentosamente, como ellos pretendían. No hará ningún milagro durante la fiesta. ¿Pero no convendrá respetar el silencio del texto? Es evidente que, para el narrador, si Jesús[35] acaba «subiendo», es porque ha escuchado una llamada del Padre: para que se cumplieran sus designios, era menester que la revelación llegase hasta el corazón de Jerusalén. Lo que sigue en el relato supone que hubo un aplazamiento: Jesús no se presentó en la ciudad santa hasta mediadas las fiestas (7, 14); implícitamente, entre ese momento y el de la separación de sus hermanos, Jesús estuvo solo con su Padre. Este aplazamiento permite por otra parte al evangelista presentar un suspense entre las gentes reunidas en Jerusalén.

> 11 **Entonces los judíos lo buscaban durante la fiesta, y decían: «¿Dónde está ése (*ekeînos*)?».** 12 **Y entre la gente se cuchicheaba mucho sobre él; unos decían: «¡Es un hombre de bien!»; otros decían: «¡No, ni mucho menos! ¡extravía a la gente!».** 13 **Sin embargo, nadie hablaba abiertamente de él, debido al temor que se tenía de los judíos.**

34. Los comentaristas se esfuerzan en explicar el comportamiento de Jesús. Para unos, sería parecido al que tuvo en Caná (y que nosotros criticamos, cf. I, 182-186): después de un primer rechazo, habría consentido enseguida. Para otros, Jesús habría hablado de una manera enigmática, que habría que interpretar como una restricción mental.

35. El verbo *ezētoun* es el mismo que se usa en 7, 1, que se refería a 5, 18. Cf. 7, 19s.25.

Para preparar la acogida que se hará a Jesús, el narrador nos hace oír lo que decían los dirigentes y la gente; nos damos cuenta de que, en ausencia de Jesús, todo son rumores sobre él, en Jerusalén. Su pregunta: «¿Dónde está?» es la primera en un capítulo que contiene una decena de preguntas en torno a Jesús[36]. Se percibe la ironía joánica: esos dirigentes no descubrirán a Jesús, sino que se mostrará él mismo enseñando en el templo; sobre todo, sin que lo sepan los locutores, su pregunta tendrá una resonancia mucho más profunda que el sentido obvio (cf. 7, 34).

La gente, que Jn distingue cuidadosamente de las autoridades, discute por su parte, pero no abiertamente, por miedo a los judíos[37]. Para unos Jesús es un hombre de bien, que podría muy bien ser el mesías o el profeta[38]. Para otros, por el contrario, extravía al pueblo con sus enseñanzas, lo mismo que los falsos profetas proscritos por la ley[39]. A continuación, la gente no dejará de hacer cábalas[40] y aparecerá la división, incluso entre los dirigentes. Se va a desarrollar la controversia a propósito de Jesús y de sus funciones en Israel.

¿Jesús es acaso el Cristo? (7, 14-52)

Habiendo subido al templo en medio de la fiesta, Jesús se pone a enseñar en él. A partir de este gesto, provocador a los ojos de los judíos, sus palabras de revelación alternan en el relato con los debates de la gente sobre él y con algunas indicaciones propias del narrador «omnisciente».

Se suceden rápidamente varios episodios, sin orden aparente, lo cual tiene el efecto narrativo de reflejar gráficamente la turbulencia que había suscitado la presencia de Jesús en Jerusalén. «¿Será el Cristo?», esta pregunta, suscitada en tres ocasiones (7, 26.31.41), atraviesa todo el capítulo. Procede de la gente, que sin embargo choca con un obstáculo: el origen galileo de Jesús. Bien sea a partir de la tradición sobre el mesías (7, 27) o bien a partir de la Escritura (7, 42), ésa es la piedra de tropiezo. Jesús no responde directamente a esta pregunta; no afirma nunca que sea «el Cristo» —título en el que no puede dejarse encerrar—, de forma que

36. 7, 15.20.25.26.35.36.41s.47.48.

37. El «miedo a los judíos» reina en Jerusalén: 7, 13; cf. 9, 22; 12, 42; 19, 38 y también 19, 12s; 20, 19. Este lenguaje nos confirma que el término «los judíos» equivale ordinariamente a «las autoridades judías» de Jerusalén.

38. El mesías: 7, 26s.41s. El profeta: 7, 40.

39. Cf. Mt 24, 5.11.24par; 1 Tim 4, 1; 2 Tim 3, 13; 1 Jn 3, 7; 2 Jn 7; Ap 12, 9... Esta última opinión será también la de los fariseos (7, 47). La acusación podía dar lugar a la lapidación. Cf. Justino, *Diál.* 69, 7s; 108, 2; SB I, 1023s.

40. Unas veces se plantean preguntas sobre Jesús (7, 25-27.40s.46; cf. 10, 24); otras veces creen (7, 31s; 8, 30; 11, 45). Ordinariamente se quedan perplejos (9, 16; 10, 19-21; 11, 45s).

las vacilaciones siguen en pie. Mientras que la gente vacila, los dirigentes, persistiendo en su determinación, intentan echar mano a Jesús, pero sin éxito, porque no había llegado su hora[41]; se indignan contra los guardias, a los que ha seducido el lenguaje del galileo, y contra Nicodemo, que se preocupaba de la objetividad.

¿Qué dice Jesús? Con palabras muy propias de Jn, Jesús orienta a los espíritus a reconocer en sus palabras (7, 14-18) y en sus obras (7, 21-24) que es un enviado de Dios, y a discernir así su verdadero origen (7, 28s). Para alertar a sus oyentes sobre la urgencia de adherirse a sus palabras, anuncia su partida hacia un más allá adonde no podrán alcanzarlo (7, 33-36); luego invita a los hombres de buena voluntad a venir a él, la fuente de aguas vivas (7, 37-39), llamada que provoca de nuevo la división en el auditorio (7, 40-44). La última escena del capítulo 7 describe la intervención de Nicodemo ante los fariseos indignados (7, 45-52).

¿Qué valor tiene su enseñanza? (7, 14-18)

14 Se estaba ya en medio de la fiesta cuando Jesús subió al templo y enseñaba. 15 Entonces los judíos se extrañaban diciendo: «¿Cómo conoce ése la Escritura, sin haber sido discípulo?». 16 Entonces Jesús les respondió: «Mi enseñanza no es mía, sino de aquel que me ha enviado. 17 Si alguien quiere hacer su voluntad, conocerá si esta enseñanza viene de Dios o si yo hablo por mi propia cuenta. 18 El que habla por su propia cuenta busca una gloria muy personal; pero el que busca la gloria de aquel que lo ha enviado, ése es veraz y no hay en él iniquidad».

Jesús enseña por primera vez a los judíos reunidos en el templo para la fiesta. Su enseñanza domina todo el pasaje[42]. Empleado sin complemento de objeto, el verbo «enseñar» puede ser entendido de manera distinta por los judíos y por el evangelista.

Para los judíos, la enseñanza en el templo se refería a la ley, no sólo con vistas a la instrucción del pueblo, sino también para exhortarlo a su

41. 7, 30.32.44-46; cf. 8, 20; 10, 39.

42. En 6, 59 la palabra *didáskō* designaba una enseñanza en la sinagoga (cf. 18, 20). A lo largo de nuestro pasaje se encuentran algunas palabras del mismo parentesco: *edídasken* (14), *grámmata* y *memathēkṓs* (15), *didákhḗ* (16), *lálō* (17.18).

práctica. Estaba reservado a los escribas y a los doctores[43], ya que nadie podía ejercer esta función sin haber sido discípulo en una escuela que le hubiera transmitido, junto con el conocimiento de las Escrituras, la tradición auténtica de los padres. La «extrañeza» de los judíos no es asombro ante la competencia inexplicable de Jesús, como en Lc 2, 46s; se trata de un escándalo por sus pretensiones, como en Mt 13, 57[44].

En Jn, el término «enseñar» tiene una connotación especial[45] por el hecho de que está reservado a Jesús[46]. De los fariseos no se dice nunca que enseñen[47]. Si el objeto es la ley, no es según algún que otro aspecto, sino según el sentido más profundo que la impregna y que se cumple en la revelación por parte de Jesús[48]. Y lo que el dice, Jesús lo ha aprendido de aquel que lo ha enviado[49], de su Padre.

Aunque prescinde de la cuestión sobre si sabe letras, Jesús reconoce implícitamente en su respuesta la necesidad de depender de una tradición, pero esto tiene para él una perspectiva muy distinta. El se remonta a la fuente de la palabra: su doctrina viene inmediatamente de aquel que dio indirectamente a Israel los textos sagrados que fue interpretando a lo largo de los siglos. Para reconocer esto, hay que volverse hacia Dios, cumpliendo su voluntad[50]. ¿Qué significa esto? Si nos referimos a los datos de la Biblia y del judaísmo, cumplir la voluntad de Dios no tiene el sentido ético de observar los mandamientos, sino el sentido espiritual de estar abierto a los caminos de Dios y a su atracción[51].

Pues bien, el argumento invocado no vale más que para el creyente. Por eso Jesús recuerda el criterio tradicional que permitía reconocer a un enviado de Dios: su desinterés[52]. En 5, 41-44, en un contexto de reproche, Jesús había hablado de la gloria que puede buscarse entre los hombres o bien en Dios; aquí recoge esta alternativa para ofrecer una pista sobre sí mismo. Sin embargo, como no puede dejarse asimilar simplemente a un profeta, añade una palabra que lo distingue sólo a él:

43. Cf. G. F. Moore, *Judaism in the First Centuries of the Christian Era* I, Cambridge 1966, 308ss y K. H. Rengstorf, TWNT II, 138-168.

44. Este mismo escándalo es el que tendrán los judíos al comienzo de la Iglesia: ¿cómo hacer caso de unos iletrados (*agrámmatoi*) y unos *idiōtai* (Hech 4, 13)?

45. Cf. S. Pancaro, *The Law in the Fourth Gospel,* Leiden 1975, 77-86.

46. El *Padre* enseña a Jesús: 8, 28 y, según la cita de Isaías en 6, 45, a los hombres; tan sólo una vez el Espíritu *enseña,* después de Jesús: 14, 26.

47. Cf. Mt 10, 24s; Lc 2, 46; 3, 12; 6, 40.

48. Ya en Qumrán la enseñanza consistía en revelar las cosas ocultas de la ley.

49. 7, 16; cf. 8, 26-28.

50. Cf. 5, 39s; 6, 28s.44.

51. Cf. S. Pancaro, *o. c.,* 368-412.

52. Sobre 5, 41-44: *supra,* 62s. «¿Qué es más tuyo que tú mismo? ¿y qué hay menos tuyo que tú mismo, si es que perteneces a alguien? (*Quid enim tam tuum quam tu? et quid tam non tuum, si alicuius est quod es?*)» (Agustín, *In Jo*. 29, 3).

«Ese es veraz y no hay en él iniquidad (*adikía*)».

El término *adikía,* que se opone frecuentemente a «verdad» en la tradición sapiencial y Qumrán[53], significa al mismo tiempo iniquidad y mentira. Al hablar así de sí mismo, Jesús evoca al siervo de Dios que «no cometió injusticia y fue sin engaño» (Is 53, 9). Su veracidad camina a la par con la ausencia en él de todo mal (cf. 8, 46).

¿No ha violado el sábado? (7, 19-24)

Jesús denuncia sin transición alguna el juicio pronunciado contra él por causa de la curación del enfermo en Bethesda, y la intención homicida de sus enemigos[54]:

19 «¿No os hizo Moisés el don de la ley?
¡Pero ninguno de vosotros pone en práctica la ley!
¿Por qué intentáis matarme?».
20 La gente respondió: «¡Tienes un demonio! ¿Quién intenta matarte?».
21 Jesús respondió y les dijo:
«He hecho una sola obra y todos vosotros os extrañáis.
22 He aquí por qué (os digo): Moisés os hizo el don de la circuncisión —no es que ella provenga de Moisés, sino de los padres— y el sábado circuncidáis a un hombre.
23 Mientras que un hombre recibe la circuncisión un día de sábado, para que la ley de Moisés no sea violada,
yo sufro vuestra cólera, porque he devuelto la salud a un hombre por entero en sábado.
24 ¡Dejad de juzgar por la apariencia,
pero juzgad según la justicia!».

53. Siguiendo a I. de la Potterie, 983, S. Pancaro, *o. c.,* 92-101, examina ampliamente esta cuestión.

54. En contra de R. Schnackenburg o J. Blank, pero de acuerdo con R. E. Brown, C. K. Barrett o S. Pancaro (*o. c.,* 169-174), rechazamos el intento de hacer de 7, 19-24 la conclusión del capítulo 5. Es verdad que este pasaje manifiesta el sentido de la acción interior de Jesús, pero esto ya no se hace dentro del marco de un diálogo con las autoridades, sino en público, delante de la gente. Después de la justificación de la enseñanza viene la de las obras.

La palabra ley aparece por primera vez en labios de Jesús[55]. La vinculación con el pasaje precedente se hace por el término *adikía* del v. 18, que orientaba el pensamiento hacia la ley, condición de toda justicia, y hacia la infidelidad a la ley. Jesús había justificado antes sus palabras; ahora justifica sus obras.

El ataque «¡Ninguno de vosotros pone en práctica la ley!» podría ser mal interpretado. Jesús no intenta afirmar que sus oyentes no guarden los mandamientos, sino que carecen de una relación viva con la ley, ya que no se abren a la llamada que la impregna. Muchas veces se identifica el razonamiento de Jesús en 7, 21-23 con el de la tradición sinóptica: Jesús ofrecería una respuesta *ad hominem,* lo mismo que a propósito del buey caído en un pozo, al que está permitido sacar en día de sábado (Lc 14, 5). Recordaría mediante el ejemplo de la circuncisión que a veces está autorizada la violación del precepto sabático; es lo que habría ocurrido con su intervención en favor del enfermo. Pero así, se identifican la comprensión de la ley de Jesús y de sus interlocutores. Por otra parte, la argumentación no sería acertada, ya que aquí no puede invocarse el caso de urgencia. Se trata en realidad de dos concepciones de la ley: o bien, con los adversarios de Jesús, no hay que ver en ella más que una serie de preceptos y atenerse sólo a la letra; o bien, con Jesús, escuchar allí la palabra de Dios que quiere suscitar la vida[56]. En esta escucha consiste «cumplir la voluntad de Dios» (cf. 7, 17). Ninguno de vosotros, dice Jesús, se sitúa de esta forma respecto a la ley, porque intentáis matarme a mí, que manifiesto por mis obras el sentido de la ley, que es la vida para el hombre.

Los judíos no se preocupan ahora de esa acusación de infidelidad, ocupados como están en contradecir la intención homicida que les presta Jesús. Al decir: «¡Tienes un demonio!», no insinúan que Jesús esté poseído, sino que ridiculizan lo que él pretende.

En el v. 21 el verbo «extrañarse» tiene el mismo sentido que en el v. 15: «escandalizarse». La expresión *dià toûto* (literalmente: «por causa de esto») al comienzo del v. 22[57] no se refiere a la obra hecha por Jesús, como si hubiera que traducir en español: «Os extrañáis *de eso*». Sirve

55. La ley, según Jn, no se reduce nunca a un cuerpo legislativo. Puede designar el Pentateuco (1, 45), un principio legal (7, 51; 8, 17; 19, 7), no precisado (18, 31) o la doctrina de Moisés (1, 17; 7, 19.23.49), pero siempre en referencia al conjunto de las Escrituras: cf. 10, 34; 12, 34; 15, 25. No ocurre lo mismo en Pablo.

56. Nos inspiramos en A. Loisy (p. 506), seguido por S. Pancaro, *o. c.*, 162-166. San Agustín: «Puesto que Moisés os ha dado la ley y practicáis la circuncisión el día de sábado, comprended entonces que de este modo se significa esta obra buena que he realizado, salvando a un hombre entero en día de sábado» (*In Jo*. 30, 5).

57. En Jn, *thaumázō* («extrañarse») va seguido ordinariamente de un complemento directo (así en 5, 28). La fórmula *dià toûto* se utiliza muchas veces al comienzo de las frases: 5, 16.18; 6, 65; 8, 47...

para regir el texto que sigue; de ahí la traducción propuesta: «He aquí por qué (os digo)». Podríamos parafrasear con Loisy: «No he hecho más que una obra y ya os extrañáis. Debido a vuestra extrañeza (para mostraros que no tiene razón de ser), os digo: 'Si Moisés os dio la circuncisión y le dio prioridad sobre el sábado, era para manifestaros que la ley divina tiene la finalidad de dar plena salud a los hombres'». Circuncidar en día de sábado no es hacer un quiebro legítimo a la ley, sino cumplir con su intención fundamental. Con mucha más razón, sanar no ya a un solo miembro, sino al hombre «entero» es cumplir con la finalidad de la ley.

La expresión «todo entero» sugiere algo más que la integridad corporal, ya que la salud devuelta al enfermo de Bethesda simbolizaba el don pleno de la salvación, como indicamos en el capítulo 5. La circuncisión fue dada como una figura de la vida nueva. La concepción de la ley que propone Jesús no es una enseñanza nueva, ya que el vínculo que une la ley con la «vida» es una constante de la revelación veterotestamentaria[58] (5, 39).

La exhortación final —no juzgar por las apariencias[59], sino en verdad— se refiere en el contexto a lo que los oyentes creían que había sido una violación del sábado; de este modo queda aclarada también la cuestión que se debate en los siguientes versículos.

Nosotros sabemos de dónde viene Jesús (7,25-32)

25 Entonces algunas personas de Jerusalén decían: «¿No es éste al que intentan matar? 26 ¡Pues ved! Habla abiertamente, ¡y no le dicen nada! ¿Es que verdaderamente las autoridades habrán reconocido que él es el Cristo? 27 Sin embargo, ése sabemos (*oídamen*) de dónde es. Pero el Cristo, cuando venga, nadie conoce (*ginōskei*) de dónde es».
28 Entonces, mientras enseñaba en el templo, Jesús exclamó:
«¡Y vosotros me conocéis bien (*oídate*)!
¡Y sabéis (*oídate*) de dónde soy!
Sin embargo, no es por mi propia cuenta como he venido.
Pero él es veraz, aquel que me ha enviado
y al que no conocéis bien (*oídate*).
29 Yo lo conozco bien (*oîda*),
porque estoy junto a él y es él el que me ha enviado».
30 Entonces intentaban apoderarse de él, pero nadie puso la mano sobre él, porque su hora no había llegado todavía.

58. Cf. I, 246.

59. Esta expresión es frecuente en la Biblia, por ejemplo: 1 Sam 16, 7; Is 11, 3; 32, 3-5; Zac 7, 9; Dt 16, 18s.

En esta escena, en la que el pueblo se distingue también de las autoridades (los fariseos y los sumos sacerdotes: cf. 7, 32), se recoge el tema capital esbozado en el v. 12: «¿Quién es Jesús?». Al comprobar que aquel hombre fichado enseña libremente[60] en el templo, algunas personas de Jerusalén —quizás aquellas mismas que antes lo consideraban como un hombre de bien (7, 12)— se preguntan si no habrán cambiado las autoridades de opinión: ¿habrán admitido la verdad de su enseñanza? La pregunta explota: ¿No será el Cristo?[61].

Pero esta hipótesis choca con una objeción. Según la teoría judía clásica[62], el mesías tenía que tener un origen desconocido; tan sólo una caída maravillosa a este mundo podía autentificar al hombre enviado por Dios para establecer su reino; contra toda banalización de Dios se había impuesto una creencia válida en su intención: no mezclar la actuación de Dios con el fango de los humanos. Por consiguiente, Jesús es descalificado como mesías; la gente dice de él: «Ese sabemos de dónde es», es decir, de Galilea (v. 27).

Precedida por la indicación «mientras enseñaba en el templo» e introducida por «exclamó»[63], la respuesta de Jesús es la afirmación solemne de su envío por parte de Dios, y por tanto de su verdadero origen. Jesús recoge primero, de una forma irónica, lo que han afirmado las gentes: «¡Vosotros me conocéis bien![64]. ¡Sabéis de dónde soy!». Es verdad que procede de Galilea; «sin embargo»[65] ha salido de otro sitio, es el enviado del mismo Dios, de «aquel que es veraz». Su envío por el Padre será

60. En griego *parrhēsía* (de *pán* = «todo» y *rhēma* = «palabra»): «libertad para decirlo todo».

61. En el siglo I las esperanzas en el mesías eran muy diversas, en función de la imagen que se hacían de ese personaje: rey, sacerdote, hijo de David, libertador. Cf. P. E. Bonnard-P. Grelot, *Mesías,* en VTB, 462-466 y DNT 304. Jesús elude la respuesta (cf. *infra,* 310), como en Mt 16, 20 par; Lc 4, 41; pero en Mt 20, 30 par, se deja aclamar como hijo de David.

62. Cf. San Justino: «Aunque el Mesías haya nacido y se encuentre en algún sitio, todavía es desconocido; se ignora a sí mismo, no tiene ningún poder hasta que venga Elías, que le dé la unción y lo proclame manifiestamente» (*Diál.,* 8, 4; cf. 110). Cf. SB II, 489; *Hen.* 48, 6; *4 Esd* 13, 51s. Este tema podría derivarse de la literatura sapiencial: Job 28, 12; Bar 3, 14s.

63. Cf. 1, 15; 7, 37; 12, 44.

64. Con I. de la Potterie, Bib 40 (1959) 709-725, y de acuerdo con B. W. Westcott, 101, pensamos que en Jn los verbos *oîda* y *ginṓsko* no son sinónimos. *Ginṓsko* indica el proceso de adquisición del conocimiento y puede traducirse por «conocer, reconocer, comprender». *Oîda* significa el conocimiento ya adquirido, el saber que se ha hecho en cierto modo experimental; cuando el objeto de *oîda* es una persona, traducimos «conocer bien».

65. En medio del v. 28 se encuentra un tercer *kaí,* en este caso adversativo como en 1, 5.10s; 3, 11.32; 5, 40; 6, 70; 10, 25 (según WB^6 797 g). De ahí la traducción propuesta: «sin embargo».

un tema constante en los anuncios del capítulo 8. Aquí Jesús insiste en ello en cuatro ocasiones en los v. 28-29. ¿Por qué? Si la gente de Jerusalén tropezó con el origen galileo de Jesús, acertó al decir que se ignoraba de dónde había de venir el mesías; ésa era incluso una apertura posible al misterio del Hijo. Jesús no revela todavía ese misterio, pero se presenta como el enviado que estaba con Dios, «junto a él».

A través de la oposición «conocer-ignorar» que marca este pasaje, Jesús deja vislumbrar también cuál es su misión. Según la formulación del v. 28c, aquel que es veraz y a quien las gentes de Jerusalén no conocen, es «el que me ha enviado», es decir, Dios según su proyecto de gracia. A ese Dios verdadero, el Enviado —solo él— lo conoce muy bien, ya que ha venido de él y según su voluntad. Al hablar de este modo, Jesús está sugiriendo que su misión consiste en revelarlo a los hombres (cf. 1, 18).

El auditorio, tocado en lo más vivo de sus creencias, reacciona negativamente. Puede resultar extraño que el narrador parezca atribuir a las gentes de Jerusalén la intención de arrestar a Jesús. Con toda probabilidad, el intento de arresto tiene que imputarse a los dirigentes[66]. El evangelista ha generalizado la situación en la que las autoridades constituyen el principal interlocutor de Jesús en esta clase de controversias. Lo que importa es el comentario: «su hora no había llegado todavía». El narrador recoge la expresión de Jesús en Caná, relativa a la hora en que habría de manifestar su gloria por los milagros (2, 4); aquí su hora se refiere evidentemente a la pasión, a la hora última que sólo determina Dios (12, 23; 17, 1).

31 **Pero de la gente un gran número se puso a creer en él, y decían: «El Cristo, cuando venga, ¿hará más signos de los que éste hace?».** 32 **Los fariseos oyeron a la gente cuchichear de este modo sobre él, y los sumos sacerdotes y los fariseos enviaron guardias para apoderarse de él.**

De nuevo la gente se muestra indecisa. Un gran número —no ya algunos como en el v. 25— se inclina ahora en favor de Jesús[67] y se plantea de nuevo la cuestión de su mesianidad. En 7, 25s, la hipótesis estaba motivada por el hecho de que Jesús hablaba abiertamente en el templo, y sin duda por la autoridad inherente a su enseñanza (cf. 7, 46).

66. El verbo *piázō* se utiliza en el sentido de «arrestar» oficialmente, cf. 7, 32; 10, 39; 11, 57.

67. La partícula *dé* que introduce el episodio tiene un sentido adversativo. Situada entre dos intentos de arresto (7, 30.32), esta frase sugiere que la fe tímida de los judíos se ve rodeada de la hostilidad de los incrédulos.

Aquí se basa en sus milagros, con una interrogación casi retórica. La adhesión de quienes la formulan es ciertamente frágil todavía, pero la motivación que alegan subraya la importancia que tienen los milagros realizados por Jesús de Nazaret para despertar la fe. A nivel narrativo, este testimonio de una gran parte de la gente afecta indirectamente a los incrédulos: Jesús no solamente ha hablado, sino que ha realizado obras de tal calibre que confirman su envío desde el cielo (cf. 3, 2).

Se ha objetado contra este relato que los prodigios no se esperaban del mesías, sino del profeta; sin embargo, según la tradición de Isaías[68], el mesías davídico tenía que realizar milagros en donde se manifestara su bondad; de hecho, los signos referidos en el cuarto evangelio, conciernen —a excepción de la multiplicación de los panes— a una situación especial de necesidad.

En contraste con la fe incipiente que se remonta de las obras a la misión de Jesús, se declara de nuevo la hostilidad irreductible. Entran en acción los fariseos[69]: las esperanzas que suscitaba Jesús en el pueblo los impulsa a tomar medidas de urgencia. Antes del 70, los responsables del orden en el templo eran los sumos sacerdotes. Se comprende que los fariseos, para poder detener a Jesús, recurrieran entonces a ellos. Pero la asociación que hace Jn de los dos partidos, tradicionalmente opuestos entre sí[70], se debe a un anacronismo. De todas formas, se pone en movimiento la policía del templo.

Por un poco de tiempo todavía... (7, 33-36)

33 Entonces Jesús dijo:
«Por un poco de tiempo estoy con vosotros,
y me vuelvo a Aquel que me ha enviado.
34 Me buscaréis y no (me) encontraréis,
y a donde yo estoy, vosotros no podéis ir».

68. Is 11, puesto de relieve por C. W. Bittner, *Jesu Zeichen im Johev.*, Tübingen 1987, 245-258.

69. En Juan se presentan como los principales adversarios de Jesús (lo eran ciertamente de la comunidad primitiva que afirmaba la mesianidad de Jesús), cf. 7, 32.45.47.48; 8, 13; 9, 13.16.40; 11, 46-48.57; 12, 19.42; 18, 3. Anteriormente, sólo se menciona a los fariseos como observadores reticentes. Sobre esta cuestión, cf. *infra*, 270-272.

70. Así 7, 32.45; 11, 45.47; 18, 3. Los fariseos no representan ningún papel en el relato joánico de la pasión. Cf. Hech 23, 6s.

35 Entonces los judíos se dijeron entre sí: «¿Adónde debe ir ése, que nosotros no lo encontraremos? ¿Es que va a ir a la dispersión de los griegos y a enseñar a los griegos? 36 ¿qué es esa palabra que acaba de decir:
'Me buscaréis y no me encontraréis'
y 'A donde yo estoy, vosotros no podéis ir'?».

Es evidente el vínculo de este episodio con lo anterior. El envío de los guardias para arrestar a Jesús ha indicado que la situación se va agravando y que se acerca el momento de su muerte. Por eso Jesús, que sigue todavía en el templo enseñando, anuncia su partida.

A diferencia de lo que ha hecho hasta ahora, no anuncia su muerte en términos que sugieran su glorificación[71] o que el don de su persona habría de ser fuente de vida (6, 51). Habla de su desaparición para urgir a los oyentes a comprometerse con él, ya que se va acortando el tiempo de su presencia. Según la tradición sinóptica, Jesús predicó a veces la urgencia de la conversión, ya que su ministerio inauguraba el reino de Dios: «Sabéis reconocer el aspecto del cielo y de la tierra, ¿y el tiempo presente cómo es que no lo sabéis reconocer?» (Lc 12, 56), y amenazó con la perdición definitiva (Lc 13, 3.5). En Jn, es el exordio el que da el tono: «Por un poco de tiempo....»[72] Jesús seguirá estando con ellos; pero pronto «se vuelve» al Padre y ya no lo podrán encontrar. La advertencia es grave, ya que la revelación acaba con la desaparición del Revelador[73].

El binomio «buscar/encontrar» (v. 34.36) podía evocar a los oídos judíos la llamada a buscar a Dios, dispuesto a dejarse encontrar, a buscarlo con todo el corazón y continuamente[74]. Esta llamada está sin duda en el trasfondo de la palabra de Jesús. Pues bien, ante el Enviado deberían ahora los judíos «buscar y encontrar». Más exactamente, se puede reconocer aquí la amenaza profética dirigida a los que habían traicionado al Señor:

> Con sus sacrificios de animales van a buscar a Yahvé, pero no lo encuentran: se ha apartado de ellos (Os 5, 6).

71. Ni *hypsôthênai* (3, 14; 12, 32), ni *doxasthênai* (12, 23.31; 17, 5).

72. Fórmula frecuente: 12, 35; 13, 33; 14, 19; 16, 16-19.

73. El verbo *hypágō* significa unas veces «marcharse» (9, 7.11; 11, 44; 18, 8) y otras veces «volver» (3, 4.8.16), como aquí y en 8, 14; 13, 33; E. A. Abbott traduce entonces «go back». San Agustín se dio cuenta de este matiz, traduciendo: «a donde él tenía que volver» (*In Jo.* 31, 9).

74. «Buscar a Dios»: Os 5, 15; 10, 12; Am 5, 4; 1 Crón 22, 19; 2 Crón 19, 3; Esd 8, 22; Sal *passim*. «Buscar y encontrar»: Dt 4, 29; 1 Crón 28, 9; Is 55, 6; Jer 29, 13.

Este tema es tradicional; también la Sabiduría grita a propósito de los que rechazaban su oferta:

> ...entonces me buscarán y no me encontrarán (Prov 1, 28).

La exhortación de Jesús en 7, 33 se convertirá en 8, 21 en una amenaza explícita contra sus interlocutores fariseos que corren el riesgo de «morir en su pecado (de incredulidad)» — un tono muy distinto, se dirigirá a los discípulos en el discurso de despedida (13, 33).

La frase «...y a donde yo estoy (*eimi*), vosotros no podéis ir» parece indicar que Jesús cambia definitivamente de lugar. Esto supone que el verbo griego *eimi* toma aquí un sentido futuro: «a donde yo estaré». De hecho, como conviene mantener el presente y leer «donde yo estoy», Jesús deja vislumbrar, como en un abismo, su propio misterio. Si vuelve al lado del Padre, en realidad está siempre con él.

Jesús anuncia que va a abandonar el mundo. Sin embargo, según la fe de Jn, el Resucitado sigue estando presente en medio de los suyos. Es verdad, pero para cada hombre el momento de la opción decisiva tiene lugar a lo largo de su breve historia personal; habrá un «antes» y un «después» del encuentro, un «todavía no» y un «demasiado tarde». No se trata de admitir una doctrina, una verdad intemporal, sino de reconocer el *kairós*, el tiempo de la visita.

El evangelista hace resonar la palabra de Jesús por medio del eco que provoca en los oyentes, a lo largo de dos versículos. El apelativo «los judíos» no designa aquí a las autoridades, sino a los asistentes en su conjunto. El v. 35, que demuestra su incomprensión, presenta un caso típico de superposición de sentido. Los judíos suponen que Jesús se va a dirigir a la diáspora, es decir, a las regiones fuera de Palestina en donde sus correligionarios estaban dispersos entre los paganos (Dt 28, 64); estos últimos, llamados aquí «los griegos»[75], escuchaban de vez en cuando a los escribas y fariseos que les predicaban e invitaban a hacerse prosélitos (cf. Mt 23, 15). En un segundo tiempo de lectura, descubrimos en este versículo una profecía involuntaria, análoga a la de Caifás (11, 51s): a través de la muerte del enviado, la salvación llegaría de hecho «a los pueblos remotos», según el anuncio profético del siervo de Yahvé[76]. El v. 36 recoge de forma interrogativa la frase entera que ha dicho Jesús, entregándola así a la contemplación del lector.

75. A diferencia de 12, 20, en donde se trata de los prosélitos.
76. Is 42, 6; 52, 10; cf. Lc 2, 32.

Si alguien tiene sed... (7, 37-39)

> **37 El último día de la fiesta, el día grande, Jesús estaba de pie y exclamaba diciendo:**
> **«Si alguien tiene sed,**
> **¡que venga a mí y beba!**
> **38 El que cree en mí,**
> **como dice la Escritura,**
> **'de su seno brotarán ríos de agua viva'».**
> **39 Dijo esto a propósito del Espíritu que iban a recibir los que se habían puesto a creer en él, porque no había todavía Espíritu, pues Jesús no había sido glorificado todavía.**

Después de haber evocado su origen (7, 25-29) y luego su partida (7, 33-36), Jesús anuncia el don del Espíritu santo; de esta manera el evangelista corona la revelación de los designios de Dios en favor de los hombres.

Situando el grito de Jesús en el último[77] día de la fiesta de las Tiendas, Juan orienta al lector hacia el rito que entonces se celebraba. La libación solemne del agua sacada de Siloé no era solamente una petición de lluvia para el año venidero, sino que tendía también a la renovación espiritual de Sión, anunciada por Ezequiel[78]. Este trasfondo sitúa en las esperanzas judías la llamada que Jesús profiere en pie[79] y a la que el imperfecto[80] «exclamaba» confiere una duración indefinida, que vale todavía hoy.

Según el arraigo bíblico evidente de estos versículos, es preciso leer en la sed una característica de los que son invitados por Jesús a venir a él, y no un simple giro estilístico. La sed tiene un papel privilegiado en la Escritura, desde la prueba de los hebreos en el desierto y su experiencia de la fidelidad de Dios. Ellos habían caminado largo tiempo a través de un país sediento y para ellos el Señor había hecho brotar el agua «de una roca de granito»[81]. En la memoria de Israel, aquel don que se había

77. Es difícil precisar si se trata del día séptimo o del octavo.

78. Presentada por Ezequiel bajo el signo del agua que manaba del templo escatologico y que fecundaba la tierra al pasar, cf. Ez 47, 1-12.

79. Jesús no está sentado como un rabí que enseña (cf. Mt 23, 2; 26, 55; Mc 12, 41); está de pie (cf. Hech 13, 16), en una actitud profética.

80. Según los manuscritos S D θ, el verbo está en imperfecto: *ékrazen*.

81. Dt 8, 15, inspirado sin duda por los relatos de Ex 17, 6; Núm 20, 8.11; cf. Sal 78, 16.20; Is 48, 21. Los profetas amenazaban al pueblo infiel recordándole la sed en el desierto: «Yo enviaré... una sed, no ya de agua, sino de escuchar las palabras de Yahvé» (Am 8, 11). La prueba será finalmente superada: Is 49, 10.

hecho a los sedientos seguía estando presente como una experiencia espiritual: había significado que la plenitud de ser a la que aspira el hombre no puede venirle más que de Dios. Tener sed es desear un cumplimiento de sí mismo conforme con la vocación inscrita en la persona humana, marcada desde su creación por una semejanza secreta con el Otro[82]. La palabra de Dios, cuando es acogida, viene a colmar ese deseo, ya que abre a la relación con aquel que es el Viviente. La sed de Dios es un *leitmotiv* de los salmos, sobre todo en referencia a la liturgia del templo en donde el orante se encuentra con la Presencia:

> Como jadea la cierva tras las corrientes de agua,
> así jadea mi alma en pos de ti, Dios mío.
> Yo tengo sed de Dios, del Dios vivo (Sal 42, 2-3)[83].

Es posible que en la llamada de Jesús el término «sed» evoque estos textos, teniendo en cuenta sobre todo que se pronuncia en el templo: a través de él, sus discípulos se encontrarán verdaderamente con el Padre. Si Jesús no explicita de qué tiene sed el hombre, es porque Dios está más allá de toda expresión: frente al infinito, deja abierto el deseo.

Al exclamar: «¡Venid a mí!», Jesús se inscribe en la corriente sapiencial:

> Los que tenéis sed, ¡venid al agua! (Is 55, 1)[84].

Esa agua que aplaca toda sed simbolizaba la palabra de Dios; fue prometida por Jesús a la samaritana y subyace en la declaración a los judíos de Galilea (6, 35). Al invitarles a venir a él, Jesús se ofrece como fuente, como la roca en el desierto[85] o como el templo futuro contemplado por Ezequiel en el capítulo 47. En el contexto en que se pronuncia, su proclamación, formulada en términos sapienciales, se muestra como «mesiánica»: lo que celebraba la fiesta en esperanza se concede ahora en la persona del Revelador.

No conviene aislar esta palabra de los anuncios que pronunció Jesús en el templo a propósito de su doctrina (7, 16-18), de su propio origen (7, 28s) y de su final (7, 33). En nombre de aquel que lo ha enviado y

82. El simbolismo ocupa aquí un lugar privilegiado. Físicamente, tener sed es al mismo tiempo desear el agua que falta al organismo y experimentar que el agua es constitutiva del ser humano. Por tanto, no es tan sólo sentir una ausencia, sino comprobar por otro lado la presencia, bajo la forma de deseo, de esta realidad.

83. Cf. Sal 63, 2; 143, 6.

84. Según Mt 11, 28, Jesús invitó de forma semejante a venir a él para recibir la ley nueva que proporciona el descanso.

85. Como «la roca es Cristo» (1 Cor 10, 4), J. Jeremias ha deducido de aquí que Jesús declara en este lugar: «Yo soy la roca de donde brota el agua».

al que vuelve, Jesús revela lo que trae a los hombres. Jesús es fuente porque da a conocer la verdad del Padre y su propia verdad de Hijo.

Si el sentido de la llamada está perfectamente claro —Jesús invita a encontrar por medio de él la plenitud de vida que Dios ha prometido—, el texto permite optar entre dos puntuaciones. Esta opción divide a los exégetas[86], ya que condiciona la interpretación de la frase «de su seno brotarán ríos de agua viva» (7, 38).

La primera opción, que es la que hemos recogido aquí, pone el punto después de «beber»:

37b **Si alguien tiene sed, ¡que venga a mí y beba!**

La sostienen todo el conjunto de los padres griegos y latinos desde Orígenes y los manuscritos P^{66} y P^{75}. Lo que sigue, pronunciado igualmente por Jesús, empieza por un nominativo en suspenso —«el que cree en mí...»— al que se refiere el pronombre *autoû* (de *su* seno); los ríos brotarán del creyente, de los que se han acercado al Revelador y bebido en él.

Según una puntuación diferente, la llamada de Jesús engloba, como en una redundancia, la expresión «el que cree» del v. 38:

¡Si alguien tiene sed, ¡que venga a mí,
y beba el que cree en mí!

La continuación —«como dice la Escritura, de su seno brotarán...»— se presenta entonces como un primer comentario del evangelista. Los que adoptan esta puntuación están influidos por la literatura patrística anterior a Orígenes[87]. A sus ojos, el v. 38b sería una anticipación de 19,

86. La bibliografía es inmensa. Citemos a H. Rahner, Bib 22 (1941) 269-302; 367-403; J. Cortés-Quirant, EstBib 16 (1957) 279-306, y R. Robert, RevThom 86 (1986) 257-268.

87. Hipólito, *Comm. Daniel* 1, 17 (= SC 14, 105); *Hom. Pasc.* 2, PG 59, 727 (= SC 36, 83); Ireneo, *Adv. Haer.* III, 24, 1; *Pasión de los mártires de Lyon,* HE V, 1, 22; los manuscritos *d e*. Orígenes enseñó la teoría del perfecto creyente sobre un fundamento frágil: Prov 5, 15: «Bebe el agua de la cisterna, el agua que brota de tu pozo» (que se refiere no a la fecundidad del creyente, sino a la fidelidad conyugal). Su interpretación, seguida por la tradición, estará en el origen de la primera lectura del texto.

34, que muestra el agua brotando del costado traspasado de Cristo: es del seno de Cristo de donde brotarían las aguas vivas[88].

Sea cual fuere la puntuación escogida, nadie discute que Jesús se presenta como *la* fuente del agua: la diferencia concierne al creyente que bebe: ¿se convierte también él en fuente, por su vinculación existencial a Jesús? A nuestro juicio, son varias las razones exegéticas que orientan hacia una respuesta afirmativa, y por tanto hacia la puntuación que hemos preferido:

— Literariamente, unir «que beba» con «el que cree» produce una disonancia: de una imagen se pasa a la cosa misma (sin necesidad, puesto que «venir a mí», otra expresión imaginativa, tiene el mismo sentido que «creer en mí»).

— En el v. 38 el nominativo inicial en suspenso es un procedimiento frecuente en Jn para poner de relieve un término de la frase[89]. El ritmo de la frase tomado en su conjunto es excelente; además, su contenido sirve para completar la llamada del v. 37 indicando cuál habrá de ser su efecto.

— El *agua viva* no se encuentra en Jn más que en el capítulo 4, donde Jesús, después de anunciarla, dice que se convertirá *en el que la bebe* en fuente que brota para vida eterna (4, 14). En este texto también el agua viva que da Cristo mana dentro del creyente.

— La referencia a la Escritura es global, como diremos más adelante, y esto conviene al estilo de Jesús en el cuarto evangelio, mientras que el evangelista, cuando menciona la Escritura, evoca ordinariamente un texto preciso[90].

— Si se refiere a Jesús, el pronombre *autoû* (*su* seno) solamente se justifica reconociendo que la mención de la Escritura es una indicación del narrador. Pero ¿por qué yuxtapuso éste dos comentarios (38b y 39), y de una manera tan poco hábil? El exordio del v. 39: «Dijo esto...» implica efectivamente que todo lo anterior fue pronunciado por Jesús. O bien, sería menester —solución desesperada— hacer del v. 38 una glosa.

Renunciar a interpretar de Cristo el v. 38 no significa ni mucho menos hacer al creyente independiente de él, puesto que no existe como tal más que por su relación con el Hijo. Al contrario, es mostrar la fecundidad de la fuente que Jesús alimenta en lo más profundo del discípulo. ¿No anuncia también Ezequiel que los árboles alimentados

88. Pío XII, Encíclica *Haurietis aquas in gaudio*: AAS 48 (1956) 329-353.
89. Cf. en 1, 12; 6, 39; 15, 2; 17, 2.
90. 2, 17; 7, 42; 10, 35; 13, 18; 17, 12; 19, 24.28.37; 20, 8 (cf. I, 212).

por el agua que sale del templo no dejarán jamás de producir frutos y que sus hojas nunca se secarán (Ez 47, 12)?

38 El que cree en mí, como dice la Escritura, 'de su seno brotarán ríos de agua viva'.

La palabra «seno» (griego, *koilía*) equivale a «corazón», en el sentido bíblico de la palabra. Es el lugar de las emociones fuertes, el interior oculto, el punto misterioso en donde se realizan las cosas que no se ven[91]. Los críticos no han sido capaces de encontrar un texto que corresponda literalmente a la cita que hace Jesús[92]. Por tanto, conviene pensar en la Escritura en general, en donde aparece la imagen de la fuente en tres niveles: 1. se aplica a Dios: «Sacaréis aguas de la fuente de la salvación» (Is 12, 3); 2. a Jerusalén, la ciudad santa adonde afluirán todos los pueblos (Zac 14, 8s, en continuidad con Ez 47, que se leía en la fiesta de las Tiendas); 3. al hombre, finalmente, que practica la verdadera justicia según Dios: no ya los ritos externos como el ayuno, sino el compromiso generoso al servicio del prójimo; obrar así es verse rodeado de la gloria de Dios: ese hombre se convertirá también él en luz y será «como un huerto regado, como una fuente de agua cuyas aguas no se secan jamás» (Is 58, 11). Este último texto podría indicar en qué corriente tradicional se apoya Jn: el judaísmo sapiencial, renovado por la revelación de Jesús.

¿Podemos determinar qué es lo que entendían los oyentes por «ríos de agua viva», antes de que el evangelista lo indicase a sus lectores? Sin duda alguna, la «vida» en el sentido deseado por Israel. Según la Biblia y el judaísmo, el agua es con frecuencia una imagen de la ley vivificante, de la que se había anunciado que el día de la alianza nueva

91. Es inútil apelar aquí a algún error de traducción. C. F. Burney (JTS 24 [1922] 79s) proponía *me'ayin* («fuente»: Jl 3, 18) para *me'ên* («entrañas»). C. Torrey: *miggawah* («de su ambiente», o sea, de Jerusalén: Zac 14, 8) por *miggaweh* («seno»). J. Jeremias lee *migufeh* («caverna»).

92. Prov 5, 15 habla de la fidelidad conyugal; Prov 4, 23 («Cuídate de velar por tu corazón, ya que de él provienen los desbordamientos de la vida») ofrece un principio de conducta humana (cf. Prov 18, 4; Cant 4, 15). M. E. Boismard (RB 65 [1958] 523-548; 66 [1959] 374-378) cita el Targum de Sal 78, 16: «Hizo bajar ríos de agua corriente», traducción que Grelot critica y la sustituye por esta: «Hace descender las aguas como ríos que corren». Boismard propone combinar el texto del Targum con Is 48, 21s: «y corrieron las aguas» (RB 66 [1960] 224s; y RB 70 [1963] 43-51).

quedaría grabada en los corazones. Jesús se presenta como aquel que realiza la promesa. Pues bien, el agua es también en la Biblia un símbolo del Espíritu que se derramará al final de los tiempos; es lo que el evangelista va a precisar a continuación, a la luz de su conocimiento del misterio del Hijo.

39 **Dijo esto a propósito del Espíritu que iban a recibir los que se habían puesto a creer en él, porque no había todavía Espíritu, pues Jesús no había sido glorificado todavía.**

Con la explicación del evangelista, el lector se sitúa en un segundo tiempo de inteligencia y comprende cuál es el objeto de la promesa de Jesús. En el agua prometida a la samaritana podía entrever ya el don del Espíritu (cf. I, 286). Aquí, el evangelista tiene en cuenta las profecías sobre la efusión del Espíritu en los últimos tiempos[93]. Anticipa lo que anunciará y desarrollará Jesús en el discurso de despedida, y lo que contemplará luego cuando brote el agua, junto con la sangre, del costado abierto de Jesús[94]. En el contexto de este capítulo, el tenor del v. 39 indica que los últimos tiempos se cumplirán cuando quede cumplida la misión de Jesús de Nazaret. Si el evangelista dice que «no había todavía Espíritu», es en el sentido del don pleno, que se deriva para los hombres de la glorificación de Jesús. Ya el Bautista había visto al Espíritu bajar y permanecer (1, 32) sobre el que habría de darlo sin medida[95].

Jn escribe aquí abiertamente a partir de su experiencia pospascual del Espíritu, una experiencia de la que da testimonio todo su evangelio. Es el Espíritu el que hace comprender el sentido de lo que ha dicho Jesús de Nazaret (14, 26), el Espíritu de verdad que mora en el creyente (14, 17) y lo conduce a la verdad entera (16, 13). A los que escuchan la Palabra, Jesús les concederá vivir una relación análoga a la que lo une a él mismo con el Padre (10, 15), no ya un don estático, sino una contemplación continua, una mirada (5, 19), una escucha (5, 30), un coloquio renovado sin cesar. Los creyentes recibirán el Espíritu del Hijo, haciéndose ellos mismos hijos vueltos hacia el Padre. Intervi-

93. Ez 36, 26s; 11, 19; 39, 29; Is 44, 3; Jl 3, 1...
94. «Por la sangre del hombre, tenemos el agua del Espíritu» (Hipólito, PG 59, 727 = en Nautin, n. 53, 3s).
95. Cuando Jesús bautiza (3, 22), bautiza en su nombre, es decir, en su propia persona que es la única que contiene el Espíritu en plenitud (cf. I, 255).

niendo en el relato, el evangelista impulsa por anticipación la revelación pascual hasta su cumplimiento. Lo que aquí se revela no es solamente el origen y la identidad de Jesús, sino la finalidad y la eficacia de un mensaje y de su misión, tal como los resumía el prólogo: «dar a todos los que lo reciben el poder de hacerse hijos de Dios» (1, 12).

En esta perspectiva, es posible precisar el sentido del verbo «ser glorificado» referido a Jesús. ¿En qué se distingue la glorificación de la gloria que el Hijo posee desde siempre y para siempre en virtud de su comunión con el Padre (cf. 17, 5)? La «glorificación» coincide ciertamente con el misterio pascual de Jesús, que Jn llama su exaltación, pero implica la unión realizada a través de la muerte entre Jesús y los que creen en él. Al situarse ya por su pascua más allá de esta vida, Jesús les dirá a los discípulos en el discurso de despedida: «Yo estoy en el Padre y vosotros en mí y yo en vosotros» (14, 20).

La división en el pueblo (7, 40-44)

40 **Entonces, de entre la gente, algunos que habían oído estas palabras decían: «Este es verdaderamente el profeta».** 41 **Otro decían: «Este es el Cristo». Pero otros decían: «¿Acaso el Cristo viene de Galilea?** 42 **¿No dijo la Escritura que el Cristo es de la estirpe de David y viene de Belén, la aldea de donde era David?».** 43 **Hubo entonces escisión en la gente por causa de él.** 44 **Y, si algunos de ellos querían apoderarse de él, nadie puso la mano sobre él.**

De nuevo la gente se divide. Primero, a propósito de aquel hombre, que algunos reconocen como eminente. Lo mismo que los galileos después de los panes dados en abundancia, algunos ven en Jesús al profeta, semejante a Moisés (6, 14): esta opinión no tiene ningún alcance a los ojos del narrador[96] y ni siquiera se discute en el resto del relato. Al contrario, la afirmación de que Jesús es el Cristo (no ya a título de hipótesis como en 7, 26.31) origina una discusión: es que la cuestión de la mesianidad, después de haber preocupado a los contemporáneos de Jesús, seguía siendo crucial en tiempos del evan-

96. Como tampoco en 6, 15, cuando Jesús había evitado el honor que la gente quería rendirle proclamándolo rey.

gelista. ¿Pero no le da esto al lector la impresión de estar dando vueltas a lo mismo? De nuevo plantea dificultades el origen galileo de Jesús, esta vez en virtud de un doble argumento de Escritura. Desde la profecía de Natán, repetida con frecuencia en la Biblia[97], la descendencia davídica del mesías era un dato firme de la esperanza judía. Resulta lógica en los sinópticos[98], que se refieren de buena gana a la profecía de Miqueas[99]. Jn difícilmente podía ignorar la tradición según la cual Jesús había nacido en Belén y si, para él, Jesús supera infinitamente toda designación tradicional, sigue siendo el Cristo y por tanto descendiente de David. ¿Habrá que ver aquí una especie de guiño al lector a propósito de la gente que discute sobre Jesús, a pesar de estar totalmente a oscuras de lo que es?

El argumento contra la mesianidad no merece ninguna respuesta. Jesús ha declarado ya que no se puede juzgar por las apariencias. Lo que le interesa al narrador, junto con el leitmotiv del verdadero origen de Jesús, es la escisión (en griego, *skhísma*) de la gente por causa de la palabra del Maestro: la revelación divide a los hombres.

¡Nunca un hombre ha hablado así! (7, 45-52)

Antes del debate que los opondrá a Jesús en el templo (8, 13-59), el narrador muestra de forma plástica cuál es la disposición interior de los fariseos. El episodio está muy bien narrado.

45 Vinieron entonces los guardias junto a los sumos sacerdotes y los fariseos, que les dijeron: «¿Por qué no lo habéis traído?». 46 Los guardias respondieron: «¡Nunca un hombre ha hablado así!». 47 Entonces los fariseos les replicaron: «¿Es que también vosotros os habéis dejado extraviar? 48 ¿hay alguno entre los dirigentes que se haya puesto a creer en él, o bien entre los fariseos? 49 ¡No! Esa gente que no conoce la ley, son unos malditos». 50 Nicodemo, uno de ellos, el que había ido a buscar a Jesús anteriormente, les dijo: 51 «¿Juzga nuestra ley al hombre sin oírlo primero de manera que se llegue a saber lo que hace?». 52 Le respondieron: «¿No serás de Galilea, también tú? Investiga y verás que de Galilea no surge ningún profeta».

97. 2 Sam 7 y, como eco, Miq 5, 1; Is 7, 13s; 9, 6; 11, 1; Sal 18, 51.
98. Cf. Mt 1, 1-17; Lc 1, 32; 2, 4.
99. Miq 5, 1 es citado por Mt 2, 1 y Lc 4, 2.

A la respuesta admirativa de sus subordinados y a la pregunta sensata de Nicodemo, uno de los dirigentes, los fariseos reaccionan con la cólera y la injuria. Manifiestan sus prejuicios y su decisión ya tomada, y seguramente una inseguridad latente, como si estuvieran viendo amenazado su poder. El episodio tiene claramente la función de descalificar a los jueces de Jesús. Pero hay algo más en él.

Desde el comienzo del texto toma un gran relieve el tema de la Palabra: «¡Nunca un hombre ha hablado así!»; vuelve a aparecer en el v. 51, en donde hay que «oír» a Jesús, según la ley. En la última réplica de los fariseos, es la dignidad de «profeta» (el que habla en nombre de Dios) la que se considera incompatible con su origen galileo (cf. 7, 27.42).

Es sorprendente la afirmación de los guardias: ordinariamente no es la policía la que tiene que apreciar la culpa del que han recibido el encargo de arrestar; además, esta afirmación se presenta de improviso, sin haber sido preparada por la narración del episodio. De ahí su resonancia[100]. Subyugados, los guardias dicen implícitamente que la fuerza es más débil que la palabra: «No se puede detener a la palabra»[101].

Sin embargo, es la fuerza lo que utilizan los fariseos recurriendo al argumento de autoridad como el único eficaz frente al pueblo humilde que se deja extraviar lejos de la ortodoxia —un juicio de condena también a Jesús, el seductor[102]—. Y la invectiva recae sobre esos «malditos» que ignoran la ley. El anatema contra la gente sencilla, demasiado ignorante para honrar íntegramente la ley, no es una invención del narrador para destacar la indignación de los fariseos, sino un comportamiento bien atestiguado en la literatura rabínica[103]. Aquí refleja además el juicio pronunciado efectivamente sobre los cristianos de origen judío.

Por otra parte, puesto que los guardias han reconocido que la palabra de Jesús de Nazaret es inigualable, ¿no habrá que situarlos —en contra de la declaración de los fariseos— entre los que aprecian la observancia de la voluntad divina (cf. 7, 17)? Para los dirigentes,

100. Su reacción es análoga a la del centurión después de la muerte del Crucificado: «Verdaderamente este hombre era el Hijo de Dios» (Mc 15, 39 par).

101. Cf. 2 Tim 2, 9; J. Calloud-F. Genuyt, *L'Evangile de Jean* II, Paris 1987, 19.

102. Cf. 7, 12. Así Mt 27, 63. También los discípulos son considerados como seductores (2 Cor 6, 8; 1 Tes 2, 3; 2 Tim 3, 13; cf. Justino, *Dial.* 69, 7, 108). Cf. Gál 3, en donde la cruz es la maldita; aquí es la disposición a escuchar al Logos hablando en Jesús.

103. SB II, 495s. Según los rabinos, el conocimiento es superior a la práctica: *Abot* 2, 8; cf. K. H. Rengstorf, TWNT IV, 405, 1.10.

la ley es el objeto de una ciencia reservada a su casta, mientras que es «su» ley, la que exige de ellos obrar según la justicia y discernir los caminos de Dios. Con agudeza, Nicodemo dirá: «*nuestra* ley...», precisamente en el sentido de una instancia más alta que se impone a los mismos jueces.

Nicodemo viene en su auxilio, como auténtico conocedor de la ley. El sentido de su pregunta parece obvio: antes de cualquier juicio, hay que oír al acusado... ¿Estará insinuando Jn que Jesús fue condenado sin proceso legal, es decir, sin posibilidad de autodefensa? Ante un examen atento[104], esta lectura superficial, que es la que se acepta habitualmente, no está muy de acuerdo con la presentación del cuarto evangelio. En Jn, la condena de Jesús es precisamente el resultado de lo que en varias ocasiones expresó él mismo, no ya en secreto, sino ante los «judíos»; si en el cuarto evangelio no figura ningún proceso ante el sanedrín, es porque entre Jesús y sus jueces se dijo ya todo a lo largo de la vida pública. Por otra parte, en el capítulo 5, Jesús ha pronunciado ya su apología y aquí ha justificado su enseñanza (7, 14-18), así como su obrar (7, 21-24). Desde el punto de vista de la exégesis, una dificultad viene a confirmar las sospechas sobre el sentido de este texto: a los críticos les cuesta trabajo encontrar un pasaje de la ley que autorice las palabras de Nicodemo. Es verdad que en caso de proceso se exige escuchar a alguien, pero se trata de escuchar a los testigos de cargo[105], mientras que según la exigencia presentada por Nicodemo se trata de escuchar al inculpado y sólo a él. Por tanto, «oír» a Jesús no puede reducirse en 7, 51 a la regla de sentido común que sigue toda legislación penal, y mucho menos a la demanda de un proceso oficial[106], que no entra en la perspectiva de Jn.

Se olvida muchas veces tomar en cuenta la segunda parte de la frase: «...sin saber lo que hace», para la que no se encuentra ninguna referencia bíblica. Se ve allí, además, una precisión complementaria: para juzgar, hay que conocer los hechos. Pues bien, puesto que los verbos «oír-conocer-hacer» se refieren aquí a la persona de Jesús, conviene darles el valor habitual que tienen en el cuarto evangelio.

104. S. Pancaro, *The Law in the Fourth Gospel,* 138-157 = Bib 53 (1972) 340-361, lo ha mostrado con decisión en contra de la mayor parte de los comentaristas, que se refieren a Ex 23, 1; Dt 1, 16s; 17, 4; *ExR* 21, 3; Josefo, *Bel. Jud.* I, 209; *Ant. Jud.* XIV, 167.

105. Convendría verificar más de cerca el sentido de los textos aducidos en el dossier del «testigo», concebido ordinariamente como un testigo de cargo. Así ocurre en Dt 1, 16 y 19, 16s, pero no seguramente en Ex 23, 1; Dt 17, 4s; 19, 15.

106. Con J. Blank, BZ 3 (1959) 60-81 e I. de la Potterie, Bib 41 (1960), 217-247, contra F. Hahn, EKK II, 66-69. Jn no sabe nada de un proceso oficial contra Jesús; su comparecencia ante Anás no tiene este valor jurídico.

«Oír» (*akoúein*), que puede significar una simple audición[107], tiene casi siempre en Jn el sentido de una escucha espiritual que conduce a una acogida de fe, y por tanto está muy próximo a «creer». Así, en el capítulo 10: «Mis ovejas oyen (*akoúousin*) mi voz» se opone a «no me creéis»[108]. Si bien no se puede excluir que en 7, 51 el verbo tenga el sentido físico de audición, resulta que significa en profundidad que los fariseos deberían antes «oír» a Jesús.

«Conocer», empleado positivamente, está reservado a los creyentes y aquí su objeto es lo que Jesús «hace», es decir, joánicamente, la obra del Padre, o los signos; conocer, por tanto, es captar la revelación inherente al obrar de Jesús.

El vínculo entre las dos condiciones propuestas se refleja en la traducción que presentamos, en donde *kaí* tiene un valor consecutivo: «¿Juzga nuestra ley al hombre sin oírlo primero, *de manera que* se llegue a saber lo que hace?»[109]. En otras palabras, es solamente a través de la acogida de la palabra y gracias a su fruto de «conocimiento» como es posible pronunciarse sobre Jesús. La frase incluye el *decir* y el *hacer* que han sido evocados a lo largo de todo el capítulo. El recuerdo que ofrece el narrador de la conversación de Nicodemo con Jesús apoya esta lectura; el comportamiento del personaje en lo que queda del evangelio confirma que se sintió profundamente atraído hacia Jesús (19, 39).

¿Cómo puede Nicodemo atribuir a la ley unos criterios de orden «cristológico»? En este episodio, el término *ley* funciona según las dos concepciones que Jn ha distinguido anteriormente: la que determina la adhesión a un sistema cerrado (cf. 7, 17-24) y la que representa aquí Nicodemo, para quien la ley es el camino que conduce al misterio de Cristo (cf. 5, 46s).

En conclusión, si la pregunta planteada por Nicodemo puede tener dos sentidos —uno superficial y otro real—, Jn no se fija más que en el segundo. Sugiere que los mismos fariseos están violando la ley en nombre de la cual condenan a Jesús; pero esto no por culpa de un procedimiento incorrecto, sino mucho más profundamente por su sordera ante el mensaje que contiene.

La réplica de los fariseos a Nicodemo es del mismo tenor que la que dieron a los guardias: una invectiva y un argumento de autoridad.

107. Jn 5, 25a.28; 6, 60a; 7, 40; 9, 27a. De forma semejante en los sinópticos: Mt 13, 23; 15, 10; Mc 4, 12; 7, 14; Lc 8, 10 (cf. Hech 28, 26; Rom 15, 21; Heb 4, 2).

108. Jn 10, 26s; cf. 4, 42; 5, 24.37; 6, 60b; 12.47. Igualmente en los sinópticos: Mc 4, 9.23; 7, 16; Mt 11, 15; Lc 8, 8; 14, 35...; cf. Is 6, 9s; 29, 10; Mt 13, 13; Rom 11, 8.

109. Cf. Mt 5, 15; 26, 15. F. Delistch traduce correctamente en hebreo este pasaje: cf. BD 442, 2.

«¡Investiga la Escritura!»[110], es decir, no ya «hacer una encuesta» (2 Re 10, 23) sobre las circunstancias, sino «examinar» el fundamento bíblico de la creencia de que «de Galilea no surge ningún profeta». ¿Se trata de *un* profeta, o *del* profeta semejante a Moisés? Puesto que algunos manuscritos ponen el artículo delante de la palabra[111], es difícil decidir. Lo cierto es que los fariseos rechazan a Jesús debido a su origen galileo[112], con lo cual se señala el escándalo de la encarnación. Entonces es cuando se ilumina el uso del término «hombre» en la palabra de los guardias y en la de Nicodemo. La Escritura, al dejar de ser luz de Dios, se convierte en límite de Dios y de su poder de revelación que desborda toda capacidad humana. Pero los dirigentes no deciden nada en concreto: comprobamos que Jesús sigue enseñando. ¡Todavía no le han echado mano![113].

APERTURA

Con su presencia, Jesús provocó una «división» entre sus contemporáneos. Esta división *se produce en todo ser humano, hasta en el creyente. La gente sigue mostrándose reticente ante Jesús, en nombre de ciertos principios tradicionales (origen desconocido del Mesías, nacimiento en Belén...); también el creyente cristiano tropieza a veces con algunos textos evangélicos que le asustan, como las exigencias del sermón de la montaña. Pues bien, lo mismo que el contemporáneo de Jesús, el creyente de hoy haría mal en no seguir profundizando en las palabras de Jesús; tiene que hacerlo, puesto que ha recibido el Espíritu que le ayuda a «venir a Jesús».*

110. El verbo *eraunáō* indica la investigación activa del testimonio de Dios, de sus mandamientos (Sal 118, 2.69 [LXX]), de la revelación divina en las Escrituras. De la palabra hebrea *darash* viene la investigación «midráshica».

111. Una curiosa observación: el profeta Jonás ben Amittai es natural de Galilea, a 5 kilómetros al norte de Nazaret (2 Re 14, 25). Esta indicación iría en contra de la afirmación de los fariseos, a no ser que, con algunos manuscritos que añaden el artículo delante de la palabra (S D W θ fam 1.13), se hable *del* Profeta en el v. 52, lo mismo que en 7, 40.

112. ¿Por qué insiste tanto el relato en Galilea? Jesús recorría Galilea (7, 1); el origen de Jesús es en tres ocasiones la causa principal que aducen los judíos para negarse a creer en él. Esta procedencia podría ser una manera de proclamar la auténtica encarnación del Logos: su estatuto terreno oculta su verdadero origen.

113. El evangelio continúa de 7, 51 a 8, 11 con el pasaje sobre «Jesús y la mujer adúltera». Este texto, canónico pero no joánico, rompe la unidad que forman los capítulos 7-8. Por eso realizaremos su lectura después de la del capítulo 8 (cf. *infra,* 245-254).

Hay dos peligros principales que amenazan al creyente que se apoya en un texto revelado. El primero es el del tradicionalismo. *Los «judíos» del relato tienen ciertamente razón de apegarse a la tradición de la ley; pero hacen mal al encerrarla en un sistema que no deja ya ningún espacio a las aperturas que ella misma contiene y al Dios vivo que renueva incesantemente las lecturas que hace el hombre de la sagrada Escritura. Prefieren la letra bien asentada al espíritu que no siempre se logra dominar. Jesús habla de «palabra» y de «enseñanza»; ellos se refieren a las sagradas «letras» de las que se creen depositarios: Dios se habría expresado en un texto definitivo. Considerado de esta manera, ¿no corre el texto sagrado el peligro de ahogar la palabra viva? Y he aquí entonces al tradicionalista deslizándose por las laderas del integrismo.*

Un segundo peligro amenaza a los que, concienzudamente, se preocupan de poner en práctica *los preceptos de su Iglesia. Para apreciar la calidad de un comportamiento, juzgan según la observancia o la transgresión de una ley cuyo sentido han fijado en una práctica concreta que no tolera ninguna excepción. Juzgándose fieles a estos mandamientos, el practicante corre el riesgo de juzgar el comportamiento de los demás por la regla de su estrecha perspectiva; ¿cómo podría abrirse a la llamada de grandes horizontes que le lanzan los «no creyentes» y los desamparados de la tierra?*

En el origen de estas actitudes deformadas se encuentra una concepción especial de la ley. *La ley vale en la medida en que indica la voluntad de Dios, en que es el camino de la palabra viva. Si el decálogo no invita al diálogo se convierte en un simple catálogo, en un corsé que puede mantener recta a la persona, pero que paraliza al buscador de Dios. Jesús invita a cada uno de los hombres, no ya a prescindir de la ley, sino a escuchar a Dios que habla a través de ella. Mientras que san Pablo se preocupaba de mostrar cuál es el verdadero cristiano, Juan invita a sus lectores a realizar cuál es el* verdadero judío, *aquel que pone en obra las riquezas de la ley.*

Los interlocutores de Jesús parecen maestros consumados en el arte de eludir la pregunta que se plantea. Es que Jesús se presenta bajo unos rasgos que resulta difícil, por no decir imposible, situar entre los datos del universo que les es familiar. Se presenta como un *hombre distinto, pero ese hombre distinto intenta establecer la comunicación con ese* otro *que es Dios mismo.*

Frente al otro *que se manifiesta de este modo, el hombre se pone a desplegar astutas triquiñuelas a fin de romper la comunicación. Si Jesús lleva a cabo obras maravillosas que intentan ser los signos de un misterio, sus contemporáneos se las apañaron muy pronto para convertirlas tan sólo en* prodigios; *y exclamaban llenos de admiración: «¿Acaso el Cristo hará más signos de los que éste hace?». En estas condiciones, Jesús se ve cómodamente situado entre los seres de este mundo de abajo, el mundo de los taumaturgos, de los que hoy llamaríamos los «superstars».*

Si Jesús anuncia su partida y el cese de su presencia, la gente se apresura a buscar una explicación *satisfactoria para el espíritu, y esta explicación resulta tanto más verosímil a los ojos de los judíos cuanto más halagüeña parece para Jesús: ¿no es admirable que un santo tan grande de este mundo se marche a misionar a los infieles? Y entonces Jesús deja de ser el* otro *que intentaba lograr que la gente profundizara más en el misterio de su persona. Así es como el hombre defiende celosamente su mundo familiar, rechazando los intentos que hace el* otro *para establecer una comunicación que sea de un orden diferente.*

Y la última astucia consiste en tachar de locura *—hoy diríamos de «pura imaginación»— la presencia de un ser que se dice al mismo tiempo presente y ausente, que ofrece su agua para beber como si el mundo ordinario no brindase ya demasiados productos para calmar la sed. Pero por mucho que el hombre se afane, el Otro no hace más que venir una y otra vez, desconcertándome continuamente en medio de mis astucias destinadas a eliminar de mi existencia el misterio.*

A ese hombre, Jesús de Nazaret (o el individuo con quien me encuentro), nosotros lo catalogamos en el universo que conocemos, siendo así que el otro nos sigue hablando de «otro mundo» de donde él viene y adonde regresa. ¿No consistirá la última astucia en utilizar la fuerza *para impedir a la palabra que se haga oír? Sin embargo, la palabra continúa resonando a nuestros oídos, ensordecidos por el ruido de este mundo.*

Se lo decía Jesús a Nicodemo: el creyente ha nacido dos veces. El mismo Jesús es un ser paradójico. Está ciertamente situado en un lugar concreto —Galilea— y en un tiempo determinado —la fiesta de las Tiendas—. Este origen terreno es ciertamente el suyo, pero su ser es también de otra parte: él sabe de dónde viene y adónde ha de volver, escapándose así de toda clasificación. El presente *de Jesús no se define por su inserción entre un pasado y un futuro: tiene un relieve que le viene de la presencia de Dios. En cierto sentido, Jesús está a la vez en Galilea y en Judea, y en el templo: todos esos lugares son suyos. Si los judíos no llegan a dominar su identidad, lo mismo ocurre con el no-creyente ante el creyente: éste no puede dejarse encerrar en ninguna categoría. Su identidad es doble: su decir y su obrar, condicionados por el espacio y por el tiempo, saltan sin embargo las fronteras que trazan los hombres. Por eso no pueden decidirse solamente por las coyunturas temporales y espaciales; su lugar y su tiempo están determinados de otra manera, por algo distinto que es Dios.*

YO SOY
(8, 12-59)

12 Entonces Jesús proclamó de nuevo diciendo:
«Yo soy la luz del mundo.
El que me sigue no caminará en tinieblas,
sino que tendrá la luz de la vida».
13 Entonces los fariseos le dijeron: «Tú atestiguas de ti mismo;
tu testimonio no es veraz».
14 Jesús respondió y les dijo:
«Aunque yo atestigüe sobre mí, mi testimonio es veraz,
porque sé de dónde he venido y adónde vuelvo.
15 Vosotros juzgáis según la carne; yo no juzgo a nadie.
16 Pero si yo juzgo, el juicio que es el mío es auténtico,
porque no estoy solo,
sino estoy yo y el Padre que me ha enviado.
17 Y hasta está escrito en vuestra ley que el testimonio de dos
hombres es veraz.
18 Soy yo el que atestiguo sobre mí mismo,
y por mí atestigua el Padre que me ha enviado».
19 Entonces ellos le decían: «¿Dónde está tu padre?».
Jesús les respondió: «No me conocéis ni a mí ni a mi Padre:
si me conocieseis, conoceríais también a mi Padre».
20 Estas palabras las proclamó cerca del tesoro, enseñando en
el templo; sin embargo, nadie se apoderó de él, porque su hora no
había llegado todavía.
21 Entonces les dijo de nuevo: «Yo me vuelvo y vosotros me
buscaréis y moriréis en vuestro pecado;
a donde yo me vuelvo, vosotros no podéis venir».
22 Entonces los judíos decían: «¿Se va a matar, puesto que
dice:
'a donde yo me vuelvo, vosotros no podéis venir'?».
23 Y él decía:
«Vosotros sois de abajo; yo soy de arriba.
Vosotros sois de este mundo, yo no soy de este mundo.
24 Os he dicho que moriréis en vuestros pecados;
sí, si no creéis que yo (lo) soy, moriréis en vuestros pecados».
25 Entonces le decían: «Tú, ¿quién eres?».
Jesús les dijo: «Desde el principio, lo que yo os proclamo.
26 ¡Cuántas cosas tendría que declarar sobre vosotros y juzgar!
¡Pero no! El que me ha enviado es veraz,
y lo que aprendí de él es lo que yo proclamo al mundo».

27 Ellos no comprendieron que les hablaba del Padre.
28 Así pues, Jesús les dijo: «Cuando hayáis elevado al Hijo del
hombre, entonces comprenderéis que yo (lo) soy:
por mí mismo no hago nada,
pero tal como el Padre me ha enseñado, proclamo estas cosas.
29 Sí, aquel que me ha enviado está conmigo; no me ha dejado
solo, porque hago siempre lo que le agrada».
30 Como proclamaba esto, muchos se pusieron a creer en él.

31 A los judíos que se habían fiado de él, Jesús decía entonces:
«Si vosotros permanecéis en la palabra que es mía,
sois verdaderamente mis discípulos
32 y comprenderéis la verdad
y la verdad os hará libres».
33 Le respondieron: «Nosotros somos simiente de Abrahán
y nunca hemos sido esclavos de nadie.
¿Cómo puedes decir tú: 'Os haréis libres'?».
34 Jesús les respondió: «Amén, amén, yo os lo digo:
Todo el que comete pecado es un esclavo.
35 Pero el esclavo no permanece en la casa para siempre,
el hijo permanece para siempre.
36 Si, pues, el Hijo viene a haceros libres,
seréis realmente libres.

37 ¡Sé bien que sois la simiente de Abrahán!
¡Pero no! Intentáis matarme;
es que la palabra, la mía, no penetra en vosotros.
38 Y, lo que he visto en el Padre, lo proclamo;
y vosotros, lo que habéis oído a vuestro padre, lo hacéis».
39 Ellos respondieron y dijeron: «Nuestro padre es Abrahán»
Jesús les dijo: «Si fueseis hijos de Abrahán,
¡haríais las obras de Abrahán!
40 Pero ahora intentáis matarme a mí,
un hombre que os he proclamado la verdad que aprendí de Dios.
Esto Abrahán no lo hizo.
41 Vosotros hacéis las obras de vuestro padre».
Le dijeron: «¡Nosotros no hemos nacido en la prostitución!
¡no tenemos más que un padre: Dios!».
42 Jesús les dijo: «Si Dios fuera vuestro padre, me amaríais,
porque yo es de Dios de quien he salido, y estoy allí.
Sí, no es por mí mismo como he venido,
sino que es él quien me ha enviado.
43 ¿Por qué razón no comprendéis mi lenguaje?

Es que no podéis oír mi palabra.
44 El padre del que vosotros sois, es el diablo,
y son los deseos de vuestro padre lo que queréis cumplir.
Aquel era homicida desde el principio
y no se mantenía en la verdad:
sí, la verdad no está en él.
Cuando profiere la mentira, es de su fondo de donde habla,
porque es mentiroso y padre de la mentira.
45 Yo, por el contrario, porque os digo la verdad
no os fiáis de mí.
46 ¿Quién de entre vosotros puede convencerme de pecado?
Si digo la verdad, ¿por qué no os fiáis de mí?
47 El que es de Dios oye las palabras de Dios.
La razón, por la que no me oís vosotros, es que no sois de Dios».
48 Los judíos respondieron y le dijeron:
«¿No tenemos razón al decir nosotros
que tú eres un samaritano y que te posee un demonio?».
49 Jesús respondió: «A mí ningún demonio me posee,
sino que honro a mi Padre, mientras que vosotros me deshonráis.
50 Yo no busco mi gloria;
hay alguien que (la) busca y que juzga.

51 Amén, amén, yo os lo digo:
«Si alguien guarda mi palabra, no verá jamás la muerte».
52 Entonces los judíos le dijeron: «Ahora reconocemos que un demonio te posee.
¡Abrahán murió, los profetas también, y tú dices:
'Si alguien guarda mi palabra, no verá jamás la muerte'!
53 ¿Serás mayor que nuestro padre Abrahán, que murió?
Los profetas también murieron.
¿Quién te haces entonces?».
54 Jesús respondió:
«Si soy yo el que me glorifico, mi gloria no es nada.
El que me glorifica es mi Padre,
del que vosotros decís: 'Es nuestro Dios'.
55 Sin embargo, no lo reconocéis,
mientras que yo lo conozco bien.
Y si yo llegara a decir que no lo conozco bien,
sería semejante a vosotros, un mentiroso;
pero lo conozco bien y guardo su palabra.

56 Abrahán, vuestro padre, se alegró con la idea de ver mi día.
Lo vio y se alegró».

57 Entonces los judíos le dijeron: «No tienes aún cincuenta años, ¡y has visto a Abrahán!».
58 Jesús les dijo: «Amén, amén, yo os lo digo:
Antes de que Abrahán viniese a la existencia, *Yo soy*».
59 Entonces recogieron piedras para echarlas sobre él.
Pero Jesús se ocultó y salió del templo.

El capítulo 8 presenta la continuación de la «enseñanza» que había comenzado Jesús en la fiesta de las Tiendas: «Jesús proclamó de nuevo...» (8, 12; 7, 14). Se nos recuerda el contexto narrativo: es en el templo donde enseña Jesús, a pesar de que andaban tratando ya de hacerse con él (8, 20). Todo ocurre en el interior del santuario. Los interlocutores de Jesús son ahora los fariseos, que hasta ahora habían estado al acecho; el auditorio, sin embargo, incluye a todas las personas que acudían al templo: Jesús está en la explanada contigua a la sala del Tesoro[1] y en el v. 30 se señala la presencia de un gran número de oyentes: «Como proclamaba esto, muchos se pusieron a creer en él».

A pesar de que se recogen aquí varias tradiciones diversas[2], este capítulo forma una unidad literaria. Está enmarcado por la expresión *(Egṓ eimi* 8, 12.58), que aparece además en otras dos ocasiones a lo largo de la exposición, preparando el *Yo soy* absoluto al final. Por eso el capítulo entero puede titularse «Yo soy», aunque es preciso entender esta expresión correctamente[3]. Jesús protesta que él no es sino por Dios, con el que tiene una relación constitutiva. Por otra parte, el *Yo* de Jesús resulta ejemplar para todo ser humano: si la fe requerida recae no solamente sobre la palabra que pronuncia Jesús de parte de Dios, sino sobre su misma persona, es porque el discípulo tiene que reconocer en él al Hijo y de este modo está llamado a serlo él también.

El texto se queda así unificado por la frecuencia excepcional, en labios de Jesús, de unas palabras que designan el acto de pronunciar una palabra[4]. Esto es lo que reflejan varias réplicas de los judíos y los

1. El Tesoro del templo es propiamente la sala que contiene el tesoro, inaccesible al público (Neh 10, 39; Mt 27, 6); por extensión, se dice del pórtico que da a dicha sala (1 Crón 9, 26), como aquí. A Jesús le gustaba este sitio según Mc 12, 41 = Lc 21, 1-4.

2. R. Bultmann ve en este capítulo fragmentos de varios orígenes. M. E. Boismard intenta una reconstrucción de sus etapas redaccionales.

3. Cf. *infra,* 237-240.

4. Los términos que se refieren al «hablar» son anormalmente numerosos en labios de Jesús a lo largo del capítulo 8: 29 menciones en 47 versículos: *laléō* (8, 25.26.26.28.38.40.44.44), *légō* (8, 34.45.46.51.54.57), *lalía* (43), *eîpon* (24.55), *lógos* (31.37.43.51.55), *rhḗmata* (47), *martyréō/ía* (14.14.17.18.18), *didáskô* (29).

tres comentarios del evangelista[5]. El lector se encuentra en presencia del Logos de Dios que se expresa en Jesús de Nazaret. El capítulo 8 sirve de balanza al prólogo.

Por su forma, este capítulo no es un discurso como el del capítulo 5: las proclamaciones de Jesús sobre el origen divino de sus palabras y sobre su efecto alternan con las réplicas de sus oyentes[6]. Sin embargo, tampoco se trata de un diálogo[7], si con este término entendemos lo que entendían los griegos por una búsqueda serena de la verdad, aunque fuese bajo la conducta de un sabio que oriente a los demás. El texto presenta una serie de confrontaciones durante las cuales Jesús choca no solamente con unos malentendidos como en el diálogo con Nicodemo, sino con una oposición sistemática, con una incomprensión radical[8], aun cuando por una parte y por otra el lenguaje siga siendo el de una misma tradición, la de Israel. Jesús subraya el fracaso de la comunicación: «¿por qué razón no comprendéis mi lenguaje?» (8, 43). De este enfrentamiento se deriva una tensión dramática, que termina con un intento de lapidación y —lo cual tiene un sentido simbólico— con la retirada de Jesús que abandona el templo.

¿Por qué la revelación tan alta del Hijo se presenta en un contraste tan duro con la incredulidad? El conflicto entre Jesús y sus interlocutores refleja, tanto aquí como en otros lugares, el que oponía a la sinagoga y a la comunidad cristiana. El evangelista pretende ante todo iluminar, no ya el ambiente judío ortodoxo, sino a sus hermanos, a aquellos cuya fe podía vacilar ante las críticas de los fariseos. El enfrentamiento se sitúa bajo el signo de la Luz que conduce al discípulo hacia la vida (8, 12). A lo largo del texto la luz de la Palabra irradia, se refracta, resulta incluso deslumbradora; cuando no obscurece la

Su número en los otros capítulos de Jn es claramente inferior: cap. 1 (con 51 versículos): 3 veces; 2 (25): 0; 3 (21): 9; 4 (42): 3; 5 (47): 12; 6 (71): 7; 9 (41): 2; 10 (42): 6; 11 (57): 2; 12 (50): 8. La frecuencia aumenta en Jn 13-17: cap. 13 (38): 7; 14 (31): 9; 15 (27): 9; 16 (33): 15; 17 (26): 8.

5. En labios de los interlocutores: 8.13.22.33.48.52; cf. 57. En las observaciones del narrador: 8, 20.27.30.

6. «(Jesús) dijo» o «respondió»: 8, 12.14.19.21.23.25.28.31.34.39.42.49.54.58. «Le dijeron» o «respondieron»: 8, 13.19.22.25.33.39.41.48.52.57.

7. Deseando descubrir las raíces históricas de este pasaje, C. H. Dodd creyó que podía calificar el texto de «diálogo» (RHPR 37 [1957] 5-17 y *Trad. hist.*, 318-320). Este intento logra solamente descubrir algunas relaciones con la tradición sinóptica. Sobre este último punto, cf. C. K. Barrett, 364.

8. H. Lona ha defendido vivamente la idea de que no existe ningún «código de comunicación» entre Jesús y sus interlocutores (*Abraham in Joh 8*, Bern-Frankfurt, 369-466).

opacidad del rechazo, aplastada por el muro con que choca, se vuelve hacia el que está hablando: Jesús aparece cada vez más luminoso a los ojos del lector. Así es el arte de Jn.

Por otra parte, la violencia del lenguaje de Jesús en algunas ocasiones resulta desconcertante. A lo largo de la historia, ¿no ha servido de pretexto el texto de Jn en algunos ambientes cristianos para un desprecio intolerable de los judíos?[9]. Esta violencia del lenguaje de Jesús puede explicarse por la situación de crisis que vivía la comunidad joánica[10] o justificarse también como expresión del sufrimiento profundo que sentía por el rechazo de Cristo en el pueblo de Israel. Sin embargo, estas razones no logran explicar del todo este dato. Jn se expresa como heredero de los profetas judíos que no habían tenido reparo en su tiempo de denunciar, bajo cualquier forma que se presentase entre sus contemporáneos, el comportamiento que conduce a la muerte. En efecto, se da uno cuenta entonces de que los reproches de Jesús a sus interlocutores coinciden con las invectivas clásicas de los profetas y con los temas ordinarios de la Biblia: el desconocimiento de Dios[11], la resistencia a la palabra divina[12], el riesgo de endurecimiento definitivo en el pecado[13], los crímenes de sangre[14], la mentira[15], el seguimiento de los «ídolos»[16] que radicaliza Jn en el sometimiento al diablo. En el capítulo 9, encontraremos el reproche de la ceguera culpable[17]. Pero para el evangelista todos estos comportamientos se manifiestan a plena luz ante la revelación del Hijo.

El texto comprende dos partes generales, la primera de las cuales tiene a su vez dos sub-unidades. Las dos partes comienzan con una llamada a seguir a Jesús: él es la luz del mundo (8, 12); sus discípulos conocerán la verdad que libera (8, 31). En la conjunción de las dos partes se encuentra una indicación positiva del narrador: «Como proclamaba esto, muchos se pusieron a creer en él» (8, 30); esto

9. Cf. I, 315-319.

10. Cf. K. Wengst, *Bedrängte Gemeinde und verherrlichter Christus,* Neukirchen 1983.

11. Is 1, 3; Jer 8, 7; 9, 2...

12. Jer 2, 34; Bar 1, 21; 2, 10; Os 4, 2...

13. Dt 32, 15; Núm 14, 11; Is 1, 15.21; Jer 7, 25-28; Ez 18, 24; Os 4, 2; Am 4, 4-11; cf. Sal 95, 7-11; 106; 2 Re 17, 13-15.20...

14. Dt 27, 25; Sal 106, 38; Is 59, 3.7; Jer 2, 34; 26, 15...

15. Lev 9, 11; Sal 101, 7; 119, 29; Is 57, 4; 59, 3; Jer 13, 25; Ez 13, 22; Os 10, 13...

16. Is 42, 17; Jer 8, 19; Ez 20, 24; Hab 2, 18...

17. Is 6, 9s; Jer 5, 21...

condiciona literariamente la continuación de la enseñanza de Jesús en el v. 31: «A los judíos que se habían fiado de él, Jesús decía...».

A lo largo de la primera parte (8, 12-30), Jesús justifica el testimonio inicial por el que se había proclamado luz del mundo. Para ello afirma su unión con el Padre, que manifestará claramente su «elevación». La segunda parte (8, 31-59) está constituida en torno a la figura de Abrahán, el creyente, de quien los oyentes de Jesús se confiesan «hijos». En la perspectiva de este texto, todo ser humano depende en su conducta de un Otro que está en la fuente de su mismo ser. Este origen no es una fatalidad, sino una opción. Por eso mismo Jesús condena en los oyentes el rechazo de la verdad y la intención homicida en que se expresa su ligereza: es el diablo al que están escuchando, el dispersador por excelencia. Su comportamiento es todo lo contrario del de Abrahán, que creyó en la promesa de Dios; creyó en aquel que ahora se define ante todos los oyentes como el que está en perfecta comunión con el Padre.

El texto contiene en un lenguaje mítico una reflexión muy profunda sobre lo mucho que se está jugando el hombre en su encuentro con la palabra de Dios; se interpreta aquí la condición humana. Si Jn expresa, como buen contemplativo, todo lo que él mismo ha penetrado del misterio del Hijo, es la relación de cada uno de los hombres con el Dios único lo que constituye el objeto esencial de estas páginas. El combate que evoca es el de la verdad contra la mentira, y se desarrolla en el corazón del hombre; es un combate duro, aparentemente desesperado. Sin embargo, el texto está puesto bajo el signo de la luz (8, 12) y de la victoria sobre la muerte (8, 51s); en el capítulo 9 el ciego de nacimiento, que ha vuelto a ver, será el testigo de la eficacia de la palabra.

El testimonio de Jesús (8, 12-30)

El testimonio que da de sí mismo Jesús, luz que da la vida al mundo (8, 12), es contestado por los fariseos y justificado a continuación por Jesús: no se trata del testimonio de uno solo, ya que Jesús está siempre unido al Padre, de manera que son *dos* los que dan testimonio (8, 13-19). Después de la indicación del narrador que sitúa este diálogo en el templo, el lugar en donde los israelitas deberían encontrar a Yahvé, un segundo desarrollo evoca la muerte próxima de Jesús como la manifestación por excelencia de su fidelidad al Padre (8, 21-29).

12 Entonces Jesús proclamó de nuevo diciendo:
«Yo soy (*egṓ eimi*) la luz del mundo.
El que me sigue no caminará en las tinieblas,
sino que tendrá la luz de la vida».
13 Entonces los fariseos le dijeron: «Tú atestiguas de ti mismo; tu testimonio no es veraz».
14 Jesús respondió y les dijo:
«Aunque yo atestigüe sobre mí, mi testimonio es veraz,
porque sé de dónde he venido y adónde vuelvo.
15 Vosotros juzgáis según la carne; yo no juzgo a nadie.
16 Pero si yo juzgo, el juicio que es el mío es auténtico, porque no estoy solo,
sino estoy yo y el Padre que me ha enviado.
17 Y hasta está escrito en vuestra ley que el testimonio de dos hombres es veraz.
18 Soy yo el que atestiguo sobre mí mismo,
y por mí atestigua el Padre que me ha enviado».
19 Entonces ellos decían: «¿Dónde está tu padre?»
Jesús respondió: «No me conocéis ni a mí ni a mi Padre:
si me conocieseis, conoceríais también a mi Padre».
20 Estas palabras las proclamó cerca del Tesoro, enseñando en el templo; sin embargo, nadie se apoderó de él, porque su hora no había llegado todavía.

Esta primera sub-unidad está enmarcada (v. 12 y 20) por el verbo *elálēsen* (literalmente, «habló»), que tiene de ordinario en Jn el matiz de anunciar solemnemente, de revelar: «Jesús proclamó». El carácter de revelación pertenece así no solamente al anuncio sobre la luz, sino igualmente a todo lo que Jesús dice a continuación a los fariseos (v. 13-19)[18].

Hemos traducido el *Egṓ eimi* inicial como «Yo soy», pero con un matiz distinto del que tenía en el capítulo 6, ya que allí Jesús respondía a una pregunta (6, 35), mientras que aquí esta palabra se lanza sin haber sido introducida de antemano, y anuncia ya desde lejos, literariamente, el *Yo soy* final (8, 58).

18. El verbo *laléō* (12 veces en el capítulo 8) podría ocupar el lugar de *kērýssō* ignorado por Jn. R. Bultmann propone vincular 8, 13-20 a un conjunto sobre el juicio que estaría compuesto de 7, 21-24; 5, 19-29; 5, 30-47; 7, 15-18; 8, 13-20. Esta hipótesis no tiene ninguna base literaria; cf. J. O. Tuñí, *La verdad os hará libres. Jn 8, 32,* Barcelona 1973, 106s.

Jesús revela que es «la luz del mundo»; por medio de él, el discípulo obtendrá «la luz de la vida» (cf. 1, 4). La metáfora de la luz aplicada a Jesús da el tono a todo el capítulo. Pero desaparece a continuación, para no volver hasta el episodio del ciego de nacimiento (9, 5). ¿Se habrá insertado este versículo en un contexto al que no pertenecía? La verdad es que hay algunos datos que demuestran el acierto de la colocación al comienzo del capítulo 8.

Lo que proclama Jesús se corresponde a la llamada a beber que había lanzado antes (7, 37s) y puede incluso situarse fácilmente en el contexto global de estos capítulos: además del rito del agua, la fiesta de las Tiendas comprendía un rito vespertino de la luz, con procesión de antorchas[19], que expresaba las esperanzas de contemplar la luz plena prometida a Israel para el día del Mesías. Después de haberse presentado como la fuente de aguas vivas que saldrían del corazón del creyente, Jesús se ofrece «de nuevo» como la luz, según el movimiento que animaba ya al salmista:

> En ti está la fuente de vida,
> en tu luz vemos la luz (Sal 36, 10).

Tomado por entero, el versículo inicial es como una recapitulación previa, a su manera, de todo lo esencial del contenido presentado a continuación. Al proclamarse luz del mundo, Jesús revela lo que, desconocido todavía para los hombres, estaba oculto en Dios para su salvación: afirmará que su palabra, recibida del Padre, es verdad divina (8, 45-47) y que guardarla equivale a no ver jamás la muerte (8, 51s). Al final hablará de su «día» (8, 56); este término evoca la aparición de la claridad en medio de la obscuridad de la noche.

Finalmente, al presentarse en el templo como la luz, Jesús afirma que se cumple en su persona la larga espera, en Israel, de la luz definitiva, la que preparaba ya la luz de la ley[20] y luego la de la sabiduría[21], y que llegaría a identificarse con la luz mesiánica[22]. El evangelio de Mateo cita la antigua profecía:

> El pueblo que yacía en las tinieblas vio una gran luz,
> y para los que yacían en tierra de sombras
> se levantó una luz (Is 9, 1 = Mt 4, 16).

19. SB II muestra, a partir de *Sukkah* 5, 2-4 (cf. Zac 14, 7) que el patio de las mujeres, cerca de la sala del tesoro, se llenaba entonces de luz, hasta el punto —se decía— de que se veían iluminados por él los patios de las casas.
20. Prov 6, 23; Sal 119, 105; *Test. Leví* 14, 4; cf. SB II, 521s.
21. Prov 8, 22; Sab 7, 26.
22. Is 42, 6; 49, 6.

Pues bien, Jesús hace resonar los acordes de esta profecía de Isaías a lo largo del capítulo 8: después del anuncio de la luz en contraste con las tinieblas, aparecen efectivamente en los dos textos la liberación de la esclavitud (Is 9, 3; Jn 8, 32ss), el gozo suscitado por el cumplimiento de la promesa (Is 9, 2; Jn 8, 56) y el nombramiento solemne del Hijo (Is 9, 5; Jn 8, 36)[23], procediendo todo ello de Yahvé (Is 9, 6; Jn *passim*). ¿No habrá sido este pasaje de Isaías el que engendró este texto joánico, según el procedimiento que ya veíamos a propósito de 1, 19-2, 11?

Jesús habla aquí de la «luz del mundo», haciéndose eco de la tradición profética según la cual el mesías tenía que iluminar no solamente a Israel, sino a las naciones (Is 42, 6), texto que recogía el evangelista Lc:

> Mis ojos han visto tu salvación,
> que has preparado frente a todos los pueblos,
> luz para revelación a los paganos
> y gloria de Israel, tu pueblo (Lc 2, 30-32).

La tradición sapiencial, a su manera, presentaba también la ley como teniendo una dimensión universal (Eclo 24, 31); Jn continuará en esta perspectiva, particularmente con ocasión de la profecía involuntaria del sumo sacerdote Caifás:

> Era preciso que Jesús muriese por la nación, y no solamente por ella, sino para reunir en la unidad a los hijos de Dios que están dispersos (11,52).

Pues bien, la luz es también una imagen propiamente joánica, desde el mismo prólogo. Su presencia va siempre unida a la contrapartida de una acogida activa por parte de los destinatarios, acogida que no puede limitarse a una adhesión intelectual. Mientras que para los gnósticos la salvación se obtiene por medio del conocimiento, en Jn exige un compromiso existencial, que se expresa en 8, 12 por «seguirme»[24]. Lo mismo que había ocurrido antes con el pueblo hebreo

23. Cf. *Yo soy* en 8, 58; *infra*, 237-240.

24. Prolongando el empleo del antiguo testamento (cf., por ejemplo, Dt 1, 36; 1 Re 14, 8...), la metáfora «seguir (a Jesús)» aparece en los sinópticos para decir que hay que ir con Jesús hasta la cruz para alcanzar la resurrección. Con Jn, se trata de dejarse impregnar del Logos encarnado creyendo que Jesús no es solamente el Enviado de Dios, sino el Hijo; cf. A. Schulz, *Nachfolgen und nachahmen*, München 1972, 172-176; VTB 747-748.

cuando avanzaba hacia la tierra prometida con la nube por guía (Sab 18, 3), también el discípulo tiene que comprometerse a seguir a Jesús para obtener la vida que Dios le ofrece. Después de las imágenes del pan que alimenta para la vida eterna y de la fuente que sacia la sed para siempre, la de la luz expresa la transformación de la condición humana, según la esperanza que animaba ya al salmista y a los sectarios de Qumrán[25]. Las tinieblas que se oponen aquí a la luz no son la nada[26], sino —como indica el texto— el desconocimiento de Dios como Padre.

La continuación del capítulo dirá por qué ese hombre al que hay que seguir conduce de las tinieblas a la luz de la vida: está en perfecta comunión ciertamente con el Padre. Jesús viene ciertamente «de arriba», pero por esta comunión es el modelo impulsado hacia lo absoluto de lo que el hombre mismo está llamado a ser. El discípulo encuentra su camino iluminado por el Hijo; es lo que el evangelista mostrará en forma de relato en el episodio del ciego de nacimiento (capítulo 9), así como en la palabra atribuida a Jesús al final de su vida pública:

> Yo, luz, he venido al mundo
> para que todo el que cree en mí
> no permanezca en las tinieblas (12, 46).

Ya desde ahora el discípulo se convierte en «hijo de la luz»[27].

¿Puede la luz proceder de otra manera que no sea dando testimonio de sí misma? Sin embargo, los fariseos cuestionan la proclamación de Jesús. La objeción que plantean es de orden jurídico, en conformidad con su ciencia de la ley: «nadie puede atestiguar en su propio favor»[28]. Así pues, los fariseos siguen ignorando el origen y el término del que les habla: Jesús les reprocha que juzgan

25. Sal 4, 7; 18, 29; 27...: 1 QS 3, 7.
26. 1, 5; cf. I, 69-72.
27. Ya en la tradición primitiva el cristiano es llamado «hijo de la luz» (1 Tes 5, 5; Ef 5, 8; Col 1, 12s; Flp 2, 15; 1 Pe 2, 9). Tiene que ser «luz del mundo» (Lc 16, 8; Mt 5, 14). Los comentaristas ofrecen reflexiones abundantes sobre el tema de la luz, inspirándose en la tesis de G. P. Wetter, *PHŌS,* Uppsala 1915, y más recientemente en S. Aalen, *Die Begriffe «Licht» und «Finsternis»,* Oslo 1951. Lo esencial se encuentra en C. K. Barrett, 335-337.
28. Cf. J. Bonsirven, *Textes rabbiniques des deux premiers siècles chrétiens pour servir à l'intelligence du NT,* Roma 1955, n. 1237, citando *Mishna Ketubot* 2, 9.

según la carne[29], sin más criterio que las apariencias, sin ver en él más que a un hombre como los demás. El verbo «juzgar» no indica solamente «pronunciar una opinión» sobre alguien, sino que tiene aquí el matiz joánico de «condenar», como sugiere su empleo en lo que Jesús añade como contraste»: «Yo no juzgo a nadie» (cf. 3, 17). Sea cual fuere la justificación exegética de este pasaje y del desarrollo que le sigue en 8, 16a sobre la equidad del juicio eventual por parte de Jesús[30], este pasaje introduce en la revelación central del capítulo 8 el misterio de *dos* en *uno*.

Jesús afirma en primer lugar que su testimonio vale en virtud de su saber. Ha proclamado ya que viene del Padre y que vuelve a él[31]; aquí insiste en el conocimiento que tiene de su origen y de su destino (8, 14; cf. 13, 3): él «sabe», mientras que sus interlocutores permanecen en la ignorancia sobre él. Esta conciencia personal sitúa a Jesús fuera del común de los mortales: éstos están inmersos en un presente que no está vinculado inmediatamente al origen y al término; Jesús, por su parte, no está encerrado en su espacio, sino que domina el tiempo y su propio ser. ¿Por qué, sino porque él es de arriba (cf. 8, 23), unido perfectamente a aquel que lo envió, el Padre?[32].

El segundo fundamento que se aporta a la validez del testimonio es el carácter a la vez único y doble que posee: Jesús no está nunca solo, sino que está siempre con el Padre cuyo pensamiento dice y cuya voluntad manifiesta. Tomando el punto de vista de sus interlocutores, Jesús puede declarar que su testimonio es dado por dos testigos. En efecto, en un sentido, Jesús puede enumerar al Padre y a sí mismo como si fueran *dos,* ya que el Padre está «con él» (8, 29; 16, 32), está «en él» (10, 38), y sin embargo, son *uno* (10, 30). Así pues, queda respetada la ley que declara que «el testimonio de dos hombres es veraz», cita que encierra una parte de ironía, como sugiere el adjetivo «vuestra» apuesto a la «ley».

29. En griego *katà tēn sárka;* el artículo ante *sarx* sólo se utiliza en el nuevo testamento aquí y en 2 Cor 11, 18. La condenación de los judíos proviene de la ausencia en ellos del Espíritu: cf. *infra,* n. 30.

30. Es inútil declarar interpolados los v. 15c-16a; se trata de un desarrollo de tipo semítico de encadenamiento por medio de palabras-gancho; la conclusión de la primera explicación acusa a los interlocutores de «juicio según la carne», lo cual lleva consigo una observación sobre el juicio por parte de Jesús. Los fariseos no se contentan con una «discusión privada» (J. P. Charlier, RB 67 [1960] 512s); llevan a cabo su objetivo, indicado en 7, 32.51 y reafirmado en 8, 46.50. De este modo, el testimonio de Jesús tiene una dimensión jurídica.

31. 7, 28.33.

32. 10, 30; 13, 4; 16, 27s; 17, 8.

La cita está hecha *ad hominem:* en efecto, la ley no considera más que el caso de los testigos de cargo, que en este caso no tiene ningún sentido[33]. Jesús hace decir a «su» ley lo que se refiere a él: en el testimonio de Jesús está él mismo y el Padre, expresándose los dos en una sola palabra.

Apelando al Padre como a un segundo testigo, secreto, Jesús parece poner fin a la discusión. Sin embargo, los fariseos quieren citar ante el tribunal a ese segundo testigo. Su pregunta, «¿Dónde está tu padre?», demuestra que no han captado quién es el que ha sido nombrado por Jesús (cf. 8, 27). Quedándose en un nivel jurídico, ¿estarán deseando una información complementaria? Es más probable que se trate de una alusión a la paternidad de José[34] o incluso a una descendencia ilegítima[35], a no ser que se trate aquí igualmente de un procedimiento joánico para hacer que avance todo el debate.

Bajo una forma primero negativa y luego positiva, la réplica de Jesús a la cuestión necia, si no injuriosa, de los fariseos es también una revelación de su unión con el Padre, más honda todavía: conocerlo a él sería conocer también al Padre (cf. 14, 9). Pero, mientras que la fe no los ilumine, no se establece ninguna comunicación entre los interlocutores y Jesús. Lo confirma el final del pasaje: «sin embargo, nadie se apoderó de él, porque su hora no había llegado todavía» (v. 20). No precedida por la indicación de ningún intento de apoderarse de Jesús, esta observación del narrador es una manera de decir que la revelación precedente habría conducido a un arresto, como en 7, 30; equivale al comentario del evangelista en el siguiente desarrollo: «Ellos no comprendieron que les hablaba del Padre» (8, 27).

Incluso a través de la muerte (8, 21-30)

En la conversación anterior se ha dicho lo esencial: Jesús tiene derecho a proclamarse la luz de la vida. Pero no lo han entendido sus interlocutores que siguen amenazándolo con su hostilidad (8, 20). Por eso Jesús va a hablar de su muerte, y de tal manera que también aquí se plantea el misterio de su persona.

33. Se puede advertir el empleo de esta regla (Núm 35, 30; Dt 17, 6; 19, 15) en Mt 18, 16 y en 2 Cor 13, 1, donde se trata de una defensa. Al contrario, los testigos son de cargo en Heb 10, 28. ¿Se había ampliado la interpretación en tiempos de Jesús?

34. En 1, 46; 6, 42, donde se habla del «hijo de José».

35. Así Cirilo de Alejandría, que recuerda a 8, 41.

21 Entonces les dijo de nuevo: «Yo me vuelvo y vosotros me buscaréis y moriréis en vuestro pecado;
a donde yo me vuelvo, vosotros no podéis venir».
22 Entonces los judíos decían: «¿Se va a matar, puesto que dice: 'a donde yo me vuelvo, vosotros no podéis venir'?».
23 Y él decía:
«Vosotros sois de abajo; yo soy de arriba.
Vosotros sois de este mundo; yo no soy de este mundo.
24 Os he dicho que moriréis en vuestros pecados;
¡sí! si no creéis que yo (lo) soy, moriréis en vuestros pecados».
25 Entonces le decían: «Tu, ¿quién eres?»
Jesús les dijo: «Desde el principio, lo que yo os proclamo.
26 ¡Cuántas cosas tendría que declarar sobre vosotros y juzgar! ¡Pero no! El que me ha enviado es veraz,
y lo que aprendí de él es lo que yo proclamo al mundo».
27 Ellos no comprendieron que les hablaba del Padre.
28 Así pues, Jesús les dijo: «Cuando hayáis elevado al Hijo del hombre, entonces comprenderéis que yo (lo) soy:
por mí mismo no hago nada,
pero tal como el Padre me ha enseñado, proclamo estas cosas.
29 Sí, aquel que me ha enviado está conmigo; no me ha dejado solo, porque hago siempre lo que le agrada».
30 Como proclamaba esto, muchos se pusieron a creer en él.

Esta sub-unidad literaria encierra tres pequeños desarrollos: v. 21-23; 24-26 y 28-29. Los dos primeros se distinguen entre sí por el hecho de que las dos amenazas —«vosotros me buscaréis y moriréis en vuestro pecado» y «no podéis venir»—, que trajo consigo la afirmación inicial «Yo me vuelvo» (v. 21), son tratadas a continuación en orden inverso (v. 23.24)[36]. Así, el v. 24, que recoge la primera amenaza, introduce un segundo desarrollo. Este se distingue del tercero mediante una reflexión del evangelista (v. 27), pero está estrechamente unido a él por el paralelismo de la expresión «creer/comprender que yo (lo) soy» (v. 24.28), así como por la repetición de *laléō* («proclamar»: v. 26.28) y de «Aquel que me ha enviado» (v. 26.29). La sub-unidad se cierra con una indicación del narrador (v. 30).

36. Cf. 3, 4.9 donde Jesús responde primero a la segunda parte de la objeción hecha por Nicodemo, y luego a la primera.

El anuncio que hace Jesús de su retorno, a donde sus interlocutores no podrán alcanzarle, es una variante del anuncio hecho en 7, 33 con el mismo verbo *hypágō* que significa «regresar». En virtud de la hostilidad que le rodea (8, 20; cf. 7, 32s), Jesús sabe que su hora no ha llegado todavía, pero que se aproxima; es para él la hora del don de sí mismo, de la fidelidad extrema a su misión; por eso, este don de sí es una vuelta al Padre. Pero para los que se niegan a creer en él, presente todavía, la marcha del Revelador significa la separación definitiva. El «vosotros me buscaréis» implica para el lector el «no me encontraréis» que lo precisaba en 7, 34.

Aunque tomado aisladamente, este anuncio es más ambiguo que en 7,33 (ya que se omite el destino: «a aquel que me ha enviado»), no debería parecer oscuro. ¿No había dicho Jesús en 8, 14 que sabía de dónde venía y adónde regresaba *(hypágō)?* Y a continuación habló de su vinculación con el Padre (8, 18s). Pero a lo largo de todo el capítulo 8 el registro de comprensión de sus oyentes sigue siendo el de «abajo», según «este mundo» (8, 23), y el sentido de las palabras de Jesús sólo puede ser captado por los lectores. Ahora los oyentes no piensan ya en la diáspora, como cuando profetizaban sin darse cuenta que Jesús iría a llevar el mensaje de Israel a los gentiles (7, 35), y hasta comprenden perfectamente que Jesús estaba anunciando su muerte; por lo demás, ¿no está ésta presente en su ánimo? Pero piensan en ella para evocar su suicidio eventual, lo cual, según Flavio Josefo[37], hundiría a Jesús en las tinieblas del Hades, adonde —en contra de la palabra del v. 12— será manifiestamente imposible seguirle. A través de esta hipótesis injuriosa, los judíos anuncian, sin saberlo, la entrega voluntaria de Jesús a la muerte[38].

En el v. 23 Jesús justifica el anuncio «moriréis en vuestros pecados» (8, 21b). La oposición «vosotros-yo» recae ahora sobre el origen: «abajo-arriba». No se trata de negar toda posibilidad de comunicación entre este mundo y el mundo al que pertenece Jesús, ya que no puede admitirse un dualismo radical en la perspectiva del enviado de Dios. La expresión «de abajo» connota, con la condición terrena de los oyentes, su rechazo de la luz. En 8, 47 Jesús dirá, hablando de los hombres: «El que es de Dios oye las palabras de Dios». Según el pasaje sobre la descendencia del diablo (8, 44-47), el hombre, nacido en este mundo, escoge el lugar *de donde* es. La expresión «de abajo» implica un reproche.

De hecho, Jesús recoge la amenaza «moriréis...» (v. 21b), que evoca en el lenguaje bíblico[39] el tema de la responsabilidad personal

37. F. Josefo, *Bel. Jud.* III, 375.
38. Cf. 10, 11.15.17.
39. Jer 31, 29s; Ez 18.

en el mal cometido; y precisa que esta amenaza va ligada a la incredulidad ante él: permaneceréis en el mundo de aquí abajo y moriréis —a diferencia de los creyentes que no morirán (6, 50; 8, 51)—. El plural «vuestros pecados» (en 21b estaba en singular) podría incluir la mentira y la intención homicida (8, 40-44).

El objeto de la fe, que se requiere aquí y en el paralelo del v. 28, se indica en unos términos que presentan una gran dificultad de lectura:

> 24 **Os he dicho que moriréis en vuestros pecados;**
> **¡sí!, si no creéis que yo (lo) soy** *(hóti egṓ eimi),*
> **moriréis en vuestros pecados»...**
> 28 **Así pues, Jesús les dijo: «Cuando hayáis elevado al Hijo del hombre, entonces comprenderéis que yo (lo) soy** *(hóti egṓ eimi)***».**

En estos versículos, la proposición «que yo soy» *(hóti egṓ eimi)*, en donde el sujeto no tiene atributo, es muy dura en griego[40]. Por eso, se la ha interpretado muchas veces como una mala traducción de la fórmula hebrea que sustituía al tetragrama sagrado: *'ani hû*[41]. Para muchos autores antiguos[42], Jesús habría afirmado así sin ambages su divinidad. Se habría arrogado el Nombre por el que Dios confió su misión a Moisés: «Hablarás así a los hijos de Israel: *'Yo soy* me ha enviado a vosotros'» (Ex 3, 14). Pero el contexto del capítulo 8 hace imposible esta identificación: Jesús no deja de declarar que es el Enviado (8, 16), no anuncia nada que no haya recibido del Padre (8, 28), dice lo que ha visto (8, 38) y oído (8, 40), honra al Padre (8, 49), guarda su palabra (8, 55), sin buscar nunca su propia gloria (8, 49s). Jesús se revela revelando la relación que lo une con el Padre; Jesús no es el Padre[43].

40. *Egṓ eimi* aparece una vez en labios del ciego de nacimiento y en los de Pilato, tres veces de forma negativa en los de Juan; todas las demás menciones, en número de 33, están en labios de Jesús. De éstas, 23 llevan un atributo explícito y las otras 10 no: entre éstas 6 sirven para identificar al locutor (4, 26; 6, 20; 8, 23; 18, 5.6.8) y 4 se presentan en estado absoluto (8, 24.28.58; 13, 4).

41. La expresión hebrea *'ani hû* es frecuente en el antiguo testamento, por ejemplo en Dt 32, 39; Is 41, 4; 43, 13.25; 46, 4; 48, 12, para sustituir al tetragrama sagrado (cf. H. Zimmermann, BZ 4 [1960] 270; A. Feuillet, RSR 54 (1966); R. Schnackenburg, III, 73-85).

42. Y algunos pocos modernos.

43. Así, vigorosamente C.K. Barrett, en J. Coppens (ed.), *La notion biblique de Dieu,* Louvain 1976, 361-376.

El sujeto del verbo *eimi* tiene, por tanto, un atributo implícito, que hay que determinar. Algunos críticos recurren al antiguo testamento, en donde, de hecho, la expresión *egṓ eimi* sustituye a veces al nombre divino en un contexto que permite precisar su sentido: así, en Is 43, 10 en donde Yahvé es «el salvador» de Israel[44]. Pero, aunque Jesús se presente como aquel que puede preservar a los hombres de «morir en sus pecados», no se identifica ni mucho menos con el único Salvador.

Pues bien, el contexto que precede al v. 24 aclara la interpretación: Jesús acaba de afirmar su unión con el Padre y, más inmediatamente, su origen: «Yo soy de arriba» (v. 23). Este es el atributo implícito en nuestra frase, que debería leerse: «Si no creéis que yo soy (de arriba)». Para respetar el tono enigmático de la proposición, basta con añadir un pronombre indefinido «lo» a «yo soy»: «si no creéis que yo (lo) soy», teniendo que recapitular ese pronombre la afirmación o las afirmaciones anteriores de Jesús[45].

Después de evocar Jesús lo que ha revelado a lo largo de toda la conversación, los oyentes replican: «¿Quién eres (entonces)?». Enunciada con cierto tono despreciativo, esta cuestión equivale a negarse a seguir dialogando; sirve para equilibrar la pregunta de 8,19: «¿Dónde está tu padre?».

Jesús elude la respuesta inmediata en una frase que, de nuevo, no es fácil traducir[46]. La expresión inicial *tēn archḗn* puede tener varias

44. «Vosotros sois mis testigos...
para que sepáis, para que creáis en mí,
para que comprendáis que *Yo soy*...
Fuera de mí no hay *salvador*» (Is 43, 10-12).

45. Esta traducción estaría plenamente justificada si se leyera *hó ti,* en dos palabras, en vez de *hóti,* ya que el pronombre ofrecería entonces un atributo explícito a «yo soy». Pero esta forma, presente en 8, 25 es admisible para 8, 28, con el verbo «comprender», pero difícilmente se compagina con el verbo intransitivo *pisteúō* («creer») de 8, 24 (cf. sin embargo, 11,26). Señalemos que la *Traducción ecuménica* alemana traduce: «dass Ich *es* bin».

46. El griego dice: *Tḗn archḗn hó ti kaì lálō hymîn*. He aquí las principales traducciones, según R. Robert, RevThom 88 (1988) 282:
«Yo soy el Principio, yo que os hablo» (Vulgata)
«Yo soy absolutamente lo que os he dicho siempre»
«Lo que os dije desde el comienzo»
«En primer lugar lo que os digo»
«Absolutamente lo que os digo»
«Desde el principio lo que os digo»
«En resumen, ¿por qué os hablo?»
«¿Es preciso solamente que os hable?»

traducciones: puede tener un sentido temporal («desde el comienzo») o equivaler a un adverbio («completamente»). Jesús se niega a encerrar en una fórmula el misterio de su persona y remite a aquellos que preguntan a lo que no ha dejado de decirles, especialmente en los v. 13-19[47].

A continuación, lejos de justificar su reticencia como en 16, 2 (en donde Jesús explica a los discípulos que «no son capaces de llevar» lo que todavía tiene que decirles), pero sin querer por ello zanjar el diálogo, Jesús fija su mirada en sus adversarios: «¡Cuántas cosas tendría que declarar *(laleîn)* sobre vosotros!» (cf.8, 26); luego, volviendo atrás, en vez de hablar de sí mismo, orienta de nuevo su atención hacia aquel que lo ha enviado y que es «veraz».

Como los interlocutores no le responden nada, el narrador los sustituye y subraya su incomprensión: «Ellos no comprendieron que les hablaba del Padre» (v. 27). Por eso el tema de la muerte reaparece en los anuncios de Jesús, evocado no ya bajo la metáfora de la marcha, sino bajo la de la elevación del Hijo del hombre. Mientras que el primer anuncio (8, 21) implicaba que el tiempo de la opción se iba a acabar sin remedio, aquí Jesús proclama paradójicamente lo contrario:

28 Así pues, Jesús les dijo: «Cuando hayáis elevado al Hijo del hombre, entonces comprenderéis que yo (lo) soy:
por mí mismo no hago nada,
pero tal como el Padre me ha enseñado, proclamo estas cosas.
29 Sí, aquel que me ha enviado está conmigo; no me ha dejado solo, porque hago siempre lo que le agrada».
30 Como proclamaba esto, muchos se pusieron a creer en él.

Nos sorprende esta afirmación: ¿en qué sentido la elevación del Hijo del hombre permitirá comprender qué es realmente Jesús? Los exegetas excluyen en su mayoría que se aluda aquí el carácter glorioso de la cruz, ya que la «exaltación» no tiene este sentido más que para

Para lo esencial de la discusión. cf. H. Zimmermann, BZ 4 (1960) 266-276. Léase también A. Feuillet, RSR 54 (1966) 5-22 y 213-240; R. Schnackenburg, II, 73-85.

47. Es la misma situación que la del ciego de nacimiento, asediado por los fariseos que le interrogan sin tregua: «Ya os lo he dicho, pero no habéis escuchado» (9, 27).

los creyentes[48]. Por otra parte, no podemos imaginarnos que el evangelista piense aquí en la conversión del conjunto de los judíos en su siglo ni tampoco al fin de los tiempos. Otras soluciones violentan igualmente el texto. Por ejemplo, Jesús diría que la comprensión llega demasiado tarde; pero el texto no tiene carácter de amenaza. Según E. Hänchen, el desastre de la ciudad santa el año 70 se interpretaría como una consecuencia de la crucifixión; pero esta perspectiva no cuadra ni mucho menos con la presentación del cuarto evangelio.

Si se lee bien el contexto, la solución es más simple. Jn piensa probablemente en aquellos judíos que, después de pascua, se convirtieron en miembros de la comunidad joánica; ésta contaba en tiempos del evangelista con un buen número de israelitas, como confirma la presentación del capítulo 9. ¿Cómo vendrían ellos a la fe? En nuestro pasaje, «comprenderéis» corresponde al «no comprendieron» del versículo anterior[49]: lo que no captaron los oyentes es que Jesús les hablaba del Padre, es decir, que su misión venía del Padre (8, 26b) y que la vivía en comunión continua con el Padre (8, 26c). Pues bien, la muerte provocada por los hombres, pero libremente aceptada, atestiguará que Jesús fue fiel hasta el final de su misión y que ésta venía realmente de Dios. En efecto, Jesús reafirma esta fidelidad que lo caracteriza: prolonga el «yo soy» con el «por mí mismo no hago nada». Por su «elevación» es como quedará bien manifiesta esta fidelidad; por eso[50], Jesús repite que el Padre está siempre con él; más aún, con una anticipación soberana afirma que el Padre estará con él en su pascua: «No me ha dejado solo»[51].

La indicación con que concluye este párrafo es difícil de conciliar con la presentación global del capítulo: ¿cómo pudieron ponerse a

48. *Hótan* (= «cuando»), seguido de subjuntivo aoristo significa que la elevación en la cruz es un acontecimiento cumplido. Por tanto, se podrá comprender después de la resurrección.

49. Con G. C. Nicholson, *Death as Departure. The Johannine Descent-Ascent Schema,* Chico 1983, 120-123... «Comprenderéis» *(gnõsesthe)* corresponde a «no comprendieron» del versículo anterior *(ouk égnōsan).* Este conocimiento pospascual es un reconocimiento en la fe (8, 32; 10, 38; 14, 31; 17, 23.26); equivale al atractivo que ejercerá el Hijo del hombre sobre todos los hombres (12, 32).

50. El *kaí* que une los v. 28.29 es epexegético: explica la afirmación anterior; cf. WB^6 797; lo mismo ocurre en 1, 16.20.

51. Con esto se contradice una interpretación errónea de la frase: «Dios mío, Dios mío, ¿por qué me has abandonado?» (Mc 15, 34): Jesús no fue abandonado por Dios, sino entregado por Dios a la muerte (cf. *Jesús y Pablo ante la muerte,* 144-149).

creer un gran número de oyentes, aunque fuera con una fe incipiente?[52]. Pero esta indicación no puede ponerse entre paréntesis, ya que condiciona la repetición de la enseñanza de Jesús en el v. 31. Puede pensarse que el narrador subraya de este modo el valor del testimonio de Jesús sobre la relación indestructible que tiene con el Padre; quizás la reacción indicada sea análoga a la de los guardias que volvieron a los sumos sacerdotes: «¡Nunca un hombre ha hablado así!» (7, 46).

La filiación divina (8, 31-59)

La segunda parte del capítulo 8 forma una unidad literaria. Abrahán es el personaje de referencia, desde el principio hasta el fin. Sin embargo, su función queda encajada dentro de un conjunto más amplio, el del «padre», no ya el progenitor sino el antepasado del que los descendientes han recibido su manera de ser y de obrar.

Jesús se dirige a «los judíos que se habían fiado de él» (v. 31); pero este auditorio no se distinguirá de los enemigos declarados de Jesús. Desde la primera dificultad (v. 33), figura como semejante a ellos y se pregunta uno entonces si el narrador da la palabra a los primeros o a los segundos, dado que la asistencia en su conjunto sigue siendo la misma. Finalmente, Jesús concluirá: «No os fiáis de mí» (8, 45). Así, del v. 31 al v. 45, se delimita un primer desarrollo gracias a la expresión «fiarse de» (*pisteúō* + dativo)[53]. El v. 46, que recoge de nuevo esta expresión, sirve de transición para un segundo desarrollo (8, 46-59), más centrado en la persona de Jesús.

El texto comienza una vez más con una llamada dirigida al discípulo: Jesús, que ha invitado a «seguirle» (8, 12), invita ahora a «permanecer» en su palabra... Se da un progreso, o al menos una explicitación: si se necesita una adhesión pronta para llegar a interiorizar la palabra de Jesús, para «guardarla» (v. 51), es porque el mismo Hijo «guarda» también la palabra del Padre (v. 55). Esta llamada se inserta muy bien en la perspectiva adoptada aquí por el evangelista.

52. El aoristo *epísteusan (eis)* no autoriza la traducción «creyeron», sino que indica un comienzo en la fe. En el v. 31 el mismo verbo se construye con dativo, como en 2, 24; ¿será para indicar la mala calidad de esta «fe»?

53. Los críticos proponen otras distribuciones. El corte entre las dos partes se pone muchas veces entre los v. 47 y 48, sin un motivo suficiente; así se hace comenzar la segunda parte con una objeción, lo cual va en contra de la disposición habitual en Jn, para el que Jesús lleva siempre la iniciativa. Pensamos que la segunda parte comienza en el v. 46, a fin de centrar más la atención en la persona de Jesús, tal como se confirma en la objeción del v. 53: «¿Por quién te tomas?».

¿Quién puede pretender ser «hijo de Dios»? Esta es la cuestión que subyace a todo el texto. El prólogo decía:

> Pero a todos los que lo acogieron
> (el Logos) les dio poder hacerse hijos de Dios,
> a los que creen en su nombre…,
> aquellos que de Dios fueron engendrados (1, 12-13).

Allí se trataba de acoger el Logos. Pues bien, antes de su encarnación el Logos se había expresado singularmente en Israel. A partir de la promesa hecha a Abrahán, el Logos manifestó prioritariamente al pueblo elegido que el Dios único se había vuelto hacia los hombres y les había propuesto su alianza. El vínculo que Dios quiere establecer con Israel se expresa muchas veces con los términos padre-hijo, lenguaje que —al mismo tiempo que salvaguarda la alteridad divina— connota el carácter y la intimidad de la relación mutua. Para los judíos oyentes de Jesús, la palabra que se les había trasmitido y que les comprometía es *la* verdad[54], de la que depende su destino. ¿Lo habían comprendido?

Según los profetas, el «conocimiento» pleno de Yahvé será *el* don de la época futura[55]. Jesús anuncia en futuro: «Comprenderéis», con la condición de que permanezcáis en su palabra (8,31); ésta hace aparecer el sentido incluido ya en la palabra divina dirigida al pueblo de la promesa. Jesús se presenta como el intérprete escatológico del Dios de Israel: revela a qué comunión con Dios están llamados los creyentes. No acogerlo significa mostrar que se pertenece ilusoriamente al linaje de Abrahán: ser los hijos del patriarca es vivir como él, vueltos hacia el único del que Israel recibe y recibirá la vida. «No tenemos más que un padre: Dios», protestan efectivamente los oyentes, que hace poco apelaban a Abrahán. Jesús los conduce a esta confesión, que afecta al corazón del debate, evocando a otro padre en el que realmente se inspiran. Es que la actitud que se tome frente a él mismo es el test de la filiación divina. El suspense ha puesto alerta al auditorio. Y Jesús menciona al disgregador, en quien no hay «verdad». La acusación es terrible.

Después de esto, queda en escena el Hijo cuyo día había visto Abrahán y que es en su persona el prototipo de todo «hijo de Dios». Proclama su relación constitutiva con el Padre diciendo: *Yo soy*. Luego, muestra que dispone libremente de la muerte, y por tanto de la vida: a pesar de los agresores bien armados de piedras, sale indemne del templo.

54. Cf. 2 Sam 7, 28; Sal 19, 10; 86, 11; 111, 7s; 119, 27.43.86.138.142.151.160; Tob 12, 11; Sab 6, 22; Mal 2, 6… Cf. 1 QH 7, 26s; 1 QS 5, 8; 6, 15.

55. Jer 31, 34; Is 54, 13; Sab 3, 9.

Lo mismo que antes el templo se había convertido para los habitantes de Jerusalén en una especie de talismán que protegía de toda catástrofe (Jer 7), también la descendencia de Abrahán, en sentido étnico, había terminado ofreciendo a los miembros del pueblo elegido una seguridad engañosa. El foso que separa tantas veces la creencia de las obras es un tema corriente en la literatura profética[56]; algunos textos rabínicos del siglo I denuncian esta misma falta de coherencia en los israelitas que no tienen un espíritu humilde como su padre Abrahán[57]: no tienen nada que ver con su posteridad[58].

La cuestión del verdadero nacimiento de Abrahán ocupó seriamente al cristianismo primitivo. La llamada del Bautista a la conversión (Mt 3, 9 par) suscitó ya esta cuestión y la Carta de Santiago (2, 21s) subraya en esta perspectiva que la fe tiene que dar fruto por medio de las obras. Pablo afirmó con energía que la filiación divina que nos ha traído el Hijo cumple la elección de Abrahán e hizo recaer en Jesucristo la promesa hecha al patriarca (Gál 3, 16): todo el que cree en Cristo, judío o pagano, comparte la bendición del padre de los creyentes[59].

En este capítulo, el intercambio de palabras es tan vehemente que hay que renunciar a entender el texto como si quisiera ser el informe textual de una discusión entre Jesús y sus adversarios. Para justificar su existencia, hay que recurrir al ambiente cristiano de los tiempos de Jn y, por tanto, a la oposición declarada entre la Iglesia y la Sinagoga. El evangelista orquesta su partitura para hacer entender a la comunidad naciente que ella es de Dios cuando se adhiere a Jesús. Ya antes hemos tocado el problema que plantea al lector la dureza de las expresiones y hemos remitido al lenguaje de los profetas y de los salmistas en contra de la infidelidad a la palabra divina. ¿Y a quién se le ocurriría tacharlos de antijudaísmo?[60].

56. Jer 9, 24; Miq 3, 11; Am 5, 14...
57. Cf. SB II, 523; M. Pirkè Abot V, 19.
58. SB III, 186s.204s.
59. Gál 3, 14s; cf. 3, 6; Rom 4, 3.
60. Recordemos que el término «los judíos» en boca del narrador designa ordinariamente a los dirigentes (así 5, 10.16.18...); en labios de Jesús sólo tiene un valor positivo (4, 22). Cf. *supra*, 202s.

El Hijo liberador (8, 31-36)

31 A los judíos que se habían fiado de él, Jesús decía entonces:
«Si vosotros permanecéis en la palabra que es mía,
sois verdaderamente mis discípulos
32 y comprenderéis la verdad
y la verdad os hará libres».
33 Le respondieron: «Nosotros somos simiente de Abrahán
y nunca hemos sido esclavos de nadie.
¿Cómo puedes decir tú 'Os haréis libres'?».
34 Jesús les respondió: «¡Amén, amén, yo os lo digo:
Todo el que comete pecado es un esclavo.
35 Pero el esclavo no permanece en la casa para siempre,
el hijo permanece para siempre.
36 Si, pues, el Hijo viene a haceros libres,
seréis realmente libres».

La unidad literaria de estos versículos se constata ante todo por la oposición «libre-esclavo» que lo orienta todo; además, aparece una especie de inclusión en el empleo de la condicional: «Si permanecéis..., la verdad os hará libres» (v. 31s) y «si el Hijo..., seréis realmente libres» (v. 36). La libertad que da la verdad (el Hijo) se les concede a los discípulos de Jesús; éstos son los dos puntos que hay que desarrollar: ser discípulo y hacerse libre.

El anuncio inicial pone la condición para poder llegar al estado de «discípulo» (palabra que aparece por primera vez en labios de Jesús) y de «verdadero» discípulo, que se distingue de los que han abandonado al Maestro (cf. 6, 66). Se piensa aquí en el «discípulo amado», prototipo de los que Jesús llama «amigos suyos»[61]. El primer compromiso tiene que ser el de una fe auténtica. No se trata solamente de «seguir» a Jesús (8, 12) o de fiarse de él (8, 31), sino de «permanecer» en su palabra[62], de asimilarla, de existir por ella y de descubrir que es palabra de Dios mismo. Permaneciendo así en la palabra de Jesús, el discípulo «comprenderá», entrará en un

61. 15, 14s. El discípulo amado (13, 23.25; 20, 8; 21, 20ss), esperando a que todos los cristianos sean llamados «discípulos del Señor» (Hech 11, 26).

62. Una encuesta lexicográfica sobre la palabra «permanecer» demuestra que la raíz está siempre ligada al tema de la fidelidad en el tiempo, tanto en el caso de Dios como en el de los hombres (Sal 102, 12.24; Is 40, 8; 66, 22...). En 5, 38 se dice lo contrario: «su palabra (la de Dios) no permanece en vosotros».

conocimiento cada vez más profundo[63] que es comunión con el objeto conocido, la «verdad».

Según su etimología hebrea, la palabra «verdad» *('emēt)* indica lo que asegura sólidamente en el ser[64]; al marcar la relación duradera y continuamente profundizada entre dos seres, equivale a «fidelidad», término que caracteriza al Dios de la alianza. La tradición sapiencial identifica la verdad con la Sabiduría[65], y la apocalíptica con el «misterio» del designio de Dios (Dan 10, 21). En Jn, esta palabra supone el conocimiento inmediato que el Hijo tiene del Padre. La proposición que aquí se hace parece nueva: si el judío fiel aspiraba, antes de la venida del Hijo, a guardar la ley divina y a permanecer en ella[66], ahora se ve llamado a permanecer en la palabra que dice el Hijo salido de Dios. Por eso el Hijo toma en el v. 36 el lugar que tenía la verdad en el v. 32. Lo mismo que ella, hace al hombre libre, pero siendo él mismo la verdad personificada (cf. 1, 14; 14, 6); esto es lo que pone de relieve el adverbio «realmente» *(óntōs)*.

En este texto, el vínculo que se pone entre verdad y libertad se relaciona desde el punto de vista formal con el que establecían los estoicos y los gnósticos[67]. Se plantea esta cuestión: ¿dependerá Jn de ellos? Según la Stoa, el sabio *se* hace dueño de sus pasiones y adquiere la imperturbabilidad *(ataraxía)* por el hecho mismo de conocer el orden inherente al cosmos y la exigencia de someterse al destino universal[68]. La felicidad, según Epicteto, consiste en liberarse de los atractivos desordenados para participar del Logos que está derramado sobre el mundo[69]. Está claro que la perspectiva joánica no es la de un mundo regido por la necesidad, y mucho menos la de una autoliberación.

El gnóstico, por su parte, se libra de sumergirse en la materia cuando pasa de la ignorancia que le mantiene prisionero al conocimiento de la chispa divina que está oculta en él y que proviene de la patria celestial de donde ha caído. Un apócrifo gnóstico utilizó con destreza la fórmula de Jn 8, 32:

63. Cf. I. de la Potterie, 561-590.
64. Cf. VTB, «Verdad», 821.
65. Prov 22, 21; 23, 23; Ecl 12, 10.
66. Sal 119, 17.57...
67. Cf. K. Niederwimmer, *Der Begriff der Freiheit im NT,* Berlin 1966. Más recientemente, J. O. Tuñí, *La verdad os hará libres. Jn 8, 32,* Barcelona 1973. Cf. C. H. Dodd, *Trad. hist.,* 320.
68. Cf. J. Dupont, *GNOSIS,* Bruges 1949, 288; Filón, *Quod omnis...,* 18s.
69. *Diss.* IV, I, 89; cf. H. Schlier, TWNT II, 490s.

> La Verdad es como la ignorancia: oculta, descansa en sí misma, pero cuando se revela (y) es reconocida, se la glorifica... Ella concede la libertad. El Logos ha dicho: «Si reconocéis la Verdad, la Verdad os hará libres». La ignorancia es esclava, la gnosis es libertad *(Evangelio según Felipe,* sent. 123).

El desplazamiento de sentido se percibe fácilmente en el final: el gnóstico queda libre de la ignorancia, no del pecado. Al atribuir la sentencia al Logos, el autor da a entender el carácter puramente intelectual de la verdad, mientras que para los judíos y para Jesús es una palabra que compromete en el plano existencial. El pensamiento del evangelista no puede asemejarse —¡y de antemano!— a esta gnosis[70].

Conviene buscar entonces en el patrimonio judío el sentido que podía tener la palabra «libertad» para los interlocutores de Jesús. Su reacción ante el anuncio que escuchaban hace vislumbrar una sensibilidad muy viva: ¿no están, por otra parte, bajo el yugo de Roma? Responden apelando a Abrahán, el elegido de Dios. Desde su elección, los israelitas no reconocen más amo que el Dios único; no están sometidos a ningún ídolo. Ese es su privilegio de nacimiento: «¿Ha nacido esclavo Israel? ¿ha nacido en la servidumbre?» (Jer 2, 14). Esta comprensión de la libertad, esencialmente religiosa, había sido profundizada en la tradición judía a través de la experiencia del Exodo[71]. Los hebreos conocieron en Egipto «la casa de la esclavitud», de donde el Dios de Israel sacó a su pueblo haciéndose su *gô'el*[72]. Pues bien, esta liberación no desemboca en una independencia cualquiera (en griego, *autopragía),* sino en el cambio radical de «señor»: los hebreos dejaron de ser esclavos de los egipcios para «servir a Yahvé»[73]; pasaron «de la servidumbre al servicio»[74]; la recuperación de la libertad es servicio de Dios por medio

70. Esto es, sin embargo, lo que hace R. Bultmann, 334 n. 4. Cf. J. O. Tuñí, *o. c.,* 31-40; I. de la Potterie, 792-797.

71. Cf. el excelente opúsculo de D. Daube, *The Exodus Pattern in the Bible,* London 1963.

72. El término *gô'el,* reservado al derecho familiar, designa al pariente próximo al que incumbe el deber de rescatar los bienes y las personas que se hubieran convertido en propiedad de un extranjero: es el redentor, el protector de los intereses del individuo o del grupo (cf. Lev 26, 13; Ex 6, 5-7). La expresión «casa de esclavitud» se encuentra en Ex 13, 3.14; 20, 2; Lev 26, 45; Dt 5, 6; 6, 12.

73. En la Biblia, Egipto acabó simbolizando las potencias enemigas: cf. Ap 11, 18.

74. Según el título de la obra de G. Auzou, *El libro del Exodo. De la servidumbre al servicio,* Madrid ^{2}1969.

de la fidelidad a la ley de la alianza[75]. Esta convicción de no depender más que del Dios único está tan arraigada que llegó incluso a motivar el combate del pueblo por su libertad política. En el siglo I de nuestra era, en la época de la primera revuelta contra los ocupantes romanos (66-74), se acuñaron monedas que llevaban una inscripción en la que se expresaba la fe popular: «Por la libertad de Sión»[76]. A propósito de los compañeros de Eleazar, muertos en Masada, «defendiendo la libertad», el historiador Flavio Josefo da esta explicación: «Consideraban que Dios es el único jefe y el único señor»[77].

He aquí por qué los judíos se soliviantan contra la proposición de Jesús: ellos no tienen por qué hacerse libres, ya que no son esclavos de nadie[78].

Pero, si la dominación extranjera no puede poner en discusión el estatuto de libertad basado en la descendencia de Abrahán, es otra libertad distinta la que los compromete, la del pecado. La cautividad en que había caído el pueblo hebreo había sido interpretada no solamente como el castigo de sus faltas, sino como la decadencia que ocasiona la condescendencia habitual con el mal, de la que sólo Yahvé puede liberar[79]. Jn refleja esta tradición del lenguaje. Ciertamente, para los oyentes lo mismo que para Jesús, la libertad indica la relación viva con Dios, pero para los primeros es una posesión de derecho, inalienable, siendo así que requiere una fidelidad en las obras. La invocación del perdón por las faltas cometidas es un *leitmotiv* de la plegaria de Israel; además, el tema de la liberación es constante en los salmos y en los escritos pro-

75. Los rabinos expresan esto con un juego de palabras a propósito de las tablas de la ley: «Ex 32, 16. Las tablas eran la obra de Dios; la escritura era la escritura de Dios grabada *(harût)* en las tablas... No leas «grabadas» *(harût)*, sino «libertad» *(herût)*, ya que no hay hombre libre más que el que se ocupa en el estudio de la torá» (J. Bonsirven, *Textes rabbiniques des deux premiers siècles chrétiens*, n. 53).

76. M. Hengel, *Die Zeloten*, Leiden-Köln 1961, 120s. Las monedas, descubiertas en 1949, datan del año 2 ó 4 de la sublevación, o sea, del 67 ó 69 d. C.

77. F. Josefo, *Ant. Jud.* XVIII, 4; *Bel. Jud.* VII, 327. En *Bel. Jud.* XVIII, 23 recoge el tema enunciado por el autor del libro de los Macabeos (2 Mac 1, 22; 2, 22).

78. Los modernos difícilmente pueden sentir todo el significado emocional del término «esclavo». Cf. Y. Garlan, *Les esclaves en Grèce ancienne*, Paris 1982.

79. Cf. Sal 130; 141, 3; Jer 13, 15-27, donde se lee en el v. 23:
«¿Puede un nubio mudar su piel,
un leopardo sus pintas?
Y vosotros, los habituados al mal,
¿podríais hacer el bien?».

féticos, ligado muchas veces al riesgo de la muerte. Jesús ha presentado aquí la libertad como fruto de la verdad plenamente acogida; al negar que son esclavos, los objetores hablan como si se consideraran exentos de todo pecado[80].

La respuesta de Jesús va introducida solemnemente por un doble *Amén:*

34 Jesús les respondió: «Amén, amén, yo os lo digo:
Todo el que comete pecado es un esclavo.
35 Pero el esclavo no permanece en la casa para siempre,
el hijo permanece para siempre.
Si, pues, el Hijo viene a haceros libres,
seréis realmente libres».

El texto que retenemos con la mayor parte de los críticos dice: «Todo el que comete pecado es un esclavo», y no: «un esclavo de pecado»[81]. Este añadido no corrompe el pensamiento del texto, pero señala prematuramente la naturaleza de la esclavitud de la que se trata; la ambigüedad es sin duda intencional y sólo se levantará en 8, 44 con la mención del diablo.

Tampoco se trata de uno o de varios pecados, sino *del* pecado. ¿Entiende Jn el pecado por excelencia que es rechazar a Jesús, como 1 Jn 3, 4: «Quién comete el pecado comete también la iniquidad», pasaje en donde aparece la dimensión escatológica? En nuestro contexto es preferible considerar el pecado como el rechazo, descrito en 3, 19-21, de la luz del Logos derramada sobre el mundo antes de su venida en la carne[82]. Al tratarse de los israelitas, el término «pecado» en singular reduce toda trasgresión de la ley divina al rechazo de la revelación.

80. G. Stemberger, *La symbolique du bien et du mal selon saint Jean,* Paris 1970, 77.

81. A pesar de la lectura mejor atestiguada, que añade a *doûlos* las palabras *tês hamartías,* sin duda en función de la teología paulina (Rom 6, 6-18). T. Preiss las mantiene, pero la lectura breve de los manuscritos D b sy[8] conviene mejor a la perspectiva joánica; cf. M. Black, *Aramic Approach to the Gospels and Acts,* Oxford [3]1967, 171.

82. Cf. I, 149s. La palabra *hamartía* precedida del artículo determinado y como objeto del verbo *poieîn* sólo se encuentra tres veces en los Setenta (Dt 9, 21; Tob 14, 7; cf. 12, 10) y en el nuevo testamento sólo aquí y, en un contexto escatológico, en 1 Jn 3, 4.8.

El paso de la oposición esclavo-libre a esclavo-hijo es muy fácil si, con Théo Preiss[83], reconstruimos el arameo subyacente al lenguaje joánico. La palabra «libres» *(eleútheroi)* de los v. 33.36 se dice en arameo *benei horaya'*, es decir, «hijos libres». Así pues, este tema estaba ya esbozado con toda naturalidad por medio de las últimas palabras de los judíos: «hijos libres». Jesús declara:

Si el *Hijo* os libera, seréis realmente *hijos libres*.

Al decir que «el esclavo no permanece en la casa para siempre, el hijo permanece para siempre», Jesús repite un proverbio relativo a la vida social de la época; pero al mismo tiempo orienta el pensamiento hacia una alegorización que ve en el «hijo» al Hijo del Padre, el que está en relación íntima con Dios y por tanto permanece para siempre en la familia[84] divina.

La transición al v. 36 es fácil: es «el Hijo» el que hace libre. La afirmación inicial sobre «la verdad que hace libre» se recoge aquí, pero traspuesta al Hijo; por tanto, en él se expresa la verdad. La liberación prometida adquiere de este modo un sentido positivo de «filiación», y por eso mismo se sugiere el carácter divino de la misma.

¿Vuestro padre? ¡No lo es Dios, sino el diablo! (8, 37-45)

37 «¡Sé bien que sois la simiente de Abrahán!
¡Pero no! Intentáis matarme;
es que la palabra, la mía, no penetra en vosotros.
38 Y, lo que he visto en el Padre, lo proclamo;
y vosotros, lo que habéis oído a vuestro padre, lo hacéis».
39 Ellos respondieron y le dijeron: «Nuestro padre es Abrahán».
Jesús les dijo: «Si fueseis hijos de Abrahán,
¡haríais las obras de Abrahán!
40 Pero ahora intentáis matarme a mí,
un hombre que os he proclamado la verdad que aprendí de Dios.
Esto Abrahán no lo hizo.

83. T. Preiss, *La Vie en Christ*, Neuchâtel 1951, 113.

84. En griego, *oikía* (pero no *oîkos* en su sentido material de 2, 16s; 11, 20) puede designar a la familia (4, 53), el ambiente familiar (11, 13), a «la familia de Dios» (14, 2, según R. H. Gundry, ZNW 58 [1967] 68-72), la «comunión con Dios». En nuestro pasaje, esta expresión equivale a «junto al Padre» *(parà tôi Patrí)*, como lo vieron algunos Padres de la Iglesia (Eusebio, *Praep. evang.* XI, 38, 8; Epifanio, *Ancoratus* 48, 5, PG 43, 101B).

41 Vosotros hacéis las obras de vuestro padre».
Le dijeron: «¡Nosotros no hemos nacido de la prostitución!
¡no tenemos más que un padre: Dios!».
42 Jesús les dijo: «¡Si Dios fuera vuestro padre, me amaríais,
porque yo es de Dios de quien he salido, y estoy allí.
Sí, no es por mí mismo como he venido,
sino que es él quien me ha enviado.
43 ¿Por qué razón no comprendéis mi lenguaje?
Es que no podéis oír mi palabra.
44 El padre del que vosotros sois, es el diablo,
y son los deseos de vuestro padre lo que queréis cumplir.
Aquel era homicida desde el principio
y no se mantenía en la verdad:
sí, la verdad no está en él.
Cuando profiere la mentira, es de su fondo de donde habla,
porque es mentiroso y padre de la mentira.
45 Yo, por el contrario, porque os digo la verdad
no os fiáis de mí».

El primer desarrollo se refiere a la paternidad de Abrahán: su persona domina a lo largo de todos los v. 8, 37-40. El segundo (8, 41-45) establece una oposición entre Dios, a quien los interlocutores llaman padre suyo, y el diablo cuyas obras están dispuestos a imitar.

Al decir «mi palabra no penetra[85] en vosotros», Jesús revela una actitud interior contraria a la que caracterizó a Abrahán: en vez de querer la vida, buscan la muerte («intentáis matarme»). La intención homicida, denunciada en dos ocasiones (v. 34.40), es tanto más grave cuanto que en cada ocasión se relaciona con la misión de aquel a quien intentan dar muerte, el Enviado que dice que ha visto al Padre (v. 38) o la verdad que él ha oído de Dios (v. 40). A los que rechazaban el testimonio de Dios en favor suyo, Jesús les reprochaba: «Nunca habéis oído su voz ni visto su rostro» (5, 37); aquí pone su fidelidad al Padre en contraste con la dependencia de sus interlocutores respecto a un «padre» (se sobreentiende: «el de ellos»)[86], que lógicamente no puede ser el patriarca. De ahí la réplica: «Nuestro padre es Abrahán» (v.

85. El verbo griego *khōréō* puede significar «no tener sitio» o «no progresar». El contexto inmediato nos obliga a quedarnos con el primer sentido: mientras que Jesús deseaba que permaneciesen en su palabra (8, 31), constata que ni siquiera penetran en ella.

86. Algunos manuscritos, menos seguros, añaden a *toû patrós* el pronombre *hymōn* («vuestro»). Anticipan sin razón el v. 41.

39). Si los judíos no protestan aquí contra la acusación de estar tramando la muerte de Jesús (cf. 7, 20), es porque no piensan más que en sus propios derechos, en su condición de descendientes de Abrahán. Ante esta protesta, Jesús no puede menos de denunciar una vez más la incoherencia de su actitud: Abrahán no actuó de esa manera; creyó en la palabra de Dios, la obedeció y trasmitió la vida a Isaac[87].

En un segundo movimiento, Jesús refuerza su ataque. Explicita que «el padre», en contraposición con el que en el v. 38 se designa como Padre suyo, es «vuestro» padre. Ahora los oyentes comprenden muy bien que alude a un padre poco honroso, e intentan distinguirse de los malos israelitas a los que acusaban los profetas de ser «hijos de la prostitución»[88], ya que abandonando al Dios único, se habían ido tras los dioses extranjeros. Pues bien, al jactarse de tener a Dios por padre, los interlocutores precipitan el debate entre ellos y Jesús. Lo que está en juego no es ya su descendencia de Abrahán, sino su relación con Dios. El rechazo del Enviado que «ha salido de Dios» y que «está allí»[89] demuestra que esta relación está comprometida.

Ha llegado para Jesús el momento de enfrentarse con el porqué de la incredulidad. A los galileos les había revelado que la fe dependía de la atracción ejercida por el Padre[90]; aquí se va a aventurar en las profundidades del adversario de Dios y de los hombres que se designa como el «diablo».

A modo de introducción, Jesús dice una frase sorprendente: «No podéis oír mi palabra» (v. 43), que es más grave todavía que el reproche anterior: «Mi palabra no penetra en vosotros» (v. 37); porque Jesús no dice: «no queréis», sino: «no *podéis»,* como si fueran víctimas de una especie de determinismo. Parece insinuar cierta predisposición al mal: ¿estarán destinados los oyentes a no comprender? Esta deducción

87. Gén 12, 1-9; 15, 1-6;22, 1-19.

88. La invectiva de los profetas es clásica desde Os 1, 2; cf. Ez 16, 15.44. Orígenes se pregunta si los judíos no sugieren que Jesús sería, como dice Celso, el «hijo de Pantero» *(Bar Panthera* es la deformación injuriosa de *Bar parthénos,* «hijo de la virgen»): Orígenes, *In Jo.* XX, 128, SC 290, 221; cf. *Contra Celso* I, 28-32. Esta alusión es poco verosímil, ya que Jn no habla de la concepción virginal de Jesús.

89. El verbo *hḗkō* tiene el valor de un perfecto, que significa «haber llegado» (cf. 4, 47). Existe un empleo de este término en los papiros para indicar la manifestación repentina de una divinidad: «Yo soy Dios. Yo soy o el hijo de Dios o un espíritu divino: ¡heme aquí! *(hḗkō)»* (Cf. WB[6] 698; Mt 24, 50; Lc 12, 46; 15, 27; Heb 10, 7.9).

90. Jn 6, 44; cf. *supra,* 123s.

desconcierta al lector. Si no pueden «oír»[91], es que se han hecho ellos mismos incapaces para ello: se han endurecido, con ese «determinismo del pecado que se alimenta de su propia substancia»[92]. Habiéndose hecho sordos a los mandamientos de Dios, siguen estando cerrados a toda palabra nueva.

Detrás de su proyecto homicida Jesús discierne «los deseos de vuestro padre», el diablo; al prestar oídos al disgregador, son «de *(ek)* él», sus hijos en el sentido semítico de la palabra[93]; su proyecto revela esta pertenencia.

Es necesaria una observación: el evangelista no piensa en dar una definición metafísica del diablo; quiere explicar el rechazo que oponen a Cristo sus contemporáneos, un problema que se palpaba con mucha agudeza en los comienzos del cristianismo. Es verdad que Jesús habla del demonio como de una personalidad que actúa, como un actor en la historia de los hombres. Dejando para la *Apertura* precisar en qué medida Jn afirma la existencia «personal» del diablo, conviene recordar aquí la creencia judía. En efecto, Jesús se expresa como un judío de su tiempo, ante cuyos ojos Dios se ve combatido por un ser que lleva cantidad de nombres, como Satanás o Belial[94]. Pero nunca se concibe en la Biblia al diablo como una especie de divinidad maniquea: por ser criatura, está sometida a Dios, aunque ejerce desde los comienzos una influencia nefasta sobre los hombres para separarlos de su creador. Su acción consiste ahora, según Jn, en impedirles creer en la palabra del enviado.

En efecto, el v. 44 sobre el diablo está enmarcado entre dos «¿por qué?», que se refieren a la incredulidad frente a la palabra de Jesús (v. 43) y a la verdad que él dice (v. 46). Se percibe que, más arriba, la acusación insistente «intentáis matarme» (v. 37-40) no tenía inmediatamente la finalidad de provocar un cambio de actitud, ni solamente la de probar la no-descendencia de Abrahán, sino la de fundamentar lo que ahora se les reprocha, es decir, la influencia del diablo:

91. Seguido del acusativo, el verbo *akoúō* puede tener un sentido material, como paso previo a todo lo que indica el verbo «oír» (3, 8; 5, 37). Cf. *supra*, 47, n. 96.

92. X. Léon-Dufour, *Endurecimiento,* en VTB, 233-235.

93. La expresión «hijo de...» proviene de la mentalidad semítica que concibe la historia como una inmensa genealogía, no limitada a la procreación física, sino implicando también la filiación espiritual. Así Jesús habla de los «hijos de los fariseos» para indicar que el comportamiento de sus oyentes equivale al de los fariseos. También habló de los «hijos del Maligno» (Mt 13, 38), de los «hijos de los asesinos de los profetas» (Mt 23, 31), de los «hijos de la luz» (Lc 16, 8; 1 Tes 5, 5; Jn 12, 36), etc.

94. *Satanás,* en DNT, 396s, en donde se recogen unos doce nombres atribuidos al «diablo».

**44 «Aquel era homicida desde el principio
y no se mantenía en la verdad:
sí, la verdad no está en él.
Cuando profiere la mentira, es de su fondo de donde habla,
porque es mentiroso y padre de la mentira».**

El diablo es homicida ya desde el Edén, cuando Adán fue tentado por la serpiente (Gén 3, 1-19), tal como lo interpretaba la tradición sapiencial: «Es por la envidia del diablo como la muerte entró en el mundo»[95]. La primera carta de Jn se hace eco de esta creencia: «El que comete pecado es del diablo, porque desde el origen *(ap'arkhḗs)* el diablo es pecador» (1 Jn 3, 8).

Algunos autores[96] han pensado que, al hablar del que es homicida desde el comienzo, Jn no piensa en el diablo, sino en Caín que mató a su hermano Abel. De hecho, después del pasaje que acabamos de citar, la primera Carta de Jn exhorta: «¡Que nos amemos los unos a los otros! No ya como Caín: por ser del maligno, degolló a su hermano» (1 Jn 3, 12; cf. Gén 4, 1-8). Por muy interesante que sea esta idea, choca con el contexto del evangelio, así como con la precisión que da la epístola: «por ser del maligno»: fue el diablo el que inspiró a Caín y el que, en nuestro texto, sigue siendo el «padre» que inspira a los interlocutores de Jesús para que lo maten.

La epístola permite precisar de dónde procede esta voluntad asesina del diablo: no ya inmediatamente del deseo de quitar la vida a un hombre, sino del odio, de la ausencia de todo amor: «Todo el que odia a su hermano es un homicida» (1 Jn 3, 15). Esto es lo que Jesús insinúa en 8, 42 cuando reprocha a los judíos que «no lo aman». El diablo es homicida porque impulsa a los hombres al odio.

En el fundamento de esta actitud del diablo hay un hecho: «no se mantenía[97] en la verdad». El verbo, en imperfecto[98], designa un comportamiento constante, no ya un acto del pasado, ya que en este último

95. Sab 2, 24 (cf. Gén 2, 17; 3, 19). En otros lugares es Eva la que es acusada de este hecho (Eclo 25, 24). Pablo recuerda esta actividad de Adán (Rom 5, 12).

96. W. Bauer, *Commentaire*; N. Dahl, en *Mél. Haenchen,* Berlin 1964, 70-84; G. Reim, NTS (1984) 619. Esta opinión es rechazada por muchos, entre ellos R. Schnackenburg.

97. El verbo *stḗkō* indica la estabilidad en que hay que vivir; cf. 1 Cor 15, 1; 16, 13; 2 Tes 2, 15.

98. Con los mejores manuscritos conviene leer *ouk éstēken* (imperfecto de *stḗkō)* y no *ouk héstēken* (perfecto de *hístēmi).*

caso habría sido preferible el aoristo. Por tanto, no hay motivos para encontrar aquí una alusión a una caída antigua, como pensaron algunos Padres de la Iglesia[99]. Jn denuncia un estado. La expresión «no se mantenía en la verdad» adquiere toda su fuerza con su repetición en orden inverso: «Sí[100]; la verdad no está en él», y con el cambio del imperfecto («no se mantenía») a un presente («no está») se indica que se trata de la constitución misma de su ser.

Después de denunciar el ser profundo del diablo, Jesús describe la actividad que procede de allí: consiste, ya desde el Edén (Gén 3, 1-5), en proferir la mentira y en engendrarla en el mundo[101]. La presentación de esta figura mítica adquiere aquí nuevas facetas, en el sentido de que funciona en el texto como antítesis tanto de Dios en cuanto Padre, como de Jesús en cuanto Hijo.

La oposición fundamental está entre las dos «paternidades» diversas: la de Dios y la del diablo. Todo el desarrollo a partir del v. 33 se apoya efectivamente en la noción de padre[102], para desembocar en 8, 47 en la doble declaración: «de Dios-no de Dios» según se escuche o no su palabra. Velada por medio de alusiones (v. 38.41) y luego desenmascarada, la figura del adversario ofrece el horizonte oscuro sobre el que se va representando el drama de la incredulidad y de la no-filiación de Dios.

Por otra parte, el comportamiento del diablo se describe como el inverso al de Jesús: él habla[103] «de su propio fondo», mientras que Jesús habla de lo que ha oído del Padre y «no de sí mismo»[104]. El es homicida desde el principio, mientras que Jesús libera de la muerte (v. 51). El profiere la mentira, mientras que Jesús dice la verdad (v. 40.45.46).

Así pues, es el rechazo del Hijo el que manifiesta la esclavitud (cf. 8, 34) de los oyentes, sometidos al padre de la mentira:

99. Así Crisóstomo, Agustín, recogidos por santo Tomás, n. 1244; cf. I. de la Potterie, 925s.

100. El *gár* al comienzo del verso equivale a una repetición de la acusación anterior.

101. El griego presenta una ambigüedad: «Es mentiroso y padre de él *(autoû)*»; ¿qué es lo que designa el pronombre *autoû?* Si es masculino, se refiere a «mentiroso»; si es neutro, a «mentira». Como es inconcebible que el mentiroso pueda ser padre de sí mismo, los críticos prefieren la segunda lectura: el diablo está en el origen de todo tipo de mentiras.

102. 8, 33.37.38.41.42.44

103. Con el verbo *laléō* utilizado ordinariamente por Jn para indicar que Jesús «proclama» ciertas palabras, o también que el Espíritu santo hace realizar la revelación traída por Jesús.

104. 12, 49; 14, 10; cf. 5, 19; 8, 42.

45 «Yo, por el contrario, porque os digo la verdad no os fiáis de mí».

Su palabra hace ver su alienación. Si no hubiera venido, si se hubiera callado, no habría pasado nada (15, 22), pero Jesús habla y entonces resulta evidente que no pueden soportar la verdad. El rechazo del Revelador confirma lo que Jesús había dicho a sus hermanos en Galilea: «A mí el mundo me odia porque atestiguo sobre ellos que sus obras son malignas» (7, 7).

En el texto se esboza a continuación un giro: «¿Quién de entre vosotros puede convencerme de pecado?». Después de una transición (v. 46b.47) para recapitular todo lo anterior, todo converge en la persona de Jesús y en su propio misterio, como hace ver la objeción: «¿Quién te haces entonces?» (v. 53). Las declaraciones de Jesús (v. 46.51.56.58) irán *in crescendo,* así como las reacciones que van suscitando.

Jesús es sin pecado (8, 46-50)

46 «¿Quién de entre vosotros puede convencerme de pecado?
Si digo la verdad, ¿por qué no os fiáis de mí?
47 El que es de Dios oye las palabras de Dios.
La razón por la que no me oís vosotros, es que no sois de Dios».
48 Los judíos respondieron y dijeron:
«¿No tenemos razón de decir nosotros
que tú eres un samaritano y que te posee un demonio?».
49 Jesús respondió: «A mí ningún demonio me posee,
sino que honro a mi Padre, mientras que vosotros me deshonráis.
50 Yo no busco mi gloria; hay alguien que (la) busca y que juzga».

Insistiendo en el hecho de que él dice la verdad, Jesús intenta un doble objetivo. Opone su palabra a la mentira que ha seducido a sus interlocutores y se distancia de ellos afirmando que él no tiene nada que ver con el pecado. Al comienzo de su enseñanza en el templo, había dicho a propósito del Enviado:

> Este es veraz
> no hay injusticia en él (7, 18)[105].

Aquí se observa una conexión de los dos temas; en 8, 50 se les añade el tema de la gloria propia que Jesús no busca (cf. también 7, 18). La ausencia de todo pecado se debe a la perfecta sumisión de Jesús a su Padre; más adelante, afirma que él «guarda» la palabra de Dios (v. 55). La perspectiva no es simplemente moral, sino que se refiere a la cualidad entitativa del Hijo, «lleno de gracia y de verdad» (1, 14).

Mediante el giro jurídico «convencer de»[106], se mantiene al lector en el contexto general del proceso de Jesús. Pero la situación parece invertirse ahora, ya que Jesús fundamenta y expresa en una sola sentencia la constatación de no-filiación divina de sus interlocutores:

> 47 **El que es de Dios[107] oye las palabras de Dios.**
> **La razón por la que no me oís vosotros, es que no sois de Dios.**

Como la negativa a oír se refiere en el contexto inmediato a la verdad que dice Jesús, está claro que, según Jesús, ha nacido de Dios todo el que oye las «palabras de Dios» que él mismo pronuncia; por consiguiente, los interlocutores no son «de Dios». Esta negación es más radical que el reproche de tener al diablo por padre: renunciando a un lenguaje en imágenes, toca directamente la convicción que tienen los interlocutores de estar vinculados a Dios mismo (cf. 8, 41). La fórmula es dualista, como si existieran dos clases de hombres: unos que oyen a Jesús y son de Dios, y otros que no; se sabe, sin embargo, que no se trata de una predestinación, sino de un estado adquirido[108] que se pone de manifiesto por la reacción de unos y de otros frente al Enviado.

105. Cf. *supra,* 176.

106. El griego *elégkhō* tiene muchas veces el sentido jurídico de «convencer a alguien de una falta», y consiguientemente de «reprochar», «echar en cara». Así, no se puede convencer a Dios de error en sus juicios (Sal 51, 6; Rom 3, 4). Llegará el día en que el Paráclito «convencerá de pecado» al mundo que se niega a creer (Jn 16, 8s).

107. La expresión «...de *(ek)* Dios» se encuentra en 1, 13; 7, 17; 8, 42 para designar un origen propiamente divino. Equivale a «hijo de»; cf. *supra,* 228, n. 93.

108. Cf. *supra,* 227s, sobre 8, 43b.

Después de que Jesús los ha tratado de «hijos del diablo», los judíos le pagan con la misma moneda calificándole de «samaritano» y de «poseso». A no ser que se trate de una injuria trivial, calificar a uno de «samaritano» es evocar la pretensión de algunos profetas de Samaría que se atribuían una dignidad divina[109]. Esta interpretación vendría muy bien en un contexto en el que Jesús afirma que es sin pecado: ¿qué hombre puede afirmarlo de sí mismo? Pero el acento recae más bien en el epíteto de «poseso» (cf. 8, 49.52), y por tanto el término «samaritano» podría decir algo equivalente, ya que los samaritanos eran considerados muchas veces como magos[110].

A la acusación calumniosa por la que los «judíos» querían desembarazarse de él[111], Jesús responde con una simple negación, sin preocuparse de demostrar nada. Su pensamiento está en otro sitio, en su Padre. Por eso no muestra ningún interés por su propia persona, a no ser en la medida en que se ve comprometido el honor del Padre; y ahora lo está porque el Enviado representa a quien lo énvía. Así pues, se pone en manos de aquel que sabe defender su propia gloria y que hace justicia al oprimido[112]. Estas palabras no aportan ninguna nueva revelación, pero le permiten al lector ensanchar al ánimo antes de escuchar una proclamación solemne.

Jesús y la muerte (8, 51-55)

51 Amén, amén, yo os lo digo:
«Si alguien guarda mi palabra, no verá jamás la muerte».
51 Entonces los judíos le dijeron: «Ahora reconocemos que un demonio te posee:
¡Abrahán murió, los profetas también, y tú dices:
'Si alguien guarda mi palabra, no verá jamás la muerte'!
53 ¿Serás mayor que nuestro padre Abrahán, que murió?
Los profetas también murieron. ¿Quién te haces entonces?».

109. Sobre los profetas samaritanos, cf. Justino, *Apol.* 26, 3; *Diál.* 120, 6; Orígenes, *Contra Celso* VI, 11; Dositeo se hacía pasar por «el hijo de Dios».

110. Así Simón el Mago: Hech 8, 10; cf. Justino, *Apol.* 26, 1.4-6.

111. Según la tradición sinóptica, la acusación de «poseso» se lanzó contra Jesús a propósito de sus exorcismos (Mc 3, 22 par); en Jn, solamente se suscita a propósito de la palabra de Jesús.

112. Dios toma la defensa del acusado inocente: Sal 7, 9; 26, 1; 43, 1; Sab 3, 1-8.

54 Jesús respondió: «Si soy yo el que me glorifico, mi gloria no es nada. El que me glorifica es mi Padre,
del que vosotros decís: 'Es nuestro Dios'.
55 Sin embargo, no lo reconocéis
mientras que yo lo conozco bien.
Y si yo llegara a decir que no lo conozco bien,
sería semejante a vosotros, un mentiroso;
pero lo conozco bien y guardo su palabra».

Este pasaje, que comienza con un doble *amén,* va encuadrado por la expresión «guardar (la) palabra»: va desde la exigencia que se plantea (v. 51) hasta lo que le sirve de fundamento, o sea, el comportamiento del mismo Jesús, que guarda la palabra del Padre (v. 55). Jesús le promete al discípulo que no verá nunca la muerte. La vida eterna se le ha anunciado a Nicodemo (3, 16), a la samaritana (4, 14), a los judíos de Jerusalén (5, 24), a los galileos (6, 40.47). Aquí se formula esta misma promesa, no ya positivamente con los términos de «vida» o de «vivir», sino únicamente con la negación de la muerte[113]. Enunciada en un contexto de homicidio, la promesa «no ver jamás la muerte» contrasta con «morir en el pecado» (v. 21.24). Esta fórmula introduce en la afirmación que hacen los judíos de la muerte universal.

Su objeción, más bien prolija en esta ocasión, opone al anuncio de Jesús una ley insoslayable: si hay un hecho que se impone a todo el mundo, es que el hombre tiene que morir. Al insistir en el hecho de que incluso Abrahán y los profetas murieron, los judíos se indignan como si Jesús pretendiera no estar sometido a la suerte común de los seres humanos[114], lo cual es algo que ronda la locura («un demonio te posee»).

De ahí sus preguntas provocativas: «¿Serás mayor que nuestro padre Abrahán?»[115] y «¿Por quién te tomas?» (literalmente: «¿Quién te haces?»). Si la samaritana oponía a Jesús al padre Jacob de forma irónica, los judíos se indignan contra la pretensión de Jesús de dominar la muerte. Al mismo tiempo, ignorando lo que se ha dicho del dis-

113. En 11, 26 la afirmación negativa «no morirá jamás» queda encuadrada por la palabra «vivir».

114. Es difícil encontrar un matiz significativo entre «ver» y «gustar» la muerte. Sobre esta última expresión, cf. Sal 88, 49 (LXX); Lc 2, 26; Heb 11, 5. Cf. SB I, 753ss.

115. Al estar planteada con la partícula *mē,* la pregunta está esperando una respuesta negativa, como en 4, 12 (cf. I, 289s).

cípulo, sus interrogantes centran la atención solamente en Jesús. Este responde indirectamente, no ya sobre el misterio de la muerte, sino repitiendo su relación con el Padre. Pues bien, si repite que él no busca su propia gloria (cf. 8, 49s), la formulación es ahora nueva en virtud del verbo «glorificar» *(doxázō):* el Padre efectivamente lo «glorifica». ¿No es esto implícitamente declararse «más grande»? Dios glorifica a su Enviado haciéndole realizar en el mundo unas obras que irradian la gloria divina, y lo glorificará plenamente el día de su exaltación (13, 31s; cf. 12, 28).

Luego Jesús apela a su experiencia de Dios. Utiliza el verbo *oîda,* propiamente «saber» con un conocimiento exhaustivo, aquel del que había hablado a los judíos de Jerusalén en términos de visión:

> Por sí mismo el Hijo no puede hacer nada, a no ser lo que *ve* haciendo al Padre... Sí, el Padre ama al Hijo y le *muestra* todo lo que posee (5, 19.20).

Mientras que Jesús dice la verdad que «sabe» por experiencia, los interlocutores que pretenden estar vinculados a Dios no han aprendido a conocerlo *(ginṓskō):* no lo reconocen[116]. Jesús salvaguarda de este modo el honor de Dios que lo ha enviado y que debe ser reconocido a través de sus palabras y de sus obras. Si Jesús no es un «mentiroso», es que no «se hace» a sí mismo, sino que está en relación con el Padre que le hace hablar y actuar. Esto es lo que el párrafo siguiente va a poner de relieve gracias a la proclamación *Yo soy.*

Jesús existía antes que Abrahán (8, 56-59)

A la pregunta que, por su forma gramatical, implica la imposibilidad de ser más grande que Abrahán. Jesús responde situándose respecto al padre de los creyentes:

116. Como decíamos a propósito de 7, 27 (cf. *supra,* 179, n. 64) hay una ligera diferencia que distingue a los verbos *oîda* y *ginṓskō* (cf. Bib 40 [1959] 709-725); reflejamos aquí esta diferencia traduciendo *ginṓskō* por «reconocer», palabra que sugiere un progreso en el conocimiento, mientras que *oîda* puede ser traducido o por «saber» o por «conocer (bien)».

56 «Abrahán, vuestro padre, se alegró con la idea de ver mi día. Lo vio y se alegró».
57 Entonces los judíos le dijeron: «No tienes aún cincuenta años, ¿y has visto a Abrahán?».
58 Jesús les dijo: «Amén, amén, yo os lo digo: Antes de que Abrahán viniese a la existencia, *Yo soy*».
59 Entonces recogieron piedras para echarlas sobre él. Pero Jesús se ocultó y salió del templo.

Finalmente Jesús va a pronunciar la palabra decisiva sobre sí mismo, preparada lentamente por medio de las fórmulas elípticas «creer (comprender) que yo (lo) soy» (8, 24.28); va introducida por la relación establecida con el personaje único que es Abrahán, el padre de Israel. Mientras que Pablo presentaba a Cristo como semilla prometida al patriarca (Gál 3, 16) y por tanto como su descendiente, Jn sitúa al Hijo antes de Abrahán. Pero primero hace de éste un testigo ocular de Jesús, lo cual no se dice de Moisés, a pesar de que sus escritos dan testimonio en favor de Jesús (5, 46).

La alegría había llenado el corazón de Abrahán tanto cuando se le hizo la promesa[117] como cuando nació su hijo, llamado Isaac precisamente en virtud del gozo que suscitaba[118]. Así pues, Abrahán era el creyente tenso hacia la realización de lo que anunciaba para el porvenir la promesa de Isaac. ¿Cómo pudo él «ver» el día de Jesús, es decir, —según las representaciones judías— el día de la aparición del mesías?[119].

Según una primera hipótesis, Abrahán vio aquel día desde el paraíso en donde lo situaba el judaísmo[120], es decir, después de su muerte.

117. Gén 17, 17; *Jub*. 15, 17. Sobre la alegría *(agálliasis),* término que suele utilizarse en un contexto escatológico, cf. TWNT I, 19s.

118. Filón: «Isaac no será un hombre (como los demás), sino la risa, símbolo del gozo» *(mut* 131). Cf. *Jub* 14, 21; 15, 17; 16, 19s; *Gén R* 44, citado en SB I, 468. En el antiguo testamento, la alegría va casi siempre asociada a los anuncios de salvación; cf. vgr. Is 9, 2; 35, 1s; 44, 23; Bar 4, 22s, y en el profeta Sofonías:

«Salta de gozo, hija de Sión...
Yahvé está en medio de ti, héroe salvador».

119. Cf. *Hen* 61, 5; *4 Esd* 13, 52. Jn actualiza el «día del Hijo del hombre» (cf. Lc 17, 24). Según Cirilo de Alejandría (PG 73, 933) y Agustín (*In Jo*. 43, 16), ese día se referiría a la encarnación (y la resurrección); según Crisóstomo (PG 59, 304) y santo Tomás (n. 1287), a la pasión.

120. El «paraíso» es el lugar en donde los justos están aguardando su destino, como lo sugiere Lc 16, 23-29, en la parábola del rico y de Lázaro.

Más probablemente Jn afirma que la fe de Abrahán le concedió penetrar en las tinieblas del porvenir; del mismo modo, según Jn, Isaías «vio la gloria de Jesús» (12, 41). Esta tradición de una contemplación anticipada, anunciada ya en el antiguo testamento[121], aparece también en la Carta a los hebreos:

> En la fe (los patriarcas) murieron todos,
> sin haber obtenido la realización de las promesas,
> pero después de haberlas visto y saludado de lejos (Heb 11, 13).

En Jn se da algo más. En su fe, Abrahán se alegró plenamente, porque contemplaba de antemano no solamente las promesas, sino la salvación de la que Isaac era figura. ¡Magnífica afirmación de la unicidad de la revelación, cuyo término se da junto con su comienzo! Secundariamente se puede descubrir en el v. 56 una nota de ironía contra la actitud de los interlocutores, los «descendientes de Abrahán».

Estos ridiculizan la proclamación de Jesús, como cuando había pretendido reedificar el templo (2, 20); incluso la reducen al plano terreno de la sucesión de los años[122]. Más aún, invierten el sujeto de la frase; no pueden imaginarse que el padre Abrahán se haya preocupado de ver a este hombre que les habla. Al obrar así, mantienen a la persona de Jesús en el centro de la atención.

La solemne proclamación:

58 «Amén, amén, yo os lo digo:
Antes de que Abrahán viniese a la existencia, *Yo soy*».

Parece situarse igualmente en el plano del desarrollo cronológico, teniendo además en cuenta que el devenir *(genésthai)* de Abrahán se opone al ser *(eînai)* de Jesús: ésta es la primera lectura que se puede

121. Balaán, caracterizado como el que escucha las palabras de Dios, obtiene la respuesta divina sobre el Mesías y sus ojos se abren:
«Lo veo, pero no para ahora;
lo percibo, pero no de cerca:
de Jacob sube un astro...» (Núm 24, 16s).

122. Ireneo *(Adv. Haer.* II, 2, 6) deducía de este texto que Jesús tenía entonces cuarenta años. Esta hipótesis, poco fundada, caería por tierra si se aceptase la traducción propuesta por E. Delebecque: «¿Has visto a Abrahán hace menos de cincuenta años?»; en griego, la edad de una persona no se dice nunca con el verbo *ékhō* (cf. 89, n. 33).

hacer. Esta palabra afirma con claridad la preexistencia de Jesús, no mediante un imperfecto como en labios del Precursor (1, 15.30), sino en presente. Jesús dice que existe, sin más (cf. 1, 1), antes de que hubiera nacido Abrahán. Ya, a lo largo del capítulo, afirma que conoce su origen, su ser «de arriba». Pues bien, si su presencia domina todo el desarrollo del tiempo, se da aquí implícitamente una pretensión de divinidad.

La lectura anterior da cuenta del texto tal como se presenta; sin embargo, hay numerosos exegetas que opinan que la fórmula *Yo soy* diría algo más. A diferencia de los giros de 8, 24.28, el *Yo soy* toma en este versículo un valor sin igual. Aislada de su contexto inmediato, la fórmula suena como la repetición de la expresión *'ani hû* reservada a Dios mismo. Para ello estos críticos recurren al pasaje del Exodo, en donde Yahvé confía su nombre a Moisés.

> *Seré el que soy...*
> Hablarás así a los hijos de Israel:
> *Yo soy* me ha enviado a vosotros (Ex 3, 14)[123].

De aquí a concluir que Jesús se identifica con Yahvé no hay más que un paso, que dan alegremente algunos lectores. Pero semejante asimilación, que no tiene nada de joánica, es inadmisible. Nunca Jesús se pone en el mismo plano que el Padre: es su Enviado, depende en todo de él. Sin embargo, sigue siendo verdad que la fórmula *Yo soy* como tal, no puede menos de evocar el nombre divino: de ahí su carácter paradójico, que invita a la interpretación del mismo en función de lo que dice el contexto. En efecto, el capítulo tiende en su totalidad hacia esta conclusión.

123. En Ex 3, 14 *'ehye 'asher 'ehyeh* se traduce de otra manera. Se trata de dos verbos, los dos en presente o más exactamente en no-cumplido (en oposición al modo que indica una acción terminada). En español se puede traducir tanto por el futuro como por el presente. En vez de traducir, como de ordinario: «Yo soy el que soy» (¡lo cual parece en el fondo poco inteligible!), la TOB traduce: «Yo soy el que seré», indicando así acertadamente que no se trata de la esencia intemporal de Dios, sino de su fidelidad en el tiempo respecto al pueblo. Esta traducción se inspira sin duda en la exégesis judía actual que mantiene «ser con». C. Touati cita M. Berakot 9b (¿siglo III?): «Lo mismo que yo estoy con ellos en su esclavitud actual, también estaré con ellos en su esclavitud bajo los reinos». F. Rosenzweig y M. Buber traducen igualmente: «estar presente al lado de ellos» *('ehye 'asher 'ehye,* Ex 3, 14, como «el Ser con»), en *Dieu et l'être:* Etudes Augustiniennes (1978) 75-84. Aunque seguimos manteniendo desde hace ya cuarenta años la dimensión histórica de esta expresión, preferimos traducir: «Yo seré el que soy», afirmando así el porvenir en nombre del presente. El verdadero nombre de Dios es *Yo soy,* tal como se dice a continuación en el texto del Exodo.

Lo que se presupone en este capítulo, que no tiene ninguna necesidad de demostración para el auditorio judío, es que no hay vida ni salvación para el hombre más que en su relación con Dios. De este modo Jesús ha basado la llamada a creer en él en el hecho de que trasmite al mundo la verdad que ha aprendido del Padre[124]; él no habla ni actúa por sí mismo. Sin embargo, no se borra nunca como si fuera sólo el instrumento o el canal de la revelación que le ha encargado el Padre. Se afirma como un sujeto: su Yo permanece desde el principio hasta el fin en primera fila y la palabra que pronuncia Jesús de parte de Dios es calificada con insistencia como «mi» palabra[125]. ¿No habrá que concluir de aquí que la revelación de que Jesús es portador consiste en la manifestación de su misma persona? ¿Por qué puede ser reconocido y encontrado Dios como *Padre,* sino porque está en el Hijo? Por el Hijo el misterio del Unico se manifiesta como misterio de comunión.

La trasparencia de Jesús es tan perfecta que, según 8, 19, conocerlo a él sería «conocer también al Padre». Pero la mística del *uno* en Jn no conduce a la absorción o a la desaparición del sujeto entregado a la Presencia. Al contrario, puesto que ésta es llamada a la relación recíproca, su singularidad se ve confirmada por ello. Entonces queda asegurado en el ser. Cuando Jesús declara *Yo soy,* no se designa como Dios, sino que proclama la relación vivificante que es absoluta para el Hijo.

En el primer cuadro del capítulo, el evangelista había asentado el principio de esta relación mutua cuando presentó el testimonio de Jesús como si fuera el de *dos*. En lo que continúa del texto, la frecuencia en labios de Jesús de las palabras «veraz» y «verdad»[126] apoya nuestra interpretación de la fórmula, si se tiene en cuenta el matiz que tienen en hebreo de «solidez»[127]. Y al revés, la mentira equivale para la Biblia a la inconsistencia, a la nada[128].

Enfrentado con unos adversarios que quieren matarlo y, más profundamente, con el poder del pecado y de la muerte, Jesús de Nazaret sigue siendo para el evangelista aquel que es «de arriba», consciente de su condición de Hijo y de la fidelidad del Padre. Afirma su plenitud de ser como una última llamada a creer, y a la vez como un grito de

124. 8, 26.28.38.40 (y 45.46).
125. 8, 14.31.37.43.51.
126. 8, 14.16.26.32.44.44.45.46.
127. Cf. *Verdad,* en VTB, 821-825.
128. 8,44 (ter).55. Cf. Sal 4, 3; Jer 16, 19... Los ídolos son para los profetas la expresión más importante de la mentira y de la nada: Jer 2, 5.11; 10, 8...; cf. Rom 1, 25.

alegría. ¿No es esto un eco del prólogo? Jesús de Nazaret expresa al Logos del que se ha afirmado que su existencia es absoluta, es decir, que está en perfecta relación con Dios; de Jesús se oye una palabra que significa su plenitud de existencia, debido al hecho de su perfecta relación con el Padre.

Esta declaración es insostenible para los judíos, y por eso toman piedras[129] para lapidar al blasfemo[130]. Pero Jesús se escapa[131], porque sin duda su hora, la hora de su elevación, no ha llegado todavía. Más aún: con él, es Dios el que sale de su templo[132].

APERTURA

A la pregunta: «¿Quién eres entonces?», *Jesús nunca respondió claramente. Es verdad que la víspera de su muerte afirmó que era el Mesías (aunque según Mateo, a diferencia de Marcos, se contentó con remitir en su respuesta al que lo cuestionaba). Pero durante su vida pública no hizo nunca una declaración de este tipo. Al contrario, fue él el que preguntó a los discípulos: «¿Quién decís que soy yo?». Jesús deja hablar a los demás; no quiere «definirse», ya que no puede encerrar en un título el misterio de su ser.*

El mismo evangelista, a pesar de que se ha aventurado en los secretos misteriosos de Cristo, tampoco ha dejado decir a Jesús que era Dios. La afirmación del prólogo, sin embargo, es clara: «El Logos era Dios». ¿A qué se debe esta sobriedad en labios de Jesús? Quizás es que Jn quiere abrir al lector a la reflexión sobre el misterio de Dios Padre. Al decir: «Antes de que Abrahán viniera a la existencia, Yo soy», *Jesús proclama su preexistencia y al mismo tiempo afirma la plenitud y la permanencia de su ser. No ya de una individualidad que se sostiene por sí misma, sino de un ser en comunión absoluta*

129. Sin duda, entre las piedras que servían para la construcción del templo: cf. F. Josefo, *Ant. Jud.* XVII, 9, 3; *SB* II, 527.

130. Lev 24, 16. Esta pretensión de la divinidad seguía siendo la objeción de los judíos en tiempo de los Padres de la Iglesia; así Trifón en sus dificultades con Justino dice: Jesús debería ser adorado (*Dial.* 38, 1); sería Dios antes de los siglos (48, 1).

131. Habiendo subido a Jerusalén en secreto (7, 10: *en kryptȭi*), Jesús ahora «desapareció» *(ekrýbē,* de *krýptō),* aguardando el momento en que desaparecería definitivamente a la vista de sus contemporáneos (*ekrýbē:* 12, 36).

132. Lo mismo que la gloria de Yahvé salió de debajo del umbral de la Casa, dejó luego la Ciudad (Ez 10, 4.18; 11, 23). Algunos manuscritos añaden al texto de Jn: «y pasando por en medio de ellos, caminaba y se iba tranquilamente *(hoútōs)»* añadido que evoca a Lc 4, 30 y en donde algunos comentaristas leen un anuncio de la resurrección.

con Dios, hasta el punto de que, con la ayuda de una reflexión complementaria, el creyente puede llegar a decir que Jesús es Dios. Pero hay que precisar más: es el Hijo de Dios, de un Dios que es relación subsistente.

He aquí por qué resulta tan delicado apropiarse del Yo soy *de Jesús. Sin embargo, algunos europeos impregnados de hinduismo no han tenido reparo en hacerlo. Así por ejemplo, suponen que Sankara, al profundizar en su propio* yo, *pensaba que había alcanzado a Dios mismo. Esta búsqueda de la divinidad, por muy noble que sea, no puede compararse con la constatación de Jesús. En vez de hablar de «esencia», conviene expresarse en términos relacionales: Dios es esencialmente relación entre el Padre y el Hijo. La experiencia de Jesús es la de su relación indestructible con su Padre.*

Pues bien, en la medida en que el creyente se conoce por medio de Jesucristo en relación con Dios, el misterio de Jesucristo pasa a ser el suyo propio. Les corresponde a los dogmáticos apreciar cuál es la diferencia que separa al creyente y a Jesús. Lo cierto es que muchas veces el cristianismo desconoce la nobleza de su existencia, a pesar de que podía acceder al sereno reconocimiento y al amor de su propio ser.

Con la salida del templo se cierra una etapa. Si el proceso no termina más que con la condena oficial pronunciada por Caifás (11, 57), el largo debate del capítulo 8 pone al lector en presencia de la incredulidad de los judíos. *No es éste el lugar de investigar sobre lo que ocurrió históricamente, ya que el evangelista proyectó voluntariamente sobre este episodio el conflicto de su Iglesia con la sinagoga; pero al obrar así, quiso darle al acontecimiento de un tiempo pasado un significado actual para mí hoy. Esto es lo que el lector tiene derecho a descubrir en la presentación del evangelista.*

Partiendo del punto de vista de los judíos, era perfectamente normal rechazar la adhesión a un hombre que no tenía miedo de violar el sábado y de amenazar así la estabilidad del judaísmo; más aún, este hombre pretendía nada menos que estar en relación subsistente con Dios, atentando contra el estricto monoteísmo. En definitiva, los judíos no podían menos de chocar con el misterio de la encarnación, escándalo inevitable.

Hoy, si este escándalo sigue siendo arduo para la fe, no es en virtud de la comprensión de las Escrituras o de la violación de algún que otro precepto particular, sino más bien, para nosotros, lo mismo que antes para los oyentes de Jesús, por el hecho de que Dios se haya hecho hombre. Además, a través del comportamiento de los judíos tal como lo describe Jn, se percibe una actitud que puede ser muy bien la nuestra. Todo hombre tiene miedo de una verdad que viene a desconcertar sus hábitos mentales, por lo que se puede llegar a intentar poner todos los obstáculos posibles para que se abra paso esa verdad. Cualquier cosa, antes de abrirse a una nueva intervención de Dios. Y esta reflexión vale igualmente para nuestra institución eclesiástica, en la medida en que se complace en un lenguaje que pretende ser exclusivo en la expresión del misterio.

La incredulidad de los judíos frente a Jesucristo se ve iluminada en Jn mediante el recurso a la acción misteriosa del «diablo». Entre Dios y el hombre se encontraría entonces un personaje que, sin quitarle al hombre su responsabilidad, explicaría el rechazo de la palabra de Dios y el odio homicida contra Jesús. Semejante manera de hablar conviene muy bien a los espíritus formados por el catecismo tradicional. Sin embargo, actualmente, son numerosos los que relegan esta representación al museo de las imaginaciones inútiles, por no decir peligrosas. Pues bien, rechazar la intervención del diablo, ¿no será tirar al bebé con el agua del baño? Conviene por tanto medir todo el alcance del lenguaje de Jesús según Jn.

El término «Satanás» no designó originariamente lo que nosotros entendemos por «diablo». Al principio este término designa a un «adversario», político o religioso (1 Re 11, 14.23); luego, por el año 520 a. C. a un «acusador» (Zac 3, 1-5); más tarde es el «tentador», aquel que, formando parte todavía de la corte divina, viene a dar cuentas a Dios de la actividad que ejerce sobre la tierra (Job 1-2). Poco a poco, bajo la influencia del pensamiento irano-babilonio, este cortesano de Yahvé recibió una nueva función: descargar a Dios de la responsabilidad de las acciones malas que, según la mentalidad semítica, se le atribuían a él en definitiva: ¿no depende todo de Dios (Is 45, 7)? Mientras que, según el libro de Samuel, es Dios el que sugiere a David que haga el censo de Israel —lo cual es un pecado grave (2 Sam 24, 1)—, en un texto bíblico posterior en varios siglos esta sugerencia se le atribuye expresamente a Satanás (1 Crón 21, 1). Del mismo modo, la prueba a la que se vio sometido Abrahán por parte de Dios (Gén 22) se convierte en una tentación de Mastema (uno de los nombres de Satanás) por el año 100 a. C. (Jub. *17, 16). Desde entonces, este personaje se describe como maléfico en todas sus acciones perversas. Finalmente, en la época de Jesús, la personificación de esta potencia del* mal *llega hasta el punto de que, también aquí bajo la influencia del dualismo iranio, los demonios se multiplican bajo el dominio de un príncipe de los demonios. En estas condiciones, el hombre se encuentra enfrentado con dos potencias, el ángel de Dios y el ángel de las tinieblas, adquiriendo éste una existencia casi autónoma sin que llegue a determinarse bien su personalidad; así se explican los nombres tan numerosos que se le pueden dar.*

Los evangelios evitan el dualismo excesivo en el que cayó la literatura de Qumrán, pero están convencidos de la existencia de los demonios que infestan la vida de los hombres y de los que Jesús triunfa con sus exorcismos; Satanás, el adversario, es vencido por Jesús (Lc 11, 20 par; Mc 3, 23-27 par) y cae del cielo como el rayo (Lc 10, 18). El evangelista Jn, por su parte, evita todo relato de exorcismo, preservando a sus lectores de una especie de folklore, aunque pone también de relieve la figura del adversario. *Satanás entró en Judas, uno de los Doce, cuando aceptó el bocado que se le ofrecía como signo de comunión (Jn 13, 27). Este* adversario *es el que mueve a rechazar el mensaje de Jesús, ya que no se «mantiene en la verdad», él, que desde el origen es el Mentiroso y el Homicida (cf. 8, 44). Tiene además una descendencia, los «hijos del diablo», empezando por Judas, llamado también «diablo» (6, 70); de este modo es como surgen verdaderos focos de división y de odio.*

¿Hemos de tomar al pie de la letra esta escenificación? No lo creo. Conviene respetar un principio de orden lingüístico: en cualquier proposición hay que distinguir entre lo que se afirma y el presupuesto que hace comprensible dicha afirmación. Dos ejemplos. Cuando Jesús evoca al personaje de Jonás para invitar a sus oyentes a la conversión (Lc 11, 29-32 par), habla de él como de un personaje de carne y hueso: tal es el presupuesto de su predicación. Sin embargo, nadie en nuestros días se atrevería a deducir de allí que Jesús afirmó la existencia histórica de Jonás. Tampoco el personaje Adán designa simplemente a un individuo, sino al hombre por excelencia, como ha demostrado bien J. de Fraine, Adam et son Lignage, *Paris 1959. En estas condiciones, el personaje Adán no pierde su importancia, sino que adquiere un valor mucho más grande todavía, debido al hecho de que todo hombre se encuentra afectado por lo que se dice de él; es lo que pasa con la Carta a los romanos o en la primera a los corintios. ¿No ocurrió lo mismo en lo que respecta a Satanás? Jesús habla de él según la creencia judía de su época, sin afirmar inmediatamente la existencia suya como la de un ser individual.*

¿Qué es lo que representa entonces? El cuarto evangelio nos pone en la pista cuando habla del «Príncipe de este mundo». Sin duda mantiene la representación de un «jefe», de una fuerza hostil; pero, en vez de hablar de «demonios», actualiza esa potencia hostil con la ayuda del «mundo», una categoría que aparece sobre todo en el discurso de despedida y que hay que precisar. No se trata de este mundo que Dios ama (3, 16), sino del conjunto de todos aquellos que,

continuando el rechazo de los «judíos», permanecen incrédulos y se oponen a Jesús y a su revelación del amor del Padre. Ciertamente, según Jn, el príncipe de este mundo ha sido destronado de su poder (12, 31) por Jesús victorioso de la muerte; gracias a esta nueva potencia difusa se prolonga su acción sobre la tierra. Pues bien, si Satanás ha sido sustituido por el «mundo», es que no era sino una figura del mal.

El combate de Jesús contra Satanás se convierte para los creyentes en la lucha por su fe y por su fidelidad a Jesús frente al asalto del «mundo». Cuando, en la inminencia de la pasión de Jesús, Satanás desencadenó sus fuerzas contra él, Jesús afirmó a sus discípulos: «no tiene ya dominio sobre mí» y «ya está condenado» (14, 30; 16, 11; 1 Jn 3, 8). Amenazado en los suyos por el «mundo», Jesús tiene un defensor, el Paráclito, que demuestra en el corazón de los creyentes dónde está el error y la culpabilidad del mundo, es decir, de los que rechazan obstinadamente la luz (16, 7-11).

¿Habrá que negar entonces la existencia de Satanás? Ciertamente que no, si esto significase desconocer la connivencia que el mal bajo todas sus formas tiene en cada uno de nosotros; eso sería ignorar el carácter universal de la fuerza de división de la que somos víctimas y que mantenemos nosotros mismos con nuestras malas acciones. El combate contra los asaltos del «mundo» no es, en efecto, tan sólo contra unas fuerzas exteriores, sino que se libra también en lo íntimo de la conciencia de cada uno.

Algunos prefieren seguir hablando de Satanás como de un individuo nefasto, mientras que otros opinan que es la personificación del mal universal; ¡qué importa! Lo esencial es que Jesús lo aplastó cuando, por fidelidad al Padre, abrió definitivamente a los hombres la relación viva con Dios, la que Satanás se esforzaba en impedir o destruir. Es inherente a nuestra condición humana y también a la autenticidad de nuestro «sí» que tengamos que arrostrar, a través del «mundo» fuera de nosotros y en nosotros mismos, la presencia al mismo tiempo encarnizada y ya vencida de Satanás.

JESUS Y LA MUJER ADULTERA
(7, 53-8, 11)

7,53 Y se fueron cada uno a su casa.
8,1 Jesús, por su parte, se fue al Monte de los Olivos 2 y al
amanecer se presentó de nuevo en el templo, y todo el pueblo
venía a él. Estando sentado, les enseñaba.
3 Pues bien, los escribas y los fariseos traen a una mujer
sorprendida en adulterio y poniéndola de pie en medio, 4 le
dicen: «Maestro, esta mujer acaba de ser sorprendida en fla-
grante delito de adulterio. 5 Pues bien, en la ley, Moisés nos ha
prescrito lapidar a ésas (mujeres). Entonces, ¿tú qué dices?».
6 Decían esto para ponerlo a prueba, a fin de poder acusarlo.
Jesús, agachándose, escribía con su dedo en el suelo.
7 Pero, como se quedaban allí interrogándole, se levantó y
les dijo: «El que entre vosotros esté sin pecado tírele el primero
una piedra». 8 Y agachándose de nuevo, escribía en el suelo.
9 Pero ellos, oyendo (esto), se retiraban uno a uno, empe-
zando por los más viejos, y él fue dejado solo, así como la mujer
que se mantenía allí en medio.
10 Levantándose, Jesús le dijo: «Mujer, ¿dónde están? ¿nadie
te ha condenado?».
11 Ella dijo: «Nadie, Señor».
Y Jesús dijo: «Tampoco yo te condeno. Vete ¡y en adelante
no peques más!».

Este admirable relato no es joánico[1]. Ausente de los manuscritos más antiguos[2], es ignorado por los padres de la Iglesia hasta el siglo IV[3]. A partir de entonces, su canonicidad fue defendida por algunos padres latinos[4]; la primera mención sobre él se encuentra en la *Didaskalia*[5], que lo cita para exhortar a los obispos a la clemencia con los pecadores.

Por su estilo y por su contenido, este texto está emparentado con los relatos sinópticos, particularmente de Lucas. No se sabe dónde fue recogida en primer lugar esta «perla perdida de la tradición antigua»[6]: ¿en un «evangelio» no recibido por el conjunto de las Iglesias[7] o en el Proto-Lucas?[8]. Según numerosos exegetas, el núcleo del episodio es o podría ser histórico[9], ya que la pena que había que aplicar en caso de adulterio era una cuestión controvertida en el judaísmo del siglo I y la actitud de Jesús está de acuerdo con la presentación de los

1. El estilo y el vocabulario («monte de los olivos», «escribas y fariseos», «Maestro» en lugar de «Rabí»; Jesús enseña sentado) son extraños a Jn. Este episodio interrumpe de forma poco adecuada la secuencia de los capítulos 7-8. Ya Lagrange, *Comm.,* 221-226 indica estas anomalías. Sobre el texto en su conjunto, el estudio más amplio es el de U. Becker, *Jesus und die Ehebrecherin,* Berlin 1963.

2. Mientras que el testimonio más antiguo de Jn (P^{66}) data de alrededor del año 200, el primer manuscrito griego que contiene esta perícopa es el Codex Bezae (siglo V). Sin embargo, algunos manuscritos anteriores dejan un espacio en blanco después de 7, 52, como si el copista hubiera conocido la existencia del relato. Jerónimo (siglo IV) dice que lo encontró en manuscritos griegos y latinos; un pasaje de Dídimo (siglo IV), descubierto recientemente, deja suponer su existencia en un manuscrito alejandrino (cf. B. D. Ehrmann, NTS 34 [1988] 24-44). La inserción del relato podría remontarse a finales del siglo III. En latín, figura en la Vulgata (finales del siglo IV) y en varios testimonios de la Vetus latina. En algunos manuscritos posteriores se le sitúa detrás de Lc 23, 37s o como un apéndice de Jn.

3. Los primeros comentaristas de Jn (el gnóstico Heracleón, Ireneo, Orígenes, Crisóstomo, Nonno) no mencionan este relato.

4. Agustín, Ambrosio, Jerónimo. El canon de las Escrituras es el *corpus* de libros bíblicos reconocidos por los judíos o por los cristianos como inspirados por Dios.

5. Documento eclesiástico sirio del siglo III que forma parte de las *Const. Apost.* (II, 24). B. D. Ehrmann se sirve del pasaje citado así como de los datos de Dídimo, para trazar la génesis del texto actual a partir de tradiciones orales independientes que se fueron fusionando.

6. W. Heitmüller, citado por R. Schnackenburg, II, 225. Cf. también A. Loisy, 541s.

7. Eusebio, *Hist. Eccl.* III, 39 refiere que Papías (hacia el 135) tenía conocimiento de un relato contenido en el *Evangelio a los hebreos,* en donde Jesús perdona a una pecadora; pero esta indicación es demasiado sucinta para que podamos afirmar que se trata del mismo episodio.

8. Así M. E. Boismard, *Comm.,* 215s.

9. H. Riesenfeld, U. Becker, J. Blanck, R. E. Brown, R. Schnackenburg...

evangelios sinópticos. Otros autores, sin embargo[10], opinan que este relato es una leyenda nacida en la Iglesia del siglo II (antes del 150); un índice de ello serían ciertas «inverosimilitudes» del texto, en el que los partidarios de la historicidad ven simplemente algunas lagunas de información que intentan colmar con la ayuda del antiguo derecho en Israel. En los dos casos, el texto se examina como si fuera el reportaje de una controversia penal, siendo así que es de tipo kerigmático. El narrador ha seleccionado los rasgos más útiles a su propósito: mostrar que Jesús trae a los hombres pecadores el perdón escatológico y gratuito de Dios. El predominio del elemento visual en la expresión literaria orienta hacia un significado simbólico. Después de una lectura cursiva, leeremos de nuevo el texto en esta segunda perspectiva.

¿Por qué este relato, profundamente evangélico, ha sido tanto tiempo tenido en el ostracismo? Todos están de acuerdo en pensar que su contenido causaba dificultades en la Iglesia primitiva, ya que el adulterio, reprobado en Israel, contaba entre los pecados que se juzgaban incompatibles con la condición de bautizados y que causaban la exclusión de la comunidad, si no de la misericordia de Dios[11]. Poco a poco la institución de las prácticas penitenciales permitió reintegrar a los pecadores públicos en la comunión eclesial[12]. El hecho de que la perícopa haya sido finalmente aceptada en el canon confirmaría su autenticidad: no se podría borrar una tradición sólida. Es más difícil ver nacer semejante relato, cuyo estilo está marcado por las repeticiones de palabras y el ritmo de la transmisión oral[13], en el seno de la misma Iglesia, en oposición con su práctica pastoral.

El motivo de la inserción de esta perícopa en su lugar actual, en el que interrumpe de forma poco atinada la secuencia de los capítulos 7-8, es poco claro[14]. Lo que importa es el hecho mismo de la inserción: recuerda que el referente de la tradición evangélica es el único Cristo, sean cuales fueren las teologías respectivas de los evangelistas.

10. R. Bultmann, H. Köster, y sobre todo H. F. von Campenhausen, ZNW 68 (1977) 164-175.

11. Cf. 1 Cor 5 a propósito de los desórdenes en la Iglesia de Corinto. El uso que la *Didaskalia* hace de este relato confirma la explicación retenida. Sobre el adulterio como uno de los comportamientos que impiden la entrada en el Reino, cf. 1 Cor 6, 9s; Heb 13, 4; 2 Pe 2, 14. Jesús tuvo también palabras severas contra el repudio de la mujer por parte del marido y es sobre todo en este contexto donde habla —para el marido— del adulterio: Mt 19, 19.

12. Sobre la evolución de la disciplina penitencial, cf. C. Vogel, *Le pécheur et la pénitence dans l'Eglise ancienne*, Paris 1966.

13. Cf. F. Rousseau, Bib 59 (1978) 463-480.

14. Se puede señalar una coincidencia superficial: en los capítulos 7 y 8 Jesús enseña en el templo, critica el juicio según las apariencias o según la carne (7, 24; 8, 15) y afirma que él no juzga a nadie (8, 15). El mismo es amenazado también con la lapidación (8, 59).

Una lectura cursiva

La introducción (7, 53-8, 2) muestra que el relato formaba parte de una narración continua. Además, es claro el parecido con el pasaje con que Lucas termina la vida pública:

> Jesús pasaba el día en el templo enseñando y salía a pasar la noche en el monte de los olivos. Y todo el pueblo venía a él desde la aurora al templo para escucharle (Lc 21, 37s; cf. Mc 11, 11; Mt 21, 17).

Así pues, nuestro episodio se sitúa al final del ministerio de Jesús, como lo confirma la situación del mismo Jesús, que se dispone a «acusar» (8, 6).

Los escribas y los fariseos tienden una trampa al rabí. Si propone la clemencia, se pondrá en conflicto con la ley[15]; si aprueba la lapidación de la mujer, irá en contra de su misma predicación y chocará además con la autoridad romana[16]. Además, al evocar el flagrante delito y al traer a la mujer, los adversarios ponen a Jesús contra la pared: no tiene más remedio que pronunciarse. Por una vez, la pieza en que se basan sus argumentos tiene un peso notable. No se trata ya de una cuestión de escuela, sino de una decisión de vida o muerte. La «trampa» es radical.

La mujer queda situada de pie[17] «en medio», según solía hacerse en los interrogatorios judiciales (cf. Hech 4, 7). Este detalle la deja aislada, a pesar de señalar a su alrededor el círculo de los acusadores que la amenazan. Jesús, sentado para enseñar, forma materialmente parte del círculo. Pero los fariseos no interrogan a la mujer —su transgresión es patente y no cuenta a sus ojos mucho más que el denario que se debe al César[18]—. Interrogan a Jesús: vueltos a él, acechan su

15. Ex 20, 14; Lev 20, 10; Dt 22, 22. Era «adúltera» la relación sexual entre un hombre, casado o no, con una mujer casada (o prometida), ya que semejante relación era ofensiva contra el derecho de propiedad que se reconocía al marido sobre la mujer. Según Kl. Berger, ZThK 73 (1976) 175, y otros autores, si la ley valía como principio, no necesariamente se aplicaba la sanción; no se encuentra ningún texto en el siglo I d. C. Sobre la ley matrimonial y su reflejo en nuestro texto, cf. J. Blinzler, NTS 4 (1957-1958) 32-47. C. K. Barrett señala, según un texto inédito de D. Daube, que en el judaísmo tanaítico existía cierta tendencia a criticar la opresión de la mujer en la sociedad contemporánea.

16. Según la mayor parte de los historiadores, los romanos se reservaban el derecho de pronunciar la sentencia capital (cf. DBS VI, 1487).

17. *Stēsantes autēn:* «haciéndola estar de pie».

18. Cf. Mc 12, 13-17 par. La controversia sobre el tributo no deja de tener ciertas afinidades con nuestro relato, concretamente al final (cf. Mt 22, 22: la retirada de los fariseos).

reacción. De esta manera la mirada del lector se ve atraída hacia dos polos: Jesús y la mujer «en medio», vinculados entre sí por esta situación evidente, contraria y simultánea a la vez.

Los escribas y los fariseos oponen la autoridad de la ley a la de Jesús, a quien llaman «Maestro»: «Moisés nos ha prescrito... ¿tú qué dices?». ¿Hay aquí una alusión a la manera de hablar del rabí de Nazaret: «Pero yo os digo...» (Mt 5, 43s)? En vez de responder, Jesús se inclina y escribe con el dedo en el suelo. Las interpretaciones de este gesto no tienen en cuenta muchas veces la segunda vez que se realiza (8, 8): a Jesús le gustaría retrasar su respuesta[19], o demostrar que la cuestión no le atañe, o también escribiría la sentencia antes de leerla en voz alta, según el uso romano[20]. Ya desde la antigüedad[21] se ha pensado que se trataba en este caso de una acción simbólica, parecida a la de los profetas, evocando un versículo de Jeremías:

> Los que se apartan de mí (Yahvé)
> serán inscritos en el suelo (Jer 17, 13 LXX; cf. Job 13, 26).

Jesús recordaría así el juicio de Dios sobre todos los pecadores en Israel[22]. Esta interpretación requiere ser completada; pero de suyo es válida: Jesús, urgido por sus interlocutores pronuncia una palabra que no es formalmente un juicio pronunciado por él sobre ellos, sino que los remite al tribunal de su conciencia para que encuentren allí la verdad. Es en cierto modo invitarles a pasar de lo legal a lo moral, haciendo funcionar la ley no como un repertorio de entredichos, sino como reveladora de los corazones. Jesús dice:

7 «El que entre vosotros esté sin pecado,
tírele el primero una piedra».

19. C. K. Barrett, Osty-Trinquet...
20. En caso de absolución, según T. W. Manson, ZNW 44 (1952-1953) 255s; R. H. Lightfoot. ¡Pero el marco de la perícopa es judío!
21. Ambrosio, Agustín, Jerónimo. Entre los modernos, J. Blank, R. Schnackenburg, J. Jeremias. U. Becker se opone a ello, pero no acaba de convencer.
22. Cf. también el contexto de Jer 17, 13; así en el v. 10: «Yo, Yahvé, escruto los corazones, sondeo los riñones, para pagar a cada uno según su conducta». Cf. la expresión antonímica en Lc 10, 20: «inscritos en los cielos».

Temiendo encontrar en esta sentencia lapidaria la negación de toda justicia penal[23], varios críticos limitan el sentido de la expresión «sin pecado» (*anamártētos*): se referiría solamente a las faltas de orden sexual[24]; pero la tradición evangélica, a pesar de su severidad para con los fariseos, no los critica nunca bajo este aspecto. Se referiría entonces más bien a una injusticia cometida en el procedimiento contra la mujer[25] o al intento de matar a Jesús. Finalmente, la dificultad desaparecería si esta palabra no fuera de Jesús, sino de la Iglesia en relación con sus pastores.

La palabra tiene ciertamente la radicalidad propia del lenguaje de Jesús (por ejemplo, en el sermón de la montaña), pero la problemática anterior es extraña al marco del relato, en donde el pecado se entiende para con Dios. A través de una imagen que depende del contexto, pone crudamente de manifiesto la universalidad del pecado, según un tema constante en la Escritura: nadie es justo ante Dios[26]. Afecta sólo de forma secundaria a la enseñanza que dio Jesús a la gente y a los discípulos en Mt 7, 1-5 (la paja y la viga) contra el juicio hipócrita.

Luego Jesús repite el mismo gesto, confirmando su significado. El efecto es impresionante: uno a uno se van retirando los acusadores; un manuscrito añade: «acusados por su conciencia». El detalle «empezando por los más viejos» podría referirse a una experiencia más larga de la fragilidad humana[27]. La palabra de Jesús ha impedido a esos hombres cometer un acto de violencia, ya que ellos mismos renuncian libremente a ello: su confesión implícita puede comprenderse como un comienzo de su propia liberación del mal.

El narrador indica que Jesús «fue dejado solo». La trampa se ha abierto para él y la controversia queda liquidada. Pero la mujer, a pesar de que se ha deshecho a su alrededor el círculo de la muerte, sigue estando allí, «en medio», sin verse libre todavía. No huyó, como si estuviera esperando todavía que Jesús se pronunciase sobre ella. Pero en vez de eso, Jesús le da la palabra, invitándola familiarmente («¿Dónde están?») a comprobar que nadie la ha condenado. La respuesta de la mujer no manifiesta cuáles son sus disposiciones interiores; sin embargo, implícitamente, se pone en manos de aquel que la ha librado de sus acusadores y a quien ella no llama «Maestro», sino «Señor». Entonces Jesús no le declara, como había hecho en Lc 7,

23. Ya san Ambrosio (*Ep.* 1, 25.26) se preguntaba cómo podía un cristiano encargado de la función de juez en la ciudad observar esta palabra de Jesús.
24. K. H. Rengstorf, Hoskyns-Davey, W. Bauer.
25. J. D. M. Derrett, NTS 10 (1963-1964) 1-26.
26. Cf. Sal 14, 1-3; 53, 2-4; Rom 3, 9-12.23.
27. No es pertinente aludir aquí al episodio de Susana y de los ancianos (Dan 13).

48, que su pecado está perdonado, sino que —permaneciendo en el terreno jurídico en donde lo han situado los fariseos— le dice: «Yo tampoco te condeno». De esta manera confirma el comportamiento de los fariseos que, ante la evidencia de su propio pecado, han reconocido que ellos no podían ser crueles con aquella mujer. Pero si Jesús no condena, no puede ser por ese mismo motivo: él es sin pecado. Con su actitud paradójica, Jesús significa dos cosas: se niega a criticar la ley en cuanto que reprueba el adulterio, y al mismo tiempo manifiesta que él tiene la misión de salvar, no de condenar. Después de dejar a Dios la prerrogativa del perdón[28], compromete a la mujer a que sea fiel. El perdón se convierte en una llamada a la conversión. Por eso, ella se ve encarada con su conciencia y con una responsabilidad regenerada: sólo le queda vivir «en adelante» en conformidad con la liberación que ha recibido.

Repaso simbólico

La lectura precedente se ha limitado a seguir el relato en su desarrollo. En otra aproximación podemos intentar aquí captarlo en su totalidad.

Aparentemente, la perícopa presenta dos aspectos[29]: la solución de la trampa y el perdón de la mujer. Jesús se sitúa en una doble perspectiva: frente a los fariseos y frente a la mujer. Sin embargo, se trata de un relato unificado: desde el principio hasta el fin se sitúa a Jesús frente a la realidad del pecado y se manifiesta como aquel que al mismo tiempo lo desenmascara y libera de él. La presencia del pecado está allí, evidente, en el delito del que es acusada la mujer y en el comportamiento de los fariseos que se sirven de su persona como de un pretexto y que quieren tender una trampa a Jesús; por tanto, es declarado como un mal universal (v. 7). Frente al pecado, más duro que las piedras con que intentan lapidarlo, Jesús, venido de otra parte, está solo, ya antes de que el narrador lo describa como tal, cuando la mujer se queda sola ante él.

Los críticos se han planteado inútilmente varias cuestiones. Para proceder a una lapidación, ¿no se necesitaba hacer un juicio en toda

28. Aunque afirma que el Hijo del hombre tiene el poder de perdonar los pecados (Mt 9, 6 par), en los sinópticos Jesús no dice: «Yo te perdono», sino «tus pecados te son perdonados», un giro en pasiva que tiene a Dios como sujeto implícito.

29. Por esto mismo los críticos se sienten embarazados a la hora de definir su género literario. R. Schnackenburg (II, 232s) deduce de aquí que las categorías habituales resultan demasiado rígidas y señala una analogía de forma con Mt 18, 12-14; 18, 15-17.

regla? ¿ha tenido ya lugar ese juicio o todavía no? ¿cuál era, desde un punto de vista legal, la situación de la acusada: prometida en matrimonio o casada ya?[30] ¿había sido ya advertida una vez, según la costumbre?[31] ¿por qué su amante no es perseguido por el mismo delito?[32] ¿estaba el marido de acuerdo con los fariseos? ¿es probable que los escribas y los fariseos sometieran a la sentencia de Jesús un caso penal? En los sinópticos, las controversias sólo se refieren a cuestiones rituales o de tipo general[33]. Finalmente, ¿es creíble en estas circunstancias un desenlace semejante, parecido al del episodio del tributo en Mt 22, 22?

Todas estas aporías, especialmente la ausencia del amante y la del marido, invitan al lector a buscar en el texto algo distinto de lo que parece ser el relato de una anécdota: un relato simbólico. Hay tres datos que abren a esta interpretación.

Puesto en la tesitura de pronunciar una condena conforme a la ley, Jesús se calla. Parece abstraerse en un gesto independiente. Las diversas explicaciones de este gesto propuestas por los comentaristas no tienen en cuenta el tenor sorprendente del texto. La frase «escribía en el suelo» habría sido suficiente para indicar la acción si ésta se limitase a evocar el juicio de Dios sobre todo hombre pecador o a crear un tiempo de silencio. Pero el texto va detallando los movimientos: por dos veces describe a Jesús, que «se agacha», luego «se levanta» (v. 6s.8.10). ¿Por qué esta insistencia en un relato tan breve? La mención del monte de los olivos en el exordio ha situado ya el episodio en la inminencia de la pasión[34]. Por medio de estos dos verbos contrarios, el gesto adquiere un significado cristológico: imita el rebajamiento y la exaltación por medio de las cuales Jesús va a reconciliar con Dios a la humanidad prisionera de su condición pecadora[35].

Esto es lo que muestra el relato a través del personaje que nos pone delante, el de la mujer que pasa de la muerte a la vida. Según la ley tenía que ser lapidada, y el círculo de acusadores que la rodean representa de forma visual la imposibilidad en que ella está de librarse

30. Se ignora si en tiempos de Jesús valía ya la distinción que establece la *Mishná* entre la pena que hay que imponer a una mujer casada y una prometida; en el primer caso la *Mishná* pide la estrangulación. J. Blinzler (NTS 4 [1957-1958] 32-47) indica cinco razones por las que la acusada es aquí una mujer casada.

31. J. D. M. Derrett, NTS 10 (1963-1964) 1-26.

32. También debería serlo según la ley: Lev 20, 10; Dt 22, 22.

33. Así H. F. von Campenhausen, ZNW 68 (1977) 164-175.

34. Esta inminencia se ve también en el proyecto de llegar a cusar a Jesús (v. 6).

35. Esta interpretación es también la de F. Rousseau, Bib 59 (1978) 470s.

de la muerte. Pero este círculo se rompe por la palabra de Cristo, y no queda de él nada más que la línea invisible que vincula a la mujer con Jesús. El silencio del texto sobre los sentimientos de la mujer no solamente sirve para destacar el valor de la gratuidad del perdón que el Señor le concede, sino que deja sitio, en el relato, al papel salvador de Jesús. Y la visión imaginaria de la mujer aplastada por las piedras queda sustituida por la de la misma mujer que se va, libre, hacia un porvenir que le ha abierto Jesús. De forma incoativa este paso de la muerte a la vida es real, incluso para los escribas y los fariseos: Jesús tampoco los condena a ellos, al mismo tiempo que les hace tomar conciencia de su pecado. También ellos se ven orientados hacia la esperanza del perdón de Dios.

La unidad del texto queda asegurada también por la mujer, presente desde el principio hasta el fin: todo transcurre a propósito de ella. ¿Por qué haber escogido a una mujer para el papel que representa en el relato? ¿y por qué una adúltera? En la tradición profética el adulterio es la metáfora por excelencia de la infidelidad del pueblo elegido al Dios único, el Dios de la alianza. La mujer del relato se convierte en una figura de Israel, al que Jesús ha venido a revelar el perdón escatológico de Dios. La ausencia del amante y del marido quedan también justificadas: el amante son los Baales, los dioses extranjeros, que ni siquiera merecen ser nombrados, y el marido, el esposo único, es Dios, el invisible.

Otra confirmación de esta lectura nos la podría dar también la repetición del «en medio» (v. 3.9). Curiosamente, este término aparece dos veces seguidas en Dt 22, 21.24, en un contexto que habla de las leyes sobre el adulterio: «Quitarás el mal de en medio de ti», es decir, de en medio del pueblo. A pesar de la formulación diferente, es posible una reminiscencia literaria, que se refiere a todo Israel.

El texto sigue abierto, sin decirnos nada de lo que ocurrió a continuación con la mujer; tampoco en la parábola del Padre del hijo pródigo se nos dice nada de la decisión del hijo mayor-Israel (Lc 15, 32). También aquí se invita al lector a dejar sus temores, a no encerrarse en un pasado, que a veces es otro círculo de muerte, y a caminar en la libertad de los hijos de Dios.

APERTURA

Pongamos en labios de la mujer adúltera y de Israel, en nuestros propios labios, algunas palabras de gratitud del salmista:

«El Señor no nos trata conforme a nuestras culpas,
ni nos paga según nuestras ofensas.
Como se alzan los cielos por encima de la tierra,
así es grande su amor para quienes le temen;
cuanto dista el oriente de occidente,
aleja él de nosotros nuestras culpas.
Como se apiada un padre de sus hijos,
se apiada el Señor de los que lo temen.
El sabe de qué estamos plasmados,
se acuerda de que somos polvo» (Sal 103, 10-14).

«¡Dichoso aquel cuya culpa es absuelta
y cubierto su pecado!...
¡Regocijaos en el Señor, justos, exultad,
alborozaos todos los de recto corazón!» (Sal 32, 1.11).

LUZ NUEVA Y PASTOS ABUNDANTES

(9, 1-10, 21)

1 Y al pasar, vio a un hombre ciego de nacimiento. 2 Y sus
discípulos le interrogaron diciendo: «Rabí, ¿quién ha pecado, él o
sus padres, para que haya nacido ciego?». 3 Jesús respondió: «Ni
él pecó ni sus padres, sino que es para que en él sean manifestadas
las obras de Dios. 4 Nosotros, mientras es de día, tenemos que
obrar las obras de aquel que me ha enviado; llega la noche en que
nadie puede obrar. 5 Mientras estoy en el mundo, soy la luz del
mundo».

6 Habiendo dicho esto, escupió en tierra y con su saliva hizo
barro, untó con ese barro los ojos (del ciego). 7 Y le dijo: «Ve a
lavarte a la piscina de Siloé», que se traduce: «Enviado». Entonces
se fue, se lavó y volvió viendo claro.

8 Entonces los vecinos y los que antes observaban al que era
mendigo, decían: «¿No es éste el que estaba sentado y mendigaba?».
9 Otros decían: «Es él». Otros decían: «De ningún modo, sino que
se le parece». El decía: «Yo (lo) soy». 10 Entonces le decían:
«¿Cómo, pues, se han abierto tus ojos?». 11 Respondió: «El hombre
que se llama Jesús hizo barro y me untó los ojos y me dijo: 'Ve a
Siloé y lávate'. Entonces, habiéndome ido y habiéndome lavado,
recobré la vista». 12 Y le dijeron: «¿Dónde está ése?». El dijo:
«No sé».

13 Llevan donde los fariseos al que fue ciego. 14 Pero era sábado
el día que Jesús había hecho barro y le había abierto los ojos.
15 Entonces los fariseos también le preguntaban cómo había re-
cobrado la vista. Y les dijo: «Me puso barro sobre los ojos, me lavé
y veo». 16 Entonces algunos de los fariseos decían: «No viene de
Dios ese hombre, porque no guarda el sábado». Otros decían:
«¿Cómo puede un pecador hacer tales signos?». Y había división

entre ellos. 17 Entonces dicen una vez más al ciego: «¿Tú qué dices de él, del que te ha abierto los ojos?». Y él dijo: «Es un profeta».

18 Entonces los judíos no creyeron que había sido ciego y que había recobrado la vista, antes de haber hecho llamar a sus padres. 19 Y les interrogaron diciendo: «¿Es éste vuestro hijo, del que decís vosotros que nació ciego? ¿cómo entonces ve ahora?». 20 Entonces sus padres respondieron y dijeron: «Sabemos que éste es nuestro hijo y que ha nacido ciego. 21 Pero cómo ve ahora, no lo sabemos; o bien quién le ha abierto los ojos, no lo sabemos. Interrogadle; tiene edad, os hablará sobre sí mismo». 22 Esto es lo que dijeron sus padres, porque tenían miedo de los judíos: en efecto, los judíos ya habían decidido que, si alguien confesaba que (Jesús) es el Cristo, sería excluido de la sinagoga. 23 Esta es la razón por la que sus padres habían dicho: «Tiene edad, interrogadle».

24 Entonces llamaron una vez más al hombre que había sido ciego y le dijeron: «¡Da gloria a Dios! Nosotros sabemos que ese hombre es un pecador». 25 Entonces él respondió: «Si es un pecador, no lo sé; hay una cosa que sé: yo era ciego y ahora veo». 26 Entonces le dijeron: «¿Qué te ha hecho? ¿cómo te ha abierto los ojos?».

27 Les respondió: «Ya os lo he dicho, pero vosotros no habéis escuchado; ¿qué es lo que queréis oír más? ¿será que queréis también vosotros haceros sus discípulos?». 28 Y lo insultaron y dijeron: «Eres tú el que es discípulo de ése, pero nosotros somos discípulos de Moisés. 29 Nosotros sabemos que Dios habló a Moisés; pero ése no sabemos de dónde es». 30 El hombre respondió y les dijo: «Precisamente eso es lo que hay de extraño, que vosotros no sepáis de dónde es, cuando me ha abierto los ojos. 31 Sabemos que Dios no escucha a los pecadores; pero si uno es piadoso y hace su voluntad, a ése lo escucha. 32 Nunca jamás se ha oído decir que alguien abrió los ojos de un ciego de nacimiento. 33 Si éste no fuera de junto a Dios, no habría podido hacer nada». 34 Respondieron y le dijeron: «Tú has nacido todo entero en pecado ¡y nos das lección, tú!». Y lo echaron fuera.

35 Jesús supo que lo habían echado fuera y, habiéndolo encontrado, dijo: «¿Crees tú en el Hijo del hombre?». 36 Este respondió y dijo: «¿Y quién es, Señor, para que comience a creer en él?». 37 Jesús le dijo: «Lo ves, y el que habla contigo es él». 38 Y él declaró: «Creo, Señor», y se postró ante él.

39 Y Jesús dijo:

«Es para una discriminación
para lo que he venido a este mundo,

de manera que los no videntes vean
y los videntes se vuelvan ciegos».
40 Algunos fariseos que estaban con él oyeron esto y le dijeron:
«¿También nosotros seríamos ciegos?». 41 Jesús les dijo:
«Si fuerais ciegos,
no tendríais pecado,
pero ahora, porque decís que vemos,
vuestro pecado permanece.

10,1 Amén, amén, os lo digo:
El que no entra por la puerta en el redil de las ovejas,
sino que sube por otra parte,
ése es un ladrón y un bandido.
2 Pero el que entra por la puerta es el pastor de las ovejas.
3 A él le abre el portero
y las ovejas oyen su voz;
y llama a las ovejas, a las suyas, a cada una por su nombre,
y se las lleva.
4 Cuando ha hecho salir a todas, a las suyas, camina delante de
ellas y las ovejas le siguen porque conocen su voz.
5 Nunca seguirán a un extraño;
más aún, huirán de él, porque no conocen la voz de los extraños».
6 Esta es la comparación que les dijo Jesús, pero no compren-
dieron de qué les hablaba.

7 Jesús dijo además:
«Amén, amén, os lo digo:
Yo soy la puerta de las ovejas.
8 Todos los que vinieron antes de mí
son ladrones y bandidos;
pero las ovejas no los oyeron.
9 Yo soy la Puerta.
Si alguien entra por mí, se salvará,
entrará y saldrá
y encontrará pasto.
10 El ladrón viene solamente
para robar, sacrificar, hacer morir.
Yo he venido
para que tengan la vida
y la tengan sobreabundante.

11 Yo soy el Pastor, el bueno.
El pastor, el bueno, expone su vida por sus ovejas.

12 El mercenario, el que no es pastor,
cuyas ovejas no son suyas,
ve venir al lobo,
abandona las ovejas y emprende la huida,
y el lobo se apodera de ellas y las dispersa.
13 Es que el mercenario
no se preocupa de las ovejas.
14 Yo soy el Pastor, el bueno,
conozco a las mías
y las mías me conocen,
15 lo mismo que el Padre me conoce
y que yo conozco al Padre.
Y me desprendo de mi vida por mis ovejas.

16 Tengo además otras ovejas
que no proceden de este redil;
a ésas también tengo que guiarlas
y oirán mi voz
y habrá un solo rebaño,
un solo Pastor.
17 He aquí por qué el Padre me ama:
porque yo pongo mi propia vida
para recogerla de nuevo.
18 Nadie me la quita,
sino que la pongo yo mismo.
Tengo el poder de ponerla
y tengo el poder de recogerla;
tal es el mandato que he recibido de mi Padre».

19 De nuevo hubo una división entre los judíos por causa de estas palabras. 20 Muchos de ellos decían: «¡Tiene un demonio! ¡Está loco! ¿Por qué lo oís?». 21 Otros decían: «No son ésas las palabras de un endemoniado, ¿es que un demonio puede abrir los ojos de los ciegos?».

Jesús ha salido del templo; al pasar, se detiene ante un ciego al que devuelve la vista y del que obtiene un acto de fe; luego replica con firmeza a los fariseos, desconcertados al ver cómo denuncia su ceguera; finalmente pronuncia un discurso en el que se presenta como el buen Pastor. Si pasamos por alto la división artificial de los capítulos, vemos que el discurso es una prolongación de la controversia. El lector pasa fácilmente de la una a la otra; detrás de las ovejas que oyen la voz del pastor, se reconoce al ciego curado que es fiel a Jesús, mientras que detrás de los intrusos que se cuelan en el redil se descubre a los jefes de la sinagoga que han echado al antiguo ciego. El doble *amén* de 10, 1, con el que comienza el discurso, confirma la continuidad del texto, ya que esta fórmula sirve ordinariamente para introducir una exposición más profunda de una afirmación precedente de Jesús, teniendo además en cuenta que el auditorio sigue siendo el mismo. La pregunta final de los judíos (10, 21) remite al episodio del milagro.

Este no flota en el aire, como si pudiera inscribirse en cualquier otro lugar del cuarto evangelio. El texto sigue naturalmente a los capítulos 7-8, como da a entender la conjunción «y» con la que comienza. Más aún, ilumina la palabra que Jesús pronunció en 8, 12: «Yo soy la luz del mundo», recogida en el relato en 9, 5: «Mientras estoy en el mundo, soy la luz del mundo». Con la realización del signo, el proceso que intentaban contra Jesús en los capítulos 5 al 8 se desplaza al enfermo recién curado: las gentes se dividen sobre él, poniendo en duda su identidad; los fariseos niegan lo que él atestigua, primero sobre el milagro y luego sobre su autor; terminan injuriándole y echándolo de la sinagoga. Personificado en este hombre que ve, el signo realizado por Jesús suscita la misma hostilidad que la palabra de revelación.

Acogido por el Hijo del hombre, el antiguo ciego es la primera oveja del rebaño que el buen Pastor conduce hacia pastos abundantes. A través de esta oveja maltratada —el primer judío echado de la sinagoga—, Jesús piensa en todas las demás ovejas que él tiene que guiar según los designios de su Padre. Después de haber simbolizado en un signo la victoria de la luz sobre las tinieblas, anuncia el don que va a hacer de su propia vida, para que quede reunida la comunidad de los creyentes.

Aunque el término «Iglesia» no aparece en el cuarto evangelio, es ella en su misterio la que aparece prefigurada en el episodio del ciego de nacimiento que recibe la vista, y se presenta luego a través de la revelación del único Pastor.

En esta unidad literaria se van sucediendo tres desarrollos, en un orden parecido al que se seguía en el capítulo 5[1]: el signo del ciego de nacimiento que se convierte en vidente y en testigo (9, 1-38), una breve controversia (9, 39-41), el discurso sobre el buen Pastor y sus ovejas (10, 1-21).

1. Sobre la secuencia milagro-controversia-discurso, cf. C. H. Dodd, *Interpretación*, 335-362.

EL SIGNO DEL CIEGO DE NACIMIENTO CONVERTIDO EN VIDENTE (9, 1-38)

El episodio del capítulo 9 recuerda las curaciones de ciegos que nos trasmite la tradición sinóptica[2], cuya función era la de mostrar que con Jesús habían llegado los tiempos mesiánicos. Cuando los discípulos del Bautista vinieron a preguntarle si era él el esperado de Israel, Jesús respondió citando a Isaías: «Los ciegos ven...»[3]. Además de esta significación de cumplimiento, el acontecimiento que se narra tiene en sí mismo un alcance simbólico: el hombre curado de su ceguera representa al creyente iluminado por la fe[4]. En un relato que le es propio, Marcos (8, 22-26) describe la curación de un ciego que no es instantánea, sino que sigue un proceso en el que Jesús participa dos veces; además, el episodio va precedido de una palabra de Jesús que reprocha a los discípulos su ceguera para con él (8, 17s) y que va seguido por su confesión de fe (8, 29)[5].

En Jn, el simbolismo de la iluminación adquiere todo su relieve por el hecho de que se trata de un ciego de nacimiento, situación que no tiene paralelos en la tradición sinóptica. Más que como un acto de poder (*dýnamis*) que realiza el anuncio profético, este don de la vista se presenta como un «signo» (*sēmeîon:* cf. 9, 16), cuyo sentido explica Jesús incluso antes de realizarlo: Jesús afirma a sus discípulos que es la luz del mundo (9, 5). Pero el simbolismo de la luz juega también en sentido opuesto: los fariseos clarividentes que, puestos en presencia del hombre curado milagrosamente, negaron el signo, se vuelven «ciegos». De este modo la perspectiva de Jn abraza el misterio en su totalidad: al venir al mundo, la luz ilumina o deslumbra, según como sean las disposiciones subjetivas de los hombres. De hecho, el relato va encuadrado entre dos palabras de Jesús relativas a su misión (9, 3-5 y 9, 39): la primera la define como una obra de revelación, mientras que la segunda la pone en vinculación con el «juicio».

Si se compara el relato del ciego de nacimiento con el del enfermo de Bethesda (Jn 5), se observan claras semejanzas. En primer lugar

2. En la triple tradición: Mt 20, 29-34 = Mc 10, 46-52 = Lc 18, 35-43. Tradiciones particulares: Mt 9, 27-31; 12, 22; Mc 8, 22-26.

3. Mt 11, 5 par; cf. Is 29, 18; 35, 5; 42, 7.

4. Los neófitos serán llamados en la Iglesia «iluminados» (*phōtisthéntes*), haciéndose eco del nuevo testamento: Hech 26, 16-18; 1 Tes 5, 5; Ef 5, 8-14; Heb 6, 4; 1 Pe 2, 9.

5. Más ampliamente todavía, este relato recuerda el de la tradición común sobre el ciego de Jericó (10, 46-52 par); las dos narraciones permiten encuadrar la única subida de Jesús a Jerusalén, que todo discípulo tiene que realizar con él.

en la estructura, que es tripartita: el episodio del milagro va seguido de una controversia entre el protagonista y los judíos, luego entre Jesús y estos últimos, esperando a que se despliegue el discurso. Es que cada uno de estos dos signos —el de poder caminar y el de poder ver— tienen en común el hecho de que muestran la transformación que lleva a cabo Jesús de la condición humana: el Hijo hace presente el obrar escatológico del Padre; lo que parece ser una infracción del sábado (5, 9b y 9, 14ss) motiva la hostilidad de las autoridades judías. A nivel narrativo, es Jesús el que lleva la iniciativa en los dos casos: el «ve» (el mismo verbo *horáō:* 5, 6 y 9, 1) la desgracia del hombre e interviene sin que se le haga ninguna petición; luego, después de la reacción de los judíos ante el hombre que ha sido curado, se encuentra con él una vez más y le habla, esta vez a propósito de un compromiso espiritual.

Pero también son notables las diferencias. En el capítulo 5, el simbolismo de la vida, sugerida en el hecho de levantar al enfermo, sólo se hará manifiesto por medio del discurso; en el capítulo 9, el simbolismo de la luz está ya presente desde el diálogo inicial entre los discípulos y Jesús; luego, después de tomar cuerpo en el ciego de nacimiento que «se hace vidente» —acontecimiento que se recuerda a lo largo de todo el texto[6]—, se evoca de nuevo en los v. 39-41 en la oposición «ver-no ver». El discurso que sigue puede centrarse entonces en otra metáfora, la del pastor que reúne a sus ovejas.

La diferencia más marcada entre los dos relatos es el comportamiento respectivo de los protagonistas: a diferencia del enfermo de Bethesda, el ciego se convierte en un verdadero testigo de Jesús ante los fariseos; luego, cuando Jesús se le reveló como el Hijo del hombre, proclama sin reservas su fe. Es por tanto un personaje activo desde el principio hasta el fin, obedeciendo primero a la orden de dirigirse a Siloé con los ojos cubiertos de barro, luego a través de las pruebas que sufre, finalmente ante el misterio que se le manifiesta. La actividad de Jesús y la del antiguo ciego se conjugan entonces dentro del itinerario que se presenta al lector; el texto muestra la eficacia soberana de la luz, resaltando además el compromiso por parte del hombre.

Si la controversia sobre el sábado centra el episodio en el tiempo del ministerio de Jesús, un anacronismo notable lo sitúa en tiempos del evangelista: la sentencia de exclusión de la sinagoga (9, 22)[7] no puede justificarse en la época de Jesús de Nazaret. Ciertamente, según

6. En catorce ocasiones: 9, 10.11.13.14.15 (bis).17.18.19.21.25.26.30.32.

7. La palabra *aposynágōgos* es propia de Jn: 9, 22; 12, 42; 16, 2. Sobre los dos tiempos de lectura, cf. I, 16-19.

la tradición sinóptica se les previene a los discípulos que en el futuro serán «azotados en sus sinagogas» (Mt 10, 17 par); y según Hech 26, 11, Pablo declara que él mismo lo hizo antes de encontrar a Cristo; pero esto pertenece al tiempo de la Iglesia primitiva, y no se trata de «exclusión». Este dato se encuentra solamente en Jn, que a su vez utiliza el futuro en 16, 2: «Se os excluirá de las sinagogas». La expulsión de la sociedad judía, de consecuencias muy graves para el individuo y su familia, no fue probablemente fulminada por los fariseos más que por el año 90, después de la reunión de Jamnia en donde se tomaron medidas severas contra los «herejes»[8]. Se ha pensado por eso que la exclusión que sufrió el ciego curado podría ser solamente un apartamiento temporal[9], pero es innegable el anacronismo en el motivo que se invoca: «Si alguno confiesa... que Jesús es el Cristo», formulación que pertenece al lenguaje eclesial[10].

Así pues, el texto debe ser comprendido también en un segundo tiempo de lectura, en el que se invita al lector a situarse respecto a los personajes del relato: ¿estará él, como el ciego de nacimiento, abierto a la palabra o más bien, como sus adversarios, cerrado sobre el saber que ya posee? ¿será vidente o ciego?

EL SIGNO CONSTATADO (9, 1-12)

1 Y al pasar, vio a un hombre ciego de nacimiento. 2 Y sus discípulos le interrogaron diciendo: «Rabí, ¿quién ha pecado, él o sus padres, para que haya nacido ciego?». 3 Jesús respondió: «Ni él pecó ni sus padres, sino que es para que en él sean manifestadas las obras de Dios. 4 Nosotros, mientras es de día, tenemos que obrar las obras de aquel que me ha enviado; llega la noche en que nadie puede obrar. 5 Mientras estoy en el mundo, soy la luz del mundo».

8. Cf. SB IV, 293-333; J. L. Martyn, *History and Theology in the IVth Gospel*, New York 1968, 31-40. Sin embargo, los críticos se muestran hoy reservados sobre el alcance de este «concilio», en particular sobre el significado de la 12.ª bendición contra los «herejes» (*birkat-ha-minim*), término que no designa simplemente a los cristianos.

9. Cf. E. Schürer, II, 59-62. A veces se distinguen tres clases de excomuniones: durante una semana (*n^{e}fizah*), durante treinta días (*nidduy*) y definitiva (*ḥerem*).

10. 9, 22. La fórmula oficial la da san Pablo en Rom 10, 9: «Si confiesas (*homologḗsēs*) con tu boca que Jesús es Señor...».

6 Habiendo dicho esto, escupió en tierra y con su saliva hizo barro, untó con ese barro los ojos (del ciego). 7 Y le dijo: «Ve a lavarte a la piscina de Siloé», que se traduce: «Enviado». Entonces se fue, se lavó y volvió viendo claro.
8 Entonces los vecinos y los que antes observaban al que era mendigo, decían: «¿No es éste el que estaba sentado y mendigaba?». 9 Otros decían: «Es él». Otros decían: «De ningún modo, sino que se le parece». El decía: «Yo (lo) soy».
10 Entonces le decían: «¿Cómo, pues, se han abierto tus ojos?». 11 Respondió: «El hombre que se llama Jesús hizo barro y me untó los ojos y me dijo: 'Ve a Siloé y lávate'. Entonces, habiéndome ido y habiéndome lavado, recobré la vista». 12 Y le dijeron: «¿Dónde está ése?». El dijo: «No sé».

Este episodio se inscribe en la prolongación de la fiesta de las Tiendas, como sugiere la conjunción *kaí* (= «y») al comienzo del relato; sin embargo, no se localiza en el tiempo hasta el v. 14: «era sábado». Al salir del templo, la mirada de Jesús se posa sobre un «hombre» del que se dice inmediatamente que era ciego de nacimiento. Esta característica, que se supone conocida por los discípulos, le importa mucho al evangelista: quizás para realizar el milagro, y ciertamente en virtud de su simbolismo.

El narrador no describe de pronto el prodigio: como cuando el signo de los panes (6, 5-9), hay un diálogo entre los discípulos y Jesús que precede al acontecimiento. Los discípulos, que desaparecieron de la escena desde el capítulo 6, están ahora aquí para permitir a Jesús precisar el motivo de su intervención. Le preguntan, reflejando una opinión, que han heredado de su cultura, sobre el problema del sufrimiento. Era un hecho que, durante siglos, Israel había concebido el más allá después de la muerte como una existencia larval e indiferenciada en el *sheol;* por eso, a fin de salvar la justicia divina, era menester que la retribución de las acciones humanas se realizase en la tierra, con la felicidad de los justos y el castigo de los malvados[11]. Una desgracia individual o colectiva se explicaba como consecuencia de pecados anteriores[12].

11. La felicidad del justo en este mundo es una afirmación frecuente en los escritos sapienciales. Pero como la experiencia está muchas veces en contradicción con la teoría, otros textos, también sapienciales, han llevado la reflexión más adelante, por ejemplo, el Sal 73.

12. Cf. Ex 20, 5; Núm 14, 18; Dt 5, 9; Tob 3, 3s...

En la alternativa que proponen, desconociendo la diatriba que a este propósito habían planteado Jeremías y Ezequiel[13], los discípulos se hacen eco de la opinión corriente según la cual la responsabilidad del pecado se transmitía de padres a hijos. Pero ¿cómo es posible que supongan que un pecado personal pueda haber sido cometido antes de nacer? No se refieren ciertamente a la teoría helenística de la preexistencia de las almas[14]; sin embargo, la idea de que un niño pudiera pecar en el seno de su madre se encuentra en algunos textos rabínicos, por ejemplo a propósito de Esaú y de Jacob que se disputan el primer puesto[15]. Como estos textos son tardíos, se citan más bien dos escritos de Qumrán que afirman que Dios crea a ciertos seres «en la iniquidad»[16]. Sea ello lo que fuere, la pregunta de los discípulos procede de la convicción de que no hay sufrimiento sin culpabilidad[17]. En el v. 34 los fariseos expresan esta misma idea, acusando al ciego de haber «nacido todo entero en pecado». Ya los amigos de Job, a fin de justificar a Yahvé, habían atribuido las calamidades de aquel justo al castigo de alguna falta secreta; pero Job persiste en rechazar esa concepción de Dios: en vez de buscar una explicación racional a su sufrimiento, prefiere abismarse silenciosamente en el misterio de aquel de quien sabe que es fiel hasta el fondo (Job 42). En este mismo espíritu, Jesús se negó a juzgar como culpables a las víctimas de la crueldad de Pilato o del derrumbamiento de la torre de Siloé (Lc 13, 1-5)[18].

Aquí responde: «Ni él pecó ni sus padres», rechazando la hipótesis de sus discípulos; sin embargo, no intenta explicar el origen del sufrimiento inocente. Cuando declara «es para que en él sean manifestadas las obras de Dios», Jesús no afirma ni mucho menos que este hombre fuera ciego para que Dios pudiera mostrar su poder; se refiere a la situación del ciego que está allí y al que va a devolver la vista, manifestando de este modo a Dios actuando en el mundo.

Asociándose a sus discípulos por medio de un «nosotros» que sorprende un poco[19], Jesús precisa que tiene que obrar «mientras es

13. Jer 31, 29s; Ez 18.

14. Esta hipótesis, sostenida por Loisy (p. 586) y defendida por W. Bauer, es rechazada por la mayor parte de los críticos (cf. Schnackenburg, II, 303).

15. Sobre Gén 25, 22; cf. SB II, 528s; léase Jer 1, 5; Is 58, 4.

16. 1 QH 4, 29s; 15, 17, suponiendo que estas afirmaciones tengan que ser tomadas en sentido literal, tal como lo hace J. M. Lieu, NTS 34 (1988) 84.

17. Cf. *Shab.* 55a; Sal 89, 33.

18. Tampoco Jesús habló del valor educativo del sufrimiento; cf. nuestra obra *Jesús y Pablo ante la muerte,* 174s.

19. Según los mejores manuscritos, la lectura «nosotros» es preferible a la lectura «yo». La comunidad joánica se asocia a la acción de Jesús; los discípulos también tienen que «obrar las obras de aquel que me ha enviado» (cf. 3, 11; 4, 35-38; 11, 7.15s; 12, 36), como se dirá expresamente en 14, 12; 15, 17.20.

de día», es decir, mientras dura su itinerario en la tierra, hasta que llegue la noche, hasta su muerte. Esta respuesta recuerda aquella otra frase: «Mi Padre trabaja siempre y yo también trabajo» (5, 17); y de este modo queda justificada de antemano la violación del sábado (cf. 9, 14). Dios interviene en el mundo por medio de la luz que irradia al Hijo; atraída por el término «día», vuelve la proclamación: «Yo soy la luz del mundo» (cf. 8, 12). El episodio que viene a continuación será una ilustración de esta palabra, manifestando la eficacia de la luz que es ese Jesús allí presente. ¿Sobre qué tinieblas?

El «hombre» del relato es ciego de nacimiento y su ceguera no proviene del pecado. Por consiguiente, no puede ser una figura de la condición pecadora de la humanidad; su estado simboliza otras tinieblas originales, aquellas en las que el hombre se encuentra antes de ser iluminado por la revelación del Hijo. En el prólogo, Jn definió al Logos como la luz que brilla en las tinieblas (1, 5); aquí, al presentar al ciego de nacimiento, parece remontarse a esos orígenes, ya que la iluminación de los hombres se lleva a cabo a lo largo de la historia y en cada uno de ellos. Quizás sea éste el motivo de que el ciego del relato, aunque mendigo, no formula ninguna súplica: no puede pedir lo que él ignora. No va a recuperar un bien que poseyera antes y que después perdió, sino que va a nacer a una nueva existencia.

En el antiguo testamento la metáfora de la ceguera indica una obcecación voluntaria, resultado del pecado. Jeremías y Ezequiel la utilizan recogiendo el anuncio hecho a Isaías, donde se le predecía el fracaso de su misión[20]. En nuestro relato, será ésta la ceguera de los fariseos (9, 39; cf. 12, 40), pero sólo se menciona en segundo lugar, después de que han rechazado la luz manifestada por el signo. Por lo que se refiere al ciego de nacimiento, el don significado en el texto es el de una transformación del ser, comparable a la que produce el nacimiento de arriba (3, 3).

Pues bien, el protagonista demuestra que es un hombre religioso, ilusionado por la ley judía; en efecto, gracias a ella es como reconoce que Jesús viene de Dios (9, 30s). ¿Cómo puede entonces ser un símbolo de la condición en que falta toda luz? La revelación del Logos encarnado es percibida por Jn como un cumplimiento que, por su novedad escatológica, desborda las esperanzas inherentes a la promesa. En el canto del Siervo de Yahvé, Isaías orienta hacia esta novedad:

20. «El Señor dijo entonces: 'Ve y dile a ese pueblo...
Veréis y no os saciaréis...
Ciérrale los ojos para que no vea con sus ojos...'»
(Is 6, 9; cf. Jer 5, 21; Ez 12, 2).

Haré caminar a los ciegos por un camino que no conocen,
por senderos desconocidos a ellos los haré caminar.
Transformaré ante ellos las tinieblas en luz (Is 42, 16).

Pablo, también judío, dice algo equivalente cuando habla de la «sabiduría de Dios misteriosa y oculta, que Dios había destinado antes de los siglos para nuestra gloria» y que se ha manifestado ahora[21]. La fe de la primera comunidad cristiana comprendió de este modo la revelación de Cristo.

Sorprende la operación milagrosa. Se parece a la que describe Marcos, en donde la saliva de Jesús, junto con la imposición de las manos, es el instrumento de curación (Mc 8, 23). Se han evocado los gestos mágicos o las prácticas antiguas de medicina —la saliva era considerada como un remedio para las afecciones oculares[22]—, quizás justamente a propósito del relato de Marcos. Pero en Jn no es la saliva lo que realiza el milagro, sino más bien lo que le permite a Jesús hacer un poco de barro para untar con él los ojos del ciego.

Según la opinión general, el empleo del barro tiene la función de introducir la violación del sábado que denunciarán los fariseos (9, 15s; cf. 9, 24); sin embargo, el gesto, mencionado en cuatro ocasiones a lo largo del relato (9, 6.11.14.15), resulta extraño, no solamente porque todos los demás milagros de Jesús en Jn se producen solamente por la palabra, sino porque poner barro en los ojos de un ciego significa simbólicamente reforzar su enfermedad; es, como dice Lagrange, «ceguera sobre ceguera». La explicación relativa a la violación del sábado difícilmente puede entonces agotar todo el sentido de este gesto. Ya en el siglo II, Ireneo propuso una comprensión simbólica: relacionado con el acto por el que Dios formó al hombre según el Génesis, el gesto de Jesús significaría la conclusión de la creación primera, con vistas al ser perfecto que es el hombre creyente[23]. En la *Apertura* volveremos sobre esta admirable interpretación. Sin embargo, según ella, el barro recreador no exigiría el recurso al agua, a no ser entendida en el sentido del bautismo. Puede además pensarse en otra aclaración inspirada en la Biblia, que hace obvia la relación, mantenida en el texto, entre las dos etapas del milagro: algunos salmos, inspirándose probablemente en la experiencia de Jeremías (38, 6), presentan el barro (*pēlós*) como el fango en que el hombre está metido sin poder

21. 1 Cor 2, 7; cf. Rom 16, 25; Ef 1, 9; Col 1, 26; 2 Tim 1, 10; 1 Pe 1, 20.
22. Plinio, *Nat*. 28, 7; Tácito, *Hist*. IV, 81.
23. Ireneo, *Adv. Haer*. V, 15, 2-3.

salvarse a sí mismo[24]. Con su gesto, Jesús subrayaría el hecho de que el hombre es prisionero de las tinieblas; al dar la orden de ir a Siloé, es decir, al Enviado que es él mismo, Jesús manifiesta que tiene la misión de librar de ellas. Es en Siloé donde el barro desaparece y el ciego de nacimiento recobra la vista[25].

Siloé es el único lugar que se menciona en el relato. La orden de Jesús hace pensar en la que le había dado el profeta Eliseo a Naamán el sirio de que fuera a sumergirse siete veces en el Jordán (2 Re 5); Naamán se había mostrado reticente, pero el ciego de nacimiento, como el funcionario real (4, 50), obedeció a la palabra de Jesús «con los ojos cerrados» —nunca mejor dicho que ahora—[26].

La piscina de Siloé, situada al suroeste de la ciudad vieja, se encontraba a la salida de un túnel construido por Ezequías (por el año 740 a. C.) para traer hasta Jerusalén las aguas del Guihón[27]. Según el rito de la fiesta de las Tiendas que tenía un sentido mesiánico, una procesión solemne venía a sacar agua de este único depósito de la ciudad; se honraba así a la dinastía davídica a la que había llegado a simbolizar, desde que Isaías le había reprochado al pueblo despreciar esas «aguas que corren mansamente» (Is 8, 6). Todos estos datos bíblicos están en el trasfondo de la identificación que establece el narrador entre Siloé y el «Enviado», gracias a una etimología que puede justificarse plenamente[28]. Una vez más, la tradición judía se ve cumplida en la persona de Cristo.

Sobriamente, el narrador indica que el ciego de nacimiento «volvió viendo claro». El proceso mismo del milagro se pasa en silencio. San Agustín subraya el significado bautismal del texto: «Lavó sus ojos en la piscina, fue bautizado en Cristo» (*In Jo.* 44, 2). Pero los críticos

24. «Me hundo en el cieno del abismo
sin poder hacer pie...
¡Sácame del barro, que me hundo!» (Sal 69, 3.15; cf. 40, 3).

25. Según K. H. Rengstorf, TWNT VI, 119, la curación de los enfermos por medio del barro y luego por abluciones está atestiguada en el santuario pagano de Pérgamo en la primera mitad del siglo II, por lo que Jn podría oponer aquí a Jesús, el verdadero salvador, al dios médico Esculapio. Esta hipótesis supone que el cuarto evangelio se escribió en Asia menor.

26. Esta expresión es de J. Calloud-F. Genuyt, *L'Evangile de Jean* II, 60, que habla de «obediencia ciega». Su comentario es muy original, en particular sobre la relación apertura-cierre de los ojos.

27. 1 Re 1, 33; 2 Re 20, 20; 2 Crón 32, 30; Eclo 48, 17; cf. F. Josefo, *Bel. Jud.* V, 4, 1s y SB II, 531-533.

28. El término hebreo *shalaḥ* (infinitivo *qal*) tiene ante todo un sentido activo: la conducción, el canal (cf. 3 Q 15; 11, 7); puede leerse también como un pasivo *shôlēaḥ* «ser enviado». Cf. R. Schnackenburg, BZ 13 (1969) 252-256, y *Comm.*, 306.

vacilan; de hecho, esta interpretación solamente es posible en un segundo tiempo de lectura. También volveremos sobre este punto en la *Apertura*.

Según el estilo joánico, el signo es constatado debidamente por algunos actores extraños al acontecimiento[29]. Esto ocupa el lugar que tenía la admiración con que se coronaban los relatos de milagro sinópticos, y no por azar: los signos de Jesús apelan a una opción que compromete ante el misterio que ha significado el prodigio. En este caso, son las personas del entorno las que, al encontrarse con el ciego curado, no creen en lo que están viendo y manifiestan sus opiniones contrarias. Su descripción del pasado, «se mantenía sentado», subraya de nuevo el cambio que ha tenido lugar.

Al decir «Yo (lo) soy» (*Egṓ eimi*), el antiguo ciego confirma su identidad. ¿Sugiere algo más el evangelista, como han pensado algunos críticos?[30]. Puesto que reserva esta fórmula solamente a Jesús[31], ¿querrá acaso insinuar que este hombre, iluminado por Cristo, forma una sola realidad con él? Ciertamente, como ya dijimos en la introducción a este capítulo, el antiguo ciego atestigua en su propio cuerpo la luz de vida que es Jesús. Pero su identificación con Cristo no puede deducirse a partir de una fórmula de reconocimiento que procede de una respuesta dada a sus vecinos antes de su confesión del Hijo del hombre.

Una vez establecido el hecho, se plantea la cuestión del «cómo» se hizo el milagro. Este «cómo» es un *leitmotiv* del relato[32]; implica una repetición múltiple de la respuesta, lo cual crea un efecto literario de insistencia a la medida del acontecimiento inaudito. El hombre que ha sido favorecido por el milagro no menciona nunca la saliva de Jesús, confirmando así nuestra impresión anterior: si ha tenido lugar el milagro, ha sido propiamente por el barro puesto sobre sus ojos y por haberse lavado en las aguas de Siloé, obedeciendo a las órdenes de Jesús.

Para decir que ve, el hombre utiliza el verbo *anablépō,* aquí y en 9, 15.18. Empleado en Mt 11, 5 par, que cita a Is 61, 1, este verbo indica en Mt 14, 19 que los ojos se levantaron hacia el cielo y en Hech 22, 13 que se levantaron para mirar a alguien. En el caso presente

29. Así en Caná por el maestresala (2, 9s) o por los servidores del oficial del rey (4, 51s).

30. Así G. Soares-Prabhu, en *Das Johev in indischer Deutung,* Freiburg 1984, 142-156, apoyándose en J. Marsh, *Saint John,* Harmondsworth 1968, 37. Opina que la mentalidad hindú está más capacitada que la actitud europea para trascender la relación *yo-tú,* hasta el punto de que sólo subsista el Yo, en este caso el de Cristo. En la misma colección, léase M. Amaladoss, 29ss.

31. Cf. I y *supra,* 195, n. 110; 213, n. 40.

32. 9, 10.15.16.19.21.26.

sugiere que el ciego curado mira hacia aquel a quien, al final del relato «ve» (*heōraka*) con una fe perfecta (9, 37). De momento, no conoce a Jesús más que de oídas, a no ser que, según puede sugerir el narrador, presienta en él al «salvador», que es lo que significa «Jesús». En efecto, el giro «el hombre que se llama Jesús» es único en el evangelio de Jn; el enfermo de Bethesda, interrogado por los judíos, designa a Jesús como «el que me ha puesto sano» (5, 15). Finalmente, si el antiguo ciego ignora «dónde está ese hombre», es que «el hombre» va a ser el verdadero objeto de la disputa que se va a entablar y durante la cual el antiguo ciego, puesto en el trance de tener que pronunciarse, profundiza en su experiencia y progresa en la comprensión de aquel que le ha hecho ver la luz.

EL SIGNO DISCUTIDO (9, 13-34)

13 Llevan donde los fariseos al que fue ciego. 14 Pero era sábado el día que Jesús había hecho barro y le había abierto los ojos. 15 Entonces los fariseos también le preguntaban cómo había recobrado la vista. Y les dijo: «Me puso barro sobre los ojos, me lavé y veo». 16 Entonces algunos de los fariseos decían: «No viene de Dios ese hombre, porque no guarda el sábado». Otros decían: «¿Cómo puede un pecador hacer tales signos?». Y había división entre ellos. 17 Entonces dicen una vez más al ciego: «¿Tú qué dices de él, del que te ha abierto los ojos?». Y él dijo: «Es un profeta».
18 Entonces los judíos no creyeron que había sido ciego y que había recobrado la vista, antes de haber hecho llamar a sus padres. 19 Y les interrogaron diciendo: «¿Es éste vuestro hijo, del que decís vosotros que nació ciego? ¿cómo entonces ve ahora?». 20 Entonces sus padres respondieron y dijeron: «Sabemos que éste es nuestro hijo y que ha nacido ciego.
21 Pero cómo ve ahora, no lo sabemos; o bien quién le ha abierto los ojos, no lo sabemos. Interrogadle; tiene edad, os hablará sobre sí mismo». 22 Esto es lo que dijeron sus padres, porque tenían miedo de los judíos: en efecto, los judíos ya habían decidido que, si alguien confesaba que (Jesús) es el Cristo, sería excluido de la sinagoga. 23 Esta es la razón por la que sus padres habían dicho: «Tiene edad, interrogadle».
24 Entonces llamaron una vez más al hombre que había sido ciego y le dijeron: «¡Da gloria a Dios! Nosotros sabemos que es un pecador». 25 Entonces él respondió: «Si es un peca-

dor no lo sé; hay una cosa que sé: yo era ciego y ahora veo». 26 Entonces le dijeron: «¿Qué te ha hecho? ¿cómo te ha abierto los ojos?». 27 Les respondió: «Ya os lo he dicho, pero vosotros no habéis escuchado; ¿qué es lo que queréis oír más? ¿será que queréis también vosotros haceros sus discípulos?». 28 Y lo insultaron y dijeron: «Eres tú el que es discípulo de ése, pero nosotros somos discípulos de Moisés. 29 Nosotros sabemos que Dios habló a Moisés; pero ése no sabemos de dónde es». 30 El hombre respondió y les dijo: «Precisamente eso es lo que hay de extraño, que vosotros no sepáis de dónde es, cuando me ha abierto los ojos. 31 Sabemos que Dios no escucha a los pecadores; pero si uno es piadoso y hace su voluntad, a ése lo escucha. 32 Nunca jamás se ha oído decir que alguien abrió los ojos de un ciego de nacimiento. 33 Si éste no fuera de junto a Dios, no habría podido hacer nada». 34 Respondieron y le dijeron: «Tú has nacido todo entero en pecado ¡y nos das lección, tú!». Y lo echaron fuera.

El prodigio ha sido constatado, pero conviene valorarlo, y para ello llevar la causa ante los responsables de la sinagoga, que son en este caso los fariseos. Estos proceden a una pesquisa correcta: interrogan al antiguo ciego en dos ocasiones (9, 13-17 y 9, 24-34) y llegan incluso a citar a sus padres ante el tribunal (9, 18-23). El texto se lee fácilmente; está lleno de vivacidad; parece superfluo un comentario; he aquí solamente algunas precisiones.

La dificultad de los fariseos es real. Un texto del Deuteronomio exige que, si alguno realiza milagros, deberá ser condenado si incita al pueblo a despreciar la ley divina (Dt 13, 1-6); en el caso presente, la violación del sábado podría muy bien acarrear una descalificación al taumaturgo[33].

Los fariseos (literalmente, los «separados») eran laicos, que en tiempos de los macabeos se había opuesto a la helenización de Judea y que tendían a realizar el ideal de santidad requerido de Israel. De ahí su estudio de la ley y su preocupación de enseñarla al pueblo, del que se sentían muy cercanos, a diferencia de los saduceos; expertos en la tradición oral, intentaban hacer perfectamente practicable en la vida cotidiana todas las exigencias de la ley. Esta actitud respetuosa para con el hombre sigue siendo históricamente un mérito suyo. Pero a partir del año 70, después de la destrucción del templo, el grupo de los fariseos se identificó con el poder de la nación judía y su ortodoxia

33. Cf. *supra*, 31.

se hizo intransigente. Jesús de Nazaret mantuvo relaciones positivas con los fariseos de su tiempo; fue invitado a su mesa y fueron ellos los que le avisaron de que Herodes estaba «buscándolo» (Lc 13, 31). Es verdad que la piedad de los fariseos chocó con la crítica de Jesús, por ejemplo a propósito del sábado; pero el cuadro que nos presentan los evangelios refleja más bien el conflicto que surgió más tarde entre la Iglesia y la Sinagoga, principalmente por causa de la pretensión de que Jesús era el mesías y el revelador escatológico.

Jn presenta a los fariseos en 1, 24 y en 4, 1 como observadores recelosos de la actividad del Bautista y de Jesús, pero no en bloque, puesto que Nicodemo era uno de ellos (3, 1) y se dice que muchos dirigentes creían en Jesús (12, 42). A partir de 7, 32 es cuando aparecen como adversarios declarados, y en el capítulo 9 tienen autoridad para expulsar de la Sinagoga. La intención de estos «discípulos de Moisés»[34] es ciertamente la de honrar a Dios, pero Jn los presenta como incapaces de entender[35] un mensaje que no entra en el sistema teológico en el que ellos fundamentan su seguridad. Los muestra primero divididos e intentando negar el hecho; luego, cada vez menos seguros de sí mismos y encerrándose en su «verdad»; finalmente, reducidos al argumento de autoridad y al uso de la fuerza. Al obrar así, se condenan ellos mismos (9, 39-41). Su itinerario a lo largo del debate sigue en sentido inverso al del ciego curado que va progresando de la constatación del milagro a la defensa de su autor; se observa la ironía joánica en el empleo frecuente del verbo «saber» (*oîda*). A través de este término se puede palpar una tensión entre la Sinagoga y la Iglesia. La primera, atrincherada en sus certezas, resalta en la repetición del «nosotros» (9, 24.29); la segunda le opone un saber más radical que no puede ser superado (9, 31 es la última mención de este saber).

Jn piensa en los fariseos de su época y procede evidentemente a una relectura del acontecimiento. Sin embargo, el lector tiene que discernir en este retrato tan severo el peligro que le acecha cuando posee alguna parte de autoridad. Enfrentado a los hechos, el saber demasiado seguro de sí mismo corre el peligro de no encontrar ninguna salvación más que en el abuso del poder, si no en la mala fe. Es lo que se designa corrientemente como fariseísmo, que hay que distinguir cuidadosamente de lo que debería decirse «fariseanismo»[36].

34. 9, 28. La expresión «discípulos de Moisés» no es desconocida: cf. Mt 23, 2; SB II, 535; *Yoma* 4a.

35. A lo largo del relato, los interlocutores demuestran su no-saber (9, 12 21bis.25.29.30) o su saber (9,20.24.25.29.31). Si el verbo *ginṓskō* no se utiliza nunca en este relato, sino más bien *oîda,* es que se trata siempre de evidencias.

36. Cf. *Fariseos,* en VTB, 284-286.

El antiguo ciego tiene ya edad suficiente para dar un testimonio válido[37]. Demuestra que está instruido en la ley, y no solamente lleno de humor, cuando dice a su vez, sin duda en nombre de los cristianos: «Sabemos...» (9, 31). Lo que ese hombre sabe es un principio que consta en la Escritura[38]: Dios no escucha a los pecadores; pero si uno es piadoso y cumple su voluntad, a ése Dios lo escucha. Se le conmina a que «dé gloria a Dios»[39], o sea, a que diga la verdad reconociendo que Jesús era un pecador porque había violado la ley. Pero aquel hombre se queda con lo esencial de la ley: todo consiste en el cumplimiento de la voluntad divina. Para él, Jesús actuó de esta manera ya que pudo realizar algo que nadie había hecho antes de él. Al llamarlo «profeta», no piensa en un título de alcance mesiánico; este término designa a un hombre de Dios que es fiel a su misión[40]. Más adelante se toca un tema esencial de Jn, el del origen de Jesús[41]; lo extraño para el hombre que ha recobrado la vista no es ya el milagro, sino el hecho de que las autoridades no sepan de dónde viene ese Jesús que lo ha realizado (9, 30).

Ya indicamos anteriormente que la exclusión de la Sinagoga y su motivo, según 9, 22, es un anacronismo en el relato. Está claro que, al presentar al antiguo ciego como el testigo de Jesús, el evangelista lo convierte en un modelo para los miembros de su comunidad, obligada a escoger entre la enseñanza de la Sinagoga y la fidelidad a Jesucristo.

EPÍLOGO (9, 35-38)

35 Jesús supo que lo habían echado fuera y, habiéndolo encontrado, dijo: «¿Crees tú en el Hijo del hombre?». 36 Este respondió y dijo: «¿Y quién es, Señor, para que comience a creer en él?». 37 Jesús le dijo: «Lo ves, y el que habla contigo es él». 38 Y él declaró: «Creo, Señor», y se postró ante él.

37. El niño alcanza su mayor edad a los trece años y un día (cf. SB II, 534).

38. El principio escriturístico se encuentra, por ejemplo, en Prov 15, 29; 28, 9; Is 1, 15; Mal 3, 4; cf. Jn 3, 2.

39. «Dar gloria a Dios» se utiliza algunas veces para obtener de un hombre el reconocimiento de su falta o de su error: así Akán (Jos 7, 19, pasaje comentado por *Sanh.* VI, 2).

40. Así Jesús fue considerado como un profeta: cf. Mc 6, 15; 8, 28 par; Mt 21, 11.46; Lc 7, 16; 24, 19; Jn 4, 19.

41. «De dónde viene Jesús»: cf. 7, 27s; 8, 14; 9, 29s; 19, 9.

El relato está pidiendo un desenlace; no puede acabar con un fracaso —la expulsión de la Sinagoga del enfermo curado—, ni sin que vuelva a aparecer el actor por el que todo comenzó y del que, en ausencia suya, se ha estado hablando continuamente en los diálogos de los personajes. Así pues, el narrador devuelve la palabra y la iniciativa a Jesús, en un díptico en el que se sitúa sucesivamente frente a las dos partes: el antiguo ciego y los fariseos. Dejemos por ahora el segundo cuadro, que consiste en una controversia y sirve de introducción a la alegoría del buen Pastor.

El primer cuadro del díptico presenta un nuevo encuentro del taumaturgo con el ciego curado. Jesús se ha enterado de que éste ha sido expulsado de la Sinagoga y lo «encuentra»[42], sin duda voluntariamente. Se acerca a él para interrogarlo de una forma personal, como subraya el *tú* enfático (9, 35). En el primer encuentro no había habido diálogo, sino un gesto y una orden, a la que el ciego había respondido ejecutándola al pie de la letra. Ahora Jesús plantea una pregunta, que en griego supone ya de antemano una respuesta afirmativa. Es una pregunta sorprendente, ya que es la única vez en que aparece el giro «creer en el Hijo del hombre»[43].

Es posible que este título haya sido inducido por el tema del juicio que aparece más adelante (9, 39): según la tradición judía de Daniel, la figura del Hijo del hombre es la del juez escatológico (Dan 7, 13). Pues bien, de las diez menciones de este título en el cuarto evangelio, solamente una (5, 27) se refiere a la función de juez, mientras que las otras sirven más bien para precisar alguno de los aspectos esenciales del itinerario salvífico del Hijo de Dios: su relación incesante con el cielo (1, 51), su descenso de arriba (3, 13), su subida al cielo (6, 62), pasando por la elevación en la cruz (3, 14; 12, 34) que es una glorificación (13, 31), incluido además el don del pan de vida (6, 27.53). La mención de nuestro texto (9, 35) es la única en la que este título no va acompañado de un verbo que explicite el obrar o el destino de esta figura. Su empleo absoluto sugiere que se evoca en él la totalidad del misterio, en su realización efectiva y en su significado salvífico. Por tanto, es una «fórmula cristológica englobante»[44].

Con ayuda de su piedad judía el ciego reconoció, a través del signo, a Jesús como a un profeta y a un ser venido de Dios; ahora se

42. «Los judíos lo echan del templo, pero el Señor del templo lo encuentra» (Crisóstomo, *Hom*. 69, 1: PG 59, 321).

43. Este giro es excepcional, como lo percibieron algunos manuscritos que sustituyeron «Hijo del hombre» por «Hijo de Dios». Esta excepción es examinada largamente por F. Moloney, *The Johannine Son of Man,* Roma ²1978, 149-159.

44. J. Blank, *Comm*. II, 206.

ve llamado a creer en el Hijo del hombre. Su pregunta indica que no conocía su identidad[45], pero que sentía el deseo de descubrirla; presiente que Jesús, después de haberle abierto los ojos, le propone una adhesión que es fuente de vida. En armonía con el simbolismo del capítulo, Jesús no responde: «Soy yo», sino: «Lo ves»[46]. Aquel hombre no había visto nunca antes a Jesús. El verbo es aquí *horáō,* distinto del que se había usado hasta entonces para decir que el ciego curado «veía» ya; por eso mismo se significa aquí una visión más profunda, que no es otra más que la fe[47].

Y Jesús añade: «El que habla contigo es él» (cf. 4, 26). De este modo a la visión se le añade la palabra. El relato parece estructurado por la relación entre los dos, siendo determinante la palabra. En efecto, al principio la orden de Jesús es decisiva para la realización del milagro. Si no se hubiese oído, no habría pasado nada. El ciego de nacimiento obedece y se dirige a Siloé (9, 7.11). A continuación, la constatación visual no le basta a los que le rodean para reconocer que el milagro ha tenido lugar; se necesita el testimonio del antiguo ciego sobre su identidad; para los fariseos, es la respuesta de los padres la que establece el hecho. Al final, el hombre que ha recobrado la vista no descubriría *quién* es su salvador sin el diálogo en que Jesús se revela como el Hijo del hombre. La palabra es entonces el don por excelencia, que le permite pasar de las tinieblas originales a la luz divina[48]. Sin embargo, si en 9, 37 el «ver» tiene ciertamente el sentido de una visión espiritual, sigue conservando todavía —y hasta en primer lugar— el sentido concreto. Por tanto, se puede reconocer aquí al mismo tiempo una alusión a la encarnación del Logos.

El ciego de nacimiento, al hacerse vidente, percibe al Señor en la fe, «cree» (9, 38), sin precisar ciertamente esa fe, pero haciendo un gesto por el que da gloria a Dios en un sentido distinto del que exigían los fariseos (9, 24). El verbo «postrarse» (*proskynéō*) adquiere el sentido fuerte de adorar cuando tiene como objeto a Dios, como en el diálogo con la samaritana (4, 20-23); en los demás casos expresa un profundo respeto[49]. Aquí sin embargo encierra un sentido más rico:

45. C. K. Barrett opina que son posibles dos traducciones: el ciego curado ignora la figura del Hijo del hombre, o bien la conoce pero no sabe identificarla. Cf. BD 442, 8.

46. El verbo *heōrakas* es un perfecto con sentido presente; cf. 14, 7.9; 20, 29.

47. *Blépō* o *anablépō* aparecen regularmente en el relato (9, 7.11.15[bis]. 18.19.21.25), mientras que *horáō* no aparece más que en este lugar.

48. En el relato de la creación, la Palabra precede y suscita la aparición de la luz (Gén 1, 3).

49. *Proskynéō* puede tener el sentido débil de «postrarse» (Mt 8, 2; 9, 18; 15, 25; 20, 20; Mc 5, 6; 15, 19). Cuando se refiere al Resucitado, está cerca del sentido de adoración (Mt 28, 9.17; Lc 24, 52).

el que es objeto de este gesto, ¿no es el nuevo templo de la Presencia?[50]. El ciego de nacimiento, que se ha mostrado también como un «israelita sin falsedad» (1, 47) y que ha sido «encontrado» por Jesús, se convierte en tipo del creyente. El es la oveja que oye la voz del pastor para ser conducida hasta el Padre, como se desarrollará en el capítulo 10.

UNA CONTROVERSIA
(9, 39-41)

En primer lugar se sitúa en el relato a los fariseos incrédulos. A lo largo de su encuesta, el lector no dejaba de ir enterándose del comportamiento de estos personajes, imbuidos de su saber hasta llegar a excluir toda eventualidad de que Jesús pudiera ser un hombre de Dios. Así pues, Jesús se pronuncia sobre ellos y sobre todos a los que ellos representan. El evangelista destaca la declaración de Jesús mediante una nueva introducción:

39 **Y Jesús dijo: «Es para una discriminación (*kríma*)**
para lo que he venido a este mundo,
de manera que los no videntes vean
y los videntes se vuelvan ciegos».

Estas palabras de Jesús corresponden a las que pronunció al principio (9, 5) sobre el objetivo de su misión. Allí, este objetivo era el de manifestar al mundo la luz divina; aquí, el de mostrar los efectos de esta luz cuando ha sido acogida y cuando se ha rechazado. Jesús proclamó muchas veces que había «venido al mundo»[51]; aquí, en un contexto en que la actitud de los fariseos contrasta con la del antiguo ciego, dice, lo mismo que en 8, 23: «este mundo», designando con esta expresión al mundo en que dominan las tinieblas[52]. El término *kríma*[53] se refiere a dos efectos opuestos: hacerse vidente o hacerse ciego; puede traducirse por «discriminación». Implica el carácter de-

50. Cf. 4, 23; 14, 9s; 20, 28.
51. Cf. 1, 9; 3, 19; 6, 14; 11, 27; 12, 46; 16, 28; 18, 37.
52. 12, 31; 14, 30; 16, 11.
53. *Kríma* sólo se encuentra en Jn en este lugar. En otros lugares tiene el sentido de «condena» (Mt 23, 13 par; Lc 24, 20; Hech 24, 25; Rom 2, 2s; 3, 8; 5, 16; 1 Cor 11, 29.34; Ap 17, 1; 18, 20; 20, 4).

finitivo de cada uno de estos dos resultados, en relación con la soberanía de la luz presente con el enviado de Dios.

Al decir «de manera que los no videntes vean», Jesús generaliza lo que el signo ha mostrado en un solo ser bien dispuesto y explica el simbolismo expresado al comienzo del capítulo. De este modo Jesús cumple la profecía que estaba contenida en el canto del siervo del Señor:

> Te llamé para la salvación...,
> para abrir los ojos de los ciegos,
> para hacer salir de sus calabozos
> a los que habitan en las tinieblas (Is 42, 6-7)[54].

Pero el acento recae más bien en la segunda parte del anuncio, sobre la obcecación de los que se tienen por clarividentes. Aquí se generaliza el comportamiento de los fariseos. En el conjunto de la sentencia, el lenguaje es inmediatamente metafórico, indicando el «ver» y el «no-ver» espiritual como en la tradición evangélica, en la línea de los profetas[55].

Cuando los fariseos se sienten aludidos, Jesús les precisa su pensamiento:

40 **Algunos fariseos que estaban con él oyeron esto y le dijeron: «¿También nosotros seríamos ciegos?».** 41 **Jesús les dijo: «Si fuerais ciegos, no tendríais pecado, pero ahora, porque decís que vemos, vuestro pecado permanece».**

Jesús les dice de forma equivalente: «Vosotros estáis ciertamente ciegos, porque pretendéis ser videntes». Pero lo indica de forma com-

54. Cf. Is 49, 6; Jn 12, 46; Sal 146, 8.

55. El texto de Isaías sobre la obcecación de Israel se cita en todo el nuevo testamento:

> «Escuchad bien, pero sin comprender,
> mirad bien, pero sin reconocer.
> Haz torpe el corazón de ese pueblo
> y duros sus oídos, y pégale los ojos;
> no sea que vea con sus ojos
> y oiga con sus oídos,
> y entienda con su corazón,
> y se convierta y se le cure» (Is 6, 9-10).

Cf. Mt 13, 13s par; Jn 12, 40; Hech 28, 25ss.

plicada, para invitarles a una toma de conciencia, a un cambio de actitud. Si fuerais ciegos, desearíais la luz, y entonces ya no tendríais pecado. Pero en el fondo de vuestro corazón creéis que veis y, entonces, que ya no necesitáis de la luz. Estáis en estado de pecado porque, con vuestro saber obtuso que os impide ver, no dejáis ningún sitio para la iniciativa de Dios, para su don. Aferrados a vuestra interpretación de la ley, erais ya pecadores al no captar el sentido de la promesa hecha a Israel y ahora vuestro pecado permanece. El pecado que se negó a propósito del ciego de nacimiento al comienzo del relato, se afirma ahora a propósito de esos expertos de la ley que se sirven de ella para negarse a reconocer su cumplimiento.

Al hablar de este modo, Jesús ejerce el *kríma,* la discriminación entre los hombres. Por ser luz, ilumina el fondo de los corazones, denunciando sus obras malignas (3, 19s) y su afán de buscar su propia gloria (5, 40-44). El evangelista Juan no conoce más pecado que el rechazo de la luz.

Jesús no condena a los fariseos; les amonesta para que tomen conciencia del juego en que se han metido, ahora que ha aparecido la luz de arriba para la salvación que Dios está preparando. Jesús continúa de hecho su revelación con el discurso del buen Pastor, pronunciado ante el mismo auditorio.

APERTURA

El relato del ciego de nacimiento que se hizo vidente ha suscitado a lo largo de los siglos numerosas interpretaciones, que se compaginan con mayor o menor acierto con la lectura exegética que hemos propuesto. Al no poder exponer aquí una historia detallada de las mismas, nos gustaría solamente saborear dos presentaciones principales, de las que dependen casi todas las demás.

San Ireneo de Lyon, el gran adversario de los gnósticos, se cuida de mostrar cómo las palabras y los gestos de Jesús están intrínsecamente vinculados a la revelación del antiguo testamento. Así, el gesto de Jesús modelando los ojos del ciego de nacimiento le parece que es un cumplimiento del gesto de Dios modelando el cuerpo de Adán:

> Cuando se las vio con el ciego de nacimiento, no fue por una palabra, sino por un gesto como le devolvió la vista: actúa de esa manera no sin razón y al azar, sino a fin de dar a conocer la mano de Dios que al principio había modelado al hombre... Según lo que dice la Escritura:

«Y Dios tomó el polvo (*khoûs*) de la tierra y modeló al hombre». Para ello el Señor escupió en la tierra, hizo barro (*pēlós*) y untó los ojos del ciego, señalando de este modo de qué forma había tenido lugar el modelado original y, para los que eran capaces de comprender, manifestando la mano de Dios a partir de la cual el hombre había sido modelado a partir del polvo. Porque lo que el Verbo artífice había dejado de modelar en el seno materno, lo cumplió él mismo en pleno día «para que las obras de Dios se manifestaran en él» y para que no buscásemos ya otra mano por la que habría sido modelado el hombre, ni otro Padre, sabiendo que la mano de Dios, que nos modeló al comienzo y que nos modeló en el seno materno, esa misma mano nos buscó en los últimos tiempos, cuando estábamos perdidos, recobró a su oveja perdida, se la cargó sobre los hombros y la reintegró con alegría al rebaño de la vida (*Adversus haereses* V, 15, 2).

Con un gran tacto, Ireneo proyecta sobre el texto la luz del antiguo testamento que se cumplió en el nuevo; el gesto de Jesús adquiere así una profundidad maravillosa; por lo que se refiere al lavado en la piscina de Siloé, le permitió al ciego de nacimiento «reconocer al que lo había modelado y al mismo tiempo saber quién era el Señor que le había devuelto la vista» (ibid., *3*).

*¿Qué piensa de todo esto el exegeta contemporáneo? Se siente lleno de admiración y ve enriquecida su lectura. Sin embargo, hay que superar una pequeña dificultad literal. Según Gén 2,7 Dios se sirvió del polvo (*khoûs*) y no de la arcilla o del barro (*pēlós*). Pues bien, Ireneo se pudo apoyar legítimamente en una tradición bíblica según la cual el acto creador se compara con el de un alfarero modelando la arcilla a su gusto; así, por ejemplo, en Is 64, 7 y Jer 18, 6. Ireneo no conserva la imagen bajo la forma que subraya la dependencia radical de la arcilla respecto al alfarero (como lo hacía san Pablo: «¿No es el alfarero dueño de su arcilla para producir de una misma masa unas vasijas para usos nobles y otras vasijas para usos despreciables?»: Rom 9, 21). Pero permanece fiel a la Biblia cuando habla a la vez del polvo y del barro en un contexto de creación en devenir; por otra parte, si se lee atentamente el versículo del Génesis, no se dice en él que el hombre haya sido modelado* con *polvo, sino: «modeló al hombre, polvo tomado de la tierra».*

Lagrange suscitó una dificultad suplementaria: «El barro aplicado a los ojos no puede ser considerado como la reparación de alguna laguna que dejó sin llenar el Creador en el niño en el seno materno, puesto que es el agua la que hará el milagro» (p. 261). Pero esto es desconocer que Ireneo no pretende que el milagro haya tenido lugar independientemente del baño de purificación en Siloé; a sus ojos, es la totalidad la que manifiesta la obra de Jesús: el modelado está pidiendo un lavado en la piscina.

Gracias a su profunda inteligencia del gesto de Jesús, Ireneo invita a releer el episodio a la luz de la correspondencia entre los dos testamentos y de la continuidad del proyecto divino sobre el hombre. Si la dimensión del conflicto con los fariseos queda eclipsada por la grandeza del gesto que suscita al hombre nuevo, queda sin embargo dentro de su perspectiva el conflicto entre la luz del Logos y las tinieblas originales.

A diferencia de Ireneo, san Agustín, al que siguen otros intérpretes, no se detiene en la acción de Jesús sobre el ciego, sino más bien en el agua de la piscina de Siloé y ante todo en el envío del ciego a la piscina:

> Estaba untado (de aquel barro), pero todavía no veía. (Cristo) lo envió a la piscina que se llama Siloé. El evangelista creyó que debía explicar él mismo el nombre de esta piscina y dijo: «Que se interpreta 'Enviado'». Así pues (el ciego) lavó sus ojos en aquella piscina, que significa 'Enviado': fue bautizado en Cristo. (Cristo) lo bautizó de alguna manera en sí mismo... Habéis oído un gran misterio... (*In Jo*. 44, 2).

Agustín conserva del texto joánico los datos importantes que son la acción de lavarse y el nombre de Cristo que lleva la piscina. De allí deduce cuál es el significado sacramental que tiene este relato.

*Muchos autores, como O. Cullmann o R. E. Brown, han pensado que el evangelista se refería aquí al bautismo. Pero son más numerosos todavía los críticos que discuten esta interpretación. Presentemos este tema con R. Schnackenburg. Es verdad que el ciego va a lavarse a la piscina, pero el verbo que utiliza Jn (*níptesthai*) no tiene el valor sacramental de* loúesthai, *término habitual en un contexto bautismal. No cabe la menor duda de que aquel hombre era ciego de nacimiento, situación que es la de cualquier hombre encerrado desde su nacimiento en las tinieblas, por no decir en el pecado; pero la iluminación recibida (*phōtismós*) se menciona también en el prólogo sin ninguna referencia sacramental. En cuanto al término «untar» (*epikhríein*), corresponde sin duda al que utiliza san Pablo en un pasaje en que se alude al bautismo (2 Cor 1, 21), pero tiene ante todo un significado médico corriente. El diálogo entre Jesús y el antiguo ciego ha sido ciertamente recogido en la liturgia catecumenal (miércoles de la 3.ª semana de cuaresma) en donde conduce a la confesión de fe; en las catacumbas se representa este episodio para indicar la fe de los cristianos en la eficacia del bautismo. Pero el argumento sacado de la arqueología (utilizado por P. Niewalda) no tiene ninguna fuerza probativa; se trata simplemente de aplicaciones del texto inspirado a unas situaciones* *eclesiales. Finalmente y sobre todo, semejante lectura saca de quicio la orientación fundamental del texto, que es señalar a Jesús como luz del mundo.*

Si el fundamento exegético de esta interpretación bautismal no es sólido, ni mucho menos, lo cierto es que, aunque utilizando algunos términos que no son de orden sacramental, el texto presenta varias alusiones al bautismo. ¿Basta esto? Aquí interviene una cuestión de método. La mayor parte de los críticos disputan sobre la «intención del autor», como si ésta pudiera conocerse con certeza; la cuestión es ociosa en este caso: sólo tenemos el texto, y si éste encierra alguna alusión al sacramento, hemos de tenerlo en cuenta. Si todos los autores reconocen el anacronismo de la expulsión de la sinagoga, ¿por qué no pensar que el narrador se vio justamente influido por la práctica sacramental de su tiempo? Guardadas las debidas proporciones, ¿no ocurrirá aquí lo mismo que en el capítulo 6, que puede ser leído en un segundo tiempo de lectura dentro de una perspectiva eucarística?

El relato del ciego de nacimiento convertido en vidente presenta un acontecimiento cristológico: una persona pasa de las tinieblas a la luz de la fe gracias a Cristo y a pesar de la oposición de los fariseos. Pero, en un segundo tiempo de lectura, este mismo relato puede volverse a leer integrando en él la dimensión sacramental; ésta, sin embargo, no adquiere su verdadero sentido más que con la condición de arraigarse en la lectura del primer tiempo. La fe bautismal adquiere entonces una dimensión propiamente cristológica, como en el diálogo de Jesús con Nicodemo, reinterpretado a la luz de las palabras finales sobre Juan Bautista. También aquí el texto sigue «abierto» a otras interpretaciones más amplias que las que se obtienen en la lectura en un primer tiempo, aunque permanezcan estrechamente vinculadas con ella.

UN DISCURSO: EL BUEN PASTOR (10, 1-21)

El discurso de Jesús no recoge la imagen de la luz, sino que pasa a la del pastor y sus ovejas. Esta sucesión les ha parecido a muchos críticos que era un reflejo de la existencia de diversas fuentes y unidades literarias[56]. Sin embargo, al final de una larga evolución, las dos imágenes se encuentran reunidas también en las parábolas de

56. U. Busse propone un estado de la cuestión: *Offene Frage zu Joh 10*: NTS 33 (1987) 516-531.

Henoc[57], donde el pueblo de Israel es comparado con un rebaño de ovejas que habían sido cegadas y que recuperan la vista cuando el Señor viene a ocuparse de ellas. Este testimonio literario confirma la hipótesis, anteriormente propuesta, sobre la unidad que va del 9, 1 al 10, 21.

Recordemos brevemente el trasfondo bíblico de la imagen pastoril. La metáfora del pastor y su rebaño para indicar el vínculo que une a unos súbditos con un soberano, divino o humano, es frecuente en los escritos del antiguo oriente[58]. En los dos testamentos se convierte en un lenguaje tradicional, recogido y modulado en uno y otro texto. Su primer empleo es la designación de Israel como el rebaño de Dios[59], conducido con una protección indefectible a través del desierto[60], y luego a través de las vicisitudes de su historia hacia un cumplimiento único (Is 49, 9s). La imagen expresa también la relación personal del israelita con su Dios (cf. Sal 23). La solicitud del pastor se describe con frecuencia de tal manera que concierne a la vez al pueblo en su conjunto y a cada uno de su miembros. De esta manera, Yahvé viene con poder al lado de su pueblo deportado a Babilonia:

> Como un pastor que apacienta su rebaño,
> recoge en sus brazos a los corderos,
> los pone sobre su pecho
> y conduce al descanso a las ovejas madres (Is 40, 11)[61].

57. En el *Libro de Henoc,* el «Apocalipsis del bestiario», compuesto antes del 164 a. C., narra la historia del pueblo hebreo a través de la historia del rebaño de corderos que son presa de los lobos: uno de sus temas favoritos es que los corderos están ciegos y luego comienzan a ver gracias al Maestro de los corderos (89, 28.41; 90, 6.9.35), juntando así el tema de la ceguera con el de las ovejas guiadas por el verdadero pastor. Texto en *La Bible. Ecrits intertestamentaires,* Paris 1987, 579-586, traducido por A. Caquot. Esta relación ha sido muy bien expuesta por A. J. Simonis, *Die Hirtenrede im Johannes Evangelium,* Roma 1967, 161-168.

58. El *Himno a Shamash,* fechado a comienzos del siglo XVIII a. C., ora de este modo al dios sol:

> «¡Oh iluminador de la tierra! ¡Oh juez de los cielos
> que iluminas las tinieblas, pastor de arriba y de abajo!...
> Tú apacientas, todos juntos, a los seres dotados de soplo,
> tú eres su pastor, allá arriba y aquí abajo...
> Pastor del mundo de abajo, pastor de allá arriba,
> rector y luz del universo eres tú solo, Shamash».
> *Les religions du Proche-Orient asiatique,* Paris 1970, 267s).

59. Gén 49, 24 (cf. 48, 15); Jer 13, 17; 23, 1.3; Ez 34, 31; Sal 74, 1; 79, 13; 80, 2; Miq 7, 14.

60. Sal 78, 52s; 77, 21; 95, 7; cf. Am 3, 12.

61. Cf. Eclo 18, 13. Obsérvense las fórmulas de reciprocidad que recuerdan las de la alianza:

> «El es nuestro Dios y nosotros el pueblo de su redil,
> el rebaño de su mano» (Sal 95, 7; cf. 100, 3).

Para que el pueblo no sea «como las ovejas sin pastor»[62], Dios confía a algunos de sus siervos el encargo de conducirlas según su voluntad: Moisés, los jueces, David, son llamados por eso «pastores», y hasta el mismo Ciro recibe este apelativo[63]. En un período ulterior, los textos proféticos encierran invectivas contra los pastores infieles que se aprovechan de las ovejas y dejan que el rebaño camine hacia su perdición; contra ellos se inflama la cólera divina: todos esos pastores los «enviará a pacer»[64]. La experiencia cruel del abuso de poder suscita la esperanza de que el mismo Señor vendrá a ocuparse del rebaño, ya que le pertenecen sus ovejas:

> ¡Habéis dejado... extraviarse a mis ovejas!
> ...Pero yo mismo reuniré al resto de mis ovejas (Jer 22, 2-3).

La intervención prometida desemboca en el anuncio mesiánico de un pastor misterioso que suscitará Dios según su corazón, como a un nuevo David; gracias a él, Israel «se salvará y vivirá en seguridad» (Jer 23, 5s). Los diversos temas expresados a través de este lenguaje del pastor confluyeron en Ez 34 en una composición que despliega todos sus acordes. Al final de este capítulo esbozaremos una comparación de esta profecía con nuestro pasaje.

Está claro que el evangelista Jn arraigó su texto sobre este *humus* bíblico[65]. Pero su obra es profundamente original: el Pastor es ahora único (no se menciona a otros pastores contra los que se lancen reproches) y además da su vida por sus ovejas[66].

El discurso se distribuye en dos partes de longitud desigual, separadas por una indicación del evangelista sobre la falta de inteligencia de los oyentes (10, 6). La primera parte (10, 1-5) presenta un cuadro pastoril en estilo impersonal *(él)*; la segunda aplica a Jesús y desarrolla en estilo personal *(yo)* dos elementos recogidos del cuadro inicial (10, 7-10.11-18). A lo largo de la lectura iremos señalando la relación literaria que se puede establecer entre las dos partes. El pasaje termina con una indicación del narrador sobre la división que las palabras de Jesús produjeron en el auditorio (10, 19-21).

62. Núm 27, 17; 1 Re 22, 17; Jer 50, 6; Mc 6, 34; Mt 9, 36.
63. Sal 77, 21; Núm 27, 17; 2 Sam 7, 7s; Sal 78, 79s; Is 44, 28.
64. Jer 22, 22; cf. 2, 8; 10, 21; Zac 11, 15-17.
65. R. Schnackenburg y R. E. Brown hacen una buena crítica de los que, como R. Bultmann, hablan de influencias mandeas, con el dualismo gnóstico. Por otra parte, la metáfora del pastor aparece con frecuencia en la tradición sinóptica: Mt 2, 6; 9, 36; 25, 32; 26, 31; Mc 6, 34; Lc 15, 4-6; Hech 20, 28; Ef 4, 11; Heb 13, 20; 1 Pe 5, 2-4; Jds 12; Ap 2, 27; 7, 17; 12, 5; 19, 15.
66. Jn 10, 15.

UN CUADRO SIMBÓLICO (10, 1-6)

10,1 **«Amén, amén, os lo digo:**
El que no entra por la puerta en el redil de las ovejas,
sino que sube por otra parte,
ése es un ladrón y un bandido.
2 **Pero el que entra por la puerta es el pastor de las ovejas.**
3 **A él le abre el portero**
y las ovejas oyen su voz;
y llama a las ovejas, a las suyas, a cada una por su nombre,
y se las lleva.
4 **Cuando ha hecho salir a todas, a las suyas,**
camina delante de ellas
y las ovejas le siguen porque conocen su voz.
5 **Nunca seguirán a un extraño;**
más aún, huirán de él,
porque no conocen la voz de los extraños».
6 **Esta es la comparación que les dijo Jesús,**
pero no comprendieron de qué les hablaba».

La controversia de Jesús con algunos fariseos (9, 39-41) prosigue con un verdadero «discurso» dirigido a ellos («*os* lo digo»), introducido por un doble *amén* y caracterizado por la metáfora del pastor y las ovejas. Esta primera exposición es llamada por el evangelista una *paroimía* (v. 6). Este término griego corresponde al hebreo *mashal,* que puede designar tanto un proverbio como una «parábola» o una sentencia enigmática[67]. Los críticos lo traducen aquí por «parábola» o bien por «alegoría». Pero no puede tratarse de una parábola, ya que este pasaje no es la narración de una «historia» con una crisis y un desenlace (como, por ejemplo, el relato de la oveja perdida y vuelta a encontrar: Lc 15, 4-6); describe más bien una escena típica de la vida pastoril. Por otro lado, tampoco se trata de una alegoría, en la cual cada uno de los elementos puede transponerse a un registro distinto; aquí es todo el conjunto el que significa una realidad distinta. Por eso hemos preferido traducir *paroimía* por «comparación», o por «cuadro simbólico». Si la escena que se describe es familiar, lo que

67. Según Suidas, léxico del siglo X, la *paroimía* es un *lógos apokryphós,* un discurso secreto. El término *paroimía* va opuesto a veces a su antónimo *parrēsía* («enseñanza clara»); compárese 16, 25 con 16, 29; 10, 6 con 10, 24.

Jesús intenta manifestar a través de ella no es captado por el auditorio: «no comprendieron de qué les hablaba» (v. 6).

Este cuadro pastoril está construido por «envolvimiento». Al comienzo y al fin se menciona a los que actúan mal respecto a las ovejas: un ladrón, un bandido, un extraño; en el centro, por contraste[68], aparece el pastor en relación íntima con las ovejas. Mencionadas en primer lugar, las figuras negativas dan a este texto un tono polémico: se remite implícitamente al lector a los fariseos de los que ha hablado Jesús, aunque no se puede precisar a quién aluden el ladrón, el bandido y el extraño; se trata de manera general de los enemigos de las ovejas. Las oposiciones literarias que se suceden en estos versículos —entrar o no por la puerta, seguir-huir, conocer o no la voz— confirman que la revelación esencial se refiere al pastor y a su relación con las ovejas que le pertenecen.

Después de entrar en el redil por la puerta[69], el pastor «llama a las ovejas, a las suyas, a cada una por su nombre» (v. 3)[70]. Esta expresión tiene cierta resonancia isaiana, ya que evoca la llamada del mismo Yahvé:

> ¡No temas, que yo te he rescatado!
> ¡Te he llamado por tu nombre! ¡Eres mío! (Is 43, 1)[71].

El «nombre» equivale al ser[72]. Cada una de las ovejas es llamada individualmente y esta llamada va a la par con la pertenencia al pastor. Evidentemente, el evangelista describe aquí el comportamiento de Jesús con los que han creído en él. Al precisar que el pastor se dirige a sus ovejas, «las suyas» (*tà ídia:* cf. 1, 11; 13, 1), el narrador no quiere decir que haya diversos rebaños en el redil; designa a aquellas ovejas que se han adherido a la palabra de Jesús: como dirá en el v. 29, son las que el Padre le ha dado[73] y de las que el antiguo ciego que se ha hecho creyente es un prototipo. De hecho, las ovejas «oyen su voz», según el anuncio de 5, 25; la «conocen» —un tema joánico que se recogerá más tarde— y por eso «siguen» al pastor.

Después de hacerlas salir del redil, el pastor «camina (*poreúetai*) delante de ellas», sin que se diga adónde va; se piensa naturalmente en los «pastos» (10, 9). Pero en Jn la palabra *poreúomai* se refiere

68. Esta disposición literaria evoca el cerco de Jesús por parte de los judíos en 10, 24.
69. El portero tiene simplemente la función de legitimar al pastor.
70. Según una costumbre atestiguada de aquella época, los pastores ponen nombre a sus ovejas.
71. Cf. Is 45, 3; 49, 1; 62, 2.
72. Cf. Ap 3, 5; 3 Jn 15.
73. Cf. *infra,* sobre 10, 29; cf. 6, 37.39; 17, 2.6.7.9.24; 18, 9.

muchas veces al retorno de Jesús al Padre[74]; de este modo esta expresión abre una perspectiva escatológica indefinida. Como se ve, el cuadro pastoril no concierne solamente a Jesús, sino también a las ovejas en su relación con el pastor.

Todavía vale la pena considerar otros dos detalles del texto para que aparezca con mayor claridad el sentido inherente a este cuadro. Sorprende el término con que se designa el redil: en vez de *épaulis,* que es el término usual en griego[75], vemos aquí *aulḗ,* que de ordinario se aplica al patio contiguo a un edificio[76]. Pues bien, de las 177 veces que aparece esta palabra en los Setenta, 115 veces se refiere al patio de la tienda de la reunión o del templo[77]. Puesto que en el lenguaje bíblico tradicional las ovejas designan a Israel[78], Jn parece sugerir, detrás del empleo anormal de *aulē* para indicar el redil, el patio del templo, en el que se reunían los israelitas. Hay un texto, leído en griego, que corrobora esta interpretación:

> Es él el que nos ha hecho y no nosotros,
> su pueblo y las ovejas de su rebaño.
> Entrad por sus puertas con la alabanza,
> a sus patios (*eis tàs aulás*) con himnos (Sal 99 [100], 3-4).

El cuadro describiría entonces precisamente la situación en que se encuentra Jesús: mientras que las autoridades judías rechazan su mensaje, Jesús sigue llamando a Israel para que crea en él, lo mismo que el sembrador sigue echando su semilla a pesar de los evidentes fracasos[79]. Según su misión, entró en el templo para enseñar a Israel (cf. caps. 7-8) y suscitar su fe, pero fue rechazado por la mayoría. Por eso Jesús, que conduce hacia el Padre, hace «salir» de ese ambiente que se ha hecho hostil a las ovejas que han reconocido su voz[80]. Hay además otra palabra que nos sorprende: Jesús añade que el pastor «las

74. 14, 2.3.12.28; 16, 7.28.

75. A. J. Simonis, *Die Hirtenrede im Johev,* 161-168, indica que *épaulis* se encuentra en Núm 32, 16.24.36; Is 65, 10.

76. Ex 27, 9ss; 1 Re 8, 64; Mc 14, 66; Jn 18, 15.

77. Por ejemplo, 2 Crón 6, 13; Ex 27, 9-20.

78. Sal 95, 7; Jer 23; Ez 34, 31; Mt 10, 6; 25, 32. El término «rebaño» (*poimníon*) se utiliza con frecuencia para designar a Israel (Sal 78, 25; Miq 2, 1.12...).

79. Así en Mt 13, como hemos indicado en nuestros *Estudios del evangelio,* 273-288.

80. Cf. 5,25. El verbo *phōnéō* («llamar»: 10,3) tiene la misma raíz que *phōnḗ,* «voz» (10, 3.4.16.27). Los dos términos se mencionan sucesivamente a propósito de la resurrección de Lázaro (11, 43; 12, 17).

empuja fuera» (*ekbállein*), expresión que parece excesiva[81], pero que se justifica en este contexto: se trata del mismo verbo con el que se indicó la expulsión del ciego fuera de la sinagoga (9, 34). ¿No se tratará entonces de una alusión irónica al gesto de los fariseos, transformado ahora en un acto positivo? Este verbo *ekbállein* podría reflejar la «constricción» que ejerce la atracción del Padre (cf. 6, 44) o del Hijo del hombre (12, 32) y, en virtud del contexto polémico, significar que Jesús se lleva a los suyos fuera de los límites del judaísmo. Quizás Jn haga alusión aquí a la «salida de Egipto», expresión frecuente, o —en el mismo contexto del Exodo— a Dios que «camina delante» de su pueblo[82].

Ante la incomprensión de los oyentes, Jesús reanuda su discurso de revelación («Jesús dijo además»), comenzando de nuevo con un doble *amén*, pero pasando del *él* al *yo*. Ese *yo* es ahora el que domina en todo el párrafo.

En el hecho de que el texto recoja algunos elementos del cuadro simbólico —la puerta, las ovejas, los ladrones y los bandidos, el pastor—, algunos ven aquí una «explicación» de lo que precede. Apelan para ello al esquema apocalíptico que da cuenta tan perfectamente de ciertos textos sinópticos[83]. A una petición que se le hace para que aclare las cosas tras haber oído la parábola, Jesús responde dando la clave de la misma, elemento por elemento; así, por ejemplo, después de la parábola de la cizaña, explica las cosas según el procedimiento alegórico: «El campo es el mundo; el buen grano son...; el enemigo es...» (Mt 13, 36-43).

Por muy interesante que sea esta interpretación del texto, se oponen a ella varias dificultades. En primer lugar, la ausencia de toda pregunta planteada por el auditorio, al que Juan ha mostrado endurecido en su rechazo del revelador. Además, ¿por qué sólo se identifican dos de los elementos mencionados? Es verdad que se menciona de nuevo a los ladrones y bandidos, pero seguimos sin saber a quiénes designan esos personajes. Y al revés, ¿cómo podía intrigar al oyente la puerta que figura en el cuadro? Y lo que se dice a propósito de ella en 10, 7.9 no se compagina muy bien con lo que se describe en los v. 1-2, donde es el pastor el que entra por ella, mientras que aquí él mismo *es* la puerta.

81. Aunque los traductores conceden a veces al verbo un sentido débil: Mt 12, 35; 13, 52; Lc 10, 35.

82. Esta hipótesis es propuesta y sostenida por A. J. Simonis y por I. de la Potterie (*Mél. A. Ottaviani*, Roma 1969, 942). Puede verificarse en Ex 3, 10; 6, 26...; Dt 4, 37; 5, 6...; y en Ex 14, 19; Dt 1, 33.

83. Siguiendo a L. Cerfaux, *Le thème parabolique littéraire dans l'Évangile de saint Jean*, en *Recueil L. Cerfaux* II, 17-26.

El pastor, por su parte, podía requerir una identificación explícita en este contexto de revelación. Y se ofrece esta identificación. Sin embargo, el «Yo soy...» de los v. 11.14 dice algo muy superior: Jesús declara no simplemente que es el pastor, sino «el pastor, el bueno», y este adjetivo, con un relieve especial, implica una revelación nueva, la de su muerte.

A nuestro juicio, aquel inicial «dijo además» (v. 7) y el doble *amén* sugieren claramente una amplificación del discurso, no ya una vuelta hacia atrás. Por eso, con otros exégetas, vemos en este texto un nuevo desarrollo de la revelación de Jesús, en el que se recogen con mucha libertad algunos de los elementos contenidos en el cuadro simbólico.

YO SOY LA PUERTA (10, 7-10)

7 Jesús dijo además:
«Amén, amén, os lo digo:
Yo soy la puerta de las ovejas.
8 Todos los que vinieron antes de mí
son ladrones y bandidos;
pero las ovejas no los oyeron.
9 Yo soy la puerta.
Si alguien entra por mí, se salvará,
entrará y saldrá
y encontrará pasto.
10 El ladrón viene solamente
para robar, sacrificar, hacer morir.
Yo he venido
para que tengan la vida
y la tengan sobreabundante».

El cuadro simbólico presentaba al pastor entre dos menciones de los adversarios de las ovejas; aquí las afirmaciones que hace Jesús sobre sí mismo preceden (v. 7) y luego enmarcan (v. 9-10) lo que se dice sobre ellos.

La proclamación inicial «Yo soy la puerta de las ovejas»[84] puede entenderse de dos maneras: Jesús es la puerta que *da acceso* a las

84. Algunos manuscritos, poco seguros, sustituyen «puerta» por «pastor» y suprimen así la dificultad.

ovejas, o bien *a través de la cual pasan las ovejas*. La puerta está destinada a los que van hacia las ovejas, o bien está destinada a que vayan y vengan por ella las ovejas. Según la primera lectura, la más corriente entre los comentaristas[85], Jesús afirmaría que es el único mediador para llegar eficazmente a las ovejas, lo cual ha sido interpretado como una exigencia que se les hace a los pastores de la Iglesia de fidelidad a Jesús. Pero el contexto de los v. 7-10 se opone a esta lectura: aquí no se trata de varios pastores, sino de uno solo, y los demás personajes no se acercan al redil para apacentar las ovejas, sino que las matan. Es evidente el contraste entre el peligro que ellos representan para las ovejas y la vida a la que da acceso Jesús. Por otra parte, Jesús no dice que sea él la puerta «del redil», sino «de las ovejas». Los esfuerzos de los críticos para autorizar la primera lectura se basan, en definitiva, en una alegorización indebida de la puerta mencionada en el cuadro simbólico. Jesús no se presenta como el mediador de los pastores que han de venir después; esta extensión no se hará hasta mucho más tarde en la literatura eclesiástica[86].

El v. 8 presenta una dificultad: ¿quiénes son «los que vinieron antes de mí», denunciados como ladrones y bandidos? Jesús no se refiere ciertamente a los patriarcas y a los profetas de Israel, de los que ha hecho testigos suyos o cuyos anuncios ha recordado, ni tampoco al precursor, a pesar de que había venido antes que él. A ellos los han escuchado los creyentes. Por otra parte, la exclusión es radical[87]. Para entenderlo, conviene partir del contexto, donde la puerta que es Jesús da acceso a la vida: Jesús excluye que otros que no sean él puedan conducir a la vida sobreabundante; tal es el sentido del «antes de mí». Pero ¿por qué califica a esos intrusos de ladrones y bandidos?

El término «ladrón» adquiere su verdadero sentido si se tiene en cuenta el contexto una vez más. No se trata de aquel que roba a su semejante alguna cosa que le pertenezca; en este texto, lo que se roba son las ovejas, que pertenecen a Dios mismo; si Jesús las ha llamado «suyas» es en cuanto que se las ha dado el Padre (v. 29), y el Padre y el Hijo lo tienen todo en común. Aquí el ladrón es uno que roba a Dios: le quita a Dios sus ovejas en un intento supremo de usurpación.

85. Desde Agustín y Crisóstomo, es una opinión casi común.

86. A partir de 1 Pe 5, 1-4.

87. Es inútil y poco seguro imaginarse aquí una alusión a los zelotes que habían invadido el templo poco antes (a pesar de A. J. Simonis, *Die Hirtenrede im Johev*, 207-215).

Pero Dios es un Dios celoso, dice la Escritura (Ex 20, 5; 34, 14); y Jesús lo sabe muy bien, ya que su celo por la casa del Padre lo conduce hacia la muerte (2, 17).

Viniendo a robar lo que es de Dios, esos intrusos no pueden hacer otra cosa más que «hacerlas morir» (*apóllymi*) —término que designa la pérdida definitiva, en sentido espiritual (cf., por ejemplo, 12, 25)—, por el hecho de alejarlas de la voz del Hijo. En cuanto al verbo «sacrificar» (*thýō,* a veces traducido mal aquí por degollar), es apropiado para un ladrón de Dios, ya que evoca una parodia del sacrificio[88].

Al contrario, Jesús, que se designa en el v. 9 no ya como «la puerta de las ovejas», sino como «la puerta» sin más, conduce a la vida. La «salvación»[89] que obtiene el que pasa por el Hijo se describe por medio de imágenes. Una de ella es tributaria de la metáfora de la puerta; la otra de la vida pastoril. La expresión «entrará y saldrá», sin indicación de lugar, significa por sí misma la libertad de alguien en la vida ordinaria, mientras que la pareja de términos opuestos indica una totalidad[90]. Aparece también en Núm 27, 17, en relación con el tema del rebaño de Yahvé[91]. En nuestro texto indica la plena libertad del creyente. Los «pastos», símbolo de la fertilidad de la vida, preparan la sobreabundancia con que termina el v. 10, donde se puede oír un eco del Sal 23[92].

Esta palabra de Jesús no dice otra cosa sino lo que ya hemos leído anteriormente, por ejemplo en el capítulo 6 en el discurso sobre el pan de vida. Pero aquí vemos que se subraya la situación de peligro de las ovejas, que podrían perderse[93] sin la intervención del Hijo y sin su seguimiento como único pastor.

88. El verbo *thýō* tiene ordinariamente una connotación sacrificial. Nótese que en 16, 2 Jesús anuncia: «Todo el que os mate pensará que rinde culto a Dios».

89. El verbo «salvar» tiene el sentido denso de la salvación escatológica (3, 17; 5, 34; 12, 47); se opone al verbo «perecer» del versículo siguiente. En 14, 6, Jesús declara que «nadie va al Padre sino por mí».

90. Para indicar una realidad compleja, los semitas proceden asociando dos términos contrarios; cf. G. Lambert, RB 52 (1945) 91-103; P. Boccaccio, Bib 33 (1952) 173-190. La expresión «podrá entrar y salir» indica una situación estable de libertad (2 Re 19, 27; 1 Sam 29, 6; Sal 121, 8).

91. Moisés establece a Josué como jefe de la comunidad; tendrá que «salir y volver a entrar a su cabeza, los hará salir y entrar, de forma que la comunidad de Yahvé no sea ya un rebaño sin pastor».

92. «El Señor es mi pastor, nada me falta.
En verdes praderas me hace recostar,
hacia las aguas del descanso me conduce,
restaura mi alma» (Sal 23, 1-3).

93. Jer 23, 1; 50, 6.17; Ez 34, 5s; Mt 10, 6.

EL BUEN PASTOR (10, 11-18)

11 «Yo soy el Pastor, el bueno.
El pastor, el bueno, expone su vida por sus ovejas.
12 El mercenario, el que no es pastor,
cuyas ovejas no son suyas,
ve venir al lobo,
abandona las ovejas y emprende la huida,
y el lobo se apodera de ellas y las dispersa.
13 Es que el mercenario
no se preocupa de las ovejas.
14 Yo soy el Pastor, el bueno,
conozco a las mías
y las mías me conocen,
15 lo mismo que el Padre me conoce
y que yo conozco al Padre.
Y me desprendo de mi vida por mis ovejas.
16 Tengo además otras ovejas
que no proceden de este redil;
a ésas también tengo que guiarlas
y oirán mi voz
y habrá un solo rebaño,
un solo Pastor.
17 He aquí por qué el Padre me ama:
porque yo pongo mi propia vida
para recogerla de nuevo.
18 Nadie me la quita,
sino que la pongo yo mismo.
Tengo el poder de ponerla
y tengo el poder de recogerla;
tal es el mandato que he recibido de mi Padre».

Después de haberse identificado con la puerta, imagen de orden espacial, Jesús, con un nuevo «Yo soy...», se identifica con la figura central del cuadro simbólico, el pastor. De antemano se caracteriza como el *buen* Pastor, añadiendo una definición en tercera persona: «El buen pastor expone su vida por sus ovejas». Este versículo engendra el desarrollo siguiente, hasta el final del discurso: después del contrapunto del mercenario (v. 12-13), se repite la identificación (v. 14), para completarla luego con el anuncio del rebaño único que el Pastor tiene que reunir (v. 16), mientras que reaparece con insistencia la afirmación del don de sí. Como final, ese don, orientado hacia la recuperación de la vida, manifiesta al mismo tiempo el poder de que dispone el Hijo y el amor con que lo ama el Padre (v. 17-18).

La muerte salvadora de Jesús se indica tradicionalmente en el nuevo testamento con la expresión «dar (su vida) por». Así, por ejemplo:

> El Hijo del hombre ha venido a *dar su vida* para rescate de la multitud (Mc 10, 45).
>
> Este es mi cuerpo, que *se da por vosotros* (Lc 22, 29).

Jn, que ha mantenido el verbo *dídōmi* para anunciar el don de su carne (6, 51), lo sustituye aquí por otro —*títhēmi*— que es propio de él[94]. Los autores que traducen por «dar» (Loisy, Mollat, Pléiade) recogen en general su sentido. Pero una traducción fiel tiene que reflejar la diferencia joánica; por eso muchos críticos han preferido otras formulaciones, que expresan más la acción del donante: el Pastor «ofrece» (Lagrange), «entrega» (Osty), «deja» (Delebecque) su vida, «se desprende de ella» (TOB) por sus ovejas. Un examen atento nos ha llevado a constatar no solamente que esta expresión tiene varias facetas, sino también que su sentido se modula según la progresión interna del texto. Por consiguiente, hemos de precisar su valor en función del contexto inmediato en que aparece.

En griego, la expresión *títhēmi tèn psikhēn* no significa nunca «dar la vida» en el sentido de entregarse a la muerte[95]. Indica más bien «arriesgar» o «exponer» la vida en un peligro que amenaza a otro. Los Setenta la recogen para traducir el giro hebreo «poner su vida en la palma de la mano»; así, el pastorcillo David pone en juego su vida por defender a las ovejas de su padre Jesé[96]. No se entrega a la muerte; si él muriera, el rebaño sería presa del león o del lobo; pero se expone a ello, momentáneamente, ya que se preocupa por las ovejas. Esta es la lectura que conviene para el v. 11, que define al buen pastor en cuanto tal, como confirma la descripción, por contraste, del mercenario que huye ante el lobo.

94. Algunos manuscritos sustituyen *títhēmi* por el verbo *dídōmi* tradicional. La expresión joánica se encuentra en 13, 37s; 15, 13 y 1 Jn 3, 16, en donde se extiende de Jesús a los discípulos.

95. En este caso, el griego utiliza otros verbos: *ekpnéō, aphíēmi, probállō, dídōmi*. Cf. C. Maurer, TWNT VIII, 155s.

96. 1 Sam 17, 34; 19, 5; 28, 21; cf. Jue 12, 3; Sal 119, 109.

Es distinto lo que ocurre con las menciones que siguen (v. 15.17.18) donde el sujeto de la acción es el *yo* de Jesús. En los v. 17.18 la expresión significa manifiestamente la muerte efectiva, por el hecho de que se opone a «recoger de nuevo la vida» (lo cual requiere que se la haya dejado) y en virtud de la frase intercalada: «Nadie me quita la vida, sino que la pongo yo mismo». Jesús se refiere al acto de su muerte, vista en una perspectiva de resurrección.

En el v. 15 ¿el valor de la expresión está determinada por el sentido que tenía la definición del v. 11b o por el de los v. 17-18? La afirmación se formula aquí en presente intemporal; por tanto, no puede anunciar el acto mismo de la muerte[97], puesto que en ese caso Jesús habría empleado el futuro o una fórmula con *deî*. Por otra parte, como el contexto deja vislumbrar indudablemente el pensamiento de la muerte, se trata en este versículo de la actitud permanente de Jesús: a lo largo de toda su misión, está dispuesto a enfrentarse con la muerte por defender a sus ovejas; podría decirse, utilizando una expresión paulina, que no conserva celosamente su propia vida. Los v. 14-15, que preceden, iluminan esta disposición fundamental del Pastor mediante el vínculo que une a Jesús con sus ovejas y con el Padre.

La traducción «dar su vida» desconoce el valor de la fórmula joánica, que pone de manifiesto la desposesión voluntaria de un bien propio y que además permite la «recuperación» que se subrayará al final del discurso, mientras que el don, en principio, no es reversible. Cuando Jesús dice en 6, 51 que dará su carne para la vida del mundo, es para anunciar que su vida se comunicará a los creyentes; aquí la perspectiva es el destino del mismo Jesús, tal como lo asume libremente en virtud de su poder soberano y en función de la salvación de las ovejas.

En definitiva, «desprenderse de la vida» es la traducción más conforme con el sentido que tiene la expresión griega en el texto. ¿Habrá que traducir entonces, en todos los casos, esta expresión por este verbo? En el v. 11 la traducción debe mantener el sentido original del giro griego, ya que, como antes recordábamos, se trata allí de todo buen pastor[98] y, si se desprendiera de su vida, el rebaño se perdería. En los v. 17 y 18, frente al verbo «recoger», el término más adecuado es «poner», que por otra parte está cerca de una

97. Como indica muy bien A. J. Simonis, *Die Hirtenrede im Johev*, 266.

98. El artículo que precede a esta designación puede conferir al sustantivo un valor general, como en las parábolas: Mt 13, 3 par; cf. Mt 4, 3; 8, 33; 25, 9. BD 252, 2.

versión literal del verbo griego tomado aisladamente[99]. Al contrario, hemos mantenido «desprenderse» para el v. 15, que está en el centro del pasaje y es el caso más sintético, en donde no aparece ningún contraste, a no ser con el mercenario, por encima de los v. 14-15.

Hay un vínculo que recoge las diversas facetas de esta expresión. David, que sirve de modelo al buen pastor de esta tierra, es el tipo, en sentido bíblico, de Jesús: corre el peligro de morir por las ovejas de su padre, que es lo que hará —pero llegando a la muerte real— ese Jesús que ha recibido del Padre las ovejas (10, 29). Se impone esta relación, dado que David es una figura mesiánica[100]. Pero la distancia entre Jesús y David es también manifiesta. Jesús integra en su existencia entera el enfrentamiento con la muerte y, una vez llegado el momento, deja su vida para tomarla de nuevo, según el poder que posee y la orden que ha recibido del Padre.

Jesús se desprende de su vida «por sus ovejas» (v. 15). La preposición *hypér* significa —como ya en el v. 11 y en los textos eucarísticos[101]— «en favor de», «para provecho de»[102], y no «en lugar de»: no implica la idea de una sustitución[103]. Ciertamente, podría pensarse que, en el contexto, la amenaza que pesa sobre las ovejas hace desplazar la muerte sobre el Pastor, pero eso sería confundir los planos: en la presentación joánica, la amenaza que se cierne sobre las ovejas es de orden simbólico, es su pérdida (cf. v. 9) en sentido opuesto a la vida eterna, mientras que la muerte para Jesús es el desprendimiento de su *psykhḗ,* de su vida en sentido concreto.

La perspectiva de este pasaje está dominada por la actitud del Pastor que «conoce» a sus ovejas. No aparece para nada el tema del perdón de los pecados, como si las ovejas se salvaran de una situación global de obscuridad y de distanciamiento más bien que de un error culpable. Como ya hemos dicho, Jn no conoce más que el pecado de la increencia, y aquí las ovejas representan a los creyentes.

99. En 13, 4.12 Jesús «se quita» y «vuelve a tomar» sus vestidos, texto que remite simbólicamente a nuestro pasaje.

100. Cf. Jer 23, 5; 33, 15; Ez 34, 23s.

101. Cf. nuestra obra *La fracción del pan,* 162-165.

102. Así claramente en Mc 9, 40; Flp 1, 7; 4, 10; 2 Cor 12, 15; Rom 9, 3; Col 1, 24.

103. Este sentido se encuentra solamente en Flm 13 y quizás en 1 Cor 15, 29; 2 Cor 5, 14s.

Jesús, el buen Pastor (10, 11-15)

11 «Yo soy el Pastor, el bueno.
El pastor, el bueno, expone su vida por sus ovejas.
12 El mercenario, el que no es pastor,
cuyas ovejas no son suyas,
ve venir al lobo,
abandona las ovejas y emprende la huida,
y el lobo se apodera de ellas y las dispersa.
13 Es que el mercenario
no se preocupa de las ovejas.
14 Yo soy el Pastor, el bueno,
conozco a las mías
y las mías me conocen,
15 lo mismo que el Padre me conoce
y que yo conozco al Padre.
Y me desprendo de mi vida por mis ovejas».

Jesús se presenta («Yo soy») como *el* Pastor[104], que anunciaban los profetas; pero aquí no recibe el calificativo de «verdadero», como en el caso de la luz, el pan, la vid, sino el de «bueno» (*kalós*), en un sentido no de mansedumbre o de afabilidad (como han popularizado algunas imágenes piadosas), sino en el sentido que tiene este término en el nuevo testamento: *kalós* indica la calidad de una cosa o de una persona que responde plenamente a su función[105].

La expresión «el pastor, el bueno» se recoge en un definición cuyo contenido indicamos más arriba. El mercenario se presenta en contraste; su figura completa el cuadro simbólico de los v. 1-5, pero la descripción es más amplia y se parece a una pequeña parábola. El texto insiste en el hecho de que el mercenario no tiene ninguna relación personal con las ovejas (*ouk tà ídia:* cf. 10,3). En cuanto al lobo, se trata de un elemento normal para describir el peligro mortal al que están expuestas las ovejas. En la Biblia, además de los empleos en

104. Para traducir el griego *poimḗn,* utilizamos la palabra «Pastor», con mayúscula, cuando se refiere a Jesús; si no, para el sentido inespecífico, usamos «pastor» con minúscula.

105. Así «una buena tierra» (Mt 13, 8), un «árbol bueno» que da «buenos frutos» (Mt 7, 17s), el «buen vino» (Jn 2, 10), las «obras buenas» (Jn 10, 32), un «buen administrador» (1 Pe 4, 10), el «buen soldado de Cristo» (2 Tim 2, 3), etc.

sentido propio, el lobo puede designar a las personas que hacen daño[106]; no hay en ello nada que sea específico de Israel. Sin embargo, el profeta soñó con un tiempo ideal en que «el lobo habitará con el cordero» (Is 11, 6; 65, 25); por eso se puede pensar que el lobo representa, no ya a un enemigo humano, sino al adversario del rebaño de Dios[107]. El término «dispersar» (v. 12) es clásico para evocar el pasado doloroso de Israel.

Después de repetir la identificación: «Yo soy el Pastor, el bueno», el texto se abre (como anteriormente, después de la segunda identificación de Jesús con la puerta) a una palabra de revelación, en este caso a propósito del conocimiento que une a Jesús con las ovejas y que es en definitiva amor[108]; este vínculo recíproco se basa, gracias al *kathṓs* joánico[109], en el conocimiento mutuo del Padre y del Hijo. Observemos que se menciona al Padre antes que al Hijo y que igualmente el Hijo precede a los creyentes; a diferencia del éxtasis plotiniano donde el esfuerzo del hombre por elevarse hacia Dios es un paso previo, según la teología joánica lo primero en este caso es la iniciativa divina.

Los v. 14-15 concluyen repitiendo el tema dominante. Tras la afirmación de su conocimiento del Padre, la frase sobre el desprendimiento de su vida por parte de Jesús sugiere que la actitud del Hijo a lo largo de su misión procede de este mismo conocimiento. La primera Carta de Juan indica muy bien que este conocimiento es propiamente el amor:

> En esto conocemos en adelante el amor:
> El, Jesús, se desprendió de su vida por nosotros (1 Jn 3, 16).

En el horizonte del don de sí (10, 16-18)

¿Cuál es el porvenir de ese Cristo que se desprende de su propia vida? En este pasaje final del discurso, este porvenir se ilumina de dos maneras. En el v. 16 Jesús anuncia que reunirá bajo su cayado un rebaño al que pertenecerán también «otras» ovejas, junto con las mencionadas hasta ahora. En los v. 17-19 anuncia que, si muere, es para vivir de nuevo, en virtud del amor que le tiene el Padre.

106. Hab 1, 8 (los caldeos); Ez 22, 27; Sof 3, 3 (los jefes inicuos)... Consecuentemente, se ha querido reconocer al lobo en algún que otro personaje, como Marción, llamado «el lobo del Ponto (Euxino)» (*Hist. Ecl.* V, 13, 4). Cf. Ignacio, *Philad.* 2, 2; *2 Clem.* 5, 2-4; Justino, *Apol.* I, 16, 13; *Dial.* 35, 3; 81, 2.

107. «Los lobos» designaban más especialmente a los falsos profetas (Mt 7, 15) o a los maestros del error (Hech 20, 28s).

108. Cf. J. Corbon-A. Vanhoye, *Conocer,* en VTB, 154-157.

109. Cf. I, 24.

a) *Un solo rebaño, un solo Pastor (10, 16)*

16 «Tengo además otras ovejas
que no proceden de este redil;
a ésas tengo que guiarlas
y oirán mi voz
y habrá un solo rebaño,
un solo Pastor».

Este versículo parece interrumpir el desarrollo sobre el don de sí que había empezado en el v. 11 y que culminará en v. 17-18. Sin embargo, se compagina perfectamente con el contexto, ya que el discurso sobre el buen Pastor no se refiere únicamente al pastor, sino también en todo momento a las ovejas; y este versículo indica el fruto universal de la muerte de Jesús.

Jn coincide por otra parte, a su manera, con el pensamiento de la Carta a los efesios (Ef 2)[110], cuando muestra que Jesús reúne en su comunidad no solamente a las ovejas salidas de Israel, sino también a «otras ovejas», que son igualmente «suyas». Esta conjunción futura fue prefigurada en Samaria cuando Jesús, un judío, reconcilió simbólicamente por la fe en su persona a dos pueblos separados[111]. Pero la relación que se impone para iluminar el v. 16 es el comentario por parte del evangelista a la sentencia de Caifás:

> Profetizó que Jesús tenía que morir por la nación y no solamente por la nación, sino también para congregar en la unidad a los hijos de Dios dispersos (11, 51s).

Como sabe el lector desde el prólogo, los «hijos de Dios» (*tékna toû theoû*) son todos aquellos que por todos los rincones del mundo acogen la luz divina[112]. En nuestro discurso, estos hijos de Dios son «las otras ovejas» que Jesús afirma que son suyas; son de su propiedad, lo mismo que las que escuchaban su voz en el cuadro

110. «Quiso de este modo crear en sí mismo, de los dos (el judío y el pagano), un solo hombre nuevo, haciendo la paz, y reconciliar con Dios a ambos en un solo cuerpo, por medio de la cruz, dando en sí mismo muerte a la enemistad» (Ef 2, 15-16).

111. Cf. I, 271-273; 314-315.

112. 1, 12-13; cf. 1 Jn 3, 1.2.10; 5, 2.

simbólico. Efectivamente, dice: «*Tengo* otras ovejas». Pero éstas no proceden del mismo redil, a saber, del ambiente judío. Por eso no tienen que salir del redil, ni ser empujadas hacia fuera (cf. 10, 3-4). No se indica su procedencia, ya que vienen de todos los lugares en donde, según 11, 52, están dispersas. La perspectiva del pastor es universal; es el mundo y no solamente Israel lo que Dios ha dado a su Hijo único[113].

Así pues, Jesús tiene que (*deî*) conducir esas otras ovejas, para que, como hicieron las primeras, también éstas oigan su voz. Si el verbo está en futuro, es porque esta voz no podrá llegar hasta ellas más que en un momento posterior al que Jesús habla.

De las primeras ovejas y de las otras, el pastor único formará un solo rebaño. El contexto muestra que esta reunión en la unidad es el fruto de la muerte de Jesús: la mención de esta muerte encuadra el v. 16. Semejante fruto aparecerá en un futuro indeterminado: «Habrá (o ellas se convertirán en)[114] un solo rebaño», lo cual sugiere el significado escatológico que tiene el anuncio de Jesús. Más inmediatamente, esto implica un progreso en el tiempo: el rebaño no dejará de crecer hasta el día en que ya no haya noche (Ap 22, 5); entonces, «el que está en medio del trono las apacentará y las conducirá a las fuentes de la vida» (Ap 7, 17).

Vale la pena señalar que Jesús no dice que habrá «un solo *redil*», sin duda para eludir las representaciones espaciales y mantenerse en la perspectiva de la libertad que caracteriza a las relaciones personales[115]. La palabra «redil», por otra parte, habría sido impropia en este lugar, porque un redil puede dar cobijo a varios rebaños diferentes, mientras que en el cuadro simbólico el rebaño es sólo uno. La imagen de «un solo redil» que procede de la traducción de la Vulgata, ha dado pábulo a una polémica entre protestantes y católicos, como si el lugar de la reunión definitiva fuese la institución romana. En cuanto al pastor único, es sin duda Jesucristo, el Hijo de Dios[116], que cumple de este modo la profecía de Ezequiel sobre el Mesías:

> Mi siervo David será rey sobre ellos; habrá para todos ellos un solo pastor (Ez 37, 24; cf. 34, 23).

En resumen, Jn presenta aquí a la comunidad ideal de Jesús. ¡Hay motivos para soñar!

113. 3, 16; cf. Jer 23, 3; 31, 8.

114. El griego *genēsontai* puede ser traducido de varias maneras.

115. Como sugieren las descripciones de la salvación en 10, 9 (cf. *supra*, 288s).

116. Y no san Pedro ni sus sucesores.

b) *En el secreto del don de sí (10, 17-18)*

17 He aquí[117] por qué el Padre me ama:
porque yo pongo mi propia vida
para recogerla de nuevo.
18 Nadie me la quita,
sino que la pongo yo mismo.
Tengo el poder de ponerla
y tengo el poder de recogerla;
tal es el mandato que he recibido de mi Padre».

El horizonte inmediato de la muerte del Pastor acaba imponiéndose en el texto. No ya bajo el aspecto de su finalidad para provecho de las ovejas presentes y venideras[118], ni bajo el de su necesidad, como en la palabra de Nicodemo: «Es preciso que el Hijo del hombre sea elevado» (3, 14). El *deî* («es preciso»), tradicional en los sinópticos para decir que el Hijo del hombre tiene que morir y resucitar, ha dejado huella en 10, 16, donde el Pastor «tiene que» conducir igualmente a las otras ovejas. Sin embargo, aparece traspuesto en la declaración final: «Tal es el mandato que he recibido de mi Padre». Se observa que la mención del Padre, vuelto hacia Jesús, cierra el pasaje, ya que el v. 17 comienza indicando: «El Padre me ama». Entre estas dos palabras, el desprendimiento que hace Jesús de su propia vida queda iluminado desde dentro, como un acto de libertad basado en el poder soberano que ha recibido el Hijo.

«Nadie me quita la vida...», dice Jesús. Inserta en el gran contexto del proceso, puntuado por los intentos de agresión contra él, esta declaración se compagina con el tema de la hora no determinada por los hombres; hace depender la muerte de la voluntad solamente de Jesús, e implícitamente de su amor a las ovejas, en armonía con el anuncio anterior sobre el «buen» Pastor (10, 11); implica al mismo tiempo que el revelador no es de este mundo. De hecho, en cada ocasión el recuerdo de la vida es la otra cara del desprendimiento (v. 17-18).

117. Traducimos *dià toûto* por «he aquí» y no por «he allí», ya que la expresión griega puede referirse a la proposición que sigue: cf. 3, 25; 14, 31; 15, 9; 17, 23.24.26.

118. Jesús ha venido a comunicar la vida sobreabundantemente (10, 10) y lo hace pasando a través de la muerte, lo mismo que el grano de trigo (12, 24.32).

Si el Padre «ama» a Jesús, no es solamente por causa de su entrega en favor de las ovejas, sino porque a través de esa entrega se realizará en plenitud el poder de vida que el Hijo posee en sí mismo (5, 26), por haberlo recibido del Padre. Por otra parte, se puede encontrar en el v. 17 un eco de los cantos del Siervo: el que ha ofrecido su vida por el pueblo de Dios «prolongará sus días», y Yahvé lo glorificará porque «se entregó él mismo a la muerte» (Is 53, 10.12).

No obstante, es la más alta cristología joánica la que aquí se afirma: lo mismo que a propósito del templo de su cuerpo en la palabra metafórica «lo reconstruiré en tres días», Jesús se resucita a sí mismo, mientras que según las tradiciones paulina y sinóptica es resucitado por Dios[119].

El contraste entre la dependencia absoluta del Hijo respecto al Padre, expresada aquí en el mandamiento que ha recibido de él, y su libertad perfecta tiene ciertamente el aspecto de una paradoja, pero tan sólo en la superficie, ya que según la teología joánica se da una unidad de acción perfecta entre el Padre y el Hijo; es lo que Jesús proclamará muy pronto: «somos uno» (10, 30).

EPÍLOGO (10, 19-21)

19 De nuevo hubo una división entre los judíos por causa de estas palabras. 20 Muchos de ellos decían: «¡Tiene un demonio! ¡Está loco! ¿Por qué lo oís?». 21 Otros decían: «No son ésas las palabras de un endemoniado, ¿es que un demonio puede abrir los ojos de los ciegos?».

El evangelista hace una pausa para vincular expresamente el discurso sobre el buen Pastor con la curación del ciego de nacimiento. Mientras que Jesús desea reunir a las ovejas del rebaño, produce ahora el efecto contrario: una división (*skhísma*). No ha llegado todavía la hora de atraer a todos los hombres hacia sí. Por consiguiente, el lector se queda en suspenso, con los judíos que corresponden aquí, más bien que a los fariseos, a los oyentes mencionados en 7, 11s.31.35.40-43: no llegan a decidirse. Quizás Jn haga alusión a sus contemporáneos judíos que no pueden menos de tomar una decisión.

119. Rom 10, 9; 1 Tes 1, 10. Cf. nuestra obra *Resurrección de Jesús y mensaje pascual,* Salamanca 1973, 44.51-52.

EL BUEN PASTOR

Ezequiel 34	*Juan 10*
7 Por eso, pastores (*poiménes*), escuchad la palabra del Señor.	
3 ...Degolláis a las más gordas y no apacentáis a mis ovejas.	10 El ladrón viene sólo a robar, a sacrificar,
4 No habéis robustecido a los animales débiles; a la que estaba perdida (*apolōlós*) no la habéis buscado.	...y a hacer perecer (*kaì apolései*).
5 y mis ovejas se han dispersado (*diaspárei*) porque no había pastor, y se han convertido en alimento de todas las bestias salvajes del campo,	12 y el lobo las dispersa (*skorpízei*).
22, 27 Sus jefes, como lobos (*lýkoi*) que se llevan (*harpázontes*) su presa hasta derramar la sangre. 11 Por eso, así habla el Señor: Yo buscaré a mis ovejas y me cuidaré de ellas (*episképsomai*).	12 Ve venir al lobo (*lýkon*)... y el lobo se apodera (*harpázei*). 10 ...viene a sacrificar (*thýsei*).
13 y las haré salir (*exáxō*) fuera de los pueblos y las reuniré (*synáxō*) de los campos y las conduciré (*eisáxōafo*) a su tierra...	3 y las hace salir (*exágei*) a las otras ovejas... 16 Tengo que guiarlas (*agágein*).
14 y en un buen pasto (*nomḗ*) las apacentaré	9 y encontrarán un buen pasto (*nomḗ*)
15 y ellas sabrán (*gnṓsontai*) que yo soy el Señor	14 las mías me conocen (*ginṓskousin*).
17 Voy a juzgar (*diakrinô*) (cf. 34, 17).	9, 39 Es para una discriminación (*kríma*) por lo que he venido a este mundo.
22 y salvaré (*sṓsō*) a mis ovejas,	29 Si alguno entra por mí se salvará (*sothḗsetai*).
23 y suscitaré sobre ellas a un pastor único (*poiména héna*), a mi siervo David, que se hará su pastor.	16 Y serán un rebaño único (*mía poímnē*), un solo pastor (*heîs poimḗn*).
27 y se establecerán en su tierra en la esperanza de la paz, y sabrán (*gnṓsontai*) que soy el Señor, 28 y las bestias salvajes de la tierra no las devorarán.	28 no perecerán jamás. 29 nadie las arrancará de mi mano.
31 Vosotros sois mis ovejas, las ovejas de mi rebaño; y yo, el Señor vuestro Dios, dice el Señor.	14 las ovejas, las mías.

¿Cuál es el motivo de que las palabras de Jesús pudieran dividir a los judíos? Es lo que nos muestra una comparación del discurso con la profecía de Ezequiel.

Los contactos son evidentes, hasta tal punto que el capítulo de Ezequiel ofrece una especie de pauta de lectura del discurso que señala a Jesús como el Pastor prometido. Sin embargo, la originalidad de Jn resalta más aún en esta ocasión. El discurso está impregnado de los temas que dominan en el cuarto evangelio: la fe, la vida eterna, el conocimiento, la unión de Jesús con el Padre y de los discípulos con el Hijo. Aunque no aparece la palabra *creer,* lo que caracteriza a las ovejas es la adhesión al Pastor, desde el momento en que oyen su voz hasta que llegan al conocimiento mutuo que refleja el conocimiento que une al Padre con Jesús. Se promete la *vida,* sobreabundante, y se comunica a todas la ovejas fieles al Pastor. Finalmente, mediante la vida sacrificada es como culmina el amor del pastor a las ovejas y su fidelidad al Padre del que todo procede. Así pues, en la palabra de Jesús hay mucho más que en una simple repetición del texto de Ezequiel para designar al Mesías. Jesús habla el lenguaje de Israel, pero su novedad desborda todo lo dicho.

La identificación de Jesús con el Pastor anunciado por el profeta no pudo escapárseles a los oyentes. Precisamente por eso unos se ponen a llamarlo loco, mientras que otros recuerdan su poder de curar a los ciegos. De esta manera va a proseguir el diálogo con los judíos, centrándose una vez más en la identidad de aquel hombre que les habla: ¿será o no será él el Mesías que esperaban? ¿será acaso el Hijo de Dios?

APERTURA

«Yo me desprendo de mi propia vida por vosotros». Se trata de una palabra desgarradora, que echa por tierra todas mis defensas secretas. Los tres primeros evangelios me habían enseñado cómo se comportaba Jesús frente a la muerte. A sus ojos, la muerte que él ve acercarse no es un «medio» de salvación para la humanidad; la muerte es un mal, y un mal no puede ser nunca un medio para el bien. Al contrario, al existir en un mundo de pecado, Jesús quiere permanecer fiel a su misión de amor hasta el extremo. La muerte no le da miedo, puesto que Dios es el señor de la muerte, capaz de restituir la vida en plenitud. Si se enfrenta serenamente con la muerte, a pesar de temerla, es debido a su fidelidad con Dios, su Padre, y con los hombres, sus hermanos. Sí, Jesús es un «ser para»; ése es el sentido de su existencia: «Si alguien quiere seguirme, que se niegue a sí

mismo»: la vida cristiana es un desafío a la muerte a fin de permanecer fiel sin fallo alguno, amando a los hermanos.

Según el cuarto evangelio, ocurre lo mismo. Pero Jesús se aventura aún más profundamente en el misterio de la vida a través de la muerte. La muerte no es únicamente el término de una existencia; a los ojos de Jn, está ya en el corazón de la vida misma. Jesús no se enfrenta con la muerte como con una terrible extranjera, aunque se sienta vencedor de su poder maléfico. La muerte se convierte en la compañera de la vida. Entonces la vida se convierte en lo que es en realidad, no ya una caricatura de vida divina poseída ilusoriamente, sino la misma vida divina que surge a través de la muerte. Mi «propia vida» (mi psykhḗ) *no me pertenece, sino que es una irradiación de la* zōḗ *de Dios. Por eso Jesús no se aferra a su existencia, a su propia vida, no se agarra a ella como a una cosa poseída, sino que se desprende de ella sin cesar. La muerte no está simplemente delante de él, sino dentro, como algo familiar.*

«Un solo rebaño, un solo Pastor». Desde los orígenes el misterio de eso que llamamos Iglesia polarizó el pensamiento cristiano, que intentó expresarlo de diversas formas. Para san Pablo, la Iglesia constituye un cuerpo misteriosamente animado por el Espíritu (cf. 1 Cor 12); para Mateo, es como un edificio en el que uno entra, cuyas llaves se han puesto en manos de Pedro (Mt 16, 18s). Para Jn, quizás pensando en una crítica de esas representaciones y seguramente haciéndose eco del lenguaje tradicional para designar al pueblo de Israel, la Iglesia es un rebaño de ovejas reunidas en torno al buen Pastor.

Se manifiestan dos características. El vínculo con Jesús se subraya mejor aún por el hecho de que la imagen no sugiere ninguna institución establecida y de que el Espíritu, que hace vivir a la Iglesia, no se menciona en ninguna parte. No hay Iglesia sin una relación personal y continuamente renovada con Jesucristo, y por medio de él con el mismo Dios. La fe es el único principio de organización de la Iglesia. Es verdad que no se niega la institución, pero ésta no puede ser más que la vida de todos en común con Cristo, como mostrará claramente la alegoría de la viña y del viñador (Jn 15).

Aparece además otro aspecto: la libertad del creyente en el seno del rebaño. No se trata de entrar o de salir en algún edificio, sino de la libertad de ir y de venir bajo el cayado del único pastor. Este vínculo, dúctil en comparación con otros modos más constrictivos, es mucho más firme que ellos: es también el único que determina la fidelidad; es verdad que todavía queda lugar para los sacramentos, pero éstos no adquieren su verdadera significación más que cuando son la expresión de este vínculo fundamental.

Esta presentación de la Iglesia sigue directamente la línea de la teología de la alianza fundadora de Israel. El pueblo no empieza a ser pueblo más que a partir de esta alianza que Dios contrae con él; entonces es cuando expresa la presencia de Dios en la tierra. Del mismo modo la Iglesia, ese único rebaño, está encargada de expresar a Jesucristo y, a través de él, a Dios Padre que es la fuente de todo.

LA ULTIMA CONFRONTACION

(10, 22-42)

22 Pues bien, fue la Dedicación en Jerusalén. Era invierno.
23 Jesús iba y venía al templo, bajo el pórtico de Salomón.
24 Entonces los judíos hicieron corro a su alrededor y le decían:
«¿Hasta cuándo vas a tenernos el alma en suspenso? Si tú eres el
Cristo, ¡dínoslo abiertamente!». 25 Jesús les respondió:

«Os lo he dicho, pero no creéis.
Las obras que yo hago en nombre de mi Padre,
son ellas las que atestiguan sobre mí.
26 Pero vosotros no creéis
porque no sois de las ovejas mías.
27 Las ovejas mías oyen mi voz,
y yo las conozco
y ellas vienen tras de mí
28 y yo les doy la vida eterna y no perecerán jamás;
nadie las arrancará de mi mano.
29 El Padre, para lo que me ha dado, es mayor que todos,
y nadie puede arrancar (nada) de la mano del Padre.
30 Yo y el Padre somos una sola cosa».

31 De nuevo los judíos trajeron piedras para lapidarlo.

32 Jesús les respondió:
«Yo os he mostrado muchas buenas obras que vienen de mi Padre;
¿por cuál de esas obras queréis lapidarme?».

33 Los judíos le respondieron: «No es por ninguna obra buena
por lo que queremos lapidarte, sino por blasfemo: porque tú, siendo
un hombre, te haces Dios».

34 Jesús les respondió: «¿No está escrito en vuestra ley: 'Yo
he dicho: sois dioses'?

35 **Si ella llamó dioses a los que fue (dirigida) la palabra de Dios,**
—y la Escritura no puede rechazarse—,
36 **¡al que el Padre ha santificado y enviado al mundo,**
(le) decís: 'Blasfemas', porque he dicho:
'Yo soy Hijo de Dios'!
37 **Si no hago las obras de mi Padre, no me creáis.**
38 **Pero si las hago, aunque no me creáis,**
creed en las obras,
para que aprendáis y reconozcáis
que el Padre está en mí y yo en el Padre».
39 **Intentaban de nuevo cogerlo, pero él se escapó de sus manos.**

40 **Y se fue de nuevo al otro lado del Jordán, al sitio en que Juan estaba primero bautizando. Y permaneció allí.** 41 **Y muchos vinieron a él. Y decían: «Juan no hizo ningún signo, pero todo lo que dijo de éste era verdadero».** 42 **Y muchos se pusieron a creer en él.**

La conversación que Jn sitúa en la fiesta de la Dedicación se presenta como un nuevo episodio del ministerio de Jesús en Jerusalén; sin embargo, el evangelista sintetiza y concluye en este texto lo que había hecho ver en los encuentros anteriores entre Jesús y los «judíos», desde el capítulo 5 e incluso antes. Esta conversación es la última[1], ya que después de la reanimación de Lázaro el sumo sacerdote pronunciará su sentencia a puerta cerrada (11, 50). En la trama del cuarto evangelio equivale, por tanto, a la comparecencia ante el sanedrín, en donde se estableció claramente el motivo de la condena.

Pues bien, este motivo abarca el contenido esencial de la fe, que Jn propuso a los lectores: Jesús es el Hijo de Dios. Por eso, aunque acabe el proceso que se desarrolló en los capítulos anteriores, esta conversación no tiene como objeto la suerte de Jesús de Nazaret, sino la validez de esa fe.

Bajo la mirada contemplativa del evangelista, Jesús sigue estando sano y salvo. No solamente se abandona toda preocupación por la verosimilitud cuando sigue disertando aquel a quien se disponen a lapidar, sino que se perfila por entero el itinerario del Hijo a través de las indicaciones de lugar y de los verbos de movimiento. Al principio, Jesús está en el templo, que es la «casa de su Padre»; allí circula con libertad, como en su propia casa, por así decirlo. Luego se ve

1. En el capítulo 12 Jesús hablará a los discípulos y a la gente (cf. 12, 34), no a los «judíos».

cercado, y por tanto inmovilizado, por aquellos a los que dirige su palabra y que se han convertido en sus adversarios. Pero cuando intentan apoderarse de él, Jesús se escapará de sus manos —¡nadie puede arrancarlo de las manos del Padre!—. Se va entonces «al otro lado» de los límites de Israel, a aquel sitio adonde, sin proceder de ningún sitio anteriormente, se había presentado a Juan (1, 29). Se rizó el rizo: simbólicamente, su misión se ha acabado. En ese otro sitio se queda durante una duración sin precisar, y es entonces cuando la gente acude a él en gran número, reconociendo como verdadero el testimonio del precursor que había dicho: «Este es el Hijo de Dios» (1, 34).

De la casa del Padre al «otro lado del Jordán», que está más allá de la tierra santa, pasando por la prueba y atrayendo hacia sí, después de eso, a la multitud de creyentes: ¿no está aquí reflejada como en filigrana la trayectoria del Hijo?

Si la pasión se ha superado ya prolépticamente en este texto, se vislumbra, pero como un drama interior, a través de la intensidad de la invitación a creer en él que Jesús sigue dirigiendo a los judíos para que descubran su unidad con el Padre.

Refiriéndose al contenido de la fe, el texto va poniendo sucesivamente de relieve los títulos de Jesús de Nazaret: Mesías e Hijo de Dios. El primero es objeto de una intimación: «Si tú eres el Cristo, ¡dínoslo abiertamente!»; el segundo aparece en labios de Jesús, en una réplica contra el reproche de blasfemia; se justifica por medio de la Escritura y por el testimonio de las obras. Desde el punto de vista del evangelista, el título de Mesías se da por adquirido, ya que, a la pregunta que se le plantea, Jesús responde simplemente: «Os lo he dicho»; a partir de allí, todo apunta hacia el título de Hijo de Dios.

Esta progresión corresponde a la del relato lucano que nos remite a la comparecencia ante el sanedrín. En Lucas se lee: «Si tú eres el Cristo, ¡dínoslo!» (22, 67); Jn añade «abiertamente» (10, 24). En Lucas «Les respondió: Si os lo digo, no creeréis» (22, 67); en Jn: «Os lo he dicho, pero no creéis» (10, 25). Según Lucas, Jesús anuncia que el Hijo del hombre se sentará a la derecha del poder de Dios (22, 69); esto se convierte en Jn en: «Yo y el Padre somos una sola cosa» (10, 30). En Lucas, a la pregunta: «¿Eres entonces el Hijo de Dios?», Jesús responde: «Vosotros decís que lo soy», y los jueces exclaman: «¡Lo hemos oído de su boca!» (22, 70s). En Jn, los judíos dicen: «Siendo hombre, te haces Dios», y Jesús replica: «Decís que blasfemo porque he dicho que soy Hijo de Dios» (10, 36).

Si el texto quiere presentar el interrogatorio último ante el tribunal judío, la perspectiva global queda modificada por la insistencia en la fe. A la constatación repetida de la increencia se oponen los motivos de creer en la filiación divina de Jesús. Para ello se recogen algunos temas anteriores. El primero es el testimonio de las obras que ha realizado Jesús en nombre de Padre (cf. 5, 36); atraviesa todo el texto. La constelación de los términos Mesías, Hijo de Dios, obras, creer, volverá a encontrarse en la conclusión del evangelio[2]. El segundo tema, recogido igualmente del capítulo 5, es el de la Escritura de Israel que orienta hacia el misterio del Hijo (5, 39ss). En cuanto a la revelación, repetida frecuentemente hasta ahora, del vínculo de Jesús con Dios, culmina en la palabra: «Yo y el Padre somos una sola cosa» (10, 30) y en la afirmación de la inmanencia mutua con la que acaba la llamada de Jesús (10, 38). Además, al fracaso manifiesto de la predicación se opone la existencia de unos discípulos dados a Jesús por el Padre y el anuncio de su seguridad escatológica.

Como contrapunto, por parte de los interlocutores, se endurece el reproche formulado en 5, 18: Jesús «se hace Dios», y la acusación de blasfemia explicita su gravedad. Se reitera el intento de lapidación (10, 31), así como el intento, igualmente inútil, de apoderarse de Jesús[3]. El episodio no termina con esto, sino con el cuadro de los v. 40-42.

22 **Pues bien, fue la Dedicación en Jerusalén. Era invierno.**
23 **Jesús iba y venía al templo, bajo el pórtico de Salomón.**

La escena tiene lugar en el templo, durante la fiesta de la Dedicación. En ésta se conmemoraba la nueva consagración, en diciembre del año 164 a. C., del altar del santuario que había sido profanado tres años antes por Antioco Epífanes[4]. De ahí su nombre hebreo *hanukka* («consagración»), en griego *egkaínia* («renovación»). Su liturgia, que se prolonga durante ocho días[5], se parecía a la de la fiesta de las Tiendas, ya que durante esta última solemnidad había tenido lugar la dedicación del primer templo por Salomón[6]. Esta vinculación litúrgica podría justificar la proximidad narrativa, en el cuarto evangelio, de las dos fiestas, a pesar de su separación de tres meses. Sin

2. «Estos signos se han escrito para que creáis que Jesús, el Cristo, es el Hijo de Dios» (los milagros son llamados signos y no obras, porque es Jn el que habla y no Jesús).
3. 10, 39; cf. 7, 30.32.44; 8, 59.
4. 1 Mac 1, 54.59; 4, 36-39; cf. Núm 7.
5. En 1990, la fiesta se celebró del 12 al 19 de diciembre.
6. 1 Re 8, 62-68. Por eso se le llamaba también «la fiesta de las Tiendas de Kisleu» o, según F. Josefo *(Ant. Jud.* XII, 7, 7; XII, 3, 25), *tà phõta:* «las luces».

embargo, según el estilo, propio de Jn, la elección de la Dedicación, mencionada solamente aquí en todo el nuevo testamento, proviene quizás de un recuerdo histórico, pero se debe sin duda a una conveniencia simbólica con el propósito del texto[7].

El pórtico de Salomón, al lado este del templo[8], era una de las galerías al aire libre, delimitada por columnatas, que rodeaban la gran explanada y que estaba guarnecida contra el viento por una muralla. Era un lugar frecuentado por la gente que se reunía allí para escuchar la enseñanza de la ley[9]. Si Jn indica que era invierno, quizás no sea solamente por recordar la época de la fiesta y el clima riguroso (cf. Esd 10, 9); según san Agustín, se trataba de sugerir que el final de la revelación se iba acercando, junto con el frío, respecto al Enviado de Dios[10]. Jesús no está allí para enseñar. «Iba y venía». Se pasea *(poreúetai),* como lo hacía libremente por Galilea (7, 1). Está en la casa de su Padre.

24 Entonces los judíos hicieron corro a su alrededor y le decían: «¿Hasta cuándo vas a tenernos el alma en suspenso? Si tú eres el Cristo, ¡dínoslo abiertamente!».
25 Jesús les respondió:
«Os lo he dicho, pero no creéis.
Las obras que yo hago en nombre de mi Padre,
son ellas las que atestiguan sobre mí.
26 Pero vosotros no creéis
porque no sois de las ovejas mías.
27 Las ovejas mías oyen mi voz,
y yo las conozco
y ellas vienen tras de mí;
28 y yo les doy la vida eterna y no perecerán jamás;
nadie las arrancará de mi mano.
29 El Padre, para lo que me ha dado, es mayor que todos,
y nadie puede arrancar (nada) de la mano del Padre».
30 De nuevo los judíos trajeron piedras para lapidarlo.

7. Cf. *infra,* 316.
8. Cf. F. Josefo, *Bel. Jud.* V, 5, 1; *Ant. Jud.* XV, 11, 3; XX, 20, 7.
9. Cf. Hech 3, 11; 5, 12.
10. «Era invierno y estaban helados; no hacían ningún esfuerzo por acercarse a este fuego divino» (san Agustín, *In Jo.* 44, 3).

El cuadro que traza el v. 24 es impresionante: no se trata de los jueces citando a Jesús ante el tribunal, sino de los enemigos que hacen corro *(ekýklōsan)* a su alrededor, acosándolo, como hacían los hombres violentos contra el justo (Sal 22, 17, mesiánico) o como lo cercaban los paganos (Sal 118, 10s). Para introducir su intimación, protestan con vehemencia: «¿Hasta cuándo vas a tenernos el alma en suspenso?», como si estuvieran deseosos de saber. Lo cierto es que esta pregunta no es inocente: los asaltantes hacen presión sobre Jesús para provocarlo a que diga una palabra que sirva de excusa a la condenación oficial[11].

Aflora la ironía joánica si traducimos literalmente el griego: «¿Hasta cuándo nos quitarás *(aírein)* la vida?». El verbo «quitar» se encuentra también en 11, 48: «...¡los romanos nos quitarán nuestro lugar santo y nuestra nación!». Según el evangelista, los dirigentes del pueblo dicen ya que Jesús es un peligro para Israel. Podría incluso verse aquí invertida la palabra de Jesús: «Nadie me quita la vida» (10, 18).

La expresión «abiertamente»[12] se refiere precisamente al título de mesías que, de hecho, no ha sido pronunciado nunca ante los judíos. En el siglo I este título era ambiguo en Palestina, habiendo derivado bajo la ocupación romana hacia un sentido temporal y nacional. Jesús no es el mesías así entendido; sin embargo, en un sentido mucho más profundo, sí que es el mesías de la promesa. De ahí las respuestas dilatorias que refieren Mateo y Lucas[13] y que son probablemente auténticas. Tampoco en Jn puede Jesús responder a los judíos como lo había hecho a la samaritana, para la que el mesías era el revelador: «Yo lo soy, el que hablo contigo» (4, 25s).

Si no se somete a la intimación que le hacen, Jesús confirma sin embargo implícitamente su mesianidad, remitiendo a los interlocutores a lo que ya les había dicho. No solamente en el discurso sobre el buen Pastor, en el que se había identificado con el Pastor esperado, como el Mesías davídico según Ezequiel, sino desde el principio, desde el anuncio del templo futuro o de la actividad incesante del Hijo que vivifica a los muertos hasta la revelación de su preexistencia junto al Padre. Incluso cuando mostraba realizados en su persona los anuncios relativos al Mesías[14], Jesús orientaba claramente hacia una realidad más alta todavía. Le declarará a Pilato: «He hablado abiertamente (*parresíai)* al mundo» (18, 20). Pero su palabra fue rechazada excepto

11. Cf. Mt 26, 63 = Mc 14, 61 = Lc 22, 67.

12. El término *parrēsía* se utiliza aquí como en 7, 13.26, pero no en oposición a «en secreto» (7, 4) o «en un discurso enigmático» (10, 6).

13. Mt 26, 64; Lc 22, 67. Solamente Mc 14, 62 interpreta en sentido teológico la respuesta de Jesús, haciéndole decir: «Yo soy el Mesías».

14. 2, 19; 8, 12...; 10, 11.14-16.

por parte de algunos y solamente con algún que otro destello. Por eso Jesús constata: «Os lo he dicho, pero no creéis»; pone de manifiesto el rechazo que implicaba aquella intimación, y luego evoca sus obras para constatar de nuevo: «No creéis».

Las obras de Jesús —el enfermo que camina, el ciego de nacimiento que ve, muy pronto Lázaro sacado del sepulcro— han dado cuerpo a su palabra y han significado en las realidades visibles la vida prometida a los creyentes. Pero el legalismo que defiende la observancia del sábado ha impedido a los testigos reconocer la novedad de la actuación escatológica de Dios presente en la actuación humana de Jesús.

La llamada al testimonio de las obras para la fe en el Hijo de Dios es una dominante de esta página. Cada una de las cuatro menciones[15] pone de relieve la referencia al Padre. Esta constatación literaria debilita la opinión de muchos críticos, en particular de los partidarios de una «fuente de signos», que no consideran como fe auténtica más que la adhesión a la palabra del revelador. La dualidad palabras-obras no basta para dar cuenta de la presentación simbólica del cuarto evangelio, donde las obras forman parte integrante de la revelación por Jesús. Al ser las obras del Padre, manifiestan la condición filial de aquel que las realiza (cf. 5, 36); según 10, 38, bastarían ellas solas para discernirlo.

Como un eco del discurso sobre el buen Pastor, Jesús constata que sus interlocutores incrédulos no son de «sus» ovejas: éstas oyen su voz y lo siguen (cf. 10, 3s). Esta definición positiva justifica la negación precedente, lográndose la vinculación de las dos frases (10, 26-27) mediante la repetición de «mis ovejas». A partir de esta constatación, Jesús anuncia lo que tiene reservado a sus ovejas, a los discípulos. Sin embargo, en el v. 29 indica que estas ovejas se las «ha dado el Padre» (cf. 6, 37.39), lo cual le recuerda al lector la atracción divina en la que se fundamenta toda adhesión a Jesús (cf. 6, 44.45). Según esta perspectiva, al decir «*porque* no sois de las ovejas mías», ¿explicaría Jesús la increencia por una no-elección de Dios?

Juan no autoriza esta lectura. Es verdad que para él, como para todos los escritores bíblicos, la iniciativa divina de la revelación precede a la adhesión del hombre al misterio que se le ha revelado. Pero la revelación hecha a Israel concierne de antemano a todo el pueblo, excluyendo toda discriminación de personas por parte de

15. 10, 25.32.37.38.

Dios. La situación en nuestro texto es formalmente la misma que en el antiguo testamento, donde Yahvé propuso la ley de vida a todo Israel, pero no fue puesta fielmente en práctica. Allí Yahvé renovaba el perdón y la invitación *in crescendo,* por así decirlo. Aquí Jesús sigue hablando a esas que «no son mis ovejas», hasta hacerles escuchar su palabra más alta: «El Padre está en mí y yo en el Padre».

Si la revelación del Hijo es, como la de la alianza, una palabra dirigida por Dios a todo Israel, sólo ella es la que lleva la obra del Padre a su culminación (cf. 4, 34). Sobre un fondo de conflicto —la resistencia secular de Israel a las proposiciones de Dios queda condensada por Juan en el rechazo de los dirigentes contra Jesús—, destaca un grito de gozo: a sus ovejas el Hijo les da ya desde ahora la vida eterna y nadie se las arrancará de la mano. Les queda asegurada a los discípulos la seguridad escatológica en virtud del vínculo que los une al Pastor. En el horizonte de este anuncio se pueden vislumbrar las pruebas que habrán de conocer los discípulos en su seguimiento de Jesús[16].

La mano es muchas veces en la Biblia una metáfora del poder protector de Dios[17]. La frase se prolonga con «nadie puede arrancar (nada) de la mano del Padre». Aquí el verbo «arrancar» no tiene complemento directo, como si se tratara de incluir en la seguridad que depende del Padre no sólo a las ovejas, sino al mismo Hijo, cercado ahora y amenazado de muerte. Por otra parte, se acaba así la presentación simbólica de lo que es la Iglesia a los ojos de Jn: en el fundamento de su seguridad no se encuentra Pedro, ni tampoco Cristo solamente, sino el Padre, indisociable de su Hijo.

En estos versículos Jesús enlaza simplemente con un «y» dos afirmaciones estrictamente paralelas sobre sí mismo y sobre el Padre, como lo había hecho en 5, 17[18] a propósito del sábado: «Mi Padre trabaja siempre y yo también trabajo». El mismo poder o actividad se predica sucesivamente del Hijo y del Padre. De ahí la proclamación que cierra este pasaje: «Yo y el Padre somos una sola cosa» *(Egō kaì ho Patḕr hén esmen).* Al utilizar el neutro *hén* y no el masculino *heís*, Jesús señala la unidad en la acción, de forma que se podría traducir: «Yo y el Padre no hacemos más que uno». Al declarar esto, Jesús deja ciertamente vislumbrar una unión más profunda; el lector se acuerda del prólogo, en donde el evangelista intentó decirle en qué sentido

16. 15, 18-21; 16, 32s.

17. Por ejemplo, Dt 33, 3; Is 43, 13; 49, 2; Sal 31, 6; 95, 4; Sab 3, 1; Dan 5, 23.

18. Cf. también 8, 18, a propósito de «atestiguar».

el Logos es Dios (1, 1s). La tradición posterior leerá legítimamente en este texto la unidad de esencia divina del Padre y del Hijo, justificando su interpretación por medio de una variante del v. 29, recogida en la Vulgata: «*lo que* el Padre me ha dado es mayor que todo», a saber, la naturaleza divina[19]. Al leer el v. 30, conviene no perder de vista que Jn mantiene siempre la distinción de las personas: por muy íntima e indisociable que sea la unión del Padre y del Hijo (o también la del Hijo con los creyentes), no se trata de una fusión, sino de una comunión. Es la comunión perfecta del Hijo con el Padre en lo que se refiere a la salvación de las ovejas lo que fundamenta la seguridad definitiva de las mismas.

Después de 5, 17, los oyentes, habiendo percibido las implicaciones de este lenguaje «paralelo» sin lograr no obstante comprenderlo, habían acusado a Jesús de igualarse a Dios[20] y habían decidido que merecía la muerte. Aquí también toman piedras para lapidar al blasfemo.

El narrador no tiene miedo de la inverosimilitud. He aquí que Jesús, en vez de librarse de sus agresores dejando el templo (cf. 8, 59), prosigue tranquilamente la conversación. Recogiendo el tema de las obras que esbozó en el v. 25, pide a los judíos que le digan el porqué de su gesto homicida; les toca a ellos precisar lo que no le han declarado abiertamente todavía[21].

32 Jesús les respondió:
«Yo os he mostrado muchas buenas obras que vienen de mi Padre; ¿por cuál de esas obras queréis lapidarme?».
33 Los judíos le respondieron:
«No es por ninguna obra buena por lo que queremos lapidarte, sino por blasfemo: porque tú, siendo un hombre, te haces Dios».
34 Jesús les respondió:
«¿No está escrito en vuestra ley: 'Yo he dicho: Sois dioses'?
35 Si ella llamó dioses a los que fue (dirigida) la palabra de Dios —y la Escritura no puede rechazarse—,

19. Cf. T. E. Pollard, NTS 3 (1956-1957) 334-349. La tradición manuscrita es diversa. Con J. N. Birdsall (JTS 11 [1960] 342-344) y con R. Schnackenburg, II, 382, adoptamos la lectura que propone el Sinaítico: *ho patḗr mou hò dédōkén moi pántōn meizōn estin,* que podemos traducir: «El Padre, por lo que he ma dado (las ovejas), es mayor que todos».

20. Cf. *supra,* 33s.

21. En 5, 18, los adversarios hablan entre sí, o mejor dicho, es el narrador el que refiere su resolución.

36 ¡al que el Padre ha santificado y enviado al mundo,
(le) decís: 'Blasfemas', porque he dicho:
'Yo soy el Hijo de Dios'! 37 Si no hago las obras de mi Padre,
no me creáis.
38 Pero si las hago, aunque no me creáis,
creed en las obras,
para que aprendáis y reconozcáis
que el Padre está en mí y yo en el Padre».
39 Intentaban de nuevo cogerlo, pero él se escapó de sus manos.

Jesús pregunta cuál es la «obra buena» por la que quieren lapidarlo. Pero los judíos lo que ven con indignación no son sus obras, sino su palabra. El recuerdo que hace Jesús de sus milagros habría podido conducirlos a criticar su falta de fidelidad a la ley, pero aquí no hay ninguna huella de esa queja que había tenido tanta importancia a lo largo de todo el proceso (Jn 5; 7; 9). En esta parte final, el evangelista aísla el motivo de la condenación de Jesús, a saber, la revelación de su condición de Hijo. Por su parte, los acusadores no hablan del «Hijo de Dios»[22]: después de tropezar en el contraste entre la condición humana de Jesús y la pretensión que ellos creen que existe en sus palabras, endurecen la expresión de su escándalo y, en vez de «hacerse igual a Dios», dicen: «Tú, siendo un hombre, te haces Dios».

Si Jesús no les contesta con un discurso de revelación como en 5, 19-30, tampoco impone a sus interlocutores la afirmación absoluta de que es *el* Hijo. Procede de otra manera, a partir de lo que tienen en común con él: la palabra de la Escritura que, según un axioma válido para los judíos y para Jesús con todos los que creen en él, no puede ser rechazada[23], y desarrolla entonces una argumentación de tipo rabínico[24]. Jesús toma un pasaje de la ley[25], sacado del Sal 82: los jueces son llamados dioses porque se les ha confiado la palabra divina

22. No pronunciarán este título más que ante Pilato (19, 7).

23. Cf. Mt 5, 17s; Lc 16, 17; Jn 7, 23. El giro negativo orienta hacia la afirmación positiva de que ha de cumplirse la Escritura: 13, 18; 15, 25; 17, 12; 19, 24.36.

24. Cf. SB II, 542s; J. S. Ackermann, HTR 59 (1966) 186-191, y A. T. Hanson, NTS 11 (1965) 158-169; 13 (1967) 363-367. Jesús la practicó: cf. Mt 19, 4; 22, 43-45.

25. Aquí se entiende la ley en sentido amplio, englobando los escritos sapienciales, según la práctica de los judíos. Al decir «vuestra ley», Jesús no pretende hablar en sentido irónico, como se indica en el contexto.

a título especial por parte del Juez soberano[26]; ellos son los representantes de Dios en la tierra[27]. La argumentación va *a minori ad maius:* lo que es verdadero de una cosa, lo es *a fortiori* de tal otra que le es superior. Si algunos hombres fueron llamados dioses, con mucha más razón puede decirse esto de aquel que Dios «ha enviado al mundo». La Escritura prepara el camino que lleva a reconocer en Jesús al Hijo de Dios[28].

Jesús no recoge la acusación de que *se hace Dios*; por tanto, no dice tampoco que él *es Dios,* mantiene que es *Hijo de Dios*. Podría vacilarse a la hora de poner con mayúscula la palabra Hijo, porque en contra de lo que esperábamos Jesús no dice «*el* Hijo de Dios». Pero el contexto impide leer «hijo de Dios» simplemente en el sentido tradicional, según el cual la expresión puede aplicarse tanto a Israel en cuanto pueblo elegido[29] como a los israelitas individualmente[30]. Es posible que Jn haya omitido el artículo a fin de evitar la confusión, para los oídos judíos, con el título mesiánico «el Hijo de Dios» (cf. 1, 49). Decirse mesías podía ser una usurpación, pero no una blasfemia; pero, en presencia de Pilato, los judíos insistirán en la palabra de Jesús como tal (19, 7).

Lo cierto es que la ausencia de artículo atenúa para los oyentes el sentido fuerte que tiene en Jn el término «el Hijo». Esto está en línea con la definición que da Jesús de sí mismo, en relación con los representantes de Dios que eran los jueces del salmo. Se define como «aquel que el Padre ha santificado y enviado al mundo». ¿Qué significa esto?

Cuando el verbo *hagiázō* tiene a Dios por sujeto, no significa «consagrar», sino «poner aparte», en el sentido de elegir, de «reservarse» a alguien con vistas a una misión. Así Yahvé dice a Jeremías:

> Antes de que salieras del vientre de tu madre,
> te puse aparte *(hēgíaká se)*
> y te instituí profeta... *(tétheiká se)*
> (Jer 1, 5; cf. Eclo 45, 4; Ex 31, 13).

26. Puesto que el juicio pertenece a Dios (Dt 1, 17), se pone habitualmente a los jueces en relación con Yahvé (Dt 19, 17), de manera que se dice del culpable que es «llevado delante de Dios» (Ex 21, 6; 22, 8).

27. Hasta el punto de que David es llamado «dios» (Sal 45, 4) y Moisés «un dios» (Ex 4, 16; 7,1).

28. Jn no utiliza la segunda parte del v. 6 del Sal 82: «Todos vosotros sois hijos del Altísimo». Sin embargo, esta cita hubiera sido un buen apoyo para el paso a «Hijo de Dios».

29. Ex 4, 22; Dt 14, 1; Sal 73, 15; Os 11, 1...

30. 2 Sam 7, 14; Sal 2, 7; 89, 27s; Sab 2, 18...

También en 10, 36 el verbo «santificar» va seguido de la mención del envío y la expresión está llena de solemnidad: «enviar *al mundo»* recuerda el anuncio a Nicodemo del designio del Padre para que sea salvado el mundo (3, 17). Jesús se define por la misión que ha recibido de Dios y que tiene un objetivo universal: se trata, por tanto, de la intervención escatológica del Padre.

Jesús fue «santificado», esto es, elegido por el Padre para llevar a término su obra. Pero es también aquel sobre el que reposa el Espíritu (1, 33) y el lector puede comprender perfectamente que su elección es su existencia misma en el corazón del Padre[31]. El marco de la Dedicación está en consonancia con esta perspectiva, ya que la fiesta celebra la santidad del templo, es decir, el retorno al edificio de la Presencia que se había alejado por culpa de la profanación. Jesús es enviado al mundo para devolverle la Presencia que habita en él mismo. Por eso, este último diálogo entre Jesús y los judíos está relacionado con el primero, en donde Jesús había anunciado el templo nuevo, su propio cuerpo.

Después de haber remitido a sus oyentes a la Escritura, que es la roca donde se afianzan sus certezas, Jesús sigue respondiendo a la acusación de blasfemo y apela a su experiencia: pueden constatar ellos mismos las obras que ha realizado. Es fácil que choquen con las palabras, pero pueden fácilmente ser convencidos por los actos, con tal que se abran a su significación. Jesús no pretende ni mucho menos ser admirable en sus obras, porque son ellas las que con su admiración dejan vislumbrar su origen divino; concedidas a Jesús por el Padre para que las lleve a buen fin (cf. 5, 36), se convierten en otras tantas «palabras» que se dirigen a los testigos y que, necesariamente, suscitan la cuestión sobre su autor. Es lo que quiere decir Jesús en una fórmula paradójica: «Creed en las obras».

En el discurso de despedida, Jesús señalará a los discípulos el aspecto trágico de su misión:

> Si no hubiera hecho entre ellos unas obras que nadie ha hecho,
> no tendrían pecado;
> pero ahora las han visto
> y me han odiado, a mí y a mi Padre (15, 24).

Como decíamos más arriba, esta «pasión» de Jesús se traduce en nuestro texto por el tono vehemente de su última llamada a creer. Una mirada de fe descubre a través de las obras la inmanencia recíproca

31. Cf. I. de la Potterie, 763-767.

del Padre y del Hijo. Jesús responde de este modo a la crítica de los que disociaban la «buena obra» y la «palabra» que era blasfema a sus ojos (10, 33), siendo así que para Jesús sus obras son necesariamente palabras reveladoras.

Todos los puentes se han cortado y se hace patente la separación entre los que quieren lapidar al blasfemo y Jesús que se escapa de sus manos. Jesús abandona la ciudad, Judea e incluso la tierra santa de Israel.

40 **Y se fue de nuevo al otro lado del Jordán, al sitio en que Juan estaba primero bautizando. Y permaneció allí.** 41 **Y muchos vinieron a él, y decían: «Juan no hizo ningún signo, pero todo lo que dijo de éste era verdadero».** 42 **Y muchos se pusieron a creer en él.**

Mediante esta descripción, el evangelista añade una conclusión al episodio precedente. A pesar de las proclamaciones de Jesús y de su asombrosa libertad, el lector podría caer en la tentación de fijarse más bien en la incredulidad del auditorio, en la comunicación imposible entre Jesús y sus adversarios. Por eso este suceso queda equilibrado con el cuadro sobre un más allá que se muestra aquí, en donde un gran número se acerca a Jesús.

Si se dice de Jesús que se dirige «de nuevo» al otro lado del Jordán, es para recordar que ya había estado allí al comienzo de ministerio, cuando se había mostrado en primer lugar a Juan, en donde éste estaba bautizando[32]. De este mismo modo se recuerda otro de los testimonios en favor de Jesús citados en el capítulo 5. Entonces, Jesús había presentado al Precursor como el que había dado testimonio «de la verdad» (5, 33); es lo que hacen a su vez las gentes que ahora vienen a Jesús: su acercamiento puede relacionarse con el de los primeros discípulos (cf. 1, 35-37). Es ésta la última vez que se habla del Bautista en el cuarto evangelio, que le había concedido un lugar tan privilegiado desde el prólogo[33]. Una vez más se le sitúa en relación con Jesús, bajo el doble aspecto de su inferioridad (no ha hecho ningún signo) y de su papel de testigo sin igual. ¿No era acaso una figura de todo

32. Jn no dice «en donde Jesús había sido bautizado»; cf. nuestro estudio *Et là, Jésus baptisait (Jn 3, 22)*, en *Mélanges Tisserant* I, 295-309.
33. 1, 6-8.15.19-37; 3, 22-36; 5, 33-35.

el pasado de Israel, en tensión hacia aquel que realiza la promesa y que conduce a Dios para que se le reconozca? Si en 1, 34 Juan había designado al Hijo de Dios en un sentido todavía tradicional, en el capítulo 3 el evangelista le atribuyó la plena inteligencia del misterio del Hijo y de su misión para los hombres.

Ya hemos indicado anteriormente que la afluencia de un gran número de personas que se dirigen a Jesús —que no se encuentra ya dentro de los límites de la tierra santa— podría ser muy bien una prolepsis de la fe que habría de suscitar su pascua.

JESUS DEVUELVE LA VIDA A LAZARO
(10, 40-11, 54)

El relato de Lázaro (11, 1-44) va unido por los v. 45-46 al relato de la deliberación del sanedrín (11, 45-53). Todo el conjunto forma una sola unidad literaria bien diferenciada, y como aislada, por las dos noticias que la encuadran y que se corresponden estrechamente:

10, 40 **Se fue (*apêlthen*)... más allá del Jordán... y permaneció (*émeinen*) allí.**	11, 54 **Se fue (*apêlthen*) a la región cercana al desierto... y permaneció (*émeinen*) allí con sus discípulos.**

La situación del capítulo 11, 1-54 en el cuarto evangelio es apreciada de varias maneras por los críticos, que relacionan esta unidad bien con lo anterior o bien con lo que sigue. Los argumentos respectivos son perfectamente válidos, ya que en definitiva el texto sirve de transición entre el relato de la vida pública de Jesús y el de la semana que conduce a la pasión. Por nuestra parte, preferimos leerlo como la etapa final del ministerio de Jesús. El capítulo 11 narra el último «signo» realizado por Jesús y corona por eso mismo los relatos de las «obras» que dan testimonio en favor suyo[1]. Además, después de la introducción, el diálogo con los discípulos remite al intento de lapidación de que se habló poco antes (10, 31). Entonces Jesús se escapó de sus agresores (10, 39), ya que su hora no había llegado todavía; aquí, al hablar con los discípulos, demuestra que se encamina voluntariamente a la muerte.

1. Cf. 5, 36; 10, 25.

Entre los signos que el evangelista escogió escribir «para que creáis» (20, 31), la devolución de la vida a Lázaro —misteriosa epifanía de la vida— es aquel cuya narración refleja más claramente esta finalidad. Si todos los relatos de signos, al hacer aparecer algún que otro aspecto de la salvación ofrecida a los creyentes, convergen en la manifestación de cuál es la misión del Hijo entre los hombres, el relato de Lázaro toca en el corazón mismo de la fe, ya que demuestra la victoria sobre la muerte, el último enemigo. Lo que se le propone al lector no es que crea en Jesús como un gran taumaturgo, sino que crea en el Cristo que es para todos los hombres la «resurrección y la vida», y que lo es por haber atravesado él mismo la muerte. En este relato, típicamente joánico, se refleja la certeza de la comunidad confesante. Situada entre dos retiradas de Jesús a lugares lejanos, su presencia en Judea adquiere por sí misma un carácter epifánico: Jesús no está presente más que para manifestarse como aquel que desde ahora vivifica a los «muertos».

El relato va entretejiendo dos hilos. El primero va desde la enfermedad de Lázaro hasta su salida de la tumba y finalmente hasta el eco que alcanza el milagro. El segundo hilo va desde el recuerdo de la unción premonitoria (11, 2) y desde la decisión que toma Jesús de volver a Judea hasta su enfrentamiento secreto con la muerte que le acecha a él mismo y que le hace presente la muerte de Lázaro, y finalmente hasta la sentencia del sumo sacerdote. Esta se formula como una profecía a la que el evangelista da un alcance universal.

La presentación de los actores corresponde al objetivo del relato. El verdadero héroe no es Lázaro, personaje poco consistente, conocido solamente como el hermano de dos mujeres y como aquel a quien amaba Jesús. Mudo hasta entonces, sigue callado cuando vuelve a la vida; nunca se sabrá lo que experimentó en el más allá. Por el contrario, las figuras de las dos hermanas no solamente están de acuerdo con el retrato que nos hace de ellas Lucas[2], sino que personifican además dos actitudes posibles frente a la prueba de la muerte. Los discípulos subrayan el riesgo del retorno a Judea, que permite a Jesús manifestar su resolución. En cuanto a los judíos que han venido de Jerusalén, recuerdan con su presencia la situación en que se encuentra Jesús y hacen eco a las lamentaciones de María; es también a través de ellos como se señala la reacción que suscitó el milagro: muchos de ellos creen, mientras que otros van a referir a los fariseos lo que ha sucedido (11, 45-46); de esta manera se establece la relación con la reunión del sanedrín (11, 47-53). Tan sólo Jesús es el que está continuamente en escena y la distribución del relato se hace en función de él: después

2. Lc 10, 38-42.

de una breve introducción (11, 1-6), Jesús y los discípulos (v. 7-16); Jesús y Marta (v. 17-27); Jesús, María y los judíos (v. 28-37), Jesús y el muerto (v. 38-44).

Se conjugan perfectamente las dos dimensiones, la del acontecimiento y la simbólica. No solamente porque el milagro orienta hacia una realidad distinta, sino porque el relato se sitúa en la perspectiva de la gloria de Dios y porque la interpretación se da a lo largo mismo de la narración, y no en un discurso que siga o una declaración que preceda. A diferencia de los capítulos 5, 6 y 9, el relato y las palabras de revelación están aquí trabados de tal manera que se retrasa la producción del acontecimiento y el centro de gravedad se desplaza hacia adelante, hacia la proclamación de Jesús: «Yo soy la Resurrección y la Vida. El que cree en mí..., no morirá para siempre» (11, 25s)[3].

El relato está lleno de dinamismo. Las escenas se suceden encadenándose unas con otras y, si hay un largo suspense a partir del momento en que el narrador nos hace vislumbrar de antemano el resultado, el lector se ve arrastrado en un movimiento continuo que puede caracterizarse como una ruptura de fronteras[4]. Todos los personajes dejan el lugar en que se encuentran. Todos salen: Jesús y los discípulos, de Trasjordania; los judíos, de Jerusalén; Marta, de la aldea; María con los judíos, de su casa y de la ciudad; Lázaro, de la tumba. Si Jesús se detiene al llegar a Betania y no entra en la casa donde se celebra el duelo, es para volver a ponerse en camino, con el grupo, hacia el lugar en donde desafía a la muerte, mientras que el movimiento de los demás personajes, incluido Lázaro, converge en él.

Algunos autores han objetado que el signo de Lázaro no se adecua al misterio de la vida definitiva, tanto si se trata de la resurrección de Jesús como de la vida inalienable de los creyentes. En efecto, Lázaro no hace sino volver a la vida terrena de antes y tendrá que morir de nuevo[5]. Esta objeción olvida el hecho de que, ante Lázaro enterrado, Jesús se mide con la muerte en cuanto que domina sobre los hombres y se opone al acto creador de Dios. La muerte tiene el rostro odioso de la destrucción y, en este sentido, la integridad corporal que se le devuelve a Lázaro cuando oye el grito de Jesús y se ve libre de sus ataduras indica eficazmente la obra nueva, lo mismo que la visión

3. La tradición sinóptica conoce este género de relatos orientados hacia una revelación: así en Mt 9, la curación del paralítico de Cafarnaún simboliza el poder que Jesús tiene de perdonar los pecados.

4. Cf. J. Gritti, en A. L. Descamps y otros, *Genèse et structure d'un texte du NT,* Paris 1981, 165-184, y S. García-Bardón, en *ibid.*, 213-246.

5. Cf. 12, 10.

terrena devuelta al ciego de nacimiento significaba la victoria de la luz. Jn intenta mostrar que, desde ahora, el creyente «vive» por el Hijo; esta «vida» no es solamente una promesa para el último día, sino un don actual, concedido a la existencia ordinaria. El horizonte del relato es la gloria de Dios y la glorificación del Hijo (11, 4.40). Mediante la evocación de la «gloria», el signo de Lázaro, que es el último en el cuarto evangelio, remite al primero, al de Caná.

El término «resurrección», que se utiliza corrientemente en nuestras lenguas para este tipo de milagros, resulta impropio, ya que —según los datos de la Escritura— hay que reservarlo para el paso de la muerte del ser humano a la vida eterna. Para indicar esta restitución a la vida terrena, podría hablarse de reanimación[6], pero este término tiene una connotación médica poco adecuada a nuestro caso. Preferimos por eso designar este hecho como «retorno a la vida». Formados en un ambiente para el que lo maravilloso siempre era posible, estos relatos reflejan la piedad de los narradores sucesivos y a veces la amplificación que conoce un relato a lo largo de la transmisión; es lo que podemos constatar si comparamos las versiones en Marcos y en Mateo de un mismo episodio, el de la hija de Jairo[7].

En Juan, el *crescendo* en el objeto del milagro, la vuelta a la vida de un hombre que lleva cuatro días muerto y enterrado, no tiene paralelo alguno en la tradición bíblica y tiene que deberse a la perspectiva simbólica del relato. Esta duración no se ha escogido al azar, sino que corresponde a la creencia según la cual es a partir del cuarto día cuando el alma, que seguía revoloteando en torno al cadáver, no puede luego volver a él[8]. Era menester que Lázaro estuviera realmente muerto y que hubiera comenzado ya la corrupción para manifestar cuál es la victoria de Cristo. Además, Lázaro en la tumba no representa solamente la muerte corporal, sino la pérdida definitiva, ya que para la Biblia la muerte entró en el mundo como consecuencia del pecado[9].

¿Cuál es entonces el valor histórico del relato? El lector creyente se pregunta: «¿qué ocurrió exactamente?». Esta pregunta, típicamente moderna, no preocupaba a los antiguos. Los Padres de la Iglesia no

6. Cf. X. Léon-Dufour, *Los milagros de Jesús,* 293.

7. Según Mc 5, 23, Jairo dice: «Mi hija está a punto de morir», según Mt 9, 18: «Mi hija acaba de morir». Mt muestra más claramente que el milagro prefigura de antemano la resurrección del creyente.

8. Cf. SB II, 544s.

9. Sab 2, 23s; cf. Gén 3, 19; Job 18, 5-21; Sal 37, 20.35s; 73, 27; Prov 11, 19; Rom 5, 12. Los Padres de la Iglesia se muestran unánimes al interpretar, en primer lugar, el despertar de Lázaro como una figura de la salvación y de la vida que Cristo ha traído a los hombres pecadores.

examinaron ni utilizaron los relatos de retorno a la vida para demostrar nada de este tipo de cosas; al contrario, tendieron a minimizar el número y a difuminar su valor de acontecimiento[10], en provecho de una lectura más bien atenta a su sentido. Hoy, el historiador se siente molesto, pero no tiene más remedio que esbozar una respuesta.

El acontecimiento que se narra es substancialmente del mismo género que los seis retornos a la vida que nos cuenta la Biblia. Elías le devuelve la vida al hijo de la viuda de Sarepta, Eliseo al hijo de la Sunamita, Jesús a la hija de Jairo y al hijo de la viuda de Naím, Pedro a Tabita y Pablo finalmente a Eutico[11]. Como en todos los relatos bíblicos de milagro, el taumaturgo traspasa un límite que se considera insuperable: su misión espiritual puede ser reconocida por los testigos y su obra suscita la alabanza de Dios[12]. En los casos enumerados, la muerte es reciente; en el relato joánico, Lázaro lleva cuatro días muerto y enterrado. Pero, como hemos dicho más arriba, este detalle singular se justifica por el simbolismo inherente al texto. Subyacente al relato podría estar una tradición de milagro anterior, pero no sería suficiente para garantizar la historicidad del acontecimiento.

Para intentar captarla, resulta a veces eficaz recurrir al contexto, como en el caso del signo de los panes[13]. Pues bien, en el caso del signo de Lázaro, el contexto no se presta a ello, sino que incluso suscita nuevas dificultades. En efecto, según Jn, el retorno de Lázaro a la vida es la ocasión inmediata de la condena definitiva de Jesús por el Sanedrín. ¿Cómo es que la tradición sinóptica ignora esta relación? Se puede responder ciertamente —pero sería una respuesta insatisfactoria— que el evangelista disponía de algunos recuerdos de la estancia de Jesús en Judea desconocidos por los sinópticos. Dos indicaciones podrían explicar la elección del episodio de Lázaro entre los milagros de Jesús: según Lc 19, 37, el entusiasmo de la gente cuando la entrada de Jesús en Jerusalén se debió «a todos los milagros que habían visto»; en Jn 11, 47, los fariseos se deciden a acabar con Jesús debido a sus milagros en general; ¿no habrá escogido Jn, antes de la última pascua, contar un solo milagro, el que prefigura la resurrección de Jesús, lo mismo que había escogido narrar el milagro del ciego de nacimiento en lugar de las diversas curaciones de ciegos que nos refieren los sinópticos?

Aunque si es imposible precisar el fundamento histórico del episodio de Lázaro, es legítimo admitir la existencia, en el trasfondo del relato,

10. Orígenes, *Contra Celso* II, 48 (SC 132, 391s): «Porque no se trata de ficción, sólo se recuerda un número muy pequeño».

11. 1 Re 17, 17-24; 2 Re 4, 18-37; Mc 5, 22-43 par; Lc 7, 11-17; Hech 9, 36-42; 20, 9s.

12. Cf. X. Léon-Dufour, *Los milagros de Jesús,* 277-300.

13. Cf. *supra,* 80, n. 9.

de una tradición original de Judea sobre un hecho de retorno a la vida; por otra parte, pueden conjeturarse algunas huellas o algunos indicios de esta tradición a partir de ciertos datos evangélicos[14]. Jn habría utilizado y transformado una tradición marginal en función de su perspectiva teológica. Esta conclusión coincide con la opinión de numerosos críticos católicos[15]. Estos últimos discrepan entre sí, no sobre el valor histórico del relato que no puede afirmarse, sino sobre la posibilidad de reconstruir el relato primitivo, una vez admitida su existencia.

ESCENIFICACIÓN (11, 1-6)

1 Pues bien, había un enfermo, Lázaro de Betania, de la aldea de María y de Marta su hermana. 2 Esta María es la que había ungido con perfume al Señor y le había enjugado los pies con sus cabellos; y es su hermano Lázaro el que estaba enfermo. 3 Entonces las hermanas le mandaron decir: «Señor, he aquí que el que tú amas está enfermo». 4 Habiéndolo oído, Jesús dijo: «Esta enfermedad no está destinada a la muerte; es con vistas a la gloria de Dios, para que por ella el Hijo sea glorificado». 5 Pero Jesús amaba a Marta y a su hermana y a Lázaro. 6 Cuando supo que estaba enfermo, permaneció entonces dos días en el sitio en que se encontraba.

El relato comienza simplemente con la presentación de los personajes y de la situación. Mientras que la tradición sinóptica ignora a

14. Desde los tiempos de Orígenes, el relato de Jn se relacionó con la parábola del rico y de Lázaro (Lc 16, 19-31). Tan sólo estos dos textos conocen a un personaje con este nombre. Los dos mueren: uno, saliendo de la tumba, suscita la fe en algunos; el otro no vuelve a la vida porque, si los judíos «no escuchan a Moisés y a los profetas, aunque alguno resucite de entre los muertos, no se convencerán» (Lc 16, 31). Esta relación manifiesta se interpreta de varias maneras. Jn habría puesto un elemento de la parábola en forma de relato pero esta interpretación es inverificable. Es más probable la hipótesis de J. Kremer, en *Mélanges J. Dupont,* Paris 1985, 571-584, o *Lazarus,* Stuttgart 1985, 102-109: el final de la parábola de Lucas (16, 24-31) y el relato joánico se apoyan ambos en un relato de curación, que se transformó rápidamente en un relato de resurrección.

15. Unos ponen en la base de Jn un relato primitivo, contenido según algunos en la fuente de los signos (M. E. Boismard, R. Schnackenburg); otros, como J. Kremer, prefieren suponer la existencia de un relato de milagro en la base de Jn y de Lc (cf. nota 14).

Lázaro[16] de Betania[17], Lucas nos da a conocer a Marta y a María. En el v. 2 se identifica a María, en una prolepsis, con la mujer de la unción (12, 1-8); lejos de ser una glosa[18], este versículo tiene la función de evocar, ya desde el comienzo del relato, la muerte del mismo Jesús, ya que aquel gesto remitía a su sepultura[19].

El mensaje de las hermanas, dirigido al «Señor», muestra que son discípulas de Jesús; se limitan a informarle, lo mismo que había hecho María en Caná cuando empezó a faltar vino. Implícitamente, presienten que Jesús acudirá al lado del enfermo y que lo curará (cf. 11, 21.32).

El lector se siente sorprendido. Jesús se limita a una declaración que se refería, no a Lázaro, sino a su enfermedad; esta palabra no va destinada a los discípulos, ya que Jesús no les hablará hasta el v. 7. ¿Será para el evangelista una manera de traducir al lector el pensamiento profundo de Jesús? «Esta enfermedad no está destinada a la muerte»[20]: preparado por la triple mención del «enfermo» (11, 1-3), el término «muerte» se indica de forma negativa. De esta manera se abre el horizonte hacia el absoluto que es «la gloria de Dios», expresión que, según su empleo en 7, 18, evoca el pleno cumplimiento del designio del Padre. Este se realiza por la glorificación del Hijo[21], esto es, en la unión definitiva del Hijo con los creyentes. La enfermedad de Lázaro desembocará en la manifestación de este designio de vida[22], o sea, en todo lo contrario de su resultado previsible. Todo está substancialmente dicho, pero de forma solamente programática. Lo notable es que el pensamiento de Jesús va de antemano al Padre y a la misión que se le ha confiado: su oración ante la tumba (11, 41s) será lo que corresponda finalmente a esta palabra.

Después de esto, el narrador insiste en el amor de Jesús a las dos hermanas y a Lázaro[23], lo cual produce cierta tensión con la indicación

16. El nombre de Lázaro *(al'azar)* significa: «a quien Dios ayuda».

17. Aldea situada a unos 3 km. de Jerusalén. Hoy, en recuerdo del milagro, se llama Al'azarieth. Esta Betania se menciona como el sitio en que residía Jesús al final de su vida pública (Mc 11, 1.11; Mt 21, 17).

18. Como ha señalado acertadamente A. Marchadour, *Lazare. Histoire d'un récit, récits d'une histoire,* Paris 1988, 77-79, siguiendo a E. Hänchen, 398, pero en contra de la mayor parte de los exegetas.

19. Jn 12, 7; Mt 26, 6-13; Mc 14, 3-9.

20. *Prós* puede indicar la consecuencia de una acción o de un acontecimiento: cf. Jn 4, 35; 1 Jn 5, 16s; Mt 5, 28; 1 Cor 14, 26; WB[6], 1422 (III, 3.b).

21. La glorificación de Jesús *(doxasthēnai)* se realiza en la cruz (12, 23.28; 13, 31; 17, 1-5). No es idéntica a la exaltación. Cf. W. H. Cadman, Studia Evangelica 1 (1959) 423-434.

22. «La gloria de Dios es el hombre que vive» (Ireneo, *Adv. Haer.* IV, 20, 7).

23. Mc 10, 21 señala el amor de Jesús al joven que buscaba la vida eterna. A otros les gustaría, sin más fundamento que el empleo del verbo *agapaō,* identificar a Lázaro con la figura joánica del «discípulo al que amaba Jesús» (13, 23; 19, 26; 20, 2; 21, 7.20).

siguiente: en vez de marcharse enseguida a Betania, Jesús continúa aún dos días enteros en donde estaba. Este retraso, que acentúa la distancia que él había tomado desde su declaración del v. 4[24], no tiene la finalidad de dar a Lázaro el tiempo de morir para que Jesús pueda luego devolverle la vida: Lázaro está ya muerto y Jesús lo sabe (11, 11.14; cf. v. 17). ¿Es para mostrar el carácter no impulsivo, sino deliberado, de la conducta de Jesús? ¿o habrá que ver aquí alguna analogía con la marcha diferida de 7, 9s? Hemos de pensar más bien que los dos días conducen al tercero, que fue en Caná el de la manifestación de la gloria de Jesús a los discípulos (2, 1) y que será el de su resurrección. En todo caso, el lector queda en la espera, aun cuando el narrador lo ha orientado ya hacia el milagro. Esta espera se prolonga a través de un diálogo bastante largo con los discípulos.

FRENTE A LA MUERTE (11, 7-16)

7 **Luego, después de esto, dijo a los discípulos: «¡Vayamos de nuevo a Judea!».** 8 **Los discípulos le dicen: «Rabí, hace muy poco los judíos intentaban lapidarte y ¡tú quieres volver allá!».** 9 **Jesús respondió: «¿No hay doce horas en el día? Si alguien camina de día no tropieza, porque ve la luz de este mundo;** 10 **pero si alguien camina de noche, tropieza, porque la luz no está en él».**

11 **He aquí lo que dijo. Después de lo cual, les dijo: «Lázaro, nuestro amigo, se ha dormido; pero voy a ir a despertarlo».** 12 **Entonces los discípulos le dijeron: «Señor, si está dormido, se curará».** 13 **De hecho, Jesús había hablado de su muerte; pero ellos habían creído que hablaba de su sopor en el sueño.** 14 **Entonces Jesús les dijo claramente: «¡Lázaro ha muerto!;** 15 **y me alegro por vosotros de no haber estado allí, para que creáis. ¡Pues bien! ¡Vamos a él!».** 16 **Entonces Tomás, llamado Dídimo, dijo a sus condiscípulos: «¡Vamos también nosotros y muramos con él!».**

En la escenificación se había hablado de Jesús en relación con la familia de Lázaro; ahora reaparecen los discípulos, ausentes desde el

24. «Permaneció» *(émeinen)* corresponde a *émeinen* de 10, 40; el v. 6 pertenece por tanto a la escenificación, teniendo en cuenta que los v. 7 y 16 encuadran la siguiente sub-unidad.

episodio del ciego de nacimiento. Entonces habían estado allí para que Jesús señalara el sentido del milagro que iba a hacer; ahora, su oposición a regresar a Judea le permite a Jesús manifestar su decisión ante la muerte de Lázaro y ante la propia suya. Con este diálogo, muy distinto de la introducción (cf. «después de esto» del v. 7), cambia el tono de la narración; Jesús habla en primera persona y se compromete en la acción: «¡Vamos a Judea!». Los discípulos protestan: el recuerdo de la lapidación nos remite al contexto anterior[25] y el tema de la muerte de Jesús destaca con claridad. La reacción de los discípulos coincide con la presentación que nos hacen de ellos los sinópticos: cuando Jesús sube a Jerusalén, le seguían con miedo (Mc 10, 32); y cuando les anuncia su camino de cruz, Simón Pedro intenta apartarle de él (Mt 16, 22). Esta prudencia tan humana no impide la decisión de aquel que está dispuesto a desprenderse de su vida por los suyos (10, 15). Aquí, Jesús no replica severamente como en Mateo (Mt 16, 23), sino que desarrolla la imagen de la marcha de día o de noche, con o sin la luz de este mundo. En el episodio del ciego de nacimiento (9, 3s) la oposición día-noche se refería al tiempo en que es posible trabajar, y Jesús hablaba de su misión. Por analogía, se tiende aquí a leer el pensamiento de que hay que partir mientras es de día, para no tropezar de noche por los caminos empedrados de Palestina. ¿Hablará Jesús de su propio camino? El texto hace difícil esta lectura debido a la expresión «la luz no está en él» (v. 10)[26], que no puede aplicarse a Cristo. Por otra parte, «tropezar»[27] se refiere ordinariamente en la Biblia a la caída en pecado; así, por ejemplo, Jeremías exhortaba a los judíos a volver a Dios

> antes de que vengan las tinieblas
> y antes de que vuestros pies tropiecen
> en las montañas del crepúsculo (Jer 13, 16).

Por eso es preferible relacionar nuestro texto con otra palabra de Jesús:

> Por poco tiempo aún la luz está entre vosotros.
> Caminad mientras tengáis la luz,
> no sea que las tinieblas os cojan.
> El que camina en las tinieblas no sabe adónde va.
> Mientras tengáis la luz, creed en la luz (Jn 12, 35-37).

25. Cf. 8, 59; 10, 31 (.39).

26. Aquí no se trata de la luz del día o la del sol (como el intérprete del manuscrito D: *en autẽi),* sino la luz interior que guía al creyente. Esta metáfora se apoya en la representación mística del ojo concebido como una lámpara en el cuerpo (Mt 6, 22s; cf. E. Sjöberg, St. Theologica 5 [1951] 89-105).

27. *Proskóptein.* Cf. G. Stählin, TWNT VI, 753, que remite a Is 8, 15; Jer 6, 21; Os 5, 5; Prov 4, 19.

Jesús invitaría por tanto a los discípulos a superar su reticencia en seguirle.

En una segunda etapa del diálogo («después de lo cual»: v. 11), Jesús anuncia el objetivo de su marcha: va a despertar a Lázaro, que está dormido[28]. La muerte es comparada frecuentemente con el sueño, especialmente en el nuevo testamento, con vistas a ese despertar que es la resurrección de los muertos[29]. Los discípulos toman la afirmación de Jesús al pie de la letra: «Si está dormido, se curará»[30]. Y el narrador explica entonces que habían pensado al principio en el sueño[31]. Jesús corrige el malentendido, afirmando que Lázaro había muerto (v. 14). Luego añade una frase muy densa. Dice que se alegra de haber estado ausente: ¿no indicará esto que, si hubiera estado presente, no habría muerto Lázaro? Es lo que repetirán espontáneamente las dos hermanas (v. 21.32). El gozo que siente Jesús se debe a que la fe de los discípulos quedará plenamente iluminada, sobreentendiendo: por el retorno de Lázaro a la vida. El acontecimiento está tan presente en su pensamiento que, al acabar el diálogo lo mismo que había comenzado («¡Vamos!»), Jesús no dice ya «a Judea» (es decir, a la muerte), sino «¡Vamos a él!», a aquel que, una vez muerto, volverá a vivir.

Lo único que parecen haber captado los discípulos es que Jesús sigue empeñándose en partir. Siguen atendiendo sólo al riesgo, mortal para él y para ellos. Tomás[32] se hace esta vez su portavoz: «¡Vamos también nosotros y muramos con él!». Los hechos habrán de contradecir este impulso generoso cuando llegue el momento en que Jesús tenga que sufrir[33]. Entretanto, lo que resuena es el tema de la muerte de Jesús, en contraste con el despertar que ha anunciado como cierto para su amigo.

Al final de los dieciséis versículos el lector ha comprendido que el milagro tendrá lugar, no solamente debido al amor de Jesús por sus amigos, sino para manifestar la gloria de Dios y suscitar la fe en aquel que se enfrenta a la muerte y que tiene el poder de dejar su vida y el poder de tomarla de nuevo para comunicársela a los hombres.

28. En Mc 5, 39 par, la hija de Jairo «no está muerta, sino que duerme»; cf. Hech 7, 60; 2 Sam 7, 12; 1 Re 2, 10.

29. De ahí viene el término «cementerio», el «dormitorio» en donde «descansan» los muertos esperando su resurrección (1 Tes 4, 13-15). Cf. P. Hoffmann, *Die Toten in Christus*, Münster 1966.

30. El verbo griego *sṓzō* puede significar «curar» y «salvar», como indica la palabra de Jesús al que ha sido curado: «Tu fe te ha salvado» (Mt 9, 22 par; Mc 10, 52; Lc 17, 19).

31. *Perì tês koimḗseos toû hýpnou:* «el sopor en el sueño».

32. El nombre Dídimo significa «gemelo». Este apóstol se menciona además en Jn 14, 5; 20, 24-29; 21, 2; cf. Mt 10, 3 par; Hech 1, 13.

33. Pedro negará a su Maestro (13, 38) y todos los discípulos abandonarán a Jesús (16, 32; cf. Mt 26, 31.56; Mc 14, 27.50).

JESÚS Y MARTA: «YO SOY LA RESURRECIÓN Y LA VIDA» (11, 17-27)

17 Al llegar, Jesús encontró (a Lázaro) en la tumba desde hacía ya cuatro días. 18 Betania está cerca de Jerusalén, a unos quince estadios. 19 Muchos judíos habían venido junto a Marta y María para consolarles por su hermano. 20 Cuando Marta supo que llegaba Jesús, fue a su encuentro; María seguía sentada en la casa. 21 Marta dijo entonces a Jesús: «Señor, si hubieras estado aquí, no habría muerto mi hermano. Pero, aun al presente sé que todo lo que puedes pedir a Dios, Dios te lo concederá». 22 Jesús le dijo: «Resucitará tu hermano». 24 Marta le dijo: «Sé que resucitará cuando la resurrección en el último día». 25 Jesús le dijo: «Yo soy la resurrección y la vida. El que cree en mí, aunque llegue a morir, vivirá; 26 y todo el que vive y cree en mí, es imposible que muera para siempre. ¿Crees esto?». 27 Ella le dijo: «Sí, Señor. Yo tengo la fe de que tú eres el Cristo, el Hijo de Dios, aquel que viene a este mundo».

Los v. 17-19 y los v. 44-46 se corresponden un poco entre sí: Lázaro está en la tumba y sale de ella vivo después de cuatro días; los judíos vienen y se vuelven a marchar. Entre estos límites, a lo largo de un suspense prolongado, se desarrollan tres episodios: la conversación de Jesús con Marta (11, 20-27), su encuentro con María y con los judíos (11, 28-37); su acción frente a Lázaro en la tumba, reuniéndose entonces con todos los personajes (11, 38-44)[34].

Situados en la escena del duelo, los consoladores llegados de Jerusalén[35] se asocian a María a lo largo del relato (v. 31.33.45). Se les menciona muy pronto (v. 19), para preparar la presencia de testigos necesaria para señalar el doble efecto que tendrá el milagro. A primera vista choca el término «judíos» con que se les designa; podría evocar ya desde la llegada de Jesús a Betania el riesgo que está corriendo en Judea.

Las dos hermanas, que habían apelado las dos juntas al «Señor» y que expresarán su pena con las mismas palabras (v. 21.32) se comportan de forma contraria ante el misterio de la muerte. Marta corre inmediatamente a Jesús; María se queda en casa, «sentada», como conviene a

34. Desde el v. 16 no se habla ya de los discípulos, pero según el v. 15 su presencia está implícita.

35. El duelo duraba siete días: cf. SB IV, 592-607.

una mujer en duelo[36]. Marta expresa su confianza y luego, magníficamente, su fe; María, a los pies de Jesús, se queda hundida bajo el peso del dolor. La una afirma la esperanza en la vida que no acaba; la otra no conoce más que la separación que sufre. A estas actitudes antitéticas corresponden las diferentes reacciones de Jesús, a través de las cuales se vislumbra su propio compromiso ante la muerte.

Dejando a los que estaban consolándola, Marta va al encuentro de Jesús, fuera de la aldea. Dejando explotar su dolor, relaciona la pérdida de su hermano con la ausencia de Jesús, pero no como un reproche: se dirige al «Señor», cuya presencia preserva de la muerte. En efecto, inmediatamente añade a sus palabras la convicción de que, incluso entonces, Jesús puede obtenerlo todo de Dios. Insinúa vagamente que, si él quisiera, todavía es posible un milagro, no como un acto mágico, sino como la obra de Dios. El convencimiento de Marta («yo sé») de que Dios no le niega nada a Jesús coincide antes de cualquier nueva demostración con la del ciego de nacimiento que se ha hecho vidente[37]; el mismo Jesús lo subrayará, en otros términos, en su oración ante el sepulcro (v. 41s).

Jesús le responde a Marta que su hermano resucitará *(anístēmi)* en un futuro indeterminado. Marta, de nuevo sin vacilación («yo sé»), interpreta esto de la resurrección de los muertos el último día, según la fe del judaísmo ortodoxo[38]. No se trata por su parte de una simple aceptación de lo que le ha dicho el Maestro, sino de la afirmación de una certeza. Sin embargo, ¿querrá quizás obligar a Jesús a que precise más sus palabras? El responde con un *Egṓ eimi* de revelación:

«Yo soy la resurrección y la vida»[39].

36. ¿Se tratará de un vestigio de la tradición de Lc 10, 39?

37. 9, 31; cf. 2, 5; 3, 2; 11, 3.

38. «Tú, Señor, que das la vida al muerto»: 2.ª de las *XVIII Bendiciones:* Dan 12, 1-3; 2 Mac 7, 22-24; 12, 44; Mt 22, 23; Mc 12, 18; Lc 20, 27; Hech 23, 8; 24, 15; Rom 4, 17.

39. Algunos manuscritos ignoran «y la vida»; por eso algunos críticos opinan que estas últimas palabras fueron añadidas al texto original. Es verdad que muchos Padres de la Iglesia las omiten cuando citan este versículo, pero es para subrayar el primer término. La unión de los dos permite precisar que la resurrección consiste en la «vida» (cf. 5, 29). Cf. 6, 39.40.44.47.54; 8, 51. La promesa de la vida hecha a Israel es un tema fundamental en el antiguo testamento; cf. Dt 30, 19; Sal 22, 27; 69, 33...

Y completa esta palabra con dos sentencias que, la explicitan y apelan a la fe en él, como cuando había proclamado que era el pan de la vida[40]. En este caso las dos sentencias oponen la «vida» a la «muerte».

25 «El que cree en mí,
aunque llegue a morir, vivirá,
26 y todo el que vive y cree en mí
es imposible que muera para siempre[41]».

En el primer versículo, «morir» tiene el sentido obvio de la palabra y «vivir» tiene el sentido fuerte de vida eterna. En el segundo, en cambio, «morir (para siempre)» tiene el sentido fuerte de pérdida definitiva, de privación para siempre de la vida divina, mientras que «vivir», precediendo a «creer», parece indicar la situación del que está aún en este mundo. Las dos sentencias son paralelas en lo que se refiere al sentido: el creyente está destinado a la vida que no acaba. Jesús revela que la resurrección de vida, la que Marta según su fe judía espera de Dios en el último día, es su obra propia. Este anuncio no es nuevo en Jn más que por su formulación y por su nuevo contexto[42]. El conjunto del versículo abarca el presente y el porvenir, ya que —si se trata ciertamente del destino último— está claro que, por medio de Jesús, el creyente se convierte ya desde ahora en un «viviente»: está ya en él el germen de la vida eterna. En cuanto al contexto, aquí se muestra palpablemente la transición de la fe tradicional a la novedad presente con el Hijo (cf. 3, 16s).

Jesús termina su anuncio preguntándole a Marta si cree «esto»[43]. Como respuesta, Marta pronuncia inmediatamente una confesión de fe que se refiere, no ya al poder escatológico de Jesús, sino a su

40. «Yo soy el Pan de vida:
al que cree en mí no tendrá nunca hambre,
el que cree en mí no tendrá nunca sed» (6, 35).

41. Mejor que «no morirá jamás», como si evitara la muerte temporal, conviene traducir «para siempre», ya que Jesús alude a la muerte definitiva. Para *eis tôn aiôna*, cf. 4, 14; 6, 51; 8, 51.52; 10, 28.

42. 5, 28s; 6, 39s.44.54; 8, 51; cf. 5, 21.24.

43. Se trata de un caso raro, en donde el objeto de la fe no es la persona de Jesús, sino lo que él ha afirmado. El mismo lector se ve comprometido en la respuesta.

identidad. Comenzando con un «yo creo» muy firme, como indica el perfecto del verbo[44], Marta reconoce en su interlocutor al Cristo y al Hijo de Dios. La frase final «el que viene al mundo»[45], sin ser un título propiamente hablando, confiesa sin embargo en Jesús a aquel que, enviado de lo alto, cumple las esperanzas de Israel. En tres contestaciones, Marta ha pasado del convencimiento de un vínculo privilegiado de Jesús con Dios al reconocimiento del Enviado escatológico por medio del cual se acerca el reino de Dios; es decir, pasa de la fe judía a una fe propiamente cristiana. Su confesión de Cristo corresponde perfectamente a la de los primeros cristianos[46], y en primer lugar a la presentación del cuarto evangelio (cf. 20, 31). A través de Marta está expresándose la comunidad joánica.

Es verdad que Marta, en el relato, ignora cuál será el itinerario de Jesús y ante el sepulcro sentirá un escalofrío al oír la orden de retirar la piedra (11, 39). Pero lo cierto es que queda iluminada por la palabra de Jesús hasta el punto de que no vuelve ya sobre la muerte de su hermano, como si fuera superflua cualquier nueva petición; y se va a buscar a su hermana.

La victoria sobre la muerte (11, 28-44)

28 Y, habiendo dicho esto, se fue y llamó a su hermana María. Le dijo aparte: «El maestro está allí y te llama».
29 Cuando ella lo oyó, se levantó enseguida e iba a él.
30 Pero Jesús no había llegado todavía a la aldea, sino que estaba aún en el lugar en donde Marta había ido a su en-
cuentro. 31 Entonces los judíos que estaban con María en la casa y la consolaban, viendo que se había levantado enseguida y que había salido, la siguieron, pensando que iba a
la tumba para llorar allí. 32 Entonces, cuando llegó a donde estaba Jesús, María al verlo se echó a sus pies y le dijo: «Señor, si hubieras estado aquí, no habría muerto mi her-
mano». 33 Entonces, cuando él la vio sollozar, y sollozar también a los judíos que la habían acompañado, Jesús gimió interiormente y se turbó. 34 Y dijo: «¿Dónde lo habéis
puesto?». Le dicen: «¡Señor, ven y verás!». 35 Jesús se puso

44. El perfecto *pepísteuka* significa algo más que un simple acto de fe: es un estado de creyente; de ahí la traducción: «tengo la fe».
45. Cf. 1, 9; 6, 14; Mt 11, 3 par.
46. Mt 16, 16 par; Gál 4, 4; 1 Jn 5, 5; cf. Jn 6, 69; 10, 36.

a derramar lágrimas. 36 Entonces los judíos decían: «¡Mirad cómo lo amaba!». 37 Pero algunos de ellos dijeron: «¿No podía él, que abrió los ojos del ciego, hacer que éste no hubiera muerto?». 38 Gimiendo entonces de nuevo en sí mismo, Jesús llegó a la tumba. Era una cueva y encima estaba puesta una piedra. 39 Jesús dijo: «¡Quitad la piedra!». Marta, la hermana del difunto, le dijo: «Señor, ya huele; es el día cuarto». 40 Jesús le dijo: «¿No te he dicho que, si llegas a creer, verás la gloria de Dios?». 41 Entonces quitaron la piedra. Y Jesús levantó los ojos a lo alto y dijo: «Padre, te doy las gracias porque me has escuchado. 42 Y yo sabía bien que tú me oyes siempre; pero es por causa de esta gente que me rodea por lo que he hablado, para que crean que eres tú quien me has enviado». 43 Dicho esto, gritó con voz fuerte: «Lázaro, ¡aquí! ¡fuera!». 44 El muerto salió, los pies y las manos atadas con vendas y su rostro estaba envuelto en un sudario. Jesús les dijo: «Desatadlo y dejadle salir de allí».

Antes de que Jesús se encamine hacia la tumba, un nuevo episodio obliga al lector, tenso hacia la realización del milagro, a mirar la muerte cara a cara. Teniendo a María como protagonista, corresponde al encuentro entre Jesús y Marta, pero en un registro contrario.

Cuando recibe la noticia de la llegada de Jesús «aparte», lo cual la distingue de los consoladores, María sale aprisa, pero acompañada de los judíos; permanece asociada por el narrador al coro de comparsas que subrayan el duelo. Apenas ve a Jesús —lo cual no se había indicado a propósito de Marta—, se echó a los pies de su «Señor» y expresó su pena con las mismas palabras que había empleado su hermana (v. 21a) pero sin abrirse a la omnipotencia de Jesús: para ella se impone la fatalidad de la muerte y el texto nos hace oír sus sollozos[47], lo mismo que llorará más tarde al sentir la ausencia del cuerpo de Jesús (20, 13).

La reacción de Jesús se indica con tres verbos: «gemir» (v. 33; cf. v. 38), «turbarse» (v. 33) y «derramar lágrimas» (v. 35). La interpretación de este pasaje preocupó a los exegetas antiguos, que deseaban conciliar el dato textual con el dominio soberano del Hombre-

47. El verbo *klaíō* («llorar, sollozar») se repite dos veces en v. 33; *klaíousan... klaíontas*. Este verbo se suele utilizar para las lamentaciones en los funerales: Mt 2, 18; Mc 5, 38 par; Lc 7, 32; Hech 9, 39.

Dios sobre sí mismo[48]. No se especifica el motivo de las emociones de Jesús, pero la ocasión se deduce fácilmente del contexto: las lágrimas de María y de los judíos (v. 33), así como la reflexión tan triste de estos últimos (v. 36) y la invitación a ver la tumba (v. 34).

El primer verbo *(embrimáomai)* significa literalmente «producir un sonido sordo». Cuando va unido a un complemento que designa a las personas, el verbo puede significar «murmurar», «indignarse contra» o «mandar fuera», implicando el descontento o la severidad contra alguien[49]. Aquí Jesús no «gime» contra nadie; el narrador subraya el carácter totalmente interior de la emoción, al añadir «en espíritu» *(tō̃i pneúmati:* v. 33)[50] o «en sí mismo» (*en heautō̃i:* v. 38). ¿Cuál es este gemido? Las reacciones de quienes lo rodean ¿son a los ojos de Jesús una manifestación de increencia, como pensábamos antes siguiendo a muchos exegetas[51]? En ese caso, «gemir», indicaría la cólera interior de Jesús por la desesperación ante la muerte, más concretamente por la falta de fe hacia el mismo Jesús (cf. v. 37s). Esta lectura se apoya en un parecido de situación con los sinópticos: cuando entró en casa de Jairo, Jesús ordenó que cesaran los lamentos (Mc 5, 39 par). Pero el texto joánico se resiste a esta interpretación.

Ver en María, llorando, a una incrédula no deja de crear dificultades, ya que el narrador la presenta como una discípula fiel y amorosa. Identificada de antemano por su gesto premonitorio de ungir con perfume los pies de Jesús (11, 2), quedó ya entonces situada en esa pendiente del texto que orientaba hacia la muerte del mismo Jesús. A continuación, responde con prontitud a la llamada que le trasmite Marta; al ver al Maestro, se echa a sus pies, gesto que no había hecho Marta y que expresa indiscutiblemente el reconocimiento de un ser superior[52]; luego confiesa que su presencia podría haber impedido la muerte de Lázaro. En cuanto a la reflexión de los judíos en el v. 37, no desconoce el poder inigualable de Jesús, sino todo lo contrario.

48. Para justificar la debilidad que muestra Jesús, los Padres alejandrinos leyeron «en espíritu» o «en sí mismo» como referido al carácter voluntario del comportamiento descrito. Jesús domina sus emociones: Cirilo Alejandrino, ed. Pusey, II, 279s; Orígenes, fr. 84, p. 549s, y Agustín 49, 18: «Porque quiso» (n. 73B, 239). Los antioquenos, más preocupados de la letra, veían aquí las «dos naturalezas» del Hombre-Dios (Crisóstomo, PG 8, 350). Cf. J. Beutler, *Ps 42/43 im Johev*: NTS 25 (1978-1979) 41.

49. Cf. Dan 11, 30 (LXX); Mt 9, 30; Mc 1, 43; 14, 5.

50. En 13, 21 «en espíritu» va unido a «se perturbó» (dicho a propósito de Jesús).

51. De Teodoro de Mopsuesta a R. Bultmann y a la TOB. También nosotros, en *Jesús y Pablo ante la muerte*, 47.

52. Mc 5, 22; 7, 25; Lc 8, 41; Hech 10, 25; cf. Ap 19, 10; 22, 8.

Por otra parte, Jesús no dirige ningún reproche a María ni a los judíos[53], sino que se informa de dónde estaba la tumba: su pensamiento se dirige hacia la sepultura de su amigo Lázaro. Por eso es preferible pensar que es la pena que le rodea lo que concreta a los ojos de Jesús el pensamiento trágico de la muerte. El verbo que sigue, unido por *kaí*, y la mención de las lágrimas ayudan a precisar esta idea.

El «turbarse» *(tarássō)* pertenece en Jn al contexto de la pasión: en 12, 27 Jesús dice: «Mi alma está turbada» frente a la hora que ha llegado, y en 13, 21 se turba en espíritu por causa de la traición de Judas — el discurso de despedida, el alma de los discípulos se «turba» por causa de la separación que les anuncia Jesús (14, 1)[54]. En nuestro texto, la ocasión de la turbación es la misma que para el «gemido». Por tanto, estamos autorizados para concluir que, por la desolación de María a la que amaba (v. 5) y luego por la observación de los judíos, sobre la que luego volveremos, Jesús se encontró enfrentado con la realidad de la muerte, no sólo la de Lázaro sino la suya, inminente según la orientación del relato (cf. 11, 7-16), y reaccionó con un combate interior. Pues bien, se ha podido establecer una relación literaria[55] entre estos versículos y el Sal 42-43, que según la lectura de la comunidad primitiva, anuncia la perturbación de Jesús en su agonía[56]. El salmista en medio del peligro lucha contra su angustia, repitiendo en tres ocasiones:

> ¿Por qué estás tan triste *(perílypos)*, alma mía, y por qué te me turbas *(syntarásseis me)?* (Sal 42, 6.12; 43, 5).

En 11, 33 Jn conjuga también dos verbos, de los que el segundo es «turbar(se)», como en el estribillo del salmo, y en el v. 35 menciona, mediante el verbo *dakrýō*, único en el nuevo testamento, las lágrimas *(dákrya)* que derrama el salmista noche y día (Sal 42, 4); estas lágrimas se mencionan también en el pasaje de la Carta a los hebreos que evoca

53. Esta es la reacción habitual de Jesús ante la increencia; cf. aquí mismo en 11, 40, a Marta.

54. Fuera de Jn, se indica la turbación ante una aparición numinosa (Mt 14, 26; Lc 1, 12), o ante un acontecimiento amenazador (Mt 2, 3; 1 Pe 3, 14), o debido a la aparición de falsas doctrinas (Hech 15, 24; Gál 1, 7).

55. Cf. J. Beutler, *Ps 42/43 im Johannesevangelium:* NTS 25 (1978-1979) 33-57.

56. Cf. Mc 14, 34 par; Heb 5, 7. Pueden reconocerse otros elementos del salmo 42-43 a lo largo de los relatos de la pasión (los insultos, el abandono de Dios, la sed), a veces sin recoger expresamente el texto: Sal 42, 3.5.10.

la agonía de Cristo (Heb 5, 7); no tienen nada que ver con los llantos de las lamentaciones[57], sino que expresan un sentimiento profundo.

Mientras que la turbación de Jesús no es conocida más que por el narrador, los judíos constatan las lágrimas y las atribuyen a su amistad con Lázaro, que subrayaba la puesta en escena (11, 3.5). Esta explicación es válida, pero se queda más acá de la realidad; las lágrimas silenciosas de Jesús proceden del amor del Padre que a través de él llega hasta sus discípulos (15, 9); son lágrimas de Dios ante la muerte que separa a los seres. Son al mismo tiempo las lágrimas de aquel que tiene que consentir en la prueba.

Algunos judíos, por otra parte, se preguntan:

> 37 **«¿No podía él, que abrió los ojos del ciego, hacer que éste no hubiese muerto?».**

El recuerdo del milagro de Siloé pone una vez más en evidencia el poder de Jesús, como lo había hecho también la exclamación duplicada de las dos hermanas (v. 21.32). Y el signo de Lázaro, que es el de la vida, queda puesto entonces por el evangelista en continuidad con el signo de la luz; en filigrana se percibe la pareja «vida y luz», que caracteriza la obra del Logos (1, 4; 8, 12).

Al escuchar esta reflexión, Jesús gime de nuevo dentro de sí. Si su emoción anterior se debía a su enfrentamiento secreto con la muerte, el interrogante de los judíos adquiere un sentido que justifica de nuevo su aparición. Sí, ¡Jesús podría haber evitado la muerte de Lázaro! Pero él no puede librarse de su propia muerte (cf. 18, 11), no puede tampoco no poner su vida, porque ése es el itinerario del Hijo del hombre, ésa es la orden que Jesús ha recibido de su Padre (3, 14; 10, 18). Si se quiere disociar el «gemir» del «turbar» y mantener para «gemir» una acepción de cólera o de indignación, esa ira no sería contra los pobres sollozos de María o contra la incapacidad de los judíos para sacar las consecuencias del milagro de Siloé, sino contra el poder enemigo que destruye la obra de Dios[58] y que el Hijo tiene que vencer.

57. Cuando Jesús llora sobre Jerusalén (Lc 19, 41), el verbo que se utiliza es *klaíō* (cf. n. 47). A diferencia del llanto, que puede depender de la voluntad, las lágrimas corren espontáneamente; así cuando la pecadora, en su gozo al verse perdonada, riega con sus lágrimas los pies de Jesús (Lc 7, 38.44).

58. Esta fuerza enemiga es interpretada diversamente por los autores: la muerte, el pecado o incluso Satanás.

Esta lectura de la turbación de Jesús está de acuerdo con la presentación global del relato, que inscribe el milagro entre la determinación de Jesús —partir a «Judea» después de dos días— y la sentencia del sumo sacerdote. En la historia de Lázaro que ha muerto y que saldrá de la tumba, el evangelista no muestra solamente, en un signo, lo que el Hijo de Dios habrá de realizar en favor de los creyentes, sino que anticipa en imagen lo que espera el mismo Jesús. Es una imagen ciertamente desplazada, como se percibirá en dos rasgos que se refieren al acontecimiento del milagro: la piedra que retiran los hombres y los lienzos que siguen envolviendo el cuerpo de Lázaro.

38 **Gimiendo entonces de nuevo en sí mismo, Jesús llega a la tumba. Era una cueva y encima estaba puesta una piedra.**
39 **Jesús dijo: «¡Quitad la piedra!». Marta, la hermana del difunto, le dijo: «Señor, ya huele; es el día cuarto».** 40 **Jesús le dijo: «¿No te he dicho que, si llegas a creer, verás la gloria de Dios?».** 41 **Entonces quitaron la piedra. Y Jesús levantó los ojos a lo alto y dijo: «Padre, te doy gracias porque me has escuchado.** 42 **Y yo sabía bien que tú me oyes siempre; pero es por causa de esta gente que me rodea por lo que he hablado, para que crean que eres tú quien me has enviado».**
43 **Dicho esto, gritó con voz fuerte: «Lázaro, ¡aquí! ¡fuera!».**
44 **El muerto salió, los pies y las manos atadas con vendas y su rostro estaba envuelto en un sudario. Jesús les dijo: «Desatadlo y dejadle salir de allí».**

La tumba de Lázaro es una cueva cerrada con una piedra[59]. Jesús ordena quitar la piedra, pero la ejecución se retrasa, ya que Marta se opone, horrorizada. Esta reacción contrasta con la tranquila seguridad que había mostrado poco antes, con lo que Jesús aparece todavía más solo frente al poder de la muerte. Sin embargo, la función principal de la intervención de Marta es subrayar los cuatro días (cf. 11,17) y la corrupción del cadáver.

59. Los sepulcros, excavados en la roca, presentaban dos formas principales: «Unos son habitáculos, a los que se accede por una estrecha apertura cerrada por una puerta en forma de rueda de molino... y están precedidos de un vestíbulo... otros son como cuevas en el suelo, a las que se llega a través de un pozo provisto a veces de una escalera, quedando cerrado el pozo por una piedra puesta encima» (M. J. Lagrange, 306).

La contestación de Jesús:

40 «¿No te he dicho que, si llegas a creer, verás la gloria de Dios?».

Remite al lector, si no a Marta, a la frase que Jesús pronunció al comienzo (11, 4). De nuevo la gloria de Dios indica el sentido último, que incluye las diversas significaciones que dio Jesús a sus obras. El pensamiento se desplaza hacia Dios solo, origen de toda vida, y su gloria es aquí implícitamente la nueva creación que él suscita más allá de la descomposición que produce la muerte. La bendición inherente a toda criatura resulta más fuerte que la corrupción introducida por la repetición indefinida del pecado[60]. Pues bien, la fe es la condición para «ver» la gloria de Dios[61]. El evangelista no podría ser más explícito a la hora de preparar al lector a reconocer en el retorno de Lázaro a la vida un signo que tiene en el prodigio tan sólo un soporte necesario.

En continuidad con el anuncio de la gloria que se va a manifestar, Jesús se vuelve hacia su Padre levantando los ojos «a lo alto»[62]. Hay aquí un nuevo salto de frontera: de la tierra al cielo[63]. Jesús está en comunicación incesante con su Padre (cf. 1, 51); los asistentes podrán reconocerlo.

La oración que pronuncia Jesús no es una petición, como en 12, 27[64] o como cuando el profeta Elías invocó a Yahvé en una circunstancias parecidas[65], sino que es ya una acción de gracias. Jesús sabe que el Padre *ha* escuchado *(akoúein):* el acontecimiento no será más que una consecuencia de ello[66].

60. Jn coincide aquí con el grito de gozo de Pablo en Rom 8, 18-23.

61. Según 11, 15 la fe de los discípulos será un resultado del milagro. Se ha creído ver aquí un indicio de una composición sucesiva del relato. Pero la fe como objetivo aparece también en 11, 42; no se oponen estas dos perspectivas.

62. Cf. 17, 1; Mc 6, 41; Lc 18, 13; Hech 7, 55; y Sal 123, 1; Lam 3, 41. Curiosamente, el verbo «levantar (los ojos)» *(êren)* corresponde aquí al verbo «levantar (la piedra)» *(êran)*.

63. Cf. J. Gritti, en A. L. Descamps y otros, *Genèse et structure d'un texte du NT,* 173s.

64. Cf. *infra,* 371-375.

65. 1 Re 17, 20s; G. Reim, *Studien zum alttestamentlichen Hintergrund des Johev,* Cambridge 1974, 219.

66. El verbo griego es el mismo que se usa para decir que Jesús escucha las palabras del Padre, cf. 5, 30; 8, 40; 15, 15; sin embargo, se impone un matiz en su traducción.

La acción de gracias por haber sido escuchado (v. 41) supone sin embargo una petición. Por eso, lejos de haberse pronunciado «para la galería», como algunos han pensado[67], esta oración podría referirse, más allá del milagro de Lázaro, a la travesía de la hora, de acuerdo con la evocación anterior de la turbación de Jesús. Se encontraría entonces en su trasfondo el Sal 42-43, donde el estribillo de dolor se completa con el que expresa la certeza de la salvación[68].

En cuanto a la escucha constante del Hijo por el Padre, es ésta para Jn el fundamento de la oración de los creyentes. Antes de su pasión Jesús dirá a sus discípulos que la petición del Padre «en su nombre» es posible ya ahora (16, 24) y que siempre será escuchada[69]. Por otra parte, la oración de Jesús se pronuncia «para que crean que eres tú quien me ha enviado». En el v. 4, a propósito de la enfermedad que acabó con la vida de Lázaro, Jesús habló no solamente de la gloria de Dios, sino también de la glorificación del Hijo. En nuestro pasaje, el v. 40 recordó la glorificación del Padre, y he aquí que la del Hijo se sugiere en el final del v. 42, ya que —como hemos indicado— la glorificación de Jesús se realiza mediante la unión con él de todos los que creen en su filiación divina.

La interrupción por parte de Marta y la oración de Jesús ante la tumba abierta han retrasado el acontecimiento del milagro, pero han servido para señalar su sentido. El milagro en sí mismo se describe rápidamente en dos versículos. Jesús, el Hijo del hombre, cuya voz se hará oír por todos los que yacen en los sepulcros (5, 28), grita[70] con una voz fuerte, llamando a Lázaro por su nombre. Jesús es el siervo anunciado por Isaías,

> destinado a abrir los ojos de los ciegos,
> a sacar de la cárcel al prisionero,
> del calabozo a los habitantes de las tinieblas (Is 42, 7).
> ...diciendo a los prisioneros: «¡Salid!»,
> a los que están en las tinieblas: «¡Mostraos!» (Is 49, 9).

67. En virtud de su omnipotencia, Jesús no tiene necesidad de orar; así A. Loisy, 651s.

68. Sal 42, 6.12; 43, 5. Después de mencionar las súplicas y las lágrimas de Cristo «a aquel que podía salvarlo de la muerte», la Carta a los hebreos dice que «fue escuchado» *(eisakoustheís)* (Heb 5, 7). Esta constatación confirmaría la hipótesis propuesta; cf. J. Beutler, *Ps 42/43 im Johev*: NTS 25 (1978-1979) 45s.

69. Cf. 14, 13s; 15, 7; 16, 23s. En la enseñanza de los sinópticos, la confianza en el Padre (cf. Lc 11, 9-13) es realmente lo fundamental en la oración, sin que se mencione la mediación de Jesús. Para Jn, el discípulo está en Jesús como el sarmiento en la cepa (15, 7).

70. Cf. 1, 15; 7, 28.37.

La orden que da[71] manda en primer lugar a Lázaro que venga «aquí» *(deûro),* es decir, a donde estaba Jesús (que está por tanto en el centro de la escena); para ello, Lázaro tiene que dejar el espacio en que se encuentra: «¡fuera!» *(éxō).* El muerto «salió», atado todavía con las vendas y el rostro cubierto de un sudario; y es una especie de segundo milagro que pueda salir de la tumba enredado de aquella manera. Hay aquí una alusión *a contrario* a la resurrección de Jesús; habiéndose liberado él mismo de las ataduras, dejará las vendas puestas allí y el sudario envuelto aparte (20, 7). Además, las vendas que todavía lo rodean simbolizan que Lázaro no vuelve a la tierra más que temporalmente: tendrá que morir también él en su día, mientras que Jesús las habrá dejado definitivamente.

Viene entonces un segundo mandato para que Lázaro pueda andar (literalmente: «irse de allí»). Como en el caso del enfermo y del ciego, Jesús deja al hombre que siga su camino. A pesar de la grandeza de sus milagros, Jesús, en Jn, parece retirarse después de haberlos realizado[72]. Y el relato termina dejando al lector frente a Lázaro vivo, pero mudo sobre lo que pudo experimentar. Si el evangelista ha dejado de indicar el gozo del reencuentro, después de haberse extendido en exponer la pena de las hermanas, se debe no sólo a su arte narrativo, sino también al hecho de que la perspectiva del relato se centra en Jesús que camina hacia su muerte-resurrección: de los testigos del milagro sólo se menciona a los judíos, de los que se trata a continuación.

La decisión de dar muerte a Jesús (11, 45-54)

45 Desde entonces, muchos entre los judíos que habían venido junto a María y que habían visto lo que él había hecho, se pusieron a creer en él. 46 Pero algunos de ellos se fueron a buscar a los fariseos y les dijeron lo que había hecho Jesús. 47 Los sumos sacerdotes y los fariseos reunieron entonces un consejo y decían: «¿Qué hacemos ahora? Porque este hombre hace muchos milagros. 48 Si lo dejamos (obrar) así, todos creerán en él y vendrán los romanos, que destruirán nuestro Lugar y nuestra nación». 49 Uno de ellos, Caifás, que era

71. También Jesús da una orden a la hija de Jairo y al joven de Naím: Mc 5, 41; Lc 7, 14.

72. Cf. 5, 8.13; 9, 7; 6, 15 y 2, 8; 4, 50.

el sumo sacerdote aquel año, les dijo: «¡Vosotros no comprendéis nada! 50 y no calculáis que toca a vuestro interés que un solo hombre muera por el pueblo y que la nación no perezca por entero». 51 Esto no lo dijo de sí mismo, sino que, como era sumo sacerdote aquel año, profetizó que Jesús tenía que morir por la nación, 52 y no solamente por la nación, sino para reunir en uno solo a los hijos de Dios dispersos entonces. 53 Desde aquel día, decidieron hacerlo morir.

54 Así pues, Jesús no circulaba abiertamente entre los judíos, sino que, desde allí, partió para la región cercana del desierto, a una ciudad llamada Efraím, y allí permaneció con sus discípulos.

Lo mismo que en 11, 36s (y en otros lugares)[73], se advierten dos reacciones: muchos judíos se ponen a creer, mientras que otros van a contar a los fariseos lo que había pasado. Del texto no puede deducirse la malevolencia de estos últimos[74].

Como consecuencia del signo de Lázaro, las autoridades judías, que ya llevaban mucho tiempo convencidos de que Jesús merecía la muerte[75], se reúnen[76] y deciden ponerse a actuar. Este texto se apoya probablemente en alguna antigua tradición y coincide con un dato histórico: Jesús fue condenado por motivos políticos. Sin embargo, no corresponde al relato de Mt 26, 3-5 par, ni menciona tampoco a Judas (cf. Lc 22, 2-6), a pesar de que Jn lo conoce bien. El evangelista pone la deliberación en relación no solamente con el milagro de Lázaro, sino también con todos los demás realizados por Jesús, e interpreta la sentencia de muerte a la luz de su cristología: el relato se transforma en un anuncio solemne de su sentido.

Para leer este texto, conviene entonces acudir al término del mismo, donde se nos ofrece su sentido. La muerte de Jesús no solamente conduce a la salvación de la nación, es decir, en este caso, del conjunto

73. Cf. 7, 12s.40s; 10, 20s.

74. El *tinès dé* que introduce el v. 46 no es necesariamente adversativo. La situación no es la misma que en 9, 3 en donde los vecinos conducen al hombre curado a los fariseos y en donde se indica la violación del sábado. Desde el punto de vista del vocabulario, se constata cierta analogía con 5, 15 (el enfermo curado va a buscar a los judíos) en virtud de los tres verbos *apérkhomai, eîpen, poieîn*.

75. 5, 18; 7, 1.19.25; 8, 37.40.

76. El término *synédrion* puede tener el sentido general de «asamblea del consejo», acepción que está atestiguada en la literatura profana y en los Setenta; cf. W. Bauer, 1568. ¿Aludirá quizás Jn al Sanedrín del relato sinóptico de la pasión?

del pueblo elegido, sino también a la reunión de todos los «hijos de Dios dispersos», a saber, de todos los hombres que han acogido al Logos (I, 85s). Si los designa como «dispersos», es no solamente para indicar que viven en varios lugares, sino también debido a la profecía: estos «hijos de Dios» estaban prefigurados en los israelitas de la diáspora que Dios habría de reunir algún día:

> He aquí que voy a tomar a los hijos de Israel entre las naciones...
> Haré que se reúnan en todas partes...
> Haré de ellos una sola nación...
> Mi siervo David reinará sobre todos ellos...
> y pondré mi santuario en medio de ellos para siempre (Ez 37, 21-26; cf. 34, 12-13).

La oposición reunir[77]-dispersar[78] se refuerza en favor del primer verbo mediante la expresión «en uno solo» *(eis hén),* según un lenguaje propio de Jn. Por su muerte, Jesús logra lo que había anunciado como la finalidad de su misión[79]. Los hijos de Dios dispersos son, en Jn, las otras ovejas que no proceden de Israel (10, 16) y también en este punto Jn se arraiga en la revelación del antiguo testamento, centrada en el Dios único, el Dios de toda la tierra. El tema de que algún día las naciones reconocerán al Dios único, del que Israel fue escogido por testigo (Is 43, 10ss), se expresa muchas veces, especialmente en Isaías, por la afluencia escatológica de todos los pueblos hacia Sión[80]. Para el evangelista el «uno» es el modo de ser propio del Padre y del Hijo; el discurso de despedida explicitará que la unidad de todos los reunidos consiste en su comunión en el Hijo con el Padre.

Conociendo el sentido del acontecimiento, el evangelista construye un relato que describe el desarrollo de los hechos. Dejémonos de contemplaciones, dicen los sumos sacerdotes y los fariseos[81]. A estos dirigentes de Israel que desprecian su misión, Jesús se les presenta como un hombre peligroso: con sus milagros[82], que seducen al pueblo, va a provocar una sublevación en su favor. La gente de Galilea lo había tomado por el profeta que tenía que venir al mundo y quería

77. *Synágō,* de donde viene «sinagoga», es el verbo clásico para designar la reunión eclesial y litúrgica: Hech 11, 26; 14, 27; 15, 30; 20, 7.

78. *Skorpízein,* término asociado a «ovejas»: Mt 26, 31 = Mc 14, 27; Jn 10, 12.

79. 10, 16; cf. 4, 42.

80. Is 2, 2-4 = Miq 4, 1s; 54, 1-3 y 55, 5 después del Canto del siervo (cf. 42, 1-4); 60, 3; 62, 12; 66, 8; Ez 37, 28; Sal 67; 72; 82, 8; 86, 9; 87, 5; 102, 16...

81. La expresión *tí poioûmen;* puede ser una constatación: «¡No hacemos nada!» o, viendo allí un futuro próximo, significar un desconcierto: «¿Qué vamos a hacer?». Optamos por el primer sentido.

82. Cf. 2, 23; 3, 2; 7, 31; 9, 16; 20, 30.

hacerlo su rey (6, 14s); muy pronto, la multitud que había venido a Jerusalén para la celebración de la pascua lo aclamará también como el liberador nacional (12, 13). La reacción de los ocupantes no se hará esperar: mostrarán toda su crueldad destruyendo el templo[83] y la nación[84]. Por estos dos términos se designa al pueblo judío en su doble dimensión: religiosa y política, ya que el Lugar santo era el símbolo mismo de la identidad judía. La reflexión de los miembros del Sanedrín traduce su adhesión profunda a Israel, pero también su incomprensión total de la misión de Jesús. Como la profecía de Ezequiel, citada anteriormente, habla del santuario prometido por Dios, la mención del *Lugar* en esta ocasión podría haberse inspirado en ella y ocultar una «ironía» del evangelista: el verdadero Lugar santo es Jesús, no ya el templo de Jerusalén (cf. 2, 19-22).

Ante el apuro del Consejo, que ve la urgencia de tomar medidas, pero no sabe cuáles, interviene Caifás con firmeza. Juan lo presenta como «el sumo sacerdote de aquel año»[85]: esta expresión pone de relieve el año de la muerte de Jesús. Está recogida de nuevo para justificar el hecho de que Caifás profetizaba sin saberlo[86]: es el designio de Dios el que se manifiesta por su boca. Indirectamente se evoca a Dios, así como la dignidad de las instituciones judías del templo hasta la llegada de Cristo.

Según Caifás, el dilema entre la salvación de la nación, por un lado, y la justicia que reclamaba de sus compañeros Nicodemo (7, 51), por otro, no deja ninguna opción: hay que sacrificar a un individuo por la causa común; la razón de Estado prevalece sobre la suerte de uno solo. Caifás habla sin disimulos: «¡No comprendéis nada!»; deberíais «calcular»[87] dónde está vuestro interés. No se trata aquí de las quejas enunciadas contra Jesús en los capítulos anteriores, la ruptura del sábado o la blasfemia, sino solamente de realismo político. También en Lucas dice el sanedrín: «Hemos encontrado a

83. El «Lugar santo» *(tópos)* designa frecuentemente al templo: 4, 20; cf. Dan 3, 38; 2 Mac 1, 29; 3, 12.18; 5, 19; Mt 24, 15; Hech 6, 13s; 7, 7.

84. *Ethnos* designa el conjunto de la nación santa (cf. Lc 23, 2; Jn 18, 35).

85. La expresión *archiereùs ȏn toû eniautoû ekeínou* puede tener dos sentidos: «sumo sacerdote *para* aquel año» o «*en* aquel año». Caifás ejerció el cargo durante diecinueve años: es éste un dato histórico en contradicción con la primera traducción; por eso es preferible optar por la segunda, frecuente en griego: cf. BD 186, 2, que cita en su apoyo a Mt 2, 14; 24, 20; 25, 6.

86. Una tradición judía decía que el don de la profecía no había cesado realmente, sino que se les había concedido a algunos sumos sacerdotes, como Juan Hircano (135-104 a. C.) según F. Josefo *(Bel. Jud.* 1, 68; *Ant. Jud.* XIII, 282s.299).

87. *Logízomai* tiene en primer lugar el sentido de «contar, calcular»; de ahí la idea de «reflexionar», calcular dentro de sí mismo.

este perturbando *(diastréphōn)* a nuestra nación» (Lc 23, 2)[88]. Se relaciona frecuentemente esta decisión con la de la mujer que entregó a Sheba, hijo de Bikri, para salvar a una ciudad (2 Sam 20, 22), o con la de Jonás que, sintiéndose responsable de la tempestad, hizo que lo tiraran al mar (Jon 1, 12-15). Estas relaciones carecen de fundamento ya que, a diferencia de Jesús, tanto Sheba como Jonás eran culpables de un pecado; por consiguiente, no permiten iluminar la decisión de Caifás; sin embargo, puede recordarse una tradición rabínica[89] que tiende a justificar una acción semejante, aunque la víctima no sea culpable.

Según algunos, Caifás distinguiría entre «el pueblo» por el que Jesús tiene que morir y «la nación» que ha de verse libre del peligro. Esta distinción carece de todo valor si se piensa que Jn la suprime cuando dice que Jesús «tenía que morir por la nación»[90]. En las palabras del sumo sacerdote, la segunda formulación no hace más que reforzar la primera. Esta va introducida por la preposición *hypér*, utilizada tradicionalmente para decir que Cristo murió «por nosotros», «por nosotros pecadores»[91], para que vivamos. Pues bien, aquí se dice que muere para reunir a todos los hombres en *uno solo*, es decir, por la unidad de los hombres en el Hijo.

El último versículo, que concluye la deliberación, presenta dos elementos notables. Decidieron no «condenar» a Jesús —este verbo no lo utiliza nunca Jn a propósito de este hecho—, sino «hacerle morir», lo cual está ciertamente en continuidad con el razonamiento de Caifás, pero confirma igualmente un tema presente en el texto por la ausencia de toda acusación contra Jesús, a saber, que nadie podía convencer a Jesús de pecado (8, 46): el tema de su inocencia domina en todo el relato de la pasión. El otro rasgo es la indicación «a partir de aquel día»: al no ser indispensable, subraya la importancia del acontecimiento que se narra. La sentencia de Caifás volverá a recordarse textualmente en 18, 14.

88. Este mismo reproche, expresado con las mismas palabras *(diástrephon)* es el que utilizó Ajab frente al profeta Elías (cf. 1 Re 18, 17).

89. *GenR* 94 (60[a]), citado en SB II, 546. ¿Se tratará quizás del «chivo expiatorio»?

90. Con G. Painter, NTS 25 (1978-1979) 103-112, opino en contra de S. Pancaro (NTS 16 [1969-1970] 114-129 y 21 [1974-1975] 396-405) que, aunque *laós* tiene algunas veces un sentido más estricto que *éthnos*, estos dos términos son prácticamente sinónimos cuando se trata de Israel (Mt 4, 23; 27, 25), con una acentuación del sentido político en *éthnos*, y del sentido social en *laós*.

91. La preposición *hypér*, tradicional para designar el fruto de la muerte de Jesús, fue recogida también (cf. nuestra obra *La fracción del pan*, 162-165) en 6, 51: «*para* la vida del mundo». En este caso se refiere a la reunión de todos los hombres, de Israel y de los demás.

54 Así pues, Jesús no circulaba abiertamente entre los judíos; pero desde allí partió para la región cercana del desierto, a una ciudad llamada Efraím, y allí permanecía con sus discípulos.

Este versículo está en correspondencia con 10, 40-42 (cf. *supra*, 317s). Con un «así pues», el narrador parece indicar que existe una relación de causa a efecto: después de la decisión del sanedrín es cuando Jesús deja de aparecer en público (cf. 7, 1) y se marcha a Efraím a una jornada de distancia de Jerusalén, en los límites con el desierto[92]. Aunque la ignoran los sinópticos, esta noticia se remonta probablemente a una antigua tradición. Pone de manifiesto la atmósfera enrarecida de Jerusalén en la que Jesús se iba viendo cada vez más acorralado. A diferencia de la estancia al otro lado del Jordán, no se habla de ninguna afluencia de creyentes. Jesús está solo con sus discípulos. Se ha consumado la ruptura con Judea, pero no sin que el signo de Lázaro haya dado figura y sentido a la obra que Jesús habrá de realizar con su muerte.

APERTURA

Al librar a Lázaro de los lazos de la muerte, Jesús se ha mostrado vencedor del último enemigo; de esta manera ha prefigurado su propia resurrección y la resurrección del final de los tiempos. Pues bien, este relato joánico, que se apoya sin duda en algunas tradiciones históricas, está penetrado de simbolismo, de manera que a veces algunos elementos significativos para la comprensión de todo el conjunto corren el peligro de quedar aislados y de adquirir valor por sí mismos. Son muchos los que actualmente se interesan por los detalles que ilustran un reportaje y que parecen fundamentar la solidez del relato. De ahí el problema que me preocupa, en la medida en que intento comunicar el texto. El exegeta tiene razón al declarar lo que él cree que es el sentido, pero no debe desinteresarse de la preocu-

92. Localidad difícil de identificar: se la ha señalado en Et Tayyebé, a unos 20 km. al N-NE de Jerusalén (a una altura de 869 m.). Esta ciudad corresponde al Apherema de 1 Mac 11, 34 y al Efrón de 2 Crón 13, 19. La opción por Efraím evoca quizás la situación de los israelitas que, bajo la amenaza de los filisteos, tenían que ocultarse en la montaña de Efraím (1 Sam 14, 22).

pación que siente el predicador y el catequista: comunicar el texto es hacer que se entienda por lo que él mismo dice.

Un sondeo en la historia de los efectos de este texto en los lectores de los pasados siglos nos ayuda a tomar conciencia de los riesgos de toda actualización. Esta empresa resulta ahora bastante fácil gracias a dos obras recientes, de Jacob Kremer (1985) y de Alain Marchadour (1988)[93].

Los Padres de la Iglesia se complacen en subrayar la relación tipológica del episodio con la muerte-resurrección de Jesús así como con la resurrección final. ¡Muy bien! Pero su preocupación no es sólo la de informar a los oyentes, sino la de despertar su fe en Jesucristo. Desde san Ireneo (202), Lázaro es considerado como el tipo del «pecador»:

> Salió el muerto con los pies y las manos atadas con vendas: era el símbolo del hombre atrapado en sus pecados *(Adv. Haer.* V, 13, 1).

Pero gracias a Jesús, Lázaro es desatado. Escuchemos a Orígenes:

> Existen ahora «Lázaros» que, después de haber recibido la amistad de Jesús, han caído enfermos, luego han muerto y se han quedado en las tumbas y en la región de los muertos, muertos entre los muertos. Después han vuelto a vivir por la oración de Jesús y han salido del sepulcro por la voz poderosa de Jesús *(In Jo.* XI, 43s: XVIII art. 54 = GCS IV 397).

Esta admirable aplicación supone varios eslabones en el razonamiento: por la muerte y la resurrección de Jesús, prefigurados aquí en la muerte de Lázaro y en su retorno a la vida, el hombre que ha muerto por el pecado vuelve a encontrar la vida. Pero, si el oyente no presupone estas relaciones, la exhortación de Orígenes puede parecer arbitraria y algún que otro detalle deja de verse valorado en función de la totalidad del relato. Solamente nuestros contemporáneos, poco sensibles al aspecto práctico del texto (el sentido tropológico que exigían los medievales) y menos abiertos a su dimensión simbólica, orientaron su interés en dos direcciones opuestas: o bien seguir valorando algún que otro rasgo, o bien ocuparse sobre todo del acontecimiento como tal.

Las aplicaciones morales abundan a veces, a partir de algún que otro detalle: «huele mal», «¡quitad la piedra!», «desatadlo» son otras tantas ocasiones para que el predicador exhorte a sus fieles, sin situar ya los detalles respecto al conjunto. Aislada de este modo esta apli-

93. J. Kremer, *Lazarus,* Stuttgart 1985; A. Marchadour, *Lazare. Histoire d'un récit, récits d'une histoire,* Paris 1988.

cación, por muy interesante y válida que sea, no puede realmente apelar al texto inspirado de Jn.

Otra tendencia consiste en valorar el acontecimiento prodigioso en vez de situarlo modestamente en función del sentido que tiene a los ojos de la fe; así, los «cuatro días» pasados en el sepulcro, que a los ojos de Jn contribuyen a favorecer la tipología de la resurrección, se convierten en un elemento importante para visualizar mejor el reportaje y para mostrar la grandeza del prodigio.

Si es difícil comunicar a nuestros contemporáneos el relato del signo de Lázaro, así como el de los milagros del evangelio, esto se debe esencialmente a nuestra mirada: nos preocupamos ante todo por los hechos brutos y somos poco sensibles a lo simbólico, que es tan familiar a los evangelistas. El relato tiene valor como relato; basta con decirlo en su profundidad significante.

ANTES DE LA ULTIMA PASCUA
(11, 55-12, 36)

Se acerca la última pascua, que pone fin a la vida pública de Jesús. En este marco, el narrador dispone las escenas según una especie de cronología: en seis días (12, 1), al día siguiente (12, 12), antes de la pascua (13, 1). En ese día solemne Dios va a sellar por medio de su Hijo la alianza que había proyectado con Israel y con la humanidad. Jesús se dirige a Jerusalén para una última estancia.

Los tres episodios que se suceden, aparentemente sin ninguna vinculación, desde 11, 55 hasta 12, 36, están unidos por el hilo pascual: la gloria viene por la cruz. El banquete de Betania expresa el gozo de los invitados en presencia de Jesús y de Lázaro, que vive después de haber muerto; pero Jesús interpreta la unción de María como el anuncio de su sepultura. La gente sale de Jerusalén a aclamar al rey de Israel que se acerca a la ciudad santa, pero Jesús rechaza este honor y se monta en un asno. Los griegos que quieren ver a Jesús anuncian la hora de la reunión de todos los hombres a su alrededor, pero Jesús proclama la necesidad de la muerte para llegar a la gloria. En estos relatos se manifiesta constantemente la doble dimensión de la pascua.

Otro principio de unión de estas escenas es la presencia de la gente, mencionada en todas las etapas de su desarrollo. En dos veces se la caracteriza como un «gentío numeroso» (12, 9.12), pero más ordinariamente sin epíteto (12, 17s.29.34). La gente había desaparecido de la narración entre los capítulos 8 y 11. Aquí se la pone en relación con Jesús, al que espera encontrar (11, 56) y luego aclama (12, 9.12s), y también con Lázaro, debido al milagro (12, 9.17s). No es necesario distinguir en ella varios grupos, ya que este dato tiene la función de preparar la reflexión de los fariseos: «¡El mundo ha marchado detrás de él!» (12, 19). La gente se distingue de los adversarios de Jesús, a los que se menciona en contraposición a ella, como para situar el drama de la opción en favor o en contra de la fe (11, 57 con 11, 56; 12, 10s con

12, 9; 12, 19 con 12, 17s). Sin embargo, esta distinción desaparece al final, de manera que la gente pasa también a ser incrédula (12, 29.34).

Antes de abordar la lectura de las diferentes escenas, presentemos una visión de conjunto sobre los tres dípticos gente-adversarios. Los dos primeros se corresponden entre sí:

56 **Ellos (mucha gente) buscaban a Jesús y se decían entre sí: «¿Qué pensáis? ¿vendrá a la fiesta?».** 57 **Pero los sumos sacerdotes y los fariseos habían dado órdenes: el que supiera dónde estaba, debía avisarlo, para que se le prendiese.**	9 **Un gentío numeroso supo que Jesús estaba allí (en Betania) y vinieron no sólo por causa de Jesús, sino también para ver a Lázaro levantado de entre los muertos.** 10 **Pero los sumos sacerdotes decidieron hacer morir a Lázaro,** 11 **porque muchos judíos se iban por causa de él y creían en Jesús.**

Estos dos sumarios encuadran la unción de Betania (12, 1-8). El primero centra la atención del lector en Jesús; el segundo añade que vienen también por causa de Lázaro. El primero recuerda el proyecto homicida de las autoridades; el segundo muestra que los sumos sacerdotes piensan acabar también con Lázaro.

Un tercer díptico resume la situación:

17 **Así pues, atestiguaba la gente que había estado con él cuando había llamado a Lázaro fuera de la tumba y lo había levantado de entre los muertos.** 18 **Si la gente había venido a su encuentro, era por haber sabido que había hecho este signo.**   19 **Los fariseos se dijeron, pues, entre ellos: «¡Ved que no valéis para nada! ¡Mirad! El mundo ha salido detrás de él».**

Celebrando a Jesús, la gente daba testimonio de que el milagro de Lázaro había tenido lugar y se sentía arrebatada de entusiasmo: de ahí la reacción de los fariseos, superados por esta constatación. Su exclamación nos ofrece una transición para el episodio de los griegos.

LA UNCION EN BETANIA
(11, 55-12, 11)

55 Pues bien, la pascua de los judíos estaba cerca. Mucha gente del país subió del campo a Jerusalén antes de la pascua, para purificarse. 56 Buscaban entonces a Jesús y, en el templo donde estaban, se decían entre sí: «¿Qué pensáis? ¿vendrá a la fiesta?». 57 Pero los sumos sacerdotes y los fariseos habían dado órdenes: el que supiera dónde estaba, debía avisarlo, para que se le prendiese.
12, 1 Entonces, seis días antes de la pascua, Jesús vino a Betania, donde estaba Lázaro, al que Jesús había levantado de entre los muertos. 2 Se hizo allí un banquete en su honor. Marta se ocupaba del servicio y Lázaro era uno de los que estaban a la mesa con él. 3 María, tomando una libra de un perfume de nardo puro, de gran valor, ungió los pies de Jesús y le enjugó los pies con sus cabellos; y la casa se llenó del olor del perfume. 4 Judas el Iscariote, uno de sus discípulos, el que iba a entregarlo, dijo: 5 «¿Por qué no se ha vendido este perfume por trescientos denarios, que se habrían dado a los pobres?».
6 Y dijo esto, no porque se preocupara de los pobres, sino porque era ladrón y, teniendo la bolsa, llevaba lo que se ponía en ella. 7 Entonces Jesús dijo: «¡Déjala! Ella quería guardar este (perfume) para el día de mi sepultura. 8 En efecto, a los pobres los tenéis siempre con vosotros, pero a mí no me tenéis siempre».
9 Un gentío numeroso de judíos supo que Jesús estaba allí y vinieron no sólo por causa de Jesús, sino también para ver a Lázaro levantado de entre los muertos. 10 Y los sumos sacerdotes decidieron hacer morir a Lázaro, 11 porque muchos judíos se iban por causa de él y creían en Jesús.

Por medio de los dos dípticos que la encuadran (11, 55-57 y 12, 9-11), la escena queda situada en la trama de una historia. Tiene lugar dentro, en la intimidad de una casa acogedora, mientras que fuera la gente y las autoridades se afanan en busca de Jesús (cf. 11, 45-48).

Los peregrinos que han venido a «purificarse»[1] se preguntan por la presencia de Jesús para la fiesta (cf. 7, 11): su deseo de verlo se

1. Este rito podía durar una semana; cf. SB II, 546s y Núm 9, 6-13; 2 Crón 30.

revela en la doble pregunta[2] que plantean y se concreta en el segundo díptico, cuando la gente se dirige a Betania para ver a Jesús y también a Lázaro. Por su parte, los sumos sacerdotes y los fariseos agrupados entre sí intentan prender a Jesús para matarlo (cf. 11, 53). El recurso a la denuncia era una táctica que ignoraban los escritos rabínicos; por eso, la mención del v. 57 puede justificarse como una oposición literaria a la atracción que siente la gente por Jesús.

El episodio propiamente dicho les ha parecido extravagante a los comentaristas, pero está bien arraigado en la tradición evangélica y corresponde sin duda a un recuerdo histórico. Marcos y Mateo lo refieren, lo mismo que Jn, dentro del marco de la última semana[3]. Lucas nos narra un episodio parecido, que tiene lugar, sin precisión de fechas, en Galilea, con una pecadora como protagonista[4]. Se discute sobre la dependencia recíproca de estos relatos. Aunque no es nuestro propósito establecer la prioridad de una u otra redacción[5], conviene sin embargo echar una ojeada a las diferencias joánicas.

La datación no está de acuerdo: seis días (Jn) o dos días (Mc) antes de pascua. La de Marcos se deduce de la indicación que precede sobre el complot de los jefes en Mc 14,1 y no tiene un valor especial, pues en opinión de todos los críticos, el episodio de la unción fue interpolado en el relato primitivo de la pasión en una fecha posterior[6], para mostrar que Jesús era consciente de antemano de lo que iba a sufrir. La datación joánica, que podría tener un valor histórico[7], sitúa el episodio antes, no después de la entrada triunfal de Jesús en Jerusalén; de esta manera correspondería a la tarde del sábado anterior al de la pasión.

Lo mismo que en Mateo y en Marcos, la escena tiene lugar en Betania, durante un banquete ofrecido en honor de Jesús. Pero en Jn los invitados que se mencionan son Lázaro y sus hermanas.

El perfume que derrama la mujer es el mismo: un nardo precioso[8], en gran cantidad, equivaliendo una libra a unos 330 gramos. Judas

2. Sobre el giro *ou mē élthē eis tēn heortḗn,* cf. BD 356, 4; 427, 2.

3. Mt 26, 6-13; Mc 14, 3-9.

4. Lc 7, 36-50.

5. Las opiniones de los críticos varían; se las discute en la mayor parte de los comentarios. El estudio más reciente es el de J. F. Coakley, JBL 107 (1988) 241-256 que, contra la mayor parte de los autores, defiende la prioridad del relato de Jn. A. Legault, CBQ 16 (1954) 143-145 y J. F. Coakley, *a. c.,* 255s, intentan probar que los relatos de Mt, Mc, Jn y el de Lc corresponden a dos acontecimientos.

6. Cf. *Passion (récits de la),* en DBS VI, 1454s.

7. Así R. Fortna, *Gospel of Signs,* Cambridge 1970, 152; J. F. Coakley, *a. c.,* 242s. C. K. Barrett y M. E. Boismard opinan lo contrario.

8. El nardo es un óleo perfumado que procede de una planta del Himalaya (cf. Cant 1, 12). El adjetivo *pistikós* (Jn y Mc) puede significar «precioso» o «puro» (en el sentido de no mezclado).

(Jn) calcula su valor en 300 denarios[9]; lo valoran más todavía los objetores en Marcos. Pero en Mateo y en Marcos la unción se hace sobre la cabeza de Jesús, lo cual parece haber sido un homenaje que se rendía a los invitados de importancia[10]; pudo haber ido tomando poco a poco el sentido de una investidura mesiánica. Al contrario, la unción sobre los pies (Jn; cf. Lc) no tiene paralelos en la literatura judía[11]; por eso mismo reviste cierto carácter de autenticidad.

Se presenta una dificultad: si, por parte de la pecadora deshecha en lágrimas (Lc 7, 38), la unción de los pies se justifica como una expresión de su arrepentimiento, no se le puede atribuir a María este motivo. Se ha pensado en una manifestación de agradecimiento para con aquel que había devuelto la vida a su hermano (cf. 12, 1). Lo cierto es que el gesto resultó sorprendente para los invitados[12]. Es inútil disputar sobre el sentido que María podía conferirle, ya que lo esencial es la interpretación que da de él Jesús.

¿Por qué María, que ha llorado, enjuga con sus cabellos los pies que acaba de ungir? Quizás haya aquí una interferencia con la tradición lucana, según la cual la pecadora enjuga los pies inundados de lágrimas; en el texto joánico se trata sin duda de quitar el sobrante del perfume.

Tan sólo Juan indica que toda la casa se llenó de olor a nardo. A no ser que se le haga a Jn depender de Marcos, no hay motivos para pensar que Jn trasponga aquí la palabra sobre la difusión del evangelio (Mc 14, 9s). Finalmente, la crítica procede en Jn de Judas y no de los invitados anónimos (como en Mc) o del grupo de los discípulos (Mt). No se impone por tanto una dependencia directa respecto a Marcos[13].

Estructura del relato

El relato se estructura en torno a dos oposiciones: banquete y unción, Jesús y Judas. *El banquete y la unción* están ciertamente ligados entre sí, por el hecho de que ésta tuvo lugar durante el banquete;

9. O sea, el equivalente de un salario agrícola para 300 jornadas de trabajo. Cf. *Denario,* en DNT, 171.

10. Cf. Sal 133, 1s; 23, 5; cf. Ecl 9, 8. Se hacía ordinariamente antes de la comida.

11. A. Legault, 138, niega la existencia de algún paralelismo; J. F. Coakley, 246, lo pone en duda.

12. Una mujer no podía por decencia desatar su cabellera en público. Cf. 1 Cor 11, 4-6; J. F. Coakley, 250 nota 51.

13. En contra de C. K. Barrett, que sostiene la dependencia de Jn respecto a Mc.

pero lo esencial radica en otra parte: el banquete significa la alegría de la resurrección, mientras que la unción está en orden a la sepultura, según Jesús.

El banquete reúne a Jesús y a los discípulos con Lázaro y sus hermanas, mencionadas expresamente. Pero la preocupación del narrador por recordar que Lázaro había sido levantado de entre los muertos invita a ver en este banquete una alusión manifiesta a la vida reencontrada. El hecho de comer significa que uno está vivo. Así Jesús ordena que den de comer a la niña que acaba de ser reanimada (Mc 5, 43 par); y el Resucitado pregunta a los apóstoles si tienen algo de comer y come (Lc 24, 41-43). Es también un banquete de reencuentro para Jesús y para Lázaro, del que no se ha dicho nada desde que salió del sepulcro. Es probable que signifique la unión gozosa del discípulo «vivo» con el Señor. El Apocalipsis dice: «Si alguno oye mi voz (¡Lázaro la ha oído desde su tumba!), entraré en su casa para cenar, yo junto a él y él junto a mí» (Ap 3, 20).

En un relato que recuerda expresamente el signo de Lázaro, la unción podría haber sido, como decíamos más arriba, una manifestación de gratitud. Pero Jesús la interpreta como referida a su sepultura. De ese modo la unción se presenta como antítesis del banquete y, en oposición a él, dirige la mirada del lector hacia la muerte. Este contraste sugiere que la vida nueva tiene como condición la pascua de Jesús. Según esta perspectiva, el olor del perfume que llena toda la casa se opone al hedor del cadáver que asustaba a Marta (11, 39), para manifestar la plenitud de la victoria de Jesús sobre la muerte. Al mismo tiempo, esta indicación confirma la sobreabundancia del perfume derramado y de este modo la intensidad del amor que ha inspirado a María[14].

Al acoger el gesto de la mujer, Jesús muestra una libertad soberana. Si, en Jn, Jesús no pone de relieve, como en Marcos, la generosidad de la mujer, defiende sin embargo su actuación, dándole él mismo un sentido y refiriéndola a su sepultura. La interpreta en cuanto que le concierne a él mismo, pero hay también allí implícitamente un elogio de María, el único personaje del cuarto evangelio que presenta el misterio de la hora. Desgraciadamente el texto del versículo 7 es muy difícil de traducir. Lo traducimos de este modo:

14. La imagen del perfume que se derrama se encuentra en el Cantar para indicar el amor: Cant 1, 3; 4, 10s. Aparece también en la literatura rabínica: cf. SB II, 547; *Mid Qo* 7, 1.

7 «¡Déjala! Ella quería guardar este (perfume) para el día de mi sepultura[15]».

Algunos leen esta palabra de una sola tirada, como si el imperativo «Déjala» rigiese la proposición introducida por *hína* («a fin de que»): déjala para que conserve este (perfume) para el día de mi sepultura. Esto supone que María no derramó todo el nardo y por eso se haría mención de este perfume cuando llegue el momento de enterrar a Jesús. Pero ninguna de estas dos suposiciones está justificada[16].

Es preferible separar el imperativo inicial y la segunda parte de esta frase. La conjunción *hína* puede en algunos casos encontrarse al comienzo de una frase[17]. Caben entonces dos posibilidades. D. Daube[18] traduce: «¡Déjala, pues! ¡Que conserve en su memoria este (gesto) hasta el día de mi sepultura!». El verbo *tēréō* tendría aquí el mismo sentido que en Lc 2, 19.51, aunque no vaya seguido de la precisión «en su corazón» (cf. Gén 37, 11). Jesús invitaría a María a acordarse de su gesto; captará su verdadero significado en el momento real de la sepultura.

La otra posibilidad es la que hemos conservado, con otros muchos autores: mediante la conjunción *hína,* la frase dice cuál era el propósito de María: «ella pensaba utilizar este perfume para el día de mi sepultura». En otras palabras, si no lo cedió en favor de los pobres, era para guardarlo para el día de mi sepultura, y lo ha hecho ahora. María ha anticipado los honores que se deben a Jesús muerto, como si presintiese su próxima partida. Esta interpretación coincide con lo que dice Mc 14, 8: «Ella ha hecho lo que podía hacer: de antemano ha perfumado mi cuerpo para la sepultura».

Las palabras que siguen confirman que la proximidad de la muerte se imponía al pensamiento de Jesús: «A mí no me tenéis siempre».

La oposición *Jesús-Judas* se muestra en la interpretación positiva o negativa del gesto de María. Judas dice:

15. En griego: *áphes autḗn hína eis tēn hēméran toû entaphiasmoû mou tērḗsēi autó.*
16. Cf. 12, 3; 19, 39s.
17. Cf. 1, 22; 15, 12.17.
18. D. Daube, *NT and Rabbinic Judaism,* London 1956, 312-324.

5 «¿Por qué no se ha vendido este perfume por trescientos denarios, que se habrían dado a los pobres?».

Después de dos mil años, ¿no surge también espontáneamente esta crítica? Pero el narrador especifica que se trataba de un pretexto, ya que Judas, encargado de la bolsa del pequeño grupo[19], no se preocupaba de los pobres: era un ladrón. Esta acusación es propia de Jn, y dudo que encontrara una justificación para ella. Es verdad que en la tradición existía cierta vinculación entre Judas y el dinero: aquel discípulo había traicionado al Maestro pensando en ganar una recompensa[20]; pero el epíteto de ladrón no puede explicarse por esto. A veces se ha sugerido que el evangelista sugeriría cierta afinidad entre Judas y el demonio, tal como la había señalado otras veces[21]; su codicia mostraría su relación con el príncipe de las tinieblas[22]. Esto es explicar lo oscuro por lo más oscuro; ¿pero habrá otra explicación mejor?

La oposición Jesús-Judas aparece de otra manera en el v. 4. Se define allí a Judas como «el que iba a entregarlo». La muerte evocada de este modo prepara en el relato lo que Jesús va a decir en defensa de María, sobre todo si se piensa que Jesús sabía que Judas lo iba a entregar. Aquí, como en 6, 70-71, se señala su condición de discípulo junto con su traición. La oposición entre Judas y el Maestro refleja la que existe entre la vida y la muerte; pero a ella se añade una oposición Judas-María frente a Jesús y su pasión.

Después de interpretar el gesto de María en relación con su sepultura, Jesús añade, pensando no solamente en Judas, sino en todos los que lo rodean, ya que habla de «vosotros».

8 «A los pobres los tenéis siempre con vosotros, pero a mí no me tenéis siempre».

19. Cf. 13, 29. Los sinópticos no dicen nada de esto.
20. Mt 26, 14; cf. Mc 14, 11; Lc 22, 4-6.
21. 6, 70; 13, 2.27.
22. Cf. K. Lüthi, EvTheol 16 (1956) 98-114.

Esta respuesta choca muchas veces a los lectores, ya que Jesús parece desentenderse de los pobres y considerar la pobreza como una fatalidad. Sin embargo, el texto refleja un versículo del Deuteronomio:

> No dejará de haber pobres en medio del país (Dt 15, 11),

El contexto de este versículo de Dt es el mandamiento de Yahvé de socorrer a los necesitados, de «abrir la mano» en su favor; no hacerlo así es pecar. El versículo citado sirve para precisar que un mandamiento semejante valdrá indefinidamente para el futuro, puesto que la injusticia seguirá dominando entre los hombres. Así pues, Jesús recuerda indirectamente la orden de Dios, ya que una cita de la Escritura implica en los evangelios la evocación de la idea fundamental del contexto en que se encuentra.

Esta explicación es válida y coincide, para Mateo y Marcos, con la enseñanza fundamental de Jesús en este terreno; pero no da cuenta de la distinción que hace Jesús entre los pobres y él mismo. Pues bien, ¿sobre qué recae exactamente? Muchas veces se insinúa que Jesús de Nazaret sería más importante que los pobres (¡cf., sin embargo, Mt 25, 35-45!) y de allí se deduce que los honores que se rinden a Cristo pueden a veces tener la prioridad sobre el deber de la justicia fraternal. En realidad, se trata de dos órdenes distintos. Sobre todo, en el caso presente, la distinción recae sobre: siempre-no siempre. Jesús dice: «Hay que ocuparse de los pobres *siempre,* pero *hoy* María ha hecho bien al ocuparse de mí, porque voy a morir». La tradición común ha conservado esta palabra como una profecía que hace Jesús de la proximidad de su muerte. Jesús no le confiere al gesto de María un valor de ejemplo intemporal, ya que la circunstancia es única; confirma, aprobándolo, el alcance de lo que ha significado[23].

El relato de la unción termina con este nuevo anuncio de la partida de Jesús. Como los otros evangelistas, Jn no señala cuál fue la reacción de los invitados después de esto; es al lector a quien toca dejarse penetrar por el misterio que se acaba de evocar. Sin embargo, se vuelve al hilo de la historia de Jesús con la mención del gentío que se dirige en gran número a Betania, deseoso de ver no solamente a Jesús, sino a Lázaro que se ha visto libre de los lazos de la muerte. María, en su amor, comulgó intuitivamente con la pascua de Jesús; Lázaro, el discípulo que comparte el banquete con Jesús, va a ser perseguido lo mismo que el Maestro. Este dato anticipa lo que Jesús dirá en el

23. Se han propuesto otras interpretaciones, por ejemplo las de J. Jeremias, ZNW 35 (1936) 75-82 y R. E. Brown: entre las «obras buenas» que había que cumplir, el deber de sepultar a los muertos era, en Israel, superior al de la limosna.

discurso de despedida (cf. 15, 20). La hostilidad —ahora sólo de los sumos sacerdotes— ataca no solamente al enviado de Dios, sino a aquel que es el testimonio vivo de su victoria.

JESUS ACLAMADO POR LA GENTE

(12, 12-19)

12 Al día siguiente, un gentío numeroso llegado para la fiesta, al saber que Jesús venía a Jerusalén, 13 tomó ramos de palmas y salió a su encuentro, y gritaba:
«¡Hosanna!
¡Bendito e que viene en nombre del Señor,
el rey del Israel!».
14 Pero Jesús, encontrando un asno, se sentó encima, según está escrito:
15 «No temas, hija de Sión,
he aquí que tu Rey viene
sentado sobre un pollino».
16 Esto, sus discípulos no lo comprendieron al principio; pero cuando Jesús fue glorificado, entonces se acordaron de que esto estaba escrito de él y que esto se había hecho para él. 17 Así pues, atestiguaba (esto) la gente que había estado antes con él cuando había llamado a Lázaro fuera de la tumba y lo había levantado de entre los muertos. 18 Si la gente había venido a su encuentro, era por haber sabido que había hecho este signo. 19 Los fariseos se dijeron, pues, entre ellos: «¡Ved que no valéis para nada! ¡Mirad! El mundo ha salido detrás de él».

El relato de la entrada de Jesús en Jerusalén entre los vivas del pueblo es familiar a los cristianos gracias a la liturgia del domingo de Ramos, en donde se lee la versión sinóptica. Después de una larga «subida» desde Galilea, Jesús llega a Jerusalén por primera vez, la única. El mismo ha preparado este acontecimiento, pidiendo a dos discípulos que le traigan un asno, que encontrarían siguiendo sus indicaciones, y avanza sobre esta montura como Mesías de paz, mientras que la gente extiende a su paso sus vestidos o ramos de árboles, aclamándolo con las palabras de un salmo del Hallel[24].

24. Hallel, nombre que designa los Sal 113-118, con los que se aclamaba a

Mientras que los sinópticos coinciden en el desarrollo y en los rasgos esenciales del relato, Jn modifica radicalmente la tradición. El episodio sucede a la unción de Betania («al día siguiente») y se invierte su secuencia: al enterarse de que Jesús se acerca a Jerusalén, la gente sale a su encuentro aclamándolo y es entonces solamente cuando Jesús monta sobre un asno, al que simplemente ha «encontrado». A continuación no se describe ningún recorrido triunfal: el evangelista toma la palabra para citar la Escritura y añadir un comentario, típico de su forma de escribir. En los v. 17-18 justifica *a posteriori* el entusiasmo de la gente por el milagro de Lázaro que han confirmado numerosos testigos.

Así pues, Jesús viene de Betania, penetrado todavía del perfume con que lo ha ungido María y del pensamiento de su muerte cercana. Si va a Jerusalén, no es como príncipe, sino como el que lleva a término el proyecto anunciado en 11, 7: «¡Vamos a Judea!», donde tiene que concluirse su misión. Hizo alto en Betania para levantar a Lázaro de entre los muertos; luego, después de una escapada a Efraím, volvió a Betania para celebrar con la familia de Lázaro la vida nueva de su amigo; sin embargo, el gesto de María le ha confirmado que el día de su sepultura está cerca. Jesús se dirige entonces a Jerusalén, donde lo está esperando su suerte, sin preocuparse para nada de las aclamaciones. Es el pueblo el que viene hacia él[25], lo mismo que se sale al encuentro de un soberano que se acerca a la ciudad[26].

La actitud de la gente se percibe con claridad, primero por el hecho de que lleva, no ya ramas arrancadas de los árboles del recorrido, sino palmas. Debió habérselas procurado de antemano[27]. En el mundo antiguo, las palmas eran un símbolo de victoria que está atestiguado en los documentos judíos[28] en épocas de sublevación nacional contra los

Dios en ciertas solemnidades, particularmente la pascua y la fiesta de las Tiendas (SB I, 850). Cf. Mt 21, 1-11; Mc 11, 1-11; Lc 19, 28-38.

25. *Eis hypántēsin:* esta expresión aparece en Mt 8, 34; 25, 1; cf. Mt 25, 6; Hech 28, 15; 1 Tes 4, 17 con *apántēsis*. Designa una acogida solemne hecha a un personaje importante.

26. Así en Pérgamo con Atalo III (138-133 a. C.; cf. OGIS n. 332, I, 26-39), o en Antioquía con Tito (F. Josefo, *Bel. Jud.* VII, 100-103).

27. No había palmeras en Jerusalén, como podría confirmarlo una carta de Bar Kochba (escrita desde los alrededores de Jerusalén) pidiendo que le envíen palmas de Enguedí, sin duda para la fiesta de las Tiendas (S. Yadin, Biblical Archeologist 24 [1961] 90). La liturgia de esta fiesta prescribía su uso (SB II, 774-812, sobre todo 789s; M. Sukka 3, 1). Las palmas que lleva la gente podrían ser de las que se conservaban en las casas después de la fiesta.

28. Cf. W. R. Farmer, JTS 3 (1952) 62-66.

ocupantes[29]. En Jesús, que después de tantos milagros (cf. 7, 31; 11, 47) tuvo además el poder de llamar a Lázaro fuera de la tumba (cf. 12, 17), la gente ve a aquel que Dios ha enviado para librar a Israel de su humillación, al Mesías esperado. Para expresar su gozo, entona el *¡Hosanna!* que acompañaba a los peregrinos que se dirigían al templo para la fiesta de las Tiendas o para la pascua[30]; esta expresión de Sal 118, 25 es en su origen una llamada a la salvación, pero se había convertido en una aclamación. Este salmo celebra la fidelidad de Dios a propósito de una liberación: el salmista, que habla en nombre del pueblo, está sitiado, rodeado por «todas las naciones» (paganas), pero sale victorioso de la prueba. El v. 26 que entona la gente: «¡Bendito el que viene en el nombre del Señor!» se refería al fiel que sube al templo a celebrar a Dios. En el relato evangélico, aplicado a Jesús, este versículo adquiere un sentido referido a su misión: «el que viene» a Jerusalén, viene realmente en nombre de su Padre. Jn ha mantenido esta cita de la Escritura; le sirve para ilustrar dos temas de su evangelio[31].

Pues bien, en Jn la gente indica que Jesús es «el rey de Israel»[32]. Este título, en labios de Natanael (1, 49), equivalía al de Mesías en el sentido de las Escrituras y Jesús lo había aceptado. Aquí por el contrario, dicho por el pueblo después de un gran milagro, está utilizado de forma ambigua. Se impone una relación: después del milagro de los panes dados en abundancia, el «gentío numeroso» (6, 2; cf. 12, 12) aclamó al «que tiene que venir al mundo» (6, 14), llamándolo «el profeta», a saber, el libertador nacional, y quiso llevarse a Jesús para hacerlo rey (6, 15)[33]. La ovación de Jn 12, 13 presenta la misma sucesión: «el que viene» y «rey». El aspecto político que podía leerse en el relato sinóptico se hace evidente en Jn, debido no solamente a las palmas, sino a esta analogía de situación, ya que el signo de Lázaro ha sustituido al de los panes.

En el capítulo 6 Jesús se había retirado a la montaña, él solo; luego había intentado en un largo discurso levantar la mirada de los galileos hacia el sentido real del signo realizado. Ahora Jesús no puede alejarse de la gente, pero manifiesta su profundo desacuerdo con sus miras. El texto lo indica con la partícula *dé,* que tiene valor adversativo: *«Pero*

29. Así, cuando Simón Macabeo liberó la ciudadela de Sión (1 Mac 13, 51), luego durante la Guerra judía (66-70: cf. F. Josefo, *Bel. Jud.* III, 345; XIII, 372) y en las monedas acuñadas durante la sublevación del 135 d. C. Cf. también *LvR.* 30 y *Jub.* 16, 31.

30. 2 Sam 14, 4; 2 Re 6, 26; cf. E. Lohse, TWNT IX, 683s.

31. «El que viene»: 1, 15.27; 3, 31; 6, 14; 11, 27; «en el nombre del Padre»: 5, 43; 10, 25; 17, 11.12.

32. El *kaí* tiene valor epexegético: sirve para precisar la proposición anterior. Entre los sinópticos, tan sólo Lucas menciona al «rey» (Lc 19, 38).

33. Cf. *supra,* 92s.

Jesús, encontrando un asno, se sentó encima». Con esta acción simbólica Jesús denuncia la ambigüedad inherente a la aclamación «rey de Israel» y a la vez le da su verdadero sentido. Pensando en el lector, el evangelista recuerda un anuncio profético, que introduce de la misma manera que en 6, 31, «según está escrito», y que también aquí ajusta en función de su objetivo. Excepto el saludo inicial, Jn cita un texto de Zacarías:

Jn 12, 15	*Zac 9, 9*
No temas, hija de Sión: He aquí que tu rey viene sentado sobre un pollino.	Alégrate, hija de Sión: He aquí que tu rey avanza hacia ti: es justo, victorioso, humilde, montado en un asno, en un pollino muy joven.

Mateo citó casi completo este mismo oráculo, a propósito de la cabalgadura que buscó Jesús para entrar en Jerusalén[34], y el lector comprende que la elección de un asno le viene bien al rey mesiánico, manso y humilde de corazón (Mt 11, 29), tal como lo anunciaba Zacarías en contraste con los caudillos guerreros. En el versículo siguiente, el oráculo del profeta explicita el tema de la paz en un sentido universal: «de un mar al otro» (Zac 9, 10). Jn pone la cita al final del episodio y la reduce a lo esencial. Desde ese momento sugiere que todo reside en la verdadera inteligencia de la realeza de Jesús: este tema dominará en el relato de la pasión[35].

Por otra parte Jn sustituyó el comienzo del versículo de Zacarías («Alégrate, hija de Sión»), por «No temas, hija de Sión». Esta exhortación, ciertamente equivalente, corresponde a una palabra de Sofonías: después de interpelar a la hija de Sión con «¡Grita de gozo!» (Sof 3, 14), el profeta continúa:

> Aquel día se dirá a Jerusalén:
> «No temas, hija de Sión...
> El Señor está en medio de ti
> como héroe, como salvador» (Sof 3, 16-17).

34. En Mt 21, 4s la cita es una reflexión del narrador, para constatar que Jesús cumple la Escritura, mientras que en Jn forma parte del relato como tal. Cf. C. J. Bjerkelund, *Tauta egeneto,* Tübingen 1987, 118.

35. Cuando Pilato le pregunta: «¿Eres tú el rey de los judíos?», Jesús responde: «Tú lo dices: yo soy rey», insinuando que lo es en un sentido distinto del que le daba Pilato. Cf. 18, 37; 19, 12.14s.19-22.

Este texto anuncia la presencia en Israel de Dios mismo, a quien los versículos siguientes evocan como pastor de su pueblo, haciendo eco a Ez 34. ¿Conjugó Jn las dos citas para sugerir que Jesús, el rey de Israel en el verdadero sentido de la palabra, es también presencia del Padre en el mundo? ¿o prefirió decir «No temas», porque este giro es más frecuente en las profecías veterotestamentarias de salvación y porque la ausencia de temor lleva consigo una situación de paz?

Jesús le quitó la ambigüedad al título «rey de Israel» mediante un gesto profético: ¿podía ser comprendido por los que le rodeaban? Lo mismo que después del anuncio del templo reconstruido en tres días (2, 22), el evangelista añade su propio comentario:

16 **Esto, sus discípulos no lo comprendieron al principio; pero cuando Jesús fue glorificado, entonces se acordaron de que esto estaba escrito de él y que esto se había hecho para él.**

Después de la «glorificación» de Jesús, es decir, después de pascua, es cuando los discípulos, a la luz del Espíritu (cf. 7, 39) captaron el sentido de aquel acontecimiento y su relación con la Escritura. No se trata aquí de un duplicado de 2, 22, ya que la formulación ha sido modificada y el pensamiento que en él se expresa le importa mucho al evangelista; sin embargo, el recuerdo indirecto del episodio del templo crea un vínculo entre dos relatos que los sinópticos sitúan uno después del otro (cf. Mt 21, 1-13 par).

Leyendo atentamente este comentario joánico, se observa que la cita precedente no tiene en Jn la misma función que en Mateo, en donde figura como una indicación al margen para iluminar el presente por el pasado: Jesús cumple la Escritura con su actuación. En Jn, la clave del acontecimiento se sitúa en el futuro, en el tiempo pascual al que los discípulos no tienen acceso. Una vez glorificado Jesús, y sólo entonces, es cuando la misma Escritura se abre a la verdad que contiene, manifestando la maravillosa continuidad de los designios de Dios: si la Escritura permite reconocer a Jesús, una vez llegado a su glorificación Jesús le da un rostro singular a la promesa.

Entre el numeroso gentío (cf. 12, 12), el narrador distingue a los que, en gran número, habían asistido al milagro de Betania y que no cesan de atestiguarlo; es sin duda la noticia de ese signo la que ha motivado la afluencia del pueblo al encuentro de Jesús. Como de ordinario, se menciona también a los adversarios, como contrapartida, para señalar aquí su decepción: irónicamente, Jn les hace decir que «el mundo» (en el sentido de «toda la gente») se pone a seguir a Jesús (cf. 11, 48; 12, 10s). El creyente que lee esta palabra sabe muy bien que Jesús tiene una misión que afecta al mundo entero y que su mensaje será recibido mucho más allá de las fronteras de Palestina. El texto se encadena con el episodio de los griegos que han sido atraídos por Jesús.

HA LLEGADO LA HORA DE LA GLORIFICACIÓN

(12, 20-36)

20 **Había algunos griegos, de los que habían subido a adorar**
durante la fiesta. 21 **Estos se acercaron a Felipe, que era de Betsaida en Galilea, y le hicieron esta petición: «Señor, queremos ver a Jesús».** 22 **Felipe viene y se lo dice a Andrés;**
Andrés y Felipe vienen y se lo dicen a Jesús. 23 **Jesús les**
responde diciendo:
«Ha llegado la hora
en que el Hijo del hombre va a ser glorificado.
24 **Amén, amén, os lo digo:**
si el grano de trigo caído en tierra no muere,
permanece solo;
si muere,
da fruto en abundancia.
25 **El que se apega a su propia vida, la pierde;**
y el que no se apega a su propia vida en este mundo,
la mantendrá como vida eterna.
26 **Si alguien viene a servirme, que me siga,**
y donde yo estoy, allí estará también mi servidor.
Si alguien viene a servirme, mi Padre lo honrará.
27 **Ahora mi alma está turbada**
y no sé qué decir.
¡Padre! ¡Asegúrame la salvación desde esta hora!
¡Pero sí! Para esto he venido hasta esta hora.
28 **¡Padre, glorifica tu Nombre!».**
Vino entonces del cielo una voz:
«Y yo he glorificado y glorificaré todavía».
29 **La gente que estaba allí y que (lo) había oído decía que**
había habido un trueno; otros decían: «Le ha hablado un
ángel». 30 **Jesús respondió y dijo: «No es por mí por quien**
hubo esta voz, sino por vosotros.

31 Es ahora el juicio de este mundo,
ahora el príncipe de este mundo va a ser echado fuera,
32 y yo, cuando sea elevado de la tierra,
atraeré a todos los hombres a mí».
33 Esto lo dijo significando de qué muerte iba a morir.
34 Entonces la gente le respondió: «Nosotros hemos aprendido de la ley que el Cristo permanece para siempre. ¿Cómo puedes tú decir: 'Es preciso que el Hijo del hombre sea elevado'? ¿quién es ese Hijo del hombre?».
35 Entonces Jesús les dijo:
«Por poco tiempo todavía la luz está entre vosotros.
Caminad mientras tenéis la luz,
para no ser detenidos por las tinieblas;
el que camina en las tinieblas no sabe adónde va.
36 Mientras tenéis la luz,
creed en la luz,
a fin de haceros hijos de luz».
Esto Jesús lo proclamó y, marchándose, se ocultó de ellos.

El tercer cuadro del capítulo 12 no está ligado el anterior. Del hecho de que los griegos (v. 20) están en Jerusalén y hablan con los discípulos, el lector deduce que Jesús se encuentra allí. El texto consiste esencialmente en un discurso de Jesús (v. 23-32), introducido por lo que le sirve de ocasión (v. 20-22) y seguido por una exhortación a creer (v. 35s). Su contenido se resume en la nota del evangelista en el v. 33: Jesús acaba de decir «de qué muerte iba a morir».

Es verdad que Jesús había anunciado ya antes su muerte cercana y que había señalado que el Hijo del hombre sería «elevado» (3, 14; 8, 28), pero aquí declara que la hora ha llegado y que desemboca en la «gloria» (v. 23.28). El cumplimiento de la hora tiene un alcance cósmico: es la victoria del Hijo sobre el príncipe de este mundo y concierne a todos los hombres (v. 31s; cf. v. 24-26).

En el v. 27 este discurso se convierte momentáneamente en una oración al Padre, cuya voz se hace oír (v. 28). Se señalan dos intervenciones de la gente: la primera después del sonido de la voz del cielo; la segunda, al final del discurso, da lugar a la invitación de Jesús a creer en él. Después de esto, el narrador dice que Jesús «se ocultó de ellos». Este relato, dominado por el tema de la glorificación a través de la muerte, pone punto final a la vida pública de Jesús.

La coyuntura (12, 20-22)

Entre los peregrinos que han «subido»[36] a Jerusalén para celebrar la pascua y que desean encontrarse con Jesús (cf. 11, 56), están unos «griegos»[37], es decir, unos no-judíos, «temerosos de Dios» o bien prosélitos[38]. Quieren «ver» a Jesús: esta expresión puede significar simplemente «tomar contacto» con él, pero el contexto deja entender algo más, su disposición para creer en él. Se dirigen a Felipe, sin duda porque lleva un nombre griego y es natural de Betsaida (cf. 1, 44), ciudad fronteriza en donde se debía hablar griego. Felipe va en busca de Andrés (el otro discípulo que lleva un nombre griego), con el que figura a veces asociado en Jn (1, 44; 6, 7s). El paso que dan es a los ojos de Jesús el signo de que ha llegado su hora. Pero no habrá a continuación ningún coloquio entre esos peregrinos y Jesús, sin duda porque su venida a la fe sólo será posible después de pascua. Pertenecen a los que creerán sin haber visto (cf. 20, 29).

El discurso (12, 23-33)

Este discurso recoge diversos materiales: palabras de tipo sinóptico, fórmulas características de Jn, una oración de Jesús y una intervención de la gente, concluyendo todo ello con un comentario del evangelista. A primera vista, la composición parece artificial; de ahí los desplazamientos de versículos propuestos por algunos críticos[39]. Pero así se rompe lo que constituye sin embargo su unidad literaria. La lógica interna del texto se descubre mejor si se advierte la construcción en forma de quiasmo[40] tras el versículo inicial (v. 23) sobre la presencia de la Hora que da el tono a todo el discurso.

36. Cf. 2,13... La expresión tradicional «subir a Jerusalén» se explica por la altura en que está situada la ciudad (790 m) respecto a la llanura.

37. No ya unos helenistas (cf. Hech 6, 1; 9, 29; 11, 20), que eran judíos que vivían en la diáspora y hablaban griego, sino unos griegos de origen como la sirofenicia, llamada *hellenis* en Mc 7, 26. Cf. 7, 35.

38. Se llamaban «temerosos de Dios» los no judíos atraídos por la fe monoteísta de Israel y que observaban ciertas prácticas, como las peregrinaciones al templo (cf. F. Josefo, *Bel. Jud.* VI, 427), pero sin estar circuncidados. Por tanto, eran legalmente paganos y no podían participar de la cena pascual. Cf. Hech 10, 2. Los «prosélitos» eran convertidos ya agregados al pueblo judío, aunque no a título pleno, por la circuncisión y ciertos ritos de purificación (Hech 2, 11; 6, 5; 13, 43). Cf. DNT 416 y 368.

39. Por ejemplo, J. H. Bernard, J. C. Gourbillon, R. Bultmann, M. E. Boismard. Cf. J. Moloney, *The Johannine Son of Man,* Roma ²1978, 160-173.

40. Cf. nuestro artículo, NTS 7 (1960-1961) 253-255.

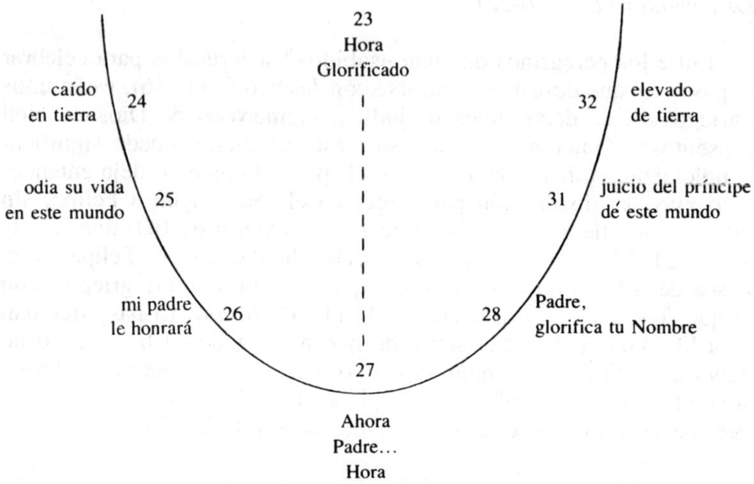

Los términos «tierra» (v. 24.32), «este mundo» (v. 25.31) y «honrar» «glorificar» (v. 26.28) se corresponden por una y otra parte: la primera parte (v. 24-26) está marcada por el tema de la caída en tierra, la segunda (v. 28-32) por el de la subida. En el centro (v. 27) el «ahora» de la hora, que vuelve a repercutir al final (v. 31bis), indica el momento de la glorificación del Hijo del hombre a través de la muerte. A los griegos que deseaban ver a Jesús se les dice indirectamente que lo verán cuando haya sido «elevado».

23 **«Ha llegado la hora**
en que el Hijo del hombre va a ser glorificado».

Este versículo es como el título de todo el discurso. La hora, que no había llegado todavía cuando fracasaban los intentos de prender a Jesús (7, 30; 8, 20), está ya allí, reconocida por él a través de un signo de su gloria futura, la venida de los griegos. El discurso toma entonces un carácter existencial: es como si Jesús se hablara a sí mismo y no sólo a los que le rodean. El discurso se refiere al misterio de la hora, definida ante todo como aquella en la que va a ser glorificado el Hijo del hombre. El lector sabe ya que esa hora incluye la muerte; aquí la expresión es totalizante: indica no solamente el paso pascual, también su culminación. El autor de esta glorificación es el Padre, como indica el del verbo «glorificar» en pasiva, utilizado por primera vez a propósito de la hora. Desde el comienzo del discurso el Padre está presente en el pensamiento de Jesús.

La fecundidad de la caída en tierra (12, 24-26)

24 **«Amén, amén, os lo digo:**
si el grano de trigo caído en tierra no muere,
permanece solo;
si muere,
da fruto en abundancia».

El camino de la glorificación anunciada se precisa con ayuda de la imagen del grano de trigo, en una antítesis vigorosa: «si no muere»-«si muere» y «permanece solo»-«da fruto en abundancia». La caída en tierra es la condición de la fecundidad del grano de trigo.

La imagen del grano de trigo es familiar al nuevo testamento. A través de ella, Pablo significa la transformación de los cuerpos en la resurrección final (1 Cor 15, 35-38). Jesús la utiliza en las parábolas del reino de los cielos (Mt 13, 3ss par; Mc 4, 26-29). Pero mientras que en la parábola del sembrador la semilla es la palabra de Cristo, en Jn, en el contexto de la hora, el grano de trigo es identificado con el mismo Cristo. En esta pequeña parábola Jesús traduce el «es preciso» de la pasión motivándolo por el fruto que ha de dar: el grano que muere no se queda solo, es decir, solitario, sino que produce otros granos, en abundancia; la glorificación se describe a través de esta multiplicación. Esto es lo que la palabra correspondiente en el quiasmo, el v. 32, permite precisar: «y yo, cuando sea elevado de la tierra, atraeré a todos los hombres a mí». En 4, 35, la «cosecha» designaba a los samaritanos que venían a Jesús.

Ensanchando su perspectiva, el lector no puede menos de ver en esta palabra sobre el grano de trigo una alusión al pan de la vida que es el mismo Jesús (6, 35.48), al pan que es su carne, «dada por la vida del mundo» (6, 51). A partir de una ley de la creación, Jesús significa el misterio por el que se realiza la creación nueva[41], y este

41. Es inútil recurrir a los «misterios» de las religiones helenísticas o al tema universal de la renovación continua de la naturaleza. La parábola se refiere a un acontecimiento único, el de la hora, y no al ciclo que se repite indefinidamente.

misterio vale también para el creyente que, unido a Jesús, «dará mucho fruto»; es lo que desarrollará la alegoría de la viña y del viñador (15, 1-8), diciendo que el sarmiento ha de ser podado y sobre todo permanecer unido a la cepa.

> 25 **«El que se apega a su propia vida, la pierde;**
> **y el que no se apega a su propia vida en este mundo,**
> **la mantendrá como vida eterna».**

El principio enunciado en el v. 24 a propósito del mismo Jesús podía aplicarse también al creyente; el v. 25 repite en un lenguaje diferente la misma ley para este último. De nuevo la formulación es antitética: literalmente «amar»-«odiar» su propia vida, y «perderla» se opone a «mantenerla como vida eterna». La pareja amar-odiar procede del lenguaje semítico al que le gusta enfrentar los extremos[42]; de ahí la traducción que hemos adoptado: «apegarse»-«no apegarse» a su propia vida. El término *psykhḗ*, traducido por «propia vida», corresponde al hebreo *nefeš* y designa en el griego de los Setenta y en el nuevo testamento al hombre individual en cuanto que vive, y a veces lo que nosotros llamamos «el yo». Es válida la traducción de *tēn psykhēn autoû* por «su propia vida»; el inconveniente está en que desaparece entonces la diferencia cualitativa con el término *zōḗ*, que viene a continuación y que significa la vida en sentido fuerte; sin embargo, el adjetivo «eterna» (*zōē aiōniós*) restituye este matiz.

La enseñanza que se presenta en este versículo se encuentra cinco veces en la tradición sinóptica[43], en la que se ha trasmitido de diversas maneras una palabra auténtica de Jesús, y la precisión «por mi causa» señala que la sentencia se refiere al cristiano[44]. La formulación de Jn, que le es propia, omite esta precisión y adquiere de este modo la forma de un principio que, si se refiere manifiestamente al discípulo, puede valer también de Jesús mismo; en este sentido es una repetición de la

42. Amar-odiar: cf. Mt 6, 24; Lc 14, 26. Sobre la asociación de dos términos contrarios, cf. Jn 10, 10; Dt 28, 6; 2 Sam 3, 25…

43. Mt 16, 24s par; 10, 38s par.

44. Situada en un marco histórico de persecución, la palabra de Jesús invita a desprenderse de la propia vida, tal como se dispone a hacer Jesús para ser fiel a su misión. Los discípulos se han asociado a esta empresa. La Iglesia primitiva ha explicitado esta relación con Jesús añadiendo en Mt y en Mc la precisión «por mi causa». Lc 17, 33 y Jn, que no conservan esta precisión, ponen esta palabra en un contexto escatológico.

palabra sobre el grano de trigo en cuanto a la necesidad de «morir», aquí de morir a sí mismo.

El sentido, abstrayendo lo que se dice de la «vida eterna», es universal: lo que dice corresponde a una verdad antropológica reconocida. La existencia puede considerarse como «mía» y yo puedo querer estrecharla y conservarla como si se bastara a sí misma o se agitara en sí misma, como un bien único que hay que defender a toda costa, como una propiedad que depende sólo de mí. Pues bien, entonces se me escapa como el agua que me empeñase en retener ávidamente entre mis manos, siendo así que no puedo dominar su fuente y que está corriendo sin cesar. Al revés, si no me aferro a esta existencia, si acepto abrirme al otro y por tanto morir a lo que me repliega sobre mí mismo, he aquí que esta muerte no es sino un «éxtasis» y mi existencia abierta de este modo se mantiene con firmeza[45]; según Jesús, «como vida eterna». Y sabemos que para Jn la vida eterna es la comunión con Dios mismo.

26 **«Si alguien viene a servirme, que me siga,**
y donde yo estoy, allí estará también mi servidor.
Si alguien viene a servirme, mi Padre lo honrará».

Esta palabra puede relacionarse con la anterior, referida por la tradición sinóptica en una vinculación inmediata con ella. Jn ha modificado su tenor, pero ha mantenido la unión de las dos sentencias[46]. Su continuidad aquí es evidente: el v. 26a viene a explicitar, en función de la adhesión a Jesús, la abnegación de sí mismo que el v. 25 asentaba como principio de vida verdadera. Para los sinópticos se trata de responder a la cuestión: «¿quién es el verdadero discípulo?» Es aquel que toma su cruz y sigue a Jesús. Para Jn la cuestión subyacente es distinta: «¿cómo ver a Jesús?». Sólo se ve a Jesús en donde está: de ahí la llamada a «seguirlo». Aquí seguir no equivale a creer como en 8, 12, ya que la adhesión de fe está puesta de antemano en la voluntad de «servir» a Jesús; equivale entonces a seguir a Jesús hasta su muerte[47]. Jn escribe en una época en que se perseguía a los cristianos:

45. Cf. X. Léon-Dufour, *Jesús y Pablo ante la muerte,* 69-72.

46. Cf. Mt 16, 24 par; 10, 38 par; sobre todo Mc 8, 34.

47. El término *diakonéō* significa en general «servir a la mesa», y pasa luego a designar el servicio mutuo. Empleado solamente en Jn 12, 26, equivale a *douleúō* (13, 16; 15, 20), y sirve para evocar la actitud de Jesús al lavar los pies de sus discípulos (13, 1-11) y recomendándoles el servicio mutuo (13, 12-20).

la actitud que se requiere, en continuidad con la exigencia afirmada en el v. 25, es la disponibilidad para enfrentarse con la prueba, e incluso con la muerte, para seguir a Jesús. Sin embargo, es posible al mismo tiempo otra lectura: Jesús le pediría al discípulo una fe que le hiciera seguir a Jesús hasta en *su* muerte, es decir, que le hiciera reconocer al Hijo de Dios incluso en el escándalo de la cruz.

Esta llamada va acompañada de una promesa, expresada primero de manera enigmática y luego con claridad. Leamos el texto: Jesús dice en primer lugar: «Donde yo estoy, allí estará también mi servidor». ¿Dónde está Jesús? No se indica. ¿Quiere decir Jesús, según el contexto, que está en la cruz y que el discípulo participará en su pasión? En este caso, el honor que el Padre concede al discípulo correspondería a la participación en la gloria del Hijo. Es posible; pero en el v. 32 la elevación en la cruz se formula como un anuncio, no como el estado presente de Jesús, e igualmente en el v. 28 la voz celestial anuncia una glorificación futura; los dos aspectos de la hora «llegada» se distancian entonces respecto al momento en que Jesús habla, a pesar del triple «ahora» de anticipación. El giro «donde yo estoy» aparece de nuevo en 14, 3 y en 17, 24 con la función de situar también a los discípulos en el mismo «lugar»; en 7, 34 introducía una negación: «donde yo estoy, no podéis venir vosotros». Entonces estamos autorizados a concluir que, en labios de Jesús, «donde yo estoy» designa su unión permanente con el Padre; por eso esta expresión se emplea siempre en presente, mientras que el servidor «estará» donde esté Jesús. Así lo confirma la continuación de la promesa, que menciona al Padre vuelto hacia el discípulo.

Jesús en lo más profundo de la caída en tierra (12, 27-28)

27 **«Ahora mi alma está turbada**
y no sé qué decir.
¡Padre! ¡Asegúrame la salvación desde esta hora!
¡Pero sí! Para esto he venido hasta esta hora.
28 **¡Padre, glorifica tu nombre!».**
Vino entonces del cielo una voz:
«Y yo he glorificado y glorificaré todavía».

En la tradición sinóptica, Jesús anunciaba el misterio de su pascua «con audacia» (Mc 8, 32) y, cuando subía a Jerusalén, caminaba al frente de todos los discípulos, que le seguían asustados (Mc 10, 32); pero cuando en Getsemaní tiene que consentir con la cruz, Jesús está «fuera de sí» (Mc 14, 33) y suplica que, si es posible, «la hora pase lejos de él» (Mc 14, 35). La narración joánica de la pasión no contiene el relato de la agonía: el evangelista quiere mostrar en la marcha hacia la cruz una subida al trono de gloria, desde donde Jesús derrama la vida sobre los hombres. Pero Jn ha conservado lo esencial de la tradición sobre la angustia de Jesús y lo ha presentado aquí, con la dignidad que caracteriza al Logos encarnado.

«Ahora mi alma está turbada»: el verbo *tetáraktai* es el mismo que en 11, 33 (cuando se le significó a Jesús el poder de la muerte a través de las lágrimas de María, la hermana de Lázaro); sintetiza la descripción sinóptica de aquel que está «lleno de pavor», «triste hasta morir...». Los críticos están de acuerdo en reconocer en los v. 27-28 la trasposición del relato de Getsemaní. Jn hace eco, además, a otro relato, el de la transfiguración, que no se refiere en su evangelio: la voz que viene de cielo y la palabra del Padre vuelven a encontrarse en el v. 28. Con mucho arte, Jn conjuga las tradiciones sobre la turbación y la gloria, en función de su presentación de la hora, que es a la vez pasión y glorificación.

En los sinópticos, Jesús le pide al Padre «que esta copa pase lejos de mí»[48]. Naturalmente se ha interpretado la expresión joánica *sōsón me ek tês hôras taútēs* en el mismo sentido: «sálvame de esta hora», es decir, «preservame de la muerte en la cruz». Sin embargo, una petición semejante difícilmente está de acuerdo con la presentación joánica del Hijo y esta oración se ha comprendido ordinariamente como un enunciado ficticio, bajo la forma de una eventualidad, y no como una oración real. Así pues, la traducción que ha prevalecido, a partir de *tí eípō,* es: «¿Qué diré? ¿(Diré:) Padre, sálvame de esa hora?». Según esta lectura, se seguirían dos interrogaciones, como en una especie de debate interior, únicamente a título pedagógico para los testigos, y la respuesta vendría inmediatamente: «No, porque para esto he venido a esta hora», es decir, para morir.

Semejante lectura no es satisfactoria. No solamente porque atribuye a Jesús un artificio un tanto teatral, sino también y sobre todo porque la hora en Jn no designa únicamente la muerte; es el momento que Dios ha fijado para la glorificación del Hijo a través de la muerte: los dos aspectos de la pasión y de la gloria están indisolublemente unidos en ella. Es verdad que en nuestro versículo la turbación se refiere a la perspectiva de la cruz, pero la hora difícilmente puede reducirse a

48. Mt 26, 39 = Mc 14, 36 = Lc 22, 42.

ella. No sucede lo mismo en los sinópticos: la hora se refiere a la pasión y sobre todo no está efectivamente presente más que después del combate de Getsemaní, es decir, después de que Jesús consintió en la voluntad del Padre[49]. Es verdad que se menciona la hora antes de esto, en Mc 14, 35: «suplicó que, si era posible, pasase la hora lejos de él». Pero, aunque amenazadora, la hora en este texto no ha alcanzado todavía a Jesús y puede pedir por tanto que no le alcance, como demuestra la oración que sigue en estilo directo: «...que esta copa pase lejos de mí». En Jn, la hora «ha llegado», y Jesús no puede pedir ya que se le ahorre la pasión. Cuando se interpreta la oración de 12, 27 como ficticia, se presupone sin embargo que su contenido es el mismo que en el relato de Getsemaní y que, por consiguiente, «salvar de la hora» significa «preservar de la hora».

Pero el verbo «salvar» (*sṓzō*), propio de Jn en este contexto, no tiene ese sentido. Aparte de su empleo en 11, 12 en el sentido de «curar», en el cuarto evangelio designa la salvación en sentido fuerte, definitivo, opuesto al juicio (3, 17; 12, 47) y coincidiendo con la vida eterna (5, 34; 10, 9). No significa nunca «preservar» de un peligro. Así pues, Jesús no pide, como en los sinópticos, que se le evite la cruz. El objeto de su oración es la vida en plenitud.

Esta interpretación además corresponde a la perspectiva del discurso anterior (v. 23-26), en donde se subraya el aspecto «muerte», pero siempre con la contrapartida positiva de la vida producida a través de la muerte; de este modo el anuncio de la hora llegada es el de la glorificación, el grano caído en tierra da un fruto abundante, la vida eterna queda prometida al que no se aferra a su propia vida y el Padre recibe el honor debido del discípulo que sirve. Aunque la turbación ha invadido a Jesús, su oración se refiere a la victoria sobre la muerte.

¿Habrá que traducir por «salvar» el verbo *sṓzō*? De esta manera se subrayaría que la muerte está allí, pero a costa de favorecer la mala interpretación del lector sobre el sentido de la oración. Por eso nos ha parecido preferible traducir por «asegurar la salvación» o «mantener sano y salvo». De todas formas, el sentido se precisa solamente con la traducción de *ek tê̄s hṓras taútēs* que sigue al verbo. Ya en 1908, para traducir aquí la preposición *ek,* B. F. Westcott orientaba en buena dirección distinguiendo entre el sentido *out of* y el sentido *from* y concluía que Jesús dijo en sustancia: «Condúceme sano y salvo fuera del conflicto» y no «guárdame de entrar en él»[50]. Como en Ap 3, 10,

49. Mt 26, 45; Mc 14, 41. Lc 22, 53 menciona la hora solamente después del arresto.

50. «The petition is for deliverance *out of* (cf. Rev. III, 10) and not for deliverance *from* crisis of trial. So that the sense appears to be 'bring me safely out of the conflict' and not simply 'keep me from entering into'» (B. F. Westcott, II, 125).

no se trata de escapar de la tribulación que tiene que sobrevenir, sino de salir indemne de ella.

Hay que notar que la preposición *ek* se utiliza a veces para designar lo que ocurre «después» de tal momento[51]. Yo había propuesto traducirla aquí por «a través de esta hora», a fin de marcar más la duración que presenta a los ojos de Jesús el paso de la muerte a la glorificación[52]. Pero también se puede mantener el aspecto momentáneo de la hora y traducir «desde esta hora», o sea *desde* ahora, asegúrame la salvación.

Si la oración de Jesús tiene este contenido y es por tanto real, las palabras que la preceden (*tí eípō*) no son una interrogación, como se pensaba en la hipótesis de una petición ficticia. Es verdad que pueden serlo gramaticalmente, pero esa lectura no se impone[53] y la traducción «no sé más que decir» es igualmente posible: esas palabras subrayan la turbación que ha sentido Jesús.

¿Qué es lo que dice entonces la frase que sigue a la oración? Otra dificultad espera aquí al traductor: en 12, 27c Jesús dice que ha llegado a esta hora por un cierto motivo (*dià toûto*) y la frase es introducida por *allá* (literalmente, «pero»). Según los críticos que consideran la posibilidad de la oración formulada antes, Jesús se niega a asumirla como propia: «No (yo no diré esa oración), porque es para esto por lo que he venido a esta hora». En ese caso, el «para esto» se refiere únicamente a la pasión, puesto que la oración se ha comprendido como la petición de evitarla[54]. En realidad, *allá* no debe traducirse por «¡no!» más que cuando va precedido de una interrogación que impone una respuesta negativa[55]. Pues bien, *tí eípō* y la oración, comprendidas como preguntas, no entran necesariamente en esta categoría; y si no son interrogativos, como pensamos nosotros, y la oración de Jesús es positiva, *allá* equivaldrá por el contrario a un «¡sí!»: no de oposición, sino de reforzamiento, lo mismo que en inglés *but* y en alemán *aber* pueden servir para una repetición sostenida de lo que precede. Jesús añade a su oración una

51. «Desde el seno materno» (Mt 19, 12), «desde el nacimiento» (Jn 9, 1); «desde la infancia» (Mc 9, 21); «desde la juventud» (Mc 10, 20); «desde el principio» (Jn 6, 64).

52. En *Mélanges O. Cullmann,* Zürich-Tübingen 1972, 157-165.

53. Como tampoco en 12, 49. E. A. Abbot acepta el subjuntivo deliberativo (*JohGrammar* 2512b).

54. Cf. C. K. Barrett, A. Loisy, F. Godet. Citemos además a F. Spitta que ve en 27c una tercera interrogación: «¿Pero es para esto (o es para esta súplica) por lo que he llegado a esta hora?». Aunque respeta mejor el empleo del *dià toúto,* que en Jn se refiere a lo que precede inmediatamente (en este caso, la súplica), esta interpretación interesante depende todavía del prejuicio sobre el carácter «eventual» de 27b.

55. Cf. 7, 48s.

especie de confirmación: «*¡Pero sí!* Para esto he venido hasta esta hora», es decir, con vistas a la salvación que asegura el Padre.

De hecho, la oración de Jesús se convierte en lo siguiente: «Padre, ¡glorifica tu nombre!». En la tradición sinóptica, la agonía de Getsemaní termina con un magnífico abandono en manos del Padre: «No lo que yo quiero, sino lo que quieres tú». En Jn, la oración del Hijo se abre a un éxtasis soberano y la petición se refiere al Padre mismo. En lo más profundo de su caída en tierra, Jesús se vuelve hacia el Padre, de quien recibe «la vida en sí mismo» y cuya gloria desea, más inmediatamente que su propia gloria. La oración de los v. 27- 28a esboza la elevación que presenta la otra parte del quiasmo y que arrastrará no solamente a Jesús, sino a los que quieren ser sus servidores.

La invocación «¡glorifica tu nombre!» corresponde a la petición del Padre nuestro «santificado sea tu nombre» (Mt 6, 9 par), por la que se desea no ya que los hombres glorifiquen a Dios, sino que Dios mismo se dé a conocer al mundo. La respuesta celestial no se hace esperar. Una voz viene del cielo[56], como la que en los sinópticos atestiguaba la filiación divina de Jesús; aquí indica el sentido de la hora que ha llegado, según el designio del Padre: la glorificación. El verbo no tiene complemento directo. Es «el Nombre» sin duda el que se sobrentiende, según la oración de Jesús: «¡Glorifica tu nombre!». Sin embargo, se puede leer también: «*Te* he glorificado y *te* glorificaré todavía». Jesús ha pedido la glorificación del Padre, lo cual está en conformidad con su éxtasis habitual hacia él (cf. 1, 1.18). Pero la gloria de Dios no es sino la manifestación plena y eficaz de su amor al mundo, y coincide por tanto con la obra del Hijo, por quien son reunidos los creyentes y entran en comunión con Dios. La omisión de un complemento directo es sin duda intencional, a fin de marcar esta unidad de la «gloria».

La voz celestial asegura el futuro en nombre del pasado: un «y» (*kaí*) precede a cada una de las formas del verbo y se podría traducir: «como

56. La voz del cielo corresponde a la *bath qôl* («hija de la voz»), por la que el judaísmo tardío designaba, después de que cesó la profecía, un modo especial de revelación de Dios, sobre todo en los escritos apocalípticos (Dan 4, 28; *Hen*. 65, 4; *Bar syr* 13, 1; cf. Ap 10, 4.8; 11, 12; 14, 2.13; 18, 4). Sólo los evangelios atribuyen esta voz a Dios mismo, ya que no puede haber intermediario entre el Padre y Jesús. Se menciona en los relatos del bautismo (Mt 3, 17 par) y de la transfiguración (Mt 17, 5 par; cf. 2 Pe 1, 17s). Jn omite estos dos relatos, pero el equivalente de la voz del cielo hay que verlo en el Bautista (1, 33), y además nuestro pasaje es una trasposición del episodio de la transfiguración, si se advierte que el vínculo pasión-gloria es común a los dos textos: en Mc la transfiguración va precedida de un anuncio de la pasión; en Lc, Moisés y Elías conversan con Jesús sobre su «éxodo» y los discípulos ven la gloria de Jesús.

he glorificado, así glorificaré». Además el adverbio «todavía» (*pálin*) muestra la continuidad de la acción; el pasado y el futuro se tocan a través del presente de la hora. El pasado «he glorificado» se refiere ciertamente a las obras que el Hijo ha realizado en nombre del Padre, sus milagros, en los que se ha manifestado la gloria de Dios[57]. Pero también puede verse en la glorificación pasada todo el ministerio de Jesús, ya que el Hijo nunca ha hablado ni actuado «solo» (8, 16.29) y su ministerio ha sido incesantemente una revelación del Padre (cf. 1, 18).

La glorificación prometida es la culminación del designio de Dios confiado a Jesús. Como ya indicábamos a propósito de 11, 4, la glorificación del Hijo de Dios es el fruto de su misión, la reunión de los creyentes en la unidad con él y con el Padre. Pues bien, ésta coincide con la intención de Dios mismo, cuyo Nombre, según los profetas, habrá de manifestarse a todas las naciones. Si nos remontamos del v. 28b al v. 27b, se confirma la lectura que hemos propuesto de la oración de Jesús, ya que el verbo «salvar» en su acepción joánica orienta hacia «glorificar».

29 **La gente que estaba allí y que (lo) había oído decía que había habido un trueno; otros decían: «¡Le ha hablado un ángel!».**
30 **Jesús respondió y dijo: «No es por mí por quien hubo esta voz, sino por vosotros».**

La gente da dos interpretaciones de la voz que habían oído; las dos confirman la objetividad de la respuesta celestial, pero muestran la incapacidad de los testigos para captar su sentido. Hay dos grados en esta falta de inteligencia. La interpretación natural reduce la voz a un trueno. Es verdad que el trueno es llamado igualmente «la voz del cielo»[58]. Interpretando la voz celestial como un trueno, la gente muestra su incapacidad para descubrir lo que viene de Dios. La segunda interpretación es de orden religioso, ya que el ángel es un mensajero de Dios. Pero, lo mismo que en el caso anterior, la gente no percibe que se dirige a ella el signo del Padre que da testimonio de la glorificación de su Hijo.

57. 9, 3s; 11, 4.40. Las obras de Jesús son producidas por el Padre: 5, 36; 10, 32.37s; cf. 5, 19.

58. La voz (hebreo *qôl*) puede significar el ruido del viento, de las aguas, de las alas, del trueno, el sonido de la palabra o de un instrumento, un grito, una voz divina o humana.

Efectivamente, en el v. 30 Jesús dice que la voz se hizo oír no para él, sino para los que lo rodeaban. El lector se ve sorprendido, ya que esa voz venía como una respuesta al mismo Jesús. Lo mismo que cuando la oración ante la tumba de Lázaro (11, 42), el evangelista se preocupa de mantener que el Hijo no tiene necesidad de verse confirmado en su comunión con el Padre (cf. 10, 30.38). Por consiguiente, el motivo de la voz es la presencia de la gente, a la que invita a creer. El «por vosotros» se dirige en realidad al lector que, sin duda, entiende claramente la palabra referida por el evangelista; contempla entonces la revelación contenida en este pasaje: el hombre ve la cruz, Dios indica la gloria; sobre todo la glorificación incesante del Nombre a través de la historia tiene su tiempo privilegiado en la hora del Hijo.

El triunfo por la cruz

31 **«Es ahora el juicio de este mundo,**
ahora el príncipe de este mundo va a ser echado fuera;
32 **y yo, cuando sea elevado de la tierra,**
atraeré a todos los hombres a mí».

En continuidad con lo que ha dicho la voz del cielo y en contrapunto con la caída en tierra del grano de trigo, he aquí la afirmación de la victoria de Jesús. Un «ahora» majestuoso, repetido, vincula esta palabra con el «ahora» de la turbación (v. 27), que hacía eco a su vez a la hora llegada (v. 23), y el triunfo se enuncia en una frase seguida, de dos maneras complementarias: por el juicio de este mundo, que es la derrota del príncipe de este mundo, y luego positivamente (y de forma paradójica) por la «elevación» en la cruz. Al contemplar la hora, el evangelista penetra en su significado, que es universal y que está ya realmente presente.

Si el juicio es para ahora, hay que desterrar todo temor y el creyente puede ya dejar de estar apegado a su propia vida (cf. 12, 25).

El juicio (*krísis*) había sido anunciado por Jesús en 3, 19: siendo opuesto a la vida eterna que suscita la acogida de la luz, significa la condenación definitiva. Por tanto, no coincide exactamente con el juicio final de la tradición judía, y también cristiana, que lleva a cabo una discriminación entre los hombres (cf. 5, 28s). En el sentido joánico, el «juicio» es el resultado —de manera intrínseca— del rechazo de la luz que introduciría al hombre en la comunión divina. Concierne a «este mundo», en cuanto que se cierra a la revelación traída por Jesús. Más concretamente, y en una frase paralela, es el príncipe de este mundo el que ahora es echado fuera[59]. Este lenguaje recuerda aparentemente el combate mitológico entre las potencias supraterrenas que el Apocalipsis presenta en una perspectiva cósmica (Ap 12, 7s), pero aquí no se menciona ningún lugar, ni el cielo ni la tierra: no se dice de dónde viene ni adónde es expulsado el adversario. La perspectiva es más personal que espacial; en 6, 37 y 15, 6 la expresión «echar fuera» (*ekbállein éxō*) tiene el sentido de pérdida definitiva. Se trata de la victoria de Cristo sobre el adversario de Dios entre los hombres, de aquel de quien dirá Jesús: «Contra mí no puede nada» (14, 30). Jn llama a este adversario el «príncipe de este mundo», lo mismo que Pablo hablaba del «dios de este mundo»[60], y se muestra original respecto a la tradición judía en que viene «ahora», en el momento de la hora.

La derrota del príncipe de este mundo es absoluta. Sin embargo, Jesús le pide al Padre que guarde a sus discípulos del Malo (17, 15): ¿es que seguirá amenazándoles su acción? Un texto de la primera carta de Jn confirma la interpretación que daba san Agustín[61]: el Malo «no tiene poder alguno» sobre el que ha nacido de Dios por la fe (1 Jn 5, 18s), su acción no es ya constrictiva para los hombres. ¿No había dicho Jesús: «la verdad os hará libres» y no había hablado del pecado como de una esclavitud, entendiendo por pecado el rechazo a creer (8, 32.34)? Más bien que en una perspectiva cósmica como de la apocalíptica, se trata en este versículo de una perspectiva antropológica, que tiene un alcance universal.

Con el príncipe de este mundo, desposeído, contrasta el «Yo» de Jesús (*kágō*), y la visión que se propone al lector concierne aquí a «todos los hombres»: el que es llevado por encima de la tierra los atraerá a él. El término «elevado» (*hypsōthō̃ ek tē̃s gē̃s*) tiene un doble sentido: indica la verticalidad de la cruz y al mismo tiempo la de la

59. Una lectura poco atestiguada dice: «será derribado», que podría ser una corrección según Lc 10, 18; Ap 12, 9s; 20,3; serviría de contraste con el v. 32 en donde Cristo es elevado.

60. 2 Cor 4, 4; cf. 1 Cor 2, 6.8; Ef 2, 2; 6, 12. Jn habló del diablo a propósito de Judas y de los hombres; la apelación «príncipe de este mundo» es propia y sólo se encuentra en los textos en donde se le opone a Jesús (14, 30; 16, 11). En los escritos de Qumrán aparece una figura equivalente, llamada Belial, que personifica las potencias del Mal (1 QM 1, 1.5.13; 4, 2; 11, 8; 1 QS 1, 18.24; 2, 5.19; cf. 2 Cor 6, 15), o al «ángel de las tinieblas» (1 QS 3, 20s); según esta perspectiva dualista, el combate es permanente y el resultado positivo no se alcanzará hasta el final de los tiempos.

61. «Hay que entender estas palabras de lo que sucede ahora y no de lo que tendrá que ocurrir luego, en el último día... El diablo (que) estaba dentro, en sus corazones, fue echado fuera cuando renunciaron a él en virtud de su fe» (*In Jo.* 52, 7).

exaltación. Implica que la cruz es el lugar donde comienza la subida del Hijo al Padre. Al mismo tiempo, todos los hombres se ven atraídos no inmediatamente hacia el cielo, sino hacia Cristo[62].

En este anuncio se cumple el del Siervo doliente según Isaías:

> Será puesto arriba, elevado, exaltado...
> yo le concederé muchedumbres (Is 52, 13.15).

No será sólo el Padre el que «atrae» a Jesús (6, 44), sino el Hijo una vez acabada la obra de revelación: «mirarán hacia el que traspasaron» (19, 37), dirá el evangelista citando la Escritura; la cruz es el lugar donde se manifiesta la divinidad de Jesús. Aquí, es la iniciativa de Jesús lo que se pone de relieve mediante el «atraeré»: es a partir de la hora como se ejerce su poder de salvación. Como a propósito del Padre, el verbo «atraer» se refiere a la fe. Lo mismo ocurría en el caso del Siervo: después de su prueba, de su exaltación, es cuando ve una descendencia (Is 53, 10). Caifás, por su parte, había profetizado sin saberlo que Jesús moriría por la nación y para juntar en la unidad a todos los hijos de Dios (11, 51s).

33 **Esto lo dijo significando de qué muerte iba a morir.**

El evangelista añade un comentario al discurso de Jesús, que sirve para recapitularlo. No se trata, como se ha pensado a veces, de una simple aclaración (cf. 2, 21; 6, 6...) a propósito del término «elevado» y por tanto de un paréntesis sin gran interés. C. J. Bjerkelund[63] ha demostrado muy bien que esta cláusula en forma de *toûto élegen* («dijo esto») pone fin al discurso, sin impedir que los v. 34-36 pertenezcan al conjunto 12, 20-36. Su importancia queda confirmada con la repetición en el relato de la pasión:

> Era menester que se cumpliera la palabra dicha por Jesús, significando de qué muerte tenía que morir (18,32).

En la medida en que *poîoi thanátōi* ilumina a «elevado», se trata del género de muerte: la crucifixión y no la lapidación. Este contenido

62. A diferencia de la perspectiva gnóstica, según la cual los elementos pneumáticos son «atraídos a las alturas», «transportados hacia lo alto» (Ireneo, *Adv. Haer*. I, 7, 5) por un agente, Jesús no es solamente el que atrae, sino el fin mismo.

63. C. J. Bjerkelund, *Tauta egeneto,* Tübingen 1987, 119-125.

es indudable; sin embargo, la expresión no puede limitarse a esto, que ya había dejado entender Jn en 3, 14s y 8, 28. El evangelista hace aquí una pausa para que resuene el discurso en su totalidad: la muerte que depende de la hora se inscribe en el designio del Padre —la glorificación— y es decisiva para el porvenir de los hombres.

¿Respondió Jesús a la espera de los griegos que querían «verlo»? No se nos narra ninguna conversación con ellos; sin embargo, el discurso ha mostrado que para ver a Jesús se necesita mirar hacia el crucificado-glorificado. En 8, 28 Jesús había dicho a los judíos: «Cuando hayáis elevado al Hijo del hombre, comprenderéis que por mí mismo no hago nada, sino que hago siempre lo que le agrada a aquel que me ha enviado». Aquí dice implícitamente a los griegos, a los discípulos y a la gente: «Vosotros veréis».

De una manera más general, se ha revelado que no es posible alcanzar al Jesús de la tierra más que pasando por el Jesús elevado: todo conocimiento, toda visión de Jesús antes de su elevación es insuficiente, por no decir ilusoria. De esta forma se ve así iluminado en sentido de nuestra existencia terrena: abriéndonos a la Palabra y a sus exigencias radicales, más allá de la tendencia a aferrarnos a nuestra independencia mortal, es como podremos acceder a la «vida». Seguir a Jesús supone el servicio. El discurso de despedida nos dirá en qué consiste este servicio. Lo esencial es que nos dejemos atraer por el Hijo.

Ultima llamada a creer en la luz (12, 34-36)

34 Entonces la gente le respondió: «Nosotros hemos aprendido de la ley que el Cristo permanece para siempre. ¿Cómo puedes tú decir: 'Es preciso que sea elevado el Hijo del hombre'? ¿quién es ese Hijo del hombre?».
35 Entonces Jesús les dijo:
«Por poco tiempo todavía la luz está entre vosotros.
Caminad mientras tenéis la luz,
para no ser detenidos por las tinieblas;
el que camina en las tinieblas no sabe adónde va.
36 Mientras tenéis la luz,
creed en la luz,
a fin de haceros hijos de luz».
Esto Jesús lo proclamó y, marchándose, se ocultó de ellos.

Jesús ha dicho su última palabra sobre el sentido de su existencia y también sobre el sentido de toda existencia. Jn añade sin embargo un corto diálogo para situar esta proclamación en la historia, lo mismo que le había puesto un prólogo con la petición de los griegos. En este pasaje se oponen de nuevo Jesús y la gente. Esta quiere apreciar las palabras de Jesús a partir de los conocimientos que le ofrece la ley (en el sentido de Escritura).

El contexto de la entrada en Jerusalén está todavía muy cerca: la gente se encuentra aún bajo la impresión de sus aclamaciones al rey de Israel. Los anuncios que ha oído no corresponden con lo que ella sabe. Jesús no va a responder directamente a sus preguntas, sino que se limita a invitarla a que camine hacia la luz, es decir, a que crea en él.

¿Pero qué es lo que ha entendido la gente? Lo mismo que cuando la voz celestial, la gente no ha podido captar la revelación sobre la hora, ya que los mismos discípulos no comprenderán el misterio de Jesús más que después de la pascua (cf. 12, 16). La objeción del v. 34 relaciona la mención del Hijo del hombre (v. 23) con la elevación de la que habló Jesús en el v. 32. Por tanto, está formulada de tal manera que abarca el discurso entero[64], pero lo que ha retenido la gente es tan sólo que el Hijo del hombre tiene que (*deî*) morir o por lo menos desaparecer, mientras que el Mesías, con el que se le identificaba espontáneamente, «permanece para siempre». De ahí la pregunta: ¿quién es ese Hijo del hombre del que ha hablado Jesús?

El Mesías que la gente espera es, según el texto de la Escritura que aquí se recuerda, el rey Mesías davídico, cuyo reino de justicia y de felicidad perfecta se realizaría en Israel y no tendría fin[65]. La formulación del v. 34 corresponde de cerca a un pasaje del Sal 89:

> Su simiente (de David) permanecerá para siempre (Sal 89, 37)[66].

Ningún texto del antiguo testamento habla de la muerte ni del cese de actividades del Mesías davídico[67]. La objeción de la gente refleja sin duda un tema de las controversias de la época de Jn entre judíos y cristianos[68], y es verdad que la representación judía habitual del rey Mesías no está de acuerdo con la imagen cristiana.

64. Así 6, 41s recogía lo dicho en 6, 35-40 (cf. *supra,* 120s).
65. Lc 1, 33; 2 Sam 7, 12s; Is 9, 6; Ez 37, 25; Dan 7, 13s...
66. La trasposición de *spérma* («simiente, semilla») a *Christós* se sugiere también en 7, 42. Cf. Hech 13, 22s; Rom 1, 3. Cf. SB IV, 1308.
67. En la literatura rabínica aparece por el año 150 d. C. la idea de un Mesías ben Joseph encargado de asumir sobre sí la muerte (cf. R. Schnackenburg, II, 488).
68. Así en Justino, *Dial.* 32, 1.

No obstante, el evangelista, por medio de la Escritura que nadie puede abolir (10, 35), pone en labios de la gente una verdad cristológica: el Cristo joánico, efectivamente, permanece para siempre en la gloria, más allá de la muerte; y esto es lo que Jesús afirmó sin que nadie pudiera comprenderlo. En cuanto al Hijo del hombre, opuesto en la objeción del v. 34 al Mesías que permanece para siempre, no se menciona nunca en Jn en las intervenciones de los judíos o de la gente en relación con las esperanzas mesiánicas[69] y su figura parecía serles poco familiar, como demuestra también la pregunta del ciego de nacimiento después de su curación: «¿Quién es?». La gente plantea esta misma pregunta, pero sin manifestar la misma disponibilidad para creer (cf. 9, 36). Sigue con su búsqueda del Mesías, rey de Israel.

Pues bien, entre la promesa de Dios y la realización de la gloria se levanta la cruz. Cruz necesaria, como repite la misma gente («es preciso que sea elevado...»). Sin la cruz este mundo sería inmediatamente divinizado y el anuncio de la gloria sería una palabra fácil de decir y perfectamente humana. Es en la profecía del Siervo donde más se acerca la revelación veterotestamentaria al misterio del Hijo. Pero es después de cumplido el hecho cuando el texto de Isaías quedará plenamente iluminado.

Hasta entonces Jesús no puede hacerse comprender; se limita a repetir que hay que tener confianza en la luz. El Hijo del hombre es esa luz que está delante de vosotros, aunque ya por poco tiempo. Se trata de «caminar», es decir, de avanzar hacia la fe. La proclamación de 8, 12 adquiere aquí un tono exhortativo, evocando la próxima desaparición (7, 33s; 8, 21). El contraste es más fuerte que cuando Jesús hablaba en el templo: la opción es entre la luz y las tinieblas, eso que ya en el prólogo significaba la condición humana ante el Logos. En las tinieblas se ignora todo: de dónde viene uno y adónde va; en la luz, uno se hace luminoso gracias a la participación de la luz, que está ya allí (cf. 9, 4; 12, 46).

Lo mismo que el creyente puede convertirse en una fuente de agua viva (4, 14; 7, 37s), así puede convertirse en «hijo de luz»; mediante esta expresión, Jn adopta las palabras de Jesús según la tradición sinóptica y las afirmaciones de la Iglesia primitiva[70], dentro del cauce de la literatura de Qumrán[71]. De este modo Jesús corona la revelación

69. Cf. 1, 20.25; 6, 14; 7, 40; 10, 24.
70. Mt 8, 12; Mc 3, 17; Lc 16, 8; 20, 36; 1 Tes 5, 5; Ef 5, 8.
71. 1 QS 1, 9; 2, 16; 3, 13; 1 QM 1, 1.3...

que, ya desde el prólogo, planteaba un combate entre la luz y las tinieblas. La opción sigue abierta.

Y Jesús se oculta. Ha terminado la revelación en público. Continuará dentro del círculo de los discípulos, esperando a que Jesús vuelva a ellos en la alegría de la pascua.

EPILOGO

(12, 37-50)

Jesús se oculta y deja de hablar en público. El narrador toma el relevo en nombre de la comunidad, como hará luego en su propio nombre para concluir el relato evangélico (20, 30s). Antes de conducir al lector a la noche de la pasión, o mejor dicho, antes de alegrarse bajo el sol de la pascua, el evangelista dirige una mirada retrospectiva sobre el rechazo que se ha opuesto al Revelador en su encuentro con los hombres. Este pasaje (12, 37-43) se centra en la repetición de algunos textos de Isaías y se convierte paradójicamente, en el v. 41, en una proclamación de fe. Va seguido de un segundo desarrollo, en donde la invitación a creer en Jesús se presenta en una especie de resumen de su mensaje. Se ha discutido a veces sobre la autenticidad y el emplazamiento de estos últimos versículos (12, 44-50); sin embargo, parecen estar muy en consonancia con la pluma de Jn y su presencia en este lugar se justifica fácilmente.

EL MISTERIO DE LA INCREDULIDAD

(12, 37-43)

37 **Aunque había realizado tantos signos en su presencia, no creían en él,** 38 **para que se cumpliera la profecía dicha por Isaías el profeta:**
«Señor ¿quién creyó en lo que se nos había oído decir *(akoē)***?**
¿y el brazo del Señor a quién se le reveló?»
39 **He aquí por qué no podían creer, porque Isaías dice además:**

40 «Cegó sus ojos y endureció su corazón,
para que no vean con sus ojos,
para que no comprendan con su corazón,
para que no se conviertan y yo no los cure».
41 Esto lo dijo Isaías porque vio su gloria y habló de él.
42 Sin embargo, es verdad, incluso entre los dirigentes un buen número había comenzado a creer en él, pero por causa de los fariseos no lo confesaban, por miedo a ser expulsados de la sinagoga, 43 porque apreciaron la gloria de los hombres más que la gloria de Dios.

En varias ocasiones Jn ha tocado el tema de la incredulidad: varias palabras de Jesús han subrayado la pertenencia de los hombres, bien al Padre que atrae, bien al mentiroso (6, 44; 8, 44), pero manteniendo siempre la plena responsabilidad de los que se niegan a creer en aquel que une el cielo y la tierra. En este párrafo, Jn recoge la reflexión cristiana que había intentado responder antes de él a la cuestión planteada por la incredulidad de los judíos respecto a Jesús. Frente a este profundo misterio, las reacciones que presenta el nuevo testamento son muy diversas. El mismo san Pablo evoluciona también a lo largo de sus escritos: se llena de indignación en su carta más antigua (1 Tes 2, 16), luego llega a una síntesis dramática, de una gran altura teológica, en la Carta a los romanos (Rom 9-11). Tradicionalmente, la Iglesia primitiva ofrece una justificación con ayuda de la profecía de Is 6, 9-10. La citan los evangelistas sinópticos cuando reinterpretan, cada uno por su parte[1], una palabra de Cristo pronunciada con ocasión de sus parábolas: ante la incredulidad de sus oyentes, Jesús recuerda las palabras de Isaías. En efecto, el drama de la resistencia a la palabra recorre toda la Biblia, en donde Dios está en proceso continuo con su pueblo. Aparece con claridad en estos textos la mentalidad semítica: no hay nada que se escape del designio de Dios, ni siquiera la infidelidad de los hombres. Hoy solemos decir: «Dios lo había previsto»; los hebreos decían: «Dios lo había querido», sin poner por eso en discusión la responsabilidad subjetiva de aquellos a los que se dirigía la palabra. Los profetas no cesan de llamar a todo Israel a la conversión. Declarar que algunos están predestinados a la condenación es desconocer el espíritu de la revelación bíblica.

Entre una constatación del hecho de la incredulidad (v. 37) y un correctivo de esta constatación (v. 42s), Jn cita al profeta Isaías para

1. Mt 13, 13s = Mc 4, 12 = Lc 8, 10; cf. Hech 28, 26s.

explicar lo que ha ocurrido y reconoce entonces que «ellos no podían creer». En el v. 41 interpreta a la luz de su fe la experiencia y el mensaje del profeta.

El hecho de la incredulidad (12, 37)

A pesar de los hechos tan numerosos (o tan grandes) realizados por Jesús, no creyeron en él. Según su propósito declarado, Jn centra la atención en los «signos». Este término desaparece a continuación y no volverá a aparecer hasta la conclusión del evangelio (20, 30). Designa las «obras» del Padre en su Hijo, que atestiguan que Jesús es el Enviado de Dios (5, 36; 10, 25). Era éste el tema de la última controversia de Jesús con los dirigentes de Jerusalén:

> Si no hago las obras de mi Padre, no me creáis.
> Pero si las hago, aunque no me creáis,
> creed en las obras (10, 37s).

Hablando de signos, Jn se refiere a la tradición deuteronómica. Cuando está ya a punto de morir, Moisés recuerda ante el pueblo «los signos y los grandes prodigios» que se han hecho ante sus ojos; y añade:

> Pero hasta hoy Yahvé no os ha dado un corazón para reconocer, ni unos ojos para ver, ni unos oídos para oír (Dt 29, 3).

Los contemporáneos de Jesús reaccionaron igual que sus padres en la estepa de Moab.

El testimonio de Isaías (12, 38-41)

En estos versículos se da la rara coincidencia de que se menciona hasta tres veces al profeta Isaías (Is 53, 1 y 6, 9s); viene luego una afirmación del evangelista, que comienza: «Esto lo dijo Isaías...», para interpretar la experiencia del profeta en su visión inicial (Is 6, 1) y el contenido de su mensaje. Esta cláusula en *taûta eípen* pone un sello a los versículos anteriores. Estos inauguran las citas llamadas de cumplimiento, introducidas por «para que...» *(hína),* un género que se mantendrá a partir de aquí y que caracteriza al relato de la pasión[2].

2. Según C. J. Bjerkelund, *Tauta egeneto,* Tübingen 1987, 133-145, el conjunto de los v. 12, 38-41 constituye un eje en el evangelio de Jn: comienza con una cita de cumplimiento (*hína*) y termina con una cláusula (v. 41). En adelante, Jn no presentará más que citas de cumplimiento.

Las citas de los v. 12, 38-40 deben comprenderse como si formasen parte de una misma colección. Las distinciones modernas entre el primero y el segundo Isaías no tienen razón de ser en este contexto: al hablar de Isaías, Jn se refiere al conjunto de los textos que se atribuían a este profeta[3].

Isaías, cuya memoria se había mantenido viva en Israel, sólo había sido mencionado una vez anteriormente, en 1, 23, pero su influencia marcó la obra de Jn mucho más que a las otras del nuevo testamento, como mostraron, después de esta cita, varias alusiones y resonancias[4]. Aquí ocupa un lugar de honor, al final del libro de los signos, como lo había ocupado al principio, pero mucho más aún.

Su testimonio en esta ocasión ha sido preparado indirectamente por el discurso de Jesús en 12, 23-32; en el último versículo, el tema de la elevación, por la que la cruz se convierte en gloria, tiene probablemente como origen literario el canto del Siervo[5].

La primera cita (Is 53, 1) indica en términos proféticos la constatación que había hecho el evangelista en el versículo anterior:

> ¿Quién creyó en lo que se nos había oído decir *(akoē)*?
> ¿y el brazo del Señor a quién se le reveló?

En su contexto de origen, la interrogación de Isaías sucede a Is 52, 13-15, donde se anuncia de forma resumida el itinerario inaudito del Siervo, e introduce el poema que viene a continuación, en el que se desarrolla la humillación y la exaltación de esta figura, así como sus consecuencias para los hombres: un conocimiento salvador[6].

La lamentación del profeta confirma a los ojos del evangelista la incredulidad de los que, a pesar de ser testigos de las palabras y de las obras poderosas de Jesús, no han discernido la acción misma de Dios.

La segunda cita va introducida por «Isaías dice además»[7], precedida por una reflexión de Jn: «No podían creer». Espontáneamente, como san Agustín[8], el lector se dispone a entenderlo así: «no querían»;

3. Cf. P. Beauchamp, en J. Vermeylen (ed.), *The Book of Isaiah*, Louvain 1989, 346-355.

4. Cf. F. W. Young, ZNW 46 (1955) 215-233; G. Reim, *Studien zum alttestamentliche Hintergrund des Johannesevangelium*, Cambridge 1974, este último a propósito de Is 40-55.

5. Cf. R. E. Brown, 740, refiriéndose a Is 52, 13.

6. P. Beauchamp, *o. c.*, 334.342.

7. La cita depende de *hína* en 12, 38. La construcción con *pálin* (= «además») se encuentra también en 19, 36s.

8. San Agustín, *In Jo*. 53, 5-11.

pero no es éste el tenor de esta expresión, que ya hemos encontrado en labios de Jesús:

> ¿Por qué no comprendéis mi lenguaje?
> Es que no podéis oír mi palabra (9, 43)[9].

A diferencia de la primera cita, que reproduce exactamente el texto de los Setenta, la segunda es una adaptación joánica del pasaje[10]. Se observan dos supresiones: el término «este pueblo» (Is 6, 9) y la mención de los oídos (Is 6, 9s). Según R. Schnackenburg[11], Juan habría evitado la primera expresión, ya que, en realidad, su crítica no se referiría a Israel, sino a diversos grupos de dirigentes; el término *laós* sólo se utiliza en el cuarto evangelio con un sentido positivo (11, 50 y 18, 14). En cuanto a los oídos, la omisión se justifica si se piensa que en la cita de Is 53, 1 (v. 38) el término «mensaje» (*akoḗ*, de *akoúō:* «oír») ha evocado ya la audición; con este procedimiento las dos citas se unen entre sí[12]. La mención de los ojos precede a la del corazón, sin duda porque Jn había hablado de los «signos» y el corazón significa a continuación la profundidad del endurecimiento. Otra modificación importante: en Is 6, 10 es el profeta el que ha recibido de Dios la misión de endurecer; aquí es Dios mismo el que endurece[13]. El «para que yo no los cure» final debería haber sido, según el modelo: «para que no sean curados». El «yo» puede difícilmente ser el de Dios, presentado en la profecía por «él». Volveremos sobre este punto después de haber leído el v. 41.

Las dos citas se conjugan entre sí por el hecho de que la segunda ofrece, junto con el designio de Dios, una respuesta al interrogante que planteaba la primera. Bajo una forma chocante para nosotros, lo

9. Cf. *supra*, cap. 8, 227s. Aquí no se trata de predestinación al mal, sino del endurecimiento que es la consecuencia de una infidelidad habitual.

10. Is 6, 9s dice:
«Haz torpe el corazón de ese pueblo,
endurece sus oídos
y ciérrale los ojos.
Que con sus ojos no vea,
ni oiga con sus oídos.
Que su corazón no comprenda.
Que no pueda convertirse
y ser curado».

11. R. Schnackenburg, *El Evangelio según Juan* IV. *Exégesis y excursus complementarios*, Barcelona 1987, 152-162.

12. Cf. P. Beauchamp, *o. c.*, 349s.

13. Cf. *Endurecimiento*, en VTB, 233-235. Es inútil evocar aquí al diablo, como lo hacen Cirilo (PG 74, 96s) y J. Blank, *Krisis*, 304s.

que aquí se implica es la afirmación de la libertad del hombre, capaz de negarse a su Creador, aun cuando —al estilo semítico— Dios sea el sujeto de la frase.

Finalmente, para fundamentar[14] las dos palabras proféticas que ha conjugado y que iluminan, según su lectura, la incredulidad frente a Cristo, el evangelista declara:

41 **Esto lo dijo Isaías porque vio su gloria y habló de él.**

El segundo texto citado anteriormente (Is 6, 9-10) forma parte del relato de la vocación del profeta, que recoge la visión que había tenido Isaías del mismo Yahvé. Por consiguiente, es Is 6, 1-5 lo que el evangelista recuerda, pero interpretándolo de una nueva forma. ¿Qué es lo que vio Isaías?[15]. La expresión «ver la gloria» podría venir del atenuante que había recibido el texto original en el Targum de Isaías, donde se lee, no: «Yo vi al Señor Yahvé», sino: «Yo vi la gloria de la Shekinah del Señor». Jn es coherente con su principio de que «nadie ha visto a Dios» (1, 18). La ambigüedad que podría afectar aquí a la expresión «*su (autoû)* gloria» desaparece con la repetición del pronombre *autoû* en el segundo miembro de la frase: «habló de él», en donde sólo puede referirse a Jesús. Toda la cuestión está en saber de qué gloria de Jesús quiere hablar el evangelista. Los comentaristas andan divididos.

Según una primera interpretación[16], Isaías vio al Logos en la gloria que tenía antes de que el mundo fuese (cf. 17, 5), antes de su encarnación. Pablo dice ciertamente que la roca que saciaba la sed de los hebreos en el desierto era el Cristo (1 Cor 10, 4), atribuyendo así al Cristo preexistente una acción divina realizada a lo largo de la historia de Israel. Por tanto, Jn podría referirse al Logos del prólogo; ¿pero no significa esto imponer al texto de referencia un dato que no figura en el mismo? Otros críticos[17] han referido la gloria de Cristo vista por el profeta a la de los «signos» que Jesús realizaría en el nombre del Padre durante su ministerio terreno (cf. 2, 11; 11, 4.40); pero esta hipótesis apela además a un elemento exterior al texto. Paul Beau-

14. Léase *hóti* y no *hóte*, que suaviza (D... Vulgata).

15. En 8, 56 el verbo «ver» (*horáō*, como aquí), tiene para Abrahán como objeto el día de Cristo.

16. A. Loisy, 698; R. Schnackenburg, II, 512s.

17. J. Dupont, *Essais sur la christologie de saint Jean*, Bruges 1951, 270-273.

champ ha presentado recientemente una solución más apropiada, que tiene en cuenta las dos citas reunidas por Jn. La primera recuerda con Is 53, 1 todo el canto del Siervo, según el cual «el trono de Yahvé..., ocupado sólo por Dios en Is 6... es visitado en Is 52, 13 por un huésped venido de la tierra, y el lector..., que capta en una sola mirada todo el conjunto, no puede desprenderse de él»[18]. El profeta Isaías habría visto entonces la gloria del Siervo.

Esta lectura ilumina indirectamente el empleo del «Yo» en 12, 40: en el texto citado Isaías dice lo que Jesús, el Siervo, le ha revelado a propósito de los designios de Dios: «El cegó...», terminando con «... para que (Jesús) no los cure»: el Siervo, que tiene la misión de «curar» (cf. Is 53, 5), no puede obligar a los endurecidos, por lo menos antes de la plena manifestación del misterio.

Un correctivo

En el prólogo Jn afirmaba del Logos que «los suyos no lo recibieron»; luego continuaba: «pero, a los que lo recibieron...» (1, 11s). Esa es su manera de proceder. También aquí el evangelista matiza la negación del v. 37 («no creían en él»), introduciendo su frase con la expresión insólita «Sin embargo, es verdad»[19]. Entre los mismos dirigentes hay que reconocer que algunos creyeron. Así Nicodemo o José de Arimatea, «discípulo en secreto»[20]. ¿Eran numerosos, como parece indicar el texto? Es algo que no podemos verificar, pensando además que el relato de Jn muestra, por el contrario, a los dirigentes como enemigos declarados[21]. En cuanto al pueblo, Jn indicó ya anteriormente sus vacilaciones y sus entusiasmos (2, 23; 8, 30) y, después del signo de Lázaro, también su fe[22].

Este pasaje corrige el aparente determinismo de la segunda cita profética; recuerda además otro punto de teología en el que insiste Jn: la necesidad de confesar abiertamente a Cristo. Cuando, a propósito de los padres del ciego de nacimiento (9, 22), Jn menciona el temor a los fariseos, observamos que se podía descubrir allí un reflejo de

18. P. Beauchamp, *o. c.*, 351. Jn atribuye a Isaías la vinculación Siervo-glorificación que había reconocido la Iglesia primitiva: «El Dios de nuestros padres ha glorificado a su Siervo Jesús, a quien vosotros entregasteis...» (Hech 3, 13).

19. En griego, *hómōs méntoi*, o *méntoi* tiene una función adversativa (cf. 4, 27; 20, 5; 21, 4).

20. 3, 1; 7, 50s; 19, 38s; cf. Mc 15, 43; Lc 23, 50.

21. Hech 6, 7 indica que «muchos sacerdotes» se habían hecho discípulos, lo cual hace suponer que tenían una actividad favorable ante Jesús ya antes de pascua.

22. 11, 45; cf. 12, 11; 12, 17s.

las controversias que agitaban a su Iglesia. Aquí podríamos hacer una superposición idéntica. La explicación final: «Porque apreciaron la gloria de los hombres más que la gloria de Dios» —eco de lo que el mismo Jesús declaró en su primera confrontación con los dirigentes (5, 41-44)— tiene un tono de sentencia moral que se refiere a una coyuntura particular. Enunciada como regla general de vida, recuerda sin embargo en el contexto del cuarto evangelio la norma que dictó el comportamiento de Jesús (cf. 7, 18; 8, 50).

CREER EN JESUS, PALABRA DE DIOS

(12, 44-50)

44 Jesús exclamó y dijo:
«El que cree en mí,
no es en mí en quien cree,
sino en aquel que me ha enviado.
45 Y el que me ve,
ve a aquel que me ha enviado.
46 Yo, luz, he venido al mundo,
para que todo el que cree en mí
no permanezca en las tinieblas.
47 Y si alguien oye mis palabras y no las guarda,
no soy yo el que lo juzga,
porque no he venido para juzgar al mundo,
sino para salvar al mundo.
48 El que me rechaza y no acoge mis palabras tiene su juez:
la palabra que yo he expresado,
ella es la que lo juzgará en el último día;
49 porque no es de mí mismo de quien me he expresado,
sino que es aquel que me ha enviado, el Padre,
el que me ha mandado personalmente
lo que yo debía decir y expresar;
50 y sé que su mandato es vida eterna.
Así pues, lo que yo expreso,
como el Padre me lo ha dicho,
así lo expreso».

No era conveniente cerrar el párrafo hablando de la incredulidad. Fiel a su costumbre de superar el fracaso y de acabar con un aspecto positivo de la realidad, Jn recoge aquí cierto número de palabras de Jesús, como si quisiera abrir al lector a la fe, presentándole una vez más el mensaje. ¿Quién podría cumplir mejor con esta tarea —recoger lo esencial— que el propio evangelista?[23].

Jn deja hablar a Jesús[24]. Mejor dicho, lo hace exclamar *(ékraxen),* lo mismo que al Revelador en el templo cuando atestiguaba que había sido enviado por Dios (7, 28), o cuando invitaba a beber de su agua (7, 37s). En el prólogo, ya el Precursor «exclamaba» su anuncio (1, 15). Por consiguiente, este conjunto no se presenta como un sumario doctrinal, sino como una llamada existencial a escuchar y a guardar la Palabra.

A lo largo de estos siete versículos se pone muy de relieve el Yo de Jesús (dieciséis veces este pronombre, de ellas cuatro *egṓ:* 46.47.49.50), pero siempre en dependencia absoluta del Padre. La primera y la última pareja de versículos (44s y 49s) establecen, uno desde la perspectiva de la fe y otro desde el punto de vista subjetivo del revelador, la prioridad de la acción del Padre en la misión confiada a Jesús. Por eso, en la parte central (v. 46-48), el Hijo que ha venido al mundo se presenta como la luz; luego se evocan las dos contrapartidas joánicas de esta imagen: las tinieblas de las que libera la Palabra y el juicio que resulta del rechazo de la Palabra.

Creer en Jesús es creer en aquel que lo ha enviado (12, 44-45)

Jesús empieza proclamando que creer en él es paradójicamente creer, no ya en él mismo, sino en «aquel que (lo) ha enviado», designación muy frecuente en Jn, que subraya la iniciativa divina en favor de los hombres. En Jn 5, 24 esta apelación iba también precedida de «creer en»: «El que oye mi palabra y cree en aquel que me ha enviado tendrá la vida eterna». Este versículo ponía ya en continuidad la adhesión a la palabra de Jesús y la fe en Dios; aquí la expresión es más vigorosa todavía, ya que Jesús parece decir que la fe en él se dirige en realidad al Padre: en Dios alcanza su meta el movimiento de la fe en Jesús[25].

El segundo versículo, con el verbo «ver», es paralelo al primero, pero sin la negación intermedia. Tiene su correspondiente en la res-

23. La autenticidad de este pasaje ha sido discutida por M. E. Boismard, *Sacra Pagina* II, Gembloux 1959, 189-192; RB 66 (1959) 377s; 68 (1961) 507-514; pero ha sido defendida por R. Schnackenburg, II, 516-518.

24. Aunque lo haya mostrado ausente: cf. 12, 36. J. H. Bernard y otros autores han intentado situar el texto más arriba en el evangelio, pero es éste su lugar más oportuno como sumario final; cf. R. E. Brown, I, 755.

25. Cf. 1, 18. En sentido inverso, Jesús dirá: «Creéis en Dios, creed también en mí» (14, 1).

puesta de Jesús a Felipe: «El que me ve, ve al Padre»; es que «yo estoy en el Padre» y «el Padre está en mí», precisa entonces Jesús[26]. La pareja «creer-ver» es muy joánica (cf. 6, 40; 9, 35.37). «Ver» evoca el misterio de la encarnación del Logos (cf. 1, 14.18) y, con el *theōréō* que aquí se utiliza, esa manifestación del Hijo que son los «signos»[27]. Este verbo encierra una gama de sentidos, desde el ver físico hasta el ver espiritual, ordenado a la fe[28].

Jesús, luz y palabra de Dios (12, 46-48)

De todas las abundantes imágenes propuestas en los capítulos anteriores, en este texto final tan sólo se recoge la de la luz, en armonía con el contexto que presenta al revelador del Padre. Jesús *(Egṓ),* venido al mundo, se identifica con la luz, con lo que resuena aquí un eco del prólogo (1, 9; cf. 3, 19). Las tinieblas en las que el creyente no permanece son las tinieblas originales de la separación de los hombres de Dios, de su no-conocimiento radical, que los priva de «vida» (cf. 1, 4). Jesús ha venido a librar de ellas, por medio de su palabra. En efecto, la luz se comunica a través de las palabras dichas por el Hijo. El término *rhḗmata* se encontraba ya en labios del Bautista:

> Aquel que Dios ha enviado pronuncia las palabras de Dios (3, 34).

El «oír» puede quedarse en una simple audición[29], pero tiene que convertirse en una escucha y en una impregnación interior[30]. «Guardar» las palabras de Jesús significa lo mismo que «creer» (cf. 17, 6). En efecto, es a la fe adonde deben conducir, y por tanto a la «vida». La frase del v. 47, condicional, concierne aquí a la no-acogida, cuya consecuencia es el juicio, en el sentido de pérdida definitiva. Esta consecuencia es intrínseca. De hecho, el juicio no es pronunciado por Jesús, que tiene la misión, no de condenar, sino de salvar al mundo (cf. 3, 17, en donde se señala esto como el motivo del envío del Hijo por el Padre)[31].

26. 14, 9s. Este mismo giro se encuentra en 13, 20: «El que me recibe, recibe al que me ha enviado». Esta palabra, prescindiendo de los matices del vocabulario, es paralela a Mt 10, 40.
27. 2, 23; 6, 19; 7, 3.
28. Cf. Traets, *Voir Jésus et le Père en lui,* Roma 1967, 214-225.
29. 6, 60; 9, 40; 12, 29; 19, 8.
30. 5, 24; 8, 43.47; 18, 37.
31. En 8, 15s («yo no juzgo a nadie») la afirmación es matizada; cf. 8, 26 y también 5, 22.30.

En el v. 48, la eventualidad de la no-escucha se convierte positivamente en desprecio: el verbo *atheteîn*[32] indica el rechazo deliberado, que manifiesta una alienación profunda del ser respecto a Dios (8, 47). En efecto, la Palabra (aquí en singular: *lógos*)[33] que Jesús ha expresado viene del Padre. Se presenta aquí como una entidad distinta, tal como aparece también en los pasajes que mencionan la palabra del Padre[34] o que atribuyen a la palabra de Jesús una eficacia en sí misma[35]. Hay un matiz que distingue el v. 48 de lo que Jesús decía a Nicodemo (3, 18), en un contexto que también aquí figura como trasfondo: el juicio se anuncia para el último día, no ya en el tiempo presente. Esto no implica que haya que declarar inauténtico este texto, ya que la perspectiva futura del juicio no es extraña a Jn, como tampoco la del último día[36].

Su mandato es vida eterna (12, 49-50)

La última pareja de versículos, que se despliega en una sola frase, comienza por *hóti* («porque») y viene a dar un fundamento a las afirmaciones anteriores por la relación personal de Jesús (*Egṓ:* v. 49.50) con el Padre a la que orienta la fe en Jesús. Aquí la apelación «aquel que me ha enviado» se explicita con la designación del «Padre». Del Padre es de quien Jesús ha recibido todo cuanto dice y manifiesta[37]; él no habló «a partir de sí mismo» (cf. 5, 30; 8, 26). Es verdad que la idea de que Dios pone sus palabras en labios de un Enviado, concediéndole plena autoridad, se encuentra —como ya se ha señalado[38]— en el Deuteronomio al hablar del «profeta como Moisés» (Dt 18, 18s), y que cabe preguntar si Jn no situará aquí a Jesús en el papel del profeta esperado, como un nuevo Moisés que propone la vida o la muerte[39]. Sin embargo, las menciones del «profeta» a propósito de Jesús han sido descartadas por Jn[40]. De todas formas, la relación del

32. Unica mención en Jn; cf. Lc 10, 16; Jer 15, 15.
33. Sobre el paso de las palabras a la Palabra y al revés, compárese 8, 47 con 8, 43.51; 15, 7 con 15, 3 y 17, 8 con 17, 6.14.
34. 17, 6.14.17; cf. 5, 38.
35. 8, 31.51; 15, 3.
36. Cf. 5, 28s (*supra,* 50s) y 6, 39.40.44.
37. La diferencia entre *légein* y *laleîn* resulta difícil de traducir a nuestras lenguas. Hemos intentado traducir el verbo más especial *laléō* por «expresar», aunque el término «hablar» sería más adecuado.
38. M. J. O'Connell, ThSt 21 (1960) 351-403; M. E. Boismard, RB 68 (1961) 510; R. E. Brown, I, 757.
39. Dt 30, 15.19; 32, 47.
40. Cf. 6, 14 (*supra,* 91s).

Hijo con el Padre no puede compararse con la relación de Moisés con Dios. Jesús «sabe» con un conocimiento inmediato lo que quiere y dice el Padre.

La unidad de Jesús y del Padre se afirma aquí desde el ángulo de la fidelidad perfecta del uno al mandato del otro. El término *entolḗ* aparece en dos ocasiones (v. 49.50) y se precisa su finalidad, el don de la vida divina. Este mandato del Padre no es para Jesús un imperativo exterior, ya que la voluntad del Hijo y la del Padre no forman más que una sola realidad (5, 30; 6, 38): el Padre y el Hijo están igualmente vueltos hacia los hombres. El término «mandato», que ha adquirido para nosotros una cierta dureza, es bíblicamente un principio de vida cuando es mandato de Dios: «El hombre no vive de pan solamente, sino de todo lo que sale de la boca de Dios» (Dt 8, 3). Aquí el término está en singular y no se trata de un precepto, sino de la vida entera del Hijo: si la primera mención se refiere a las palabras que hay que decir, la segunda podría tener una amplitud distinta: Jesús anunciaba con esta misma expresión su paso pascual (10, 18).

A pesar de haber sido pronunciado con la autoridad soberana del Hijo, este texto tiene todo el acento de un alegato y recuerda desde este punto de vista la respuesta de Jesús a los dirigentes que le acusaban de hacerse igual a Dios. Estas palabras finales resuenan con las grandes afirmaciones del Hijo sobre sí mismo: él no existe más que por su fidelidad a aquel que es «el Padre» sin más. Padre de Jesús ciertamente, pero también de todos los que se hacen discípulos suyos. Logos de Dios, Jesús ha venido a expresar al Padre que da la vida.

OBRAS CITADAS MAS FRECUENTEMENTE

Agustín, *Sobre el Evangelio de san Juan,* en *Obras* XIV, Madrid ²1969.

Barrett, C. K., *The Gospel according to St. John,* London ²1978 (=C. K. Barrett).

Bernard, J. H., *A Critical and Exegetical Commentary on the Gospel according to St. John,* Edinburg 1928 (=J. H. Bernard).

Blank, J., *Das Evangelium nach Johannes* (4 vols.), Düsseldorf 1977-1981 (=J. Blank).

— *Krisis,* Freiburg i. B. 1964 (=*Krisis*).

Boismard, M. E., *L'Evangile de Jean,* Paris 1977 (M. E. Boismard).

Brown, R. E., *El Evangelio según Juan* (2 vols.), Madrid 1979 (=R. E. Brown).

Bultmann, R., *Das Evangelium des Johannes,* Göttingen ²1941 (=R. Bultmann).

Cirilo de Alejandría, *Comm. in Jo. Ev.,* PG 73-74.

Crisóstomo, *Homiliae LXXXVIII in Joannem,* PG 59, 23-482.

Dodd, C. H., *Interpretación del cuarto evangelio,* Madrid 1978 (=*Interpretación*).

— *La tradición histórica del cuarto evangelio,* Madrid 1978 (=*Trad. hist.*).

Hänchen, E., *Johannesevangelium,* Tübingen 1980 (=E. Hänchen).

Hoskyns, E., *The Fourth Gospel,* London ²1947 (=E. Hoskyns).

Lagrange, M. J., *Evangile selon S. Jean,* Paris ³1927 (=M. J. Lagrange).

Léon-Dufour, X., *Los evangelios y la historia de Jesús,* Madrid ³1982.

— *Estudios de evangelio,* Madrid ²1982.

— *Jesús y Pablo ante la muerte,* Madrid 1984.

— *Los milagros de Jesús,* Madrid 1979.

— *La fracción del pan,* Madrid 1983.

Lightfoot, R. H., *St. John's Gospel,* Oxford 1956 (=R. H. Lightfoot).

Lindars, B., *The Gospel of John,* London 1972 (= B. Lindars).

Loisy, A., *Le Quatrième Evangile,* Paris 1903 (=A. Loisy).

Malatesta, E., *St. John's Gospel,* Roma 1967 (=E. Malatesta).

Mollat, D., *L'Evangile selon saint Jean* (Fascicule de la Bible de Jérusalem), Paris ³1973 (=D. Mollat).

Odeberg, H., *The Fourth Gospel,* Uppsala 1929, Amsterdam 1968 (=H. Odeberg).

Orígenes, *Commentaire sur saint Jean,* en Sources Chrétiennes 120 (Paris 1966), 157 (1970), 222 (1975), 290 (1982).

Potterie, I. de la, *La Vérité dans saint Jean* (2 vols.), Roma 1977 (=I. de la Potterie).

Schnackenburg, R., *El Evangelio según san Juan* (3 vols.), Barcelona 1980 (=R. Schnackenburg).

Tomás de Aquino, *Super Evangelium S. Joannis Lectura,* Torino 1952 (=Santo Tomás).

Westcott, B. F., *The Gospel according to St. John,* London 1908 (=B. F. Westcott).

SIGLAS DE LOS INSTRUMENTOS DE TRABAJO, REVISTAS Y COLECCIONES

BD	Blass-Debrunner, *Gramatik des neutestamentlichen Griechisch,* Göttingen 1954.
Bib	Biblica (Roma).
BLE	Bulletin de Littérature Ecclésiastique (Toulouse).
BTB	Biblical Theology Bulletin (Roma).
BZ	Biblische Zeitschrift (Paderborn).
CBQ	The Catholic Biblical Quarterly (Washington).
DBS	*Dictionnaire de la Bible, Supplément* (Paris).
DNT	*Diccionario del nuevo testamento,* Madrid 1977.
EKK	*Evangelisch-Katholischer Kommentar zum Neuen Testament* (Neukirchen).
EstBib	Estudios Bíblicos (Madrid).
EvTh	Evangelische Theologie (München).
GNT	*Greek New Testament* [3]1975.
HTR	The Harvard Theological Review (Cambridge/Mass.).
JBL	Journal of Biblical Literature (Boston).
NRT	Nouvelle Revue Théologique (Tournai-Louvain).
NTS	New Testament Studies (Cambridge).
PG	*Patrologia Graeca,* ed. J.-P. Migne (Paris).
RB	Revue Biblique (Paris).
RHPR	Revue d'Histoire et de Philosophie Religieuses (Strasbourg).
RevThom	Revue Thomiste.
RSR	Recherches de Science Religieuse (Paris).
SB	Strack-Billerbeck, *Kommentar zum NT aus Talmud und Midrasch* (München).
SC	Sources Chrétiennes (Paris).
ThSt	Theological Studies (Woodstock).
TOB	Traduction Oecuménique de la Bible.
TTZ	Trierer Theologische Zeitschrift (Trier).
TWNT	*Theologisches Wörterbuch zum Neuen Testament* (Stuttgart).
VTB	*Vocabulario de teología bíblica,* Barcelona 1967.
WB[6]	W. Bauer, *Wörterbuch zum Neuen Testament* (Berlin).
ZNW	Zeitschrift für die Neutestamentliche Wissenschaft (Berlin).
ZTK	Zeitschrift für Theologie und Kirche (Tübingen).

INDICE GENERAL